Markus Guthier

Präferenzmessung bei Kfz-Kaskoversicherungen

GABLER EDITION WISSENSCHAFT

Forschungsgruppe Konsum und Verhalten

Die Forschungsgruppe „Konsum und Verhalten“, die von Professor Dr. Werner Kroeber-Riel begründet wurde, veröffentlicht ausgewählte Ergebnisse ihrer Arbeiten seit 1997 in dieser Reihe. Im Mittelpunkt steht das Entscheidungsverhalten von Abnehmern materieller und immaterieller Güter bzw. Dienstleistungen.

Ziel dieser Schriftenreihe ist es, Entwicklungen in Theorie und Praxis aufzuzeigen und im internationalen Wettbewerb zur Diskussion zu stellen. Das Marketing wird damit zu einer Schnittstelle interdisziplinärer Forschung.

Markus Guthier

Präferenzmessung bei Kfz-Kaskoversicherungen

Entscheidungsmodelle und deren Prognosegüte im Vergleich

Mit einem Geleitwort von Prof. Dr. Klaus Peter Kaas

GABLER EDITION WISSENSCHAFT

Bibliografische Information der Deutschen Nationalbibliothek
Die Deutsche Nationalbibliothek verzeichnet diese Publikation in der Deutschen Nationalbibliografie; detaillierte bibliografische Daten sind im Internet über <http://dnb.d-nb.de> abrufbar.

Dissertation Universität Frankfurt am Main, 2008

1. Auflage 2008

Lektorat: Frauke Schindler / Nicole Schweitzer

Gabler ist Teil der Fachverlagsgruppe Springer Science+Business Media.
www.gabler.de

Umschlaggestaltung: Regine Zimmer, Dipl.-Designerin, Frankfurt/Main
Gedruckt auf säurefreiem und chlorfrei gebleichtem Papier
Printed in Germany

ISBN 978-3-8349-1096-7

Geleitwort

Wie werden Versicherungsentscheidungen getroffen, wie werden Schadensrisiken bewertet, welchen Einfluss haben Vertragsmerkmale auf die Kaufentscheidung? Nehmen die Kunden eine Selbstbeteiligung in Kauf, wenn sie dafür niedrigere Prämien zugestanden bekommen? Wie ist der Trade-Off zwischen der Höhe der Selbstbeteiligung und der der Prämie? Gibt es darin Unterschiede zwischen den Kunden, und wie sind sie zu erklären?

Versicherungsunternehmen müssen sich diesen und ähnlichen Fragen tagtäglich stellen, wenn sie neue Produkte entwickeln oder Prämien erhöhen wollen oder wenn sie im Vertrieb ihre Kunden verstehen und in der Werbung den „richtigen Ton" treffen wollen.

In der Literatur zum Marketing und zum Konsumentenverhalten, die sich traditionell auf die Analyse von Kaufentscheidungen bei Konsumgütern konzentriert, findet man so gut wie keine Antworten auf die genannten Fragen. Dagegen enthält die entscheidungstheoretische Literatur zahlreiche Hypothesen und Befunde zu Versicherungsentscheidungen, von denen viele von den Erkenntnissen von Amos Tversky und Daniel Kahneman inspiriert worden sind.

Markus Guthier knüpft in seiner Dissertation an diese Arbeiten an. Er überprüft in einer vergleichenden experimentellen Untersuchung am Beispiel der Kfz-Versicherung (Voll- und Teilkaskoversicherung), was die Theorie des subjektiven Erwartungsnutzens, die Cumulative Prospect Theorie und die Conjoint Analyse zur Erklärung von Versicherungsentscheidungen taugen. Er zeigt, welches ihre spezifischen Stärken und Schwächen sind, und prüft, inwieweit sie als Grundlage für ein kundenorientiertes Versicherungsmarketing dienen können. Er führt damit erstmals einen systematischen Theorievergleich durch und legt eine umfassende Erklärung und Prognose von Versicherungsentscheidungen in einem realistischen Anwendungsfall vor.

Die Dissertation ist nicht nur ein innovativer Beitrag zur Weiterentwicklung der Theorie der Versicherungsentscheidung, ihre Ergebnisse geben auch ganz praktische Antworten auf viele der eingangs gestellten Fragen. Schließlich zeichnet sie sich durch große methodische Vielfalt aus. Wer als Wissenschaftler oder Marktforscher empirische Untersuchungen zu Versicherungsentscheidungen durchführen möchte, kann ihr wertvolle Anregungen entnehmen.

Klaus Peter Kaas

Vorwort

Wie sollte eine Kfz-Kaskoversicherung hinsichtlich ihrer Produktattribute idealerweise ausgestaltet sein, um die Präferenzen von einzelnen Versicherungsnehmern oder unterschiedlichen Kundensegmenten zu treffen? Mit diesen und ähnlichen Fragestellungen beschäftigt sich die vorliegende Dissertation zum Thema Präferenzmessung bei Kfz-Kaskoversicherungen, die in den Jahren 2004 bis 2007 am Fachbereich Wirtschaftswissenschaften der Johann Wolfgang Goethe-Universität, Frankfurt am Main, entstanden ist.

Zur Beantwortung dieser Fragestellungen wurden in der Arbeit vergleichend drei im Kontext relevante Entscheidungsmodelle, die Erwartungsnutzentheorie, die Cumulative Prospect Theorie und die Conjoint Analyse in Bezug auf Kfz-Kaskoversicherungsentscheidungen untersucht. Dabei wurde eine experimentelle Vorgehensweise gewählt, die in wesentlichen Punkten dem Experimental-Economics-Paradigma folgt. Dies soll gewährleisten, dass die im Experiment getroffenen Entscheidungen möglichst gut das reale Entscheidungsverhalten der Experiment-Teilnehmer widerspiegeln. Aus den Ergebnissen des Experiments lassen sich zunächst Aussagen über das individuelle Präferenz- und Entscheidungsverhalten von Kfz-Kaskoversicherungsnehmern und die Prognosegüte der untersuchten Entscheidungsmodelle ableiten. Des Weiteren wurde eine präferenzbasierte Segmentierung vorgenommen, wodurch Kundensegmente mit unterschiedlicher Präferenzstruktur ermittelt werden konnten.

An einem so großen und zeitlich aufwendigen Projekt wie einer Dissertation haben viele Personen Anteil und ihren Beitrag zum Gelingen geleistet: Danken möchte ich daher an erster Stelle meinem Doktorvater, Herrn Prof. Dr. Klaus Peter Kaas, von dem ich während meiner Zeit an der Professur sowohl in fachlicher als auch persönlicher Hinsicht viel lernen konnte. Diese Zeit zeichnete sich sowohl durch ein sehr angenehmes Arbeitsumfeld aus als auch eine große Gestaltungsfreiheit, die ich bei der Erledigung der mir übertragenen Aufgaben genießen konnte. An meinem Chef lernte ich neben seiner Gelassenheit und Kreativität die Eigenschaft schätzen, an den richtigen Stellen die „unangenehmen" Fragen zu stellen, die zu wertvollen Impulsen im weiteren Forschungsprozess führten.

Mein weiterer Dank gebührt Herrn Prof. Dr. Martin Natter für seine Bereitschaft, das Zweitgutachten der vorliegenden Dissertation zu übernehmen. Ebenso möchte ich den anderen Mitgliedern der Prüfungskommission, Herrn Prof. Dr. Dr. h. c. Roland Eisen und Herrn Prof. Dr. Jan Pieter Krahnen, für ihre Mitwirkung in der Disputation danken.

Herzlichen Dank auch den vielen Kolleginnen und Kollegen der Johann Wolfgang Goethe-Universität, von denen ich einige namentlich erwähnen möchte, für die gute und freundschaftliche Zusammenarbeit: Herrn Dr. Markus Zuber, der mit der Betreuung meiner Diplomarbeit mein wissenschaftliches Interesse förderte und der in meiner Anfangszeit an der Professur als Mentor fungierte. Bei ihm möchte ich mich für zahlreiche fachliche Diskussionen und das Korrekturlesen meiner Dissertation bedanken, was wesentlich zur Verbesserung der Arbeit beigetragen hat. Frau Dr. Jennifer Jordan danke ich ebenso für das Korrekturlesen meiner Arbeit und ihre wertvollen Hinweise insbesondere aus der Praxisperspektive, die an vielen Stellen die Qualität der Arbeit erhöhten. Herrn Dr. Michael Dieterich danke ich für seine tatkräftige Unterstützung durch die Übernahme zahlreicher Lehrveranstaltungen, was mir entsprechend Zeit für mein Dissertationsprojekt einräumte. Danken für die freundschaftliche Zusammenarbeit an der Professur möchte ich ebenso Frau Dr. Heidrun Arnold, Herrn Dr. Tobias Schneider und Frau Dr. Martina Steul. Nicht unerwähnt bleiben darf auch die gute Seele der Professur, unsere Sekretärin, Frau Karin Hettwer. Sie verstand es immer wieder auf liebenswürdige Art, auch im dicksten „Elfenbeinturm" hinter Papierstapeln eingeschlossene Wissenschaftler mit gemeinsamen Mittagessen, Kaffeetrinken, Events oder deren Planung sowie Computerproblemen und deren Lösung ins „wahre" Leben zurückzuholen.

Meinen ehemaligen Hiwis Frau Dipl.-Kffr. Tanja Marischen, Frau Dipl.-Kffr. Salome Nies und Herrn Dipl.-Hdl. Sven Schaudinn gebührt mein Dank für die Entleihung zahlreicher Bücher aus diversen Bibliotheken und die daraus resultierende Erledigung unzähliger Kopierarbeiten. Nicht zuletzt auch ein Dank an „meine" Studentinnen und Studenten – die Arbeit mit euch hat mir viel Spaß gemacht.

Ein herzliches Dankeschön auch an meinen gesamten Freundeskreis, der trotz starker zeitlicher Vernachlässigung immer für mich da war und mir die Möglichkeit zu „diss-freier" Betätigung gegeben hat.

Besonders möchte ich noch den zwei Menschen danken, die mir diesen Weg ermöglicht haben. Meine Eltern haben mich während der gesamten Zeit der Dissertation in vielfältiger Weise unterstützt und mich immer wieder auf meinem Weg bestärkt. Aus diesem Grund möchte ich ihnen die vorliegende Dissertation widmen.

Markus Guthier

Inhaltsverzeichnis

Abbildungsverzeichnis

Tabellenverzeichnis

Abkürzungsverzeichnis

AHP	Analytic Hierarchy Process
AKB	Allgemeine Bedingungen für die Kraftfahrtversicherung
ANOVA	Analysis of Variance
BDM-Mechanismus	Becker/DeGroot/Marschak-Mechanismus
bzgl.	bezüglich
CA	Conjoint Analyse
c. p.	ceteris paribus
CPT	Cumulative Prospect Theorie
ed.	editor
eds.	editors
EGF	Entscheidungsgewichtungsfunktion
EU	Erwartungsnutzen
EUT	Erwartungsnutzentheorie
F.A.Z.	Frankfurter Allgemeine Zeitung
FF	Französische Francs
HTML	Hypertext Markup Language
KfzPflVV	Kraftfahrzeug-Pflichtversicherungsverordnung
LINMAP	Linear Programming Techniques for Multidimensional Analysis of Preference
LV	Lotterievergleich
MONANOVA	Monotonic Analysis of Variance
NF	Nutzenfunktion
No.	Number
OLS	Ordinary Least Squares
o. V.	ohne Verfasser
Pbn.	Probanden
PflVG	Pflichtversicherungsgesetz
PHP	PHP Hypertext Preprocessor
pp.	pages
PT	Prospect Theorie
SÄ	Sicherheitsäquivalent
SB	Selbstbeteiligung

SD	Standardabweichung
SF	Schadenfreiheitsklasse
SQL	Structured Query Language
TK	Teilkasko(-versicherung)
TKS	Teilkaskoschäden
VK	Vollkasko(-versicherung)
VKS	Vollkaskoschäden
Vol.	Volume
VP	Versicherungsprämie
WF	Wertfunktion

Symbolverzeichnis

$\sim$:	Indifferent
$\succ$:	Präferiert
$\in$:	Ist Element von
$\forall$:	Für alle
$(\boldsymbol{X'X})^{-1}$:	Inverse der Matrix $\boldsymbol{X'X}$ (information matrix)
(x_{max}, p, x_{min}):	Unsichere Lotterie, die die Auszahlung x_{max} mit der Wahrscheinlichkeit p und die Auszahlung x_{min} mit der Wahrscheinlichkeit $(1 - p)$ erbringt
$[p_l^{+(-)}, v(ce_l^{+(-)})]$:	l-ter Stützpunkt der Entscheidungsgewichtungsfunktion der CPT bei Gewinnen (Verlusten)
$[p_l^{+(-)}, v(ce_{l,norm}^{+(-)})]$:	l-ter normierter Stützpunkt der Entscheidungsgewichtungsfunktion der CPT bei Gewinnen (Verlusten)
$[x_l^{+}, u(x_l^{+})]$:	l-ter Stützpunkt der Nutzenfunktion der EUT
$[x_{l,norm}^{+}, u(x_{l,norm}^{+})]$:	l-ter normierter Stützpunkt der Nutzenfunktion der EUT
$[x_l^{+(-)}, v(x_l^{+(-)})]$:	l-ter Stützpunkt der Wertfunktion der CPT bei Gewinnen (Verlusten)
$[x_{l,norm}^{+(-)}, v(x_{l,norm}^{+(-)})]$:	l-ter normierter Stützpunkt der Wertfunktion der CPT bei Gewinnen (Verlusten)
$\lvert(\boldsymbol{X'X})^{-1}\rvert$:	Determinante der Inversen der Matrix $\boldsymbol{X'X}$ (information matrix)
α:	Gewichtungsparameter der NF der EUT bzw. der WF der CPT für Gewinne
β:	Gewichtungsparameter der WF der CPT für Verluste
β_0:	Geschätzte Konstante
$\overline{\beta}_k$:	Mittlerer Teilnutzenwert der k-ten Eigenschaft
β_k:	Geschätzter Nutzenparameter der k-ten Eigenschaft
$\beta_{k,m}$:	Geschätzter Nutzenparameter bzw. Teilnutzenwert der m-ten Ausprägung der k-ten Eigenschaft
$\beta_{k,m}^{norm}$:	Normierter Teilnutzenwert der m-ten Ausprägung der k-ten Eigenschaft
γ:	Gewichtungsparameter der CPT der Wahrscheinlichkeiten für Gewinne
Δ:	Differenz (Zahlung in Höhe von 100 €)
δ:	Gewichtungsparameter der CPT der Wahrscheinlichkeiten für Verluste

ε_i:	Fehlerterm für den *i*-ten Stimulus
$\eta^{+(-)}$:	Krümmungsparameter (discriminability) der EGF für Gewinne (Verluste) bei einer Zwei-Parameter-Spezifikation
$\theta^{+(-)}$:	Steigungsparameter (attractiveness) der EGF für Gewinne (Verluste) bei einer Zwei-Parameter-Spezifikation
λ:	Gewichtungsparameter der WF der PT und CPT für Verlustaversion
μ:	Mittelwert des Fehlerterms
$\pi(\bullet)$:	Entscheidungsgewichtungsfunktion der PT
$\pi(p_j)$:	Entscheidungsgewicht der Eintrittswahrscheinlichkeit des *j*-ten Umweltzustands p_j der PT
$\pi^+(p_j)$:	Entscheidungsgewicht der Eintrittswahrscheinlichkeit des *j*-ten Umweltzustands p_j der CPT für Gewinne
$\pi^-(p_j)$:	Entscheidungsgewicht der Eintrittswahrscheinlichkeit des *j*-ten Umweltzustands p_j der CPT für Verluste
$\pi^{+(-)}(p_l^{+(-)})$:	Entscheidungsgewicht der Eintrittswahrscheinlichkeit $p_l^{+(-)}$ der Zahlung $x_L^{+(-)}$ des *l*-ten Lotterievergleichs der Certainty-Equivalence-Methode bei Gewinnen (Verlusten)
σ:	Standardabweichung
σ^2:	Varianz des Fehlerterms
a_i:	Alternative bzw. Prospect bzw. Stimulus *i*
C:	Versicherungsleistung/Entschädigung
ce:	Sichere Auszahlung (Sicherheitsäquivalent)
$ce_l^{+(-)}$:	Sicherer Gewinn (Verlust) (Sicherheitsäquivalent) des *l*-ten Lotterievergleichs der Certainty-Equivalence-Methode
$ce_{l,norm}^{+(-)}$:	Normierter sicherer Gewinn (Verlust) (Sicherheitsäquivalent) des *l*-ten Lotterievergleichs der Certainty-Equivalence-Methode
D:	Schaden
D_{eff}:	D-efficiency-Kriterium
$E(a_i)$:	Erwartungswert der *i*-ten Alternative a_i
$E_{TK(VK)}[L_{cc}]$:	Erwartungswert des Schadens im Falle der Teilkaskoversicherung (Vollkaskoversicherung)
$EU(a_i)$:	Erwartungsnutzen der *i*-ten Alternative a_i
GP:	Bruttoprämie
H_0:	Nullhypothese
I:	Indexmenge der Alternativen bzw. Prospects bzw. Stimuli

IP:	Versicherungsprämie
J:	Indexmenge der Umweltzustände
K:	Indexmenge der Eigenschaften
L:	Indexmenge der Anzahl der in der Trade-Off-Methode bzw. Certainty-Equivalence-Methode durchzuführenden Lotterievergleiche
L_{cc}:	Möglicher Verlust
M:	Indexmenge der Eigenschaftsausprägungen
$N(\mu,\sigma^2)$:	Normalverteilung mit Mittelwert μ und Varianz σ^2
N_D:	Anzahl der Stimuli
N_p:	Anzahl der zu schätzenden Parameter
n:	Anzahl der Probanden (Stichprobengröße)
p:	Wahrscheinlichkeit
p_j:	Eintrittswahrscheinlichkeit des j-ten Umweltzustands
p_l:	Eintrittswahrscheinlichkeit der Zahlung $x_L^{+(-)}$ des l-ten Lotterievergleichs der Certainty-Equivalence-Methode
$p_l^{+(-)}$:	Eintrittswahrscheinlichkeit der Zahlung $x_L^{+(-)}$ des l-ten Lotterievergleichs der Certainty-Equivalence-Methode bei Gewinnen (Verlusten)
p_{NS}:	Wahrscheinlichkeit, dass kein Schaden eintritt
p_{TK}:	Wahrscheinlichkeit, dass ein Totalschaden eintritt, der durch einen Teilkaskoschaden verursacht wird
$p_{TK(VK)}(L_{cc})$:	Schadeneintrittswahrscheinlichkeit im Falle der Teilkaskoversicherung (Vollkaskoversicherung)
p_{VK}:	Wahrscheinlichkeit, dass ein Totalschaden eintritt, der durch einen Vollkaskoschaden verursacht wird
$R^{+(-)}$:	Referenzwert der 2. Lotterie bei der Trade-Off-Methode im Fall von Gewinnen (Verlusten)
r:	Resolution eines experimentellen Designs
$r^{+(-)}$:	Referenzwert der 1. Lotterie bei der Trade-Off-Methode im Fall von Gewinnen (Verlusten)
R^2:	Bestimmtheitsmaß
R_{korr}^2:	Korrigiertes Bestimmtheitsmaß
$S\ddot{A}_{RA}$:	Sicherheitsäquivalent eines risikoaversen Entscheiders
$S\ddot{A}_{RF}$:	Sicherheitsäquivalent eines risikofreudigen Entscheiders
$S\ddot{A}_{RN}$:	Sicherheitsäquivalent eines risikoneutralen Entscheiders
s_j:	Umweltzustand j

t_{df}:	Empirischer t-Wert mit *df* Freiheitsgraden
$u(\bullet)$:	Nutzenfunktion der EUT
$u(a_i)$:	Gesamtnutzen des *i*-ten Stimulus a_i
$u(x_{ij})$:	Nutzen der Auszahlung x der *i*-ten Alternative im *j*-ten Umweltzustand der EUT
$\hat{u}(a_i)$:	Geschätzter Gesamtnutzen des *i*-ten Stimulus a_i
u_{RA}:	Nutzenfunktion der EUT eines risikoaversen Entscheiders
u_{RF}:	Nutzenfunktion der EUT eines risikofreudigen Entscheiders
u_{RN}:	Nutzenfunktion der EUT eines risikoneutralen Entscheiders
$V_{CPT}(a_i)$:	Gesamtwert des *i*-ten Prospects a_i der CPT
$V_{PT}(a_i)$:	Gesamtwert des *i*-ten Prospects a_i der PT
$v(\bullet)$:	Wertfunktion der PT und CPT
$v(x_{ij})$:	Wert der Auszahlung x des *i*-ten Prospects im *j*-ten Umweltzustand der PT und CPT
W:	Vermögen
W_k:	Bedeutungsgewicht der *k*-ten Eigenschaft
$w^{+}(\bullet)$:	Entscheidungsgewichtungsfunktion der CPT für Gewinne
$w^{-}(\bullet)$:	Entscheidungsgewichtungsfunktion der CPT für Verluste
$\boldsymbol{X'X}$:	Matrix $\boldsymbol{X'X}$ (information matrix)
$x_{i,Deckung\_TKS}$:	Dummy-Variable der Eigenschaft Deckung von Teilkaskoschäden beim *i*-ten Stimulus mit: $x_{i,Deckung\_TKS} = \begin{cases} 1 & \text{wenn Deckung von Teilkaskoschäden} \\ 0 & \text{sonst} \end{cases}$
$x_{i,Deckung\_VKS}$:	Dummy-Variable der Eigenschaft Deckung von Vollkaskoschäden beim *i*-ten Stimulus mit: $x_{i,Deckung\_VKS} = \begin{cases} 1 & \text{wenn Deckung von Vollkaskoschäden} \\ 0 & \text{sonst} \end{cases}$
x_{ij}:	Auszahlung der *i*-ten Alternative im *j*-ten Umweltzustand
$x_{i,k,m}$:	Wert der *m*-ten Eigenschaftsausprägung der *k*-ten Eigenschaft beim *i*-ten Stimulus
$\widetilde{x}_{i,k,m}$:	Dummy-Variable der *m*-ten Eigenschaftsausprägung der *k*-ten Eigenschaft beim *i*-ten Stimulus

$$\text{mit: } \tilde{x}_{i,k,m} = \begin{cases} 1 & \text{wenn der } i\text{-te Stimulus die } m\text{-te Ausprägung der } k\text{-ten Eigenschaft aufweist} \\ 0 & \text{sonst} \end{cases}$$

$x_{i,SB}$:	Wert der Selbstbeteiligung beim i-ten Stimulus
$x_{i,VP}$:	Wert der Versicherungsprämie beim i-ten Stimulus
$x_l^{+(-)}$:	Indifferenzwert im l-ten Lotterievergleich der Trade-Off-Methode im Fall von Gewinnen (Verlusten)
$x_{l,norm}^{+(-)}$:	Normierter Indifferenzwert im l-ten Lotterievergleich der Trade-Off-Methode im Fall von Gewinnen (Verlusten)
x_{max}:	Maximale unsichere Auszahlung einer Lotterie
x_{min}:	Minimale unsichere Auszahlung einer Lotterie

1 Einleitung

Erkenntnisse über das Entscheidungsverhalten von Kfz-Kaskoversicherungskäufern sind aus Anbietersicht von Interesse, um beispielsweise Gestaltungsmöglichkeiten von Versicherungsprodukten zu identifizieren. Auch aus Sicht der Nachfrager von Kfz-Kaskoversicherungen können solche Informationen beispielsweise zum Zweck einer Entscheidungsunterstützung von Nutzen sein. Nachfolgend wird in Kapitel 1.1 zunächst auf die Problemstellung bei der Erhebung des Präferenz- und Entscheidungsverhaltens von Konsumenten im Versicherungsbereich und bei Kfz-Kaskoversicherungen eingegangen. In Kapitel 1.2 wird die Zielsetzung der vorliegenden Arbeit formuliert. Abschließend wird der Aufbau der Arbeit in Kapitel 1.3 skizziert.

1.1 Problemstellung

Der Versicherungsmarkt stellt einen bedeutsamen und wachsenden Markt der deutschen Volkswirtschaft dar.[1] Die Versicherungsdurchdringung, d. h. die verdienten Bruttobeiträge der Erstversicherer in Relation zum Bruttoinlandsprodukt, betrug im Jahr 2005 7,45 %. Dieser Anteil ist zudem in den letzten 25 Jahren kontinuierlich von einem Ausgangswert von 5,09 % im Jahr 1980 angestiegen. In absoluten Zahlen betrachtet betrug die Summe der Bruttobeitragseinnahmen im Jahr 2005 über alle Sparten der deutschen Versicherungswirtschaft einschließlich der Bruttobeiträge zu Pensionskassen und Pensionsfonds 157,85 Mrd. €.[2] Auch hier ist über den oben genannten Zeitraum eine kontinuierliche Steigerung von einem Ausgangsniveau von 35,99 Mrd. € im Jahre 1980 aus zu verzeichnen.

Der Kfz-Versicherungszweig ist nach den verbuchten Bruttobeitragseinnahmen der drittgrößte Versicherungszweig hinter der Lebensversicherung und der Privaten Krankenversicherung.[3] So betrugen im Jahr 2005 die Bruttobeitragseinnahmen in Deutschland im Kfz-Versicherungszweig 22,0 Mrd. €. Daneben kommt der Kfz-Versicherung auch noch eine wichtige Funktion als Einstiegsprodukt zu, mit dem der Grundstein zu einer langjährigen Geschäftsbeziehung und entsprechenden Cross-Selling-Möglichkeiten in anderen Versicherungszweigen gelegt werden kann.[4]

---

1 Vgl. GDV (2006a), S. 59 und GDV (2006b), S. 20.

2 Vgl. GDV (2006b), S. 9.

3 Vgl. GDV (2006a), S. 1 und S. 61 und GDV (2006b), S. 56.

4 Vgl. Stadler (1998), S. 31 und Bittermann/Grunewald (2006), S. 364.

In der jüngeren Vergangenheit und aktuell ist der deutsche Versicherungsmarkt allerdings von einem grundlegenden Umbruch erfasst, der eine stärkere Deregulierung, erhöhten Wettbewerb und mit dem Internet die Etablierung neuer Vertriebswege mit sich bringt.[5] Wie der Versicherungsmarkt im Allgemeinen ist auch der Kfz-Versicherungsmarkt durch einen verschärften Wettbewerb gekennzeichnet.[6] Hier stellt sich die Situation für Anbieter von Versicherungen besonders schwierig dar, da dieser Markt weitgehend gesättigt und somit durch einen intensiven Preis- und Verdrängungswettbewerb charakterisiert ist.[7] Nach einer Studie vom Institut für Versicherungswirtschaft der Universität St. Gallen aus dem Jahr 2007 wird diese Entwicklung weiterhin anhalten.[8] So waren von 43 Experten aus der deutschsprachigen Versicherungswirtschaft 84 % der Meinung, dass die Intensität des Preiswettbewerbs in den nächsten Jahren eher zunehmen werde. Hinsichtlich der Preissensitivität der Kunden von Kfz-Versicherungen äußerten sogar 90 % der Befragten die Erwartung einer eher zunehmenden Preissensitivität.

Um gegenzusteuern und sich trotz der Marktentwicklung zu behaupten, halten einer Studie von Steria Mummert Consulting und dem F.A.Z.-Institut für Management-, Markt- und Medieninformationen aus dem Jahr 2005 zufolge demnach von den befragten 100 Führungskräften aus der deutschen Versicherungswirtschaft 95 % die Themen Kundenbindung und Kundenwert für bedeutend bzw. sehr bedeutend.[9] Weitere wichtige Ziele sind nach dieser Untersuchung die Verbesserung der Beratungsqualität sowie eine stärkere Kundensegmentierung.

Gerade im zunehmend wettbewerbsintensiveren Kfz-Versicherungsmarkt stellen demzufolge Kenntnisse und Informationen über das Zustandekommen von Versicherungsentscheidungen von (potenziellen) Konsumenten für Anbieter von Versicherungen wichtige Informationen dar, um bei den immer anspruchsvolleren, preissensibleren und wechselbereiteren Kunden dauerhafte Wettbewerbsvorteile gegenüber Konkurrenten zu generieren.[10]

In der Wissenschaft und Praxis gibt es, trotz deren Relevanz, bisher allerdings nur wenige fundierte Erkenntnisse, wie Entscheidungsprozesse bei Versicherungsentscheidungen von

---

5 Vgl. Mehlau/Wimmer (2002), S. 3; Müller-Peters/Quinke/Ley (1999), S. 365 f.; Vielreicher (1995), S. 2; Schäfer (2000), S. 88 und auch Bernheim (1998), S. 483.

6 Vgl. GDV (2006a), S. 100 ff.

7 Vgl. Erdönmez/Nutzenadel (2007), S. 105 f.; Knospe (2006a), S. 14 ff.; Knospe (2006b), S. 1402 ff.; Bittermann/Grunewald (2006), S. 364 und Kellenbenz (2005).

8 Vgl. Erdönmez/Nutzenadel (2007), S. 105 f.

9 Vgl. Gohr (2006), S. 48 f.

10 Vgl. o. V. (2000); Köhne (2002), S. 2; Mehlau/Wimmer (2002), S. 3 und Wulf (2007), S. 32.

Konsumenten in der Realität ablaufen.[11] Dieser Umstand wird unter anderem durch zwei spezifische Probleme hervorgerufen, die mit Versicherungsprodukten und Versicherungsentscheidungen einhergehen.[12] Nachfolgend soll näher auf diese beiden Probleme, die spezifische Produktstruktur der Versicherung und die sehr hohe Komplexität von Versicherungsentscheidungen, eingegangen werden:

1. Konsumenten beschäftigen sich aufgrund der spezifischen Produktstruktur im Vergleich zu anderen Produkten nur sehr ungern freiwillig mit Versicherungsprodukten, was eine Informationsbeschaffung über zugrunde liegende Entscheidungsprozesse erschwert.

Versicherungen bieten dem Versicherungsnehmer die Möglichkeit des Risikotransfers (bzw. des Transfers einer Wahrscheinlichkeitsverteilung von Schäden) auf den Versicherer gegen die Zahlung einer Versicherungsprämie.[13] Der Versicherer gibt daraufhin ein Versicherungsschutzversprechen an den Versicherungsnehmer ab, nach Eintritt von Versicherungsfällen entsprechende Versicherungsleistungen zu gewähren.

Ein inhärentes Merkmal des Produkts „Versicherung" ist, dass es sich um ein immaterielles Produkt handelt, das ein bedingtes zukünftiges Zahlungsversprechen im Schadensfall verkörpert.[14] Insofern nehmen die Konsumenten im Vergleich zu Konsumgütern oder anderen Dienstleistungen oftmals keinen direkten Nutzen bzw. keine Gegenleistung für ihre geleisteten Versicherungsprämien wahr.[15] Weiterhin werden Versicherungsprodukte oftmals nur mit negativen Assoziationen in Verbindung gebracht, da ihr Hauptzweck in der Absicherung vor unerwünschten, negativen Ereignissen wie z. B. Vermögensverlusten, Unfällen, Krankheiten und Tod liegt.[16] Auch die in der Praxis teilweise zur Anwendung kommenden Verkaufspraktiken, die am Kundenbedarf vorbeigehen und eine Abschlussorientierung statt einer Kundenorientierung bzw. Kundenberatung in den Mittelpunkt des Vertriebs stellen, tragen zu einem

---

[11] Vgl. auch Farny (1995b), S. 86 ff.; Beck (1982), S. 540; Urbany/Schmit/Butler (1989), S. 535 und Kunreuther/Slovic (1978), S. 65.

[12] Vgl. z. B. Diacon/Watkins (1995), S. 236; Kurtenbach/Kühlmann/Käßer-Pawelka (1992), S. 17 ff.; Nickel-Waninger (1987), S. 177 ff. und Theil (2003), S. 146 f.

[13] Vgl. Farny (1995a), S. 112; Farny (1995b), S. 81 ff.; Trowbridge (1975), S. 3 und Riege (1990), S. 417 ff.

[14] Vgl. Farny (1995a), S. 13 ff.; Farny (1995b), S. 88; Rejda (2003), S. 18; Günnewig (1998), S. 13 f. und Nickel-Waninger (1987), S. 177 ff.

[15] Vgl. Delisle (1981), S. 66 f.; Kurtenbach/Kühlmann/Käßer-Pawelka (1992), S. 18 und Diacon/Watkins (1995), S. 238.

[16] Vgl. Diacon/Watkins (1995), S. 238; Kurtenbach/Kühlmann/Käßer-Pawelka (1992), S. 20 und auch Rejda (2003), S. 19.

negativen Image von Versicherungen bei und konterkarieren das Ziel der Generierung dauerhafter Wettbewerbsvorteile sowie den Aufbau langfristiger Kundenbeziehungen.[17]

2. Versicherungsentscheidungen sind im Vergleich zu anderen Konsumentenentscheidungen im Konsumgüter- oder Dienstleistungsbereich extrem komplex.

Konsumentenentscheidungen im Finanzdienstleistungsbereich, beispielsweise Kapitalanlageentscheidungen, und mit der Anlageberatung zusammenhängende Prozesse zeichnen sich generell durch eine hohe Komplexität aus.[18] Diese hohe Komplexität resultiert aus der schon erwähnten Intangibilität von Finanzdienstleistungen, die aus Kundensicht abstrakte Größen verkörpern, und der Vielzahl von Informationen und Unsicherheiten, die in die Konsumentenentscheidungen einfließen müssen.[19] Demgegenüber sind Kauf- und Auswahlentscheidungen bei Konsumgütern aufgrund deren Produktstruktur für die Konsumenten wesentlich greifbarer, leichter vorstellbar und somit durch eine erheblich geringere Komplexität gekennzeichnet.

Im Vergleich zu anderen Finanzdienstleistungen weisen Versicherungen und Versicherungsentscheidungen nochmals eine höhere Komplexität auf.[20] Als Komplexitätstreiber von Versicherungsentscheidungen und der damit zusammenhängenden Entscheidungssituation können unterschiedliche Ursachen identifiziert werden:[21]

Konsumenten müssen in ihre Versicherungsentscheidungen eine Vielzahl unterschiedlicher Schadenshöhen mit den jeweils dazugehörenden Schadeneintrittswahrscheinlichkeiten einfließen lassen.[22] Demzufolge können für Versicherungsentscheidungen sehr viele mögliche Umweltzustände relevant sein und die zu versichernden Risiken stellen sich mehrdimensional in dem Sinne dar, dass ein Kontinuum an möglichen Schadenshöhen eintreten kann. Mit anderen Worten müssen Konsumenten bei ihren Versicherungsentscheidungen die Schadenverteilung des zu versichernden Objekts berücksichtigen.

---

[17] Vgl. Diacon/Watkins (1995), S. 236 und Surminski (1986), S. 432 ff.

[18] Vgl. Kaas/Severidt (2002), S. 620 f.; Kaas/Schneider/Zuber (2002), S. 641 f.; Kaas/Schneider (2007), S. 501 und Severidt (2001a), S. 10.

[19] Vgl. Kaas/Severidt (2002), S. 620 f.; Kaas/Schneider/Zuber (2002), S. 641 f. und Patterson (1991), S. 6.

[20] Vgl. Schanz (1976), S. 401; Delisle (1981), S. 68 und auch Beck (1982), S. 545.

[21] Vgl. Theil (2003), S. 146 f.

[22] Vgl. Theil (2003), S. 146; Farny (1995a), S. 18 ff. und Riege (1990), S. 417 ff.

Es findet durch den Abschluss einer Versicherung nicht notwendigerweise ein vollständiger Risikotransfer vom Versicherungsnehmer zum Versicherer statt.[23] Viele Versicherungen decken nur bestimmte Risiken und schließen andere Risiken dagegen aus. Des Weiteren sind oftmals Selbstbehalte von Versicherungsnehmern üblich oder es werden bestimmte Deckungssummen vereinbart, die eine Obergrenze für die Versicherungsleistungen und die abgesicherten Risiken markieren.

Vom Versicherungsnehmer für den Risikotransfer zu leistende Versicherungsprämien sind nicht notwendigerweise fix in ihrer Höhe.[24] Oftmals variieren sie in Abhängigkeit von Schadenserfahrungen des Versicherungsnehmers in der Vergangenheit oder sind an bestimmte Bonussysteme bei Schadensfreiheit oder Schadenfreiheitsklassen und weitere Einflussfaktoren gekoppelt.

Hinzu kommt noch, dass die Zahlung der Versicherungsprämie durch den Versicherungsnehmer, die Versicherungsleistung und eventuelle Prämienanpassungen normalerweise zu unterschiedlichen Zeitpunkten anfallen.[25] Diese Zeitpunkte können bei langfristigen Versicherungsverträgen zum Teil mehrere Jahre auseinander liegen.

Die genannten Punkte verdeutlichen, dass Versicherungsentscheidungen durch eine Vielzahl an zu berücksichtigenden Informationen gekennzeichnet sind, Unsicherheiten in Bezug auf unterschiedlichste Größen (z. B. Schadenverteilung, Selbstbehalte, Prämienhöhe, Versicherungsleistung) vorliegen, und letztlich auch intertemporale Effekte eine Rolle spielen.

Theil (2003) resümiert hinsichtlich der Komplexität von Versicherungsentscheidungen daher zutreffend: „Even if the decision maker focuses only on part of the risks he or she is facing, the situation is quite complex. In fact, to consider probability and severity of all possible outcomes, at all points of time and all interactions between the insured and uninsured situation is virtually impossible for consumers of insurance.“[26]

Selbst wenn Versicherungsnehmer in der Lage wären, alle genannten Informationen in ihr Entscheidungskalkül einfließen zu lassen, kommt noch erschwerend die Tatsache hinzu, dass viele der erforderlichen Entscheidungsparameter den Konsumenten in der Realität entweder

---

[23] Vgl. Theil (2003), S. 147; Farny (1995a), S. 326 ff. und Bültel/Wiese (2001), S. 1190.

[24] Vgl. Theil (2003), S. 147 und auch Stadler (1998), S. 21 ff.

[25] Vgl. Theil (2003), S. 147 und Ahlbrecht/Weber (1997), S. 813.

[26] Theil (2003), S. 147.

gar nicht oder nur teilweise bzw. vage bekannt sind.[27] In realen Versicherungsentscheidungen wird daher bei den Konsumenten i. d. R. zusätzlich eine Unsicherheit über die Unsicherheit (in Form von Größen wie Schadeneintrittswahrscheinlichkeiten und dazugehörigen Schadenshöhen) herrschen.[28] Möglicherweise können sich einige Versicherungsnehmer gar keine Vorstellungen über mögliche diskrete Schadenszustände und zugehörige Schadeneintrittswahrscheinlichkeiten bilden. Andere Versicherungsnehmer können sich ggf. ambige, unscharfe Vorstellungen über einige der erforderlichen Entscheidungsparameter bilden, hier dann allerdings wohl weniger als numerische Information, sondern eher auf verbalem Niveau.[29] Dies könnte beispielsweise in einer Form wie folgt o. ä. ablaufen: „Die Wahrscheinlichkeit, dass ich mit meinem Wagen, der vielleicht noch einen Restwert von etwa 8.000 € hat, einen selbstverschuldeten Totalschaden habe, halte ich für äußerst gering.“

Alle diese Aspekte tragen somit zur Komplexität und Abstraktheit von Versicherungsprodukten und Versicherungsentscheidungen bei. Dies gilt sowohl allgemein für Versicherungen als auch für Kfz-Kaskoversicherungsentscheidungen im Speziellen.

Aus diesem Grund sind insbesondere für das Produkt der Kfz-Kaskoversicherung Erkenntnisse über das Präferenz- und Entscheidungsverhalten von Konsumenten bedeutsam. Für das Marketing von Versicherungsanbietern sind dabei besonders in der Preis- und Produktpolitik beispielsweise nachfolgende Fragestellungen von Interesse:

- Schließen bestimmte (potenzielle) Kunden eine Kfz-Kaskoversicherung ab oder nicht?
- Welche Risiken sollen für bestimmte Konsumenten versichert werden?
- Wie hoch sollte eine optimale Selbstbeteiligung für die Versicherungsnehmer sein?
- Welches Ausmaß einer Reduktion der Versicherungsprämie erwarten Versicherungsnehmer bei einer bestimmten Erhöhung der Selbstbeteiligung?

---

[27] Vgl. Joskow (1973), S. 404 f.; Kunreuther (1976), S. 235 ff.; Schade (2000), S. 94; Hershey/Schoemaker (1980), S. 131; Slovic et al. (1977), S. 239; Kunreuther/Slovic (1978), S. 66; Camerer/Kunreuther (1989), S. 284; Eisner/Strotz (1961), S. 367 und auch Weber (1987), S. 44; Simon (1959), S. 272 und Simon (1955), S. 101 ff.

[28] Vgl. auch Schade (2000), S. 91 ff.; Fox/Tversky (1998), S. 880; Hogarth/Kunreuther (1989), S. 5 f.; Hogarth/Kunreuther (1985), S. 390; Hogarth/Kunreuther (1995), S. 15 f. und Camerer/Weber (1992), S. 355.

[29] Vgl. auch Tversky/Kahneman (1974), S. 1124; Reagan/Mosteller/Youtz (1989), S. 433 und Wallsten et al. (1986), S. 348.

- Gibt es unterschiedliche Kundentypen und Kundensegmente, die sich in Bezug auf ihre Präferenzstruktur unterscheiden, und wenn ja, wie unterscheiden sie sich und woran kann man sie identifizieren?

Die vorliegende Arbeit möchte im weiteren Verlauf zu einem Erkenntnisgewinn bei einigen dieser Fragen beitragen.

1.2 Ziel der Arbeit

Das Ziel dieser Arbeit besteht in der Analyse des Präferenz- und Entscheidungsverhaltens von Konsumenten im Hinblick auf Kfz-Kaskoversicherungsalternativen. Zu diesem Zweck sollen verschiedene Entscheidungsmodelle untersucht und hinsichtlich ihrer Prognosegüte in Bezug auf getroffene Kfz-Kaskoversicherungsentscheidungen verglichen werden. So sollen Erkenntnisse gewonnen werden, um die Abläufe, die in diesen komplexen Entscheidungssituationen bei den Konsumenten stattfinden, besser zu verstehen und tiefere Einblicke in das Konsumentenverhalten bei Kfz-Kaskoversicherungen zu erhalten. Die Zielsetzung der vorliegenden Arbeit kann dabei in fünf Unterziele untergliedert werden, die nachfolgend beschrieben werden:

1. **Analyse von Kfz-Kaskoversicherungsentscheidungen mit verschiedenen Entscheidungsmodellen und Vergleich der Prognosegüte der Entscheidungsmodelle hinsichtlich der getroffenen Entscheidungen**

Zunächst soll in der vorliegenden Arbeit aufgezeigt werden, mit welchen Entscheidungsmodellen Kfz-Kaskoversicherungsentscheidungen grundsätzlich analysiert werden können. Hierbei erweisen sich die Erwartungsnutzentheorie, die Cumulative Prospect Theorie und die Conjoint Analyse als geeignete Entscheidungsmodelle. Aufbauend auf den gewonnenen Erkenntnissen wird schließlich ein experimentelles Design entwickelt und eine Untersuchung zum Entscheidungsverhalten bei Kfz-Kaskoversicherungen durchgeführt. Aus den Ergebnissen können Aussagen getroffen werden, welches der eingesetzten Entscheidungsmodelle die individuellen Entscheidungen der Untersuchungsteilnehmer am besten erklären kann und die höchste Prognosegüte aufweist.

2. **Ermittlung von Kundensegmenten, die eine unterschiedliche Präferenzstruktur hinsichtlich des Entscheidungsverhaltens bei Kfz-Kaskoversicherungen aufweisen**

Für die Ausrichtung seiner Marketingstrategie ist es für ein Unternehmen immer von Interesse, ob bestimmte Kundensegmente existieren, die in sich eine relativ homogene Präferenzstruktur aufweisen, während sie sich von anderen Kundensegmenten möglichst deutlich unterscheiden. Daher wird neben der Analyse auf individueller Ebene auch eine Analyse auf Segmentebene durchgeführt. Dabei werden verschiedene Gruppen von Konsumenten ermittelt, die sich hinsichtlich ihrer Präferenzstruktur in Bezug auf Kfz-Kaskoversicherungen unterscheiden.

3. Empirische Erhebung der Elemente der Erwartungsnutzentheorie und der Cumulative Prospect Theorie und Vergleich der Ergebnisse mit Studien in der Literatur

Die empirische Schätzung der Elemente (Funktionen) der Erwartungsnutzentheorie und der Cumulative Prospect Theorie (zwei der hier untersuchten Entscheidungsmodelle) ist zusätzlich auch von starkem methodischen Interesse. Um Aussagen über die Prognosegüte dieser Entscheidungsmodelle in Bezug auf Kfz-Kaskoversicherungsentscheidungen treffen zu können, ist eine parametrische Schätzung dieser Funktionen erforderlich. Insbesondere bei der Cumulative Prospect Theorie existiert bisher nur eine begrenzte Anzahl an empirischen Studien, die eine vollständige parametrische Schätzung dieses Entscheidungsmodells vornehmen. Des Weiteren basieren diese Studien im Allgemeinen nur auf kleinen Stichprobengrößen. Daher können die in dieser Arbeit erzielten Ergebnisse dazu beitragen, weitere grundlegende Erkenntnisse über den empirischen Verlauf der Elemente dieser Entscheidungsmodelle zu gewinnen.

4. Entwicklung eines Befragungstools zur Datenerhebung

Die Datenerhebung in der empirischen Untersuchung gestaltet sich als zu komplex, um ohne eine Software (d. h. paper-pencil-basiert) durchgeführt werden zu können. Auch der Einsatz von standardisierten Softwarelösungen zur computergestützten Datenerhebung genügt nicht den speziellen Anforderungen im Rahmen der Untersuchung und muss somit ausgeschlossen werden. Insbesondere für die Erhebung der Elemente der Erwartungsnutzentheorie und der Cumulative Prospect Theorie existieren zudem keine standardisierten Softwarelösungen. Daher wurde für die Untersuchung ein eigenes, webbasiertes Befragungstool entwickelt, das den speziellen Anforderungen genügt und alle relevanten Aspekte der Datenerhebung leisten kann.

5. Ableitung von Implikationen für das Marketing von Kfz-Kaskoversicherungen für Versicherungsunternehmen und mögliche Übertragung der Erkenntnisse auf andere Versicherungsprodukte

Aus den gewonnenen Erkenntnissen der empirischen Untersuchung zur Erhebung des Präferenz- und Entscheidungsverhaltens können Implikationen für das Marketing von Kfz-

Kaskoversicherungen im Rahmen der betrachteten Produkteigenschaften abgeleitet werden. Zudem ist es auch möglich, bestimmte Ergebnisse und methodische Vorgehensweisen grundsätzlich auf andere Versicherungszweige und Versicherungsprodukte zu übertragen und dort nutzbar zu machen.

1.3 Aufbau der Arbeit

Der Aufbau der Arbeit gliedert sich wie in Abbildung 1 dargestellt:

Abbildung 1: Überblick über den Aufbau der Arbeit

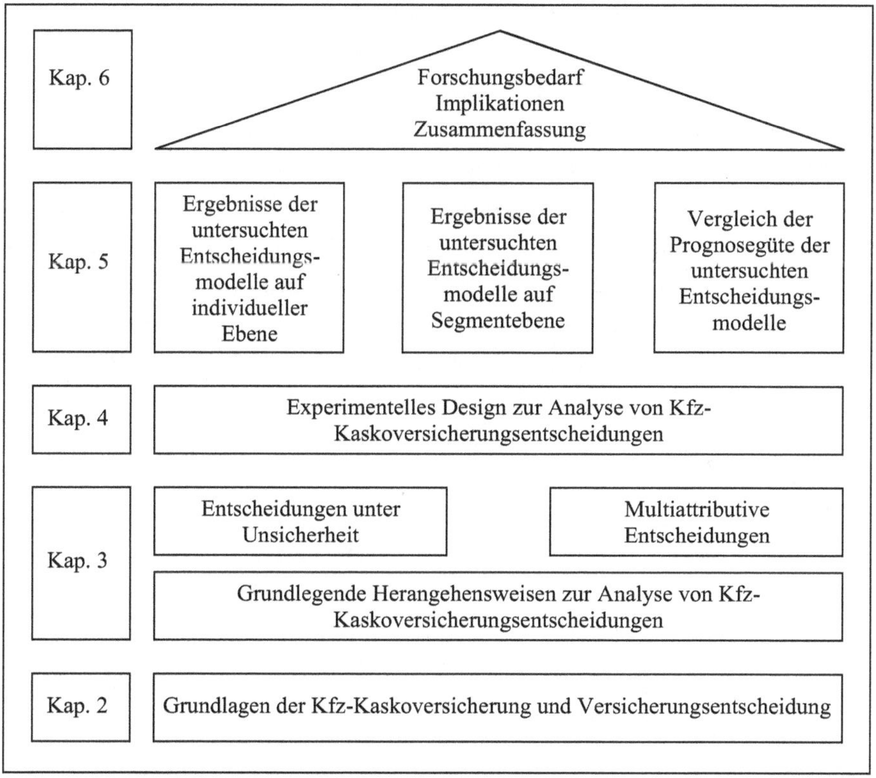

Kapitel 2 befasst sich zunächst mit einigen relevanten Grundlagen, indem die Produkteigenschaften des im Mittelpunkt der Arbeit stehenden Versicherungsprodukts, der Kfz-Kaskoversicherung, erläutert werden. Des Weiteren werden auch bisherige Studien in der Literatur zu Versicherungsentscheidungen dargestellt. Das 3. Kapitel beschäftigt sich mit Entscheidungsmodellen, die zur Analyse von Kfz-Kaskoversicherungsentscheidungen eingesetzt werden können. Nach der Behandlung der grundlegenden Herangehensweise zur Analyse solcher Entscheidungsprobleme werden zwei Entscheidungsparadigma identifiziert, die anschließend vertiefend behandelt werden. Es zeigt sich, dass Kfz-Kaskoversicherungsentscheidungen einerseits als Entscheidungen unter Unsicherheit betrachtet werden können, andererseits ist die Analyse solcher Entscheidungen als multiattributive Entscheidungen möglich. Im 4. Kapitel wird ausführlich auf das experimentelle Design eingegangen, welches zur Analyse von Kfz-Kaskoversicherungsentscheidungen herangezogen wird. Dabei wird auch das Befragungstool beschrieben, das zur Datenerhebung und Durchführung der Untersuchung eingesetzt wurde. Weiterhin werden die Elemente der eingesetzten Entscheidungsmodelle und deren Erhebung erläutert sowie die Anreizstruktur bei der empirischen Erhebung dargestellt. Die Ergebnisse der empirischen Untersuchung zur Analyse von Kfz-Kaskoversicherungsentscheidungen werden im 5. Kapitel beschrieben. Dabei erfolgt die Untersuchung für die eingesetzten Entscheidungsmodelle jeweils auf individueller Ebene, wodurch der Heterogenität der Präferenzen der Konsumenten am stärksten Rechnung getragen wird. Daneben werden die Ergebnisse auf Segmentebene dargestellt, wobei verschiedene Kundensegmente sichtbar werden, die sich hinsichtlich ihrer Präferenzstruktur unterscheiden. Abschließend erfolgt ein Vergleich der Prognosegüte der untersuchten Entscheidungsmodelle hinsichtlich der vorgenommen Kfz-Kaskoversicherungsentscheidungen. Kapitel 6 beendet die Arbeit mit einer Zusammenfassung, der Ableitung von Implikationen für das Marketing von Kfz-Kaskoversicherungen und einer Diskussion des weiteren Forschungsbedarfs in diesem Bereich.

2 Grundlagen der Kfz-Kaskoversicherung und der Versicherungsentscheidung

Kapitel 2 befasst sich mit den Grundlagen der Kfz-Kaskoversicherung und dem Ablauf von Versicherungsentscheidungen bei Konsumenten. Dazu werden zunächst die Produkteigenschaften des untersuchten Produkts, der Kfz-Kaskoversicherung, erläutert (Kap. 2.1). Im Anschluss wird auf Studien aus der Literatur eingegangen, die sich mit der Analyse von Versicherungsentscheidungen befassen (Kap. 2.2).

2.1 Produkteigenschaften der Kfz-Kaskoversicherung

Die Kfz-Kaskoversicherung deckt Sachschäden am eigenen Pkw und ist im Gegensatz zur Kfz-Haftpflichtversicherung eine freiwillige Versicherung.[30] Demgegenüber stellt der Abschluss einer Kfz-Haftpflichtversicherung aufgrund der Versicherungspflicht keine Entscheidungsalternative dar und wurde daher aus Vereinfachungsgründen in der vorliegenden Untersuchung nicht berücksichtigt. Bei der Kfz-Kaskoversicherung können zwei verschiedene Varianten, die Teilkaskoversicherung und die Vollkaskoversicherung, untergliedert werden.[31] Diese unterscheiden sich dahingehend, welche Schäden bzw. Risiken von der jeweiligen Versicherungsvariante gedeckt werden.

Die Teilkaskoversicherung deckt das Risiko gegen so genannte Teilkaskoschäden. Diese stellen fremdverschuldete Risiken wie z. B. Diebstahl des Pkws, Wildschäden oder Brand des Pkws dar.[32] Die Vollkaskoversicherung deckt hingegen neben den zuvor erwähnten Teilkaskoschäden auch die so genannten Vollkaskoschäden, wobei dies im Wesentlichen Schäden durch selbstverschuldete Unfälle sind.[33] Tabelle 1 gibt einen Überblick über den Umfang der versicherten Schäden bei der Kfz-Teilkasko- und Kfz-Vollkaskoversicherung:

---

30 Vgl. Stadler (1998), S. 5 und Beck (1982), S. 541. Die Kfz-Haftpflichtversicherung deckt Personen- und Sachschäden geschädigter Dritter. Sie stellt, wie der Name schon sagt, im Gegensatz zur Kfz-Kaskoversicherung eine Pflichtversicherung für den Halter eines Fahrzeuges dar. Vgl. Stadler (1998), S. 2 f.; § 1 PflVG und § 2 KfzPflVV.

31 Vgl. Stadler (1998), S. 4 ff. und S. 59 ff. und Held (1990), S. 98 ff.

32 Vgl. Stadler (1998), S. 4 f. und S. 63 ff. und Asmus (1989), S. 82 f.

33 Vgl. Stadler (1998), S. 4 f. und S. 68 ff. und Asmus (1989), S. 84.

Tabelle 1: Umfang der versicherten Schäden bei der Kfz-Teilkasko- und Kfz-Vollkaskoversicherung[34]

Kfz-Teilkaskoversicherung (Teilkaskoschäden)	**Kfz-Vollkaskoversicherung** (Teil- und Vollkaskoschäden)
▪ Diebstahl des Pkws ▪ Brand oder Explosion des Pkws ▪ Schäden durch Sturm, Hagel, Blitzschlag oder Überschwemmung ▪ Wildschäden ▪ Glasbruchschäden ▪ Brand- oder Schmorschäden an der Verkabelung durch Kurzschluss	▪ Alle Teilkaskoschäden (Schäden, die mit der Kfz-Teilkaskoversicherung gedeckt sind) ▪ Schäden durch selbstverschuldete Unfälle ▪ Schäden durch Fahrerflucht des Unfallgegners ▪ Schäden durch Vandalismus von Unbekannten

Für die Übernahme der jeweiligen Risiken ist vom Versicherungsnehmer eine jährliche Prämienzahlung an das Versicherungsunternehmen zu entrichten.[35] Die Tarifierung der vom Versicherungsnehmer zu leistenden Prämien gestaltet sich in der Versicherungspraxis sehr komplex. Neben dem Umfang der versicherten Schäden determiniert noch eine ganze Reihe weiterer sach- und personenbezogener Faktoren (z. B. Typklasse des Pkws, Fahrzeugalter, Wohnort des Fahrzeughalters, Schadenfreiheitsklasse usw.) die Prämienhöhe.

Als letzte Produkteigenschaft der Kfz-Kaskoversicherung ist noch die Selbstbeteiligung zu nennen. Diese stellt den Betrag dar, den ein Versicherungsnehmer im Schadensfall selbst zahlen muss, sofern eine solche Selbstbeteiligung vereinbart ist.[36] Schäden, die kleiner oder gleich der vereinbarten Selbstbeteiligung sind, muss der Versicherungsnehmer folglich tragen. Darüber hinausgehende Schäden werden über die Kfz-Kaskoversicherung gedeckt. In der Praxis können Versicherungsnehmer zwischen verschiedenen Höhen der Selbstbeteiligung wählen.[37] Diese liegen meist zwischen 0 € (keine Selbstbeteiligung) und 5.000 €. Weiterhin können im Allgemeinen für Teilkaskoschäden und Vollkaskoschäden auch unterschiedlich hohe Selbstbeteiligungen vereinbart werden.

---

34 Vgl. Stadler (1998), S. 4 f. und S. 60; Held (1990), S. 100 und Asmus (1989), S. 82 ff.

35 Vgl. Stadler (1998), S. 21 ff. und Schmidt-Kasparek (2006), S. 1903.

36 Vgl. Stadler (1998), S. 5 f.; Rejda (2003), S. 101 und Harrington/Niehaus (2004), S. 188 f.

37 Vgl. Stadler (1998), S. 5 und http://www.fss-online.de.

Die Selbstbeteiligung geht einher mit einer niedrigeren Versicherungsprämie im Vergleich zu Verträgen, die ohne Selbstbeteiligung abgeschlossen werden.[38] Somit besteht für den Versicherungsnehmer ein Trade-Off zwischen der Höhe der Versicherungsprämie bzw. Prämienersparnis durch die Selbstbeteiligung und der Höhe der zu zahlenden Selbstbeteiligung im Schadensfall. Aus Sicht der Anbieter von Versicherungen dienen Selbstbeteiligungen dazu, opportunistisches Verhalten (Moral Hazard) von Versicherungsnehmern zu verhindern bzw. einzuschränken und insbesondere die Verwaltungskosten der Schadensbearbeitung bei Bagatellschäden zu reduzieren.[39]

2.2 Versicherungsentscheidungen in der Literatur

In der Literatur existiert eine Reihe von Studien zu Versicherungsentscheidungen, die durch unterschiedliche Vorgehensweisen den Einsatz verschiedenartiger Entscheidungsmodelle erforschen. Zudem wird in diesen Studien versucht, durch die Untersuchung potenzieller Entscheidungsdeterminanten Versicherungsentscheidungen besser zu verstehen und wichtige Einflussfaktoren auf die Konsumentenentscheidungen zu ermitteln. Im Folgenden sollen für die Zielsetzung der vorliegenden Arbeit wichtige Studien dargestellt und kritisch beleuchtet werden. Die Studien können dahingehend untergliedert werden, ob sie Versicherungsentscheidungen als Entscheidungen unter Unsicherheit im Rahmen der Erwartungsnutzentheorie bzw. der Prospect Theorie untersuchen (Kap. 2.2.1) oder ob Versicherungsentscheidungen als multiattributive Entscheidungen mit der Conjoint Analyse analysiert werden (Kap. 2.2.2). Weiterhin gibt es verschiedene Studien, die Versicherungsentscheidungen anhand anderer Faktoren und Determinanten zu erklären versuchen (Kap. 2.2.3). Ein Fazit aus dem vorgenommenen Literaturüberblick erfolgt in Kapitel 2.2.4.

2.2.1 Studien zu Versicherungsentscheidungen als Entscheidungen unter Unsicherheit

Beispielsweise untersuchen Pashigian/Schkade/Menefee (1966) die Wahl der optimalen Selbstbeteiligungshöhe für Kfz-Kaskoversicherungen unter der Erwartungsnutzentheorie.[40] Hierzu treffen die Autoren die Annahme, dass Versicherungsnehmer sich als rationale Erwartungsnutzenmaximierer verhalten und eine quadratische Nutzenfunktion besitzen. Anhand dieser Annahmen erfolgt eine theoretische Herleitung der Bandbreite, innerhalb der die opti-

---

38 Vgl. Rejda (2003), S. 101; Harrington/Niehaus (2004), S. 188 f.; Grob (1967), S. 179 ff. und Pashigian/Schkade/Menefee (1966), S. 35.

39 Vgl. zur Problematik opportunistischen Verhaltens Arrow (1963), S. 961 ff.; Williamson (1985), S. 47 ff.; Alchian/Woodward (1988), S. 67 ff.; Spremann (1990) und Kaas (1995), S. 25 ff.

40 Vgl. Pashigian/Schkade/Menefee (1966).

male Selbstbeteiligungshöhe bei rationalen Versicherungsnehmern liegen müsste.[41] Zur Prüfung der empirischen Validität des Modells überprüfen die Autoren auf aggregierter Ebene reale Versicherungskäufe aus dem Jahr 1963 im US-Bundesstaat Missouri mit bestimmten Prämien-Selbstbeteiligungs-Kombinationen. Als Ergebnis stellt sich heraus, dass das unterstellte Erwartungsnutzenmodell das reale Kaufverhalten der Versicherungsnehmer nicht gut erklären kann.[42] Dies gründet darauf, dass sehr viele der realen Kaufentscheidungen eine geringere Selbstbeteiligung aufweisen, als es von dem unterstellten Erwartungsnutzenmodell prognostiziert wird.

An der gewählten Vorgehensweise in dieser Studie ist insbesondere zu kritisieren, dass eine für alle Versicherungsnehmer identische Nutzenfunktion unterstellt wird.[43] Die angenommene Funktionsform entspricht zwar allgemein akzeptierten Annahmen, jedoch wird damit jede Heterogenität in den Verläufen der Nutzenfunktionen bei den Versicherungsnehmern vernachlässigt. Von daher sind die Ergebnisse der Studie mit Vorsicht zu interpretieren – möglicherweise sind die realen Kaufentscheidungen mit den „wahren", in der Studie nicht erhobenen individuellen Nutzenfunktionen erklärbar.

Murray (1971) entwickelt ebenfalls ein Modell, welches sich, basierend auf den Annahmen der Erwartungsnutzentheorie, mit der Wahl der optimalen Selbstbeteiligungshöhe bei Kfz-Kaskoversicherungen befasst.[44] Im Gegensatz zur vorgenannten Studie werden dabei auch die individuellen Nutzenfunktionen der Probanden erhoben und mittels Regressionsanalysen parametrisch geschätzt.[45] Zur Überprüfung der Prognosevalidität der ermittelten individuellen Nutzenfunktionen mussten die Probanden 20 hypothetische Versicherungswahlentscheidungen durchführen, wobei die Wahl jeweils zwischen der Alternative „Nichtversicherung" und einer Kfz-Kaskoversicherung mit bestimmter Prämien-Selbstbeteiligungs-Kombination bestand.[46] Diese empirischen Wahlentscheidungen wurden anschließend mit den mittels der Nutzenfunktion prognostizierten Wahlentscheidungen verglichen. Hierbei konnten über die individuellen Nutzenfunktionen 58 % der hypothetischen Versicherungsentscheidungen richtig prognostiziert werden.

---

41 Vgl. Pashigian/Schkade/Menefee (1966), S. 38 f.

42 Vgl. Pashigian/Schkade/Menefee (1966), S. 41.

43 Vgl. auch Murray (1971), S. 424.

44 Vgl. Murray (1971).

45 Vgl. Murray (1971), S. 425 ff.

46 Vgl. Murray (1971), S. 434 f.

Kritisch anzumerken sind an der Studie mehrere Aspekte. Zum einen ist die verwendete Stichprobe mit 10 Probanden (Fakultätsmitglieder und Studenten) äußerst klein,[47] sodass die Ergebnisse nicht über die Stichprobe hinaus aussagefähig sind. Die verwendeten Auswahlentscheidungen zur Überprüfung der Prognosegüte stellen weiterhin kein „strenges“ Kriterium dar, da immer nur die Alternativen „Nichtversicherung“ vs. „Versicherung“ zur Wahl standen. Bei diesen „Extremalternativen“ dürften a priori die Nutzenunterschiede wesentlich größer sein als bei Auswahlentscheidungen zwischen zwei Versicherungsalternativen mit unterschiedlichen Prämien-Selbstbeteiligungs-Kombinationen. Insofern könnte die Prognosegüte in diesem Falle höher sein als bei Zugrundelegung eines solchen „strengeren“ Kriteriums. Schließlich sind aus der Studie das genaue experimentelle Design und insbesondere die verwendeten Versicherungsalternativen nicht ersichtlich.

In einer weiteren Studie untersucht Murray (1972) letztlich dieselbe Fragestellung der Prognosegüte empirisch erhobener Nutzenfunktionen für Kfz-Kaskoversicherungen.[48] Wie in der zuvor erwähnten Studie werden auch hier die individuellen Nutzenfunktionen nach der Erwartungsnutzentheorie für die Probanden erhoben sowie die Funktionsparameter regressionsanalytisch geschätzt.[49] Als Untersuchungsobjekte kommen in diesem Fall 30 Probanden aus der Bevölkerung von Iowa zum Einsatz, von denen auch eine Reihe soziodemographischer Variablen erfasst wurde. Darunter war auch die Höhe der Selbstbeteiligung der realen Kfz-Kaskoversicherung der Probanden.[50] Die Prognosegüte der individuellen Nutzenfunktionen wird wie schon von Murray (1971) über insgesamt 20 hypothetische Versicherungsauswahlentscheidungen (Wahl einer spezifischen Versicherungsalternative vs. Nichtversicherung) ermittelt, wobei wiederum die prognostizierten Auswahlentscheidungen den empirischen Auswahlentscheidungen gegenübergestellt wurden.[51] Als Resultat ergibt sich eine geringe Prognosegüte: Nur 45,3 % der empirischen Auswahlentscheidungen können mit dem Erwartungsnutzenmodell richtig prognostiziert werden, was einen geringeren Wert als bei einem Zufallsmodell darstellt. Des Weiteren wird für eine Reihe soziodemographischer Variablen untersucht, ob hier ein Einfluss auf die Höhe der Selbstbeteiligung der realen Kfz-Kaskoversicherung der Probanden besteht.[52] Ein signifikanter Einfluss lässt sich nur für die

---

[47] Vgl. Murray (1971), S. 430.

[48] Vgl. Murray (1972).

[49] Vgl. Murray (1972), S. 33.

[50] Vgl. Murray (1972), S. 33 ff.

[51] Vgl. Murray (1972), S. 34 f.

[52] Vgl. Murray (1972), S. 35 ff.

Einkommenshöhe und die subjektive Schätzung der Schadeneintrittswahrscheinlichkeit, innerhalb eines Jahres einen Autounfall zu haben, nachweisen.

Die Kritikpunkte an der Studie ergeben sich analog der Studie von Murray (1971) und werden daher nicht nochmals gesondert aufgeführt; allein die Stichprobengröße ist in diesem Fall mit 30 Probanden geringfügig größer.

Neter und Williams (1971) vergleichen in einer Studie die Eignung von drei normativen Entscheidungsmodellen beim Einsatz im Bereich von Versicherungsentscheidungen.[53] Dabei handelt es sich neben der Erwartungsnutzentheorie um die so genannte Comparison-Methode und die so genannte Worry-Methode. Bei der Comparison-Methode wird ein direkter, paarweiser Vergleich von Versicherungsalternativen in Form von Wahrscheinlichkeitsverteilungen durchgeführt. Bei der Worry-Methode werden die Probanden hinsichtlich ihrer über den Erwartungsschaden hinausgehenden Zahlungsbereitschaft („Worry Value") für verschiedene Versicherungsalternativen befragt. Die Autoren schätzen dabei für jeden der 36 Probanden (primär Versicherungsvertreter und Risk Manager) die drei zu vergleichenden Entscheidungsmodelle. Anhand der geschätzten Entscheidungsmodelle können dann die Präferenzrangfolgen für jeweils sieben unterschiedliche Versicherungsalternativen errechnet werden.[54] Weiterhin geben die Probanden noch die von ihnen tatsächlich präferierte Versicherungsalternative an und beurteilen die drei untersuchten Entscheidungsmodelle hinsichtlich ihrer Anwendungseignung anhand bestimmter Kriterien. Im Ergebnis schneidet die Erwartungsnutzentheorie am schlechtesten ab – hiermit werden lediglich 3,8 % der tatsächlich präferierten Versicherungsalternativen richtig prognostiziert verglichen mit 69,2 % bei der Worry-Methode und 92,3 % bei der Comparison-Methode.[55] Auch bei der Beurteilung der Anwendbarkeit und Eignung der Methoden durch die Probanden schneidet die Erwartungsnutzentheorie am schlechtesten ab.[56]

Methodisch problematisch erscheint an der Studie einerseits, dass es sich um eine hypothetische Befragung handelt, wodurch die Probanden nicht unbedingt einen zwingenden Anreiz haben, ihre wahren Präferenzen zu äußern. Gewichtiger erscheint allerdings der Umstand, dass die von den Probanden tatsächlich präferierte Versicherungsalternative erst erhoben wird, nachdem den Probanden bereits mitgeteilt wurde, welche Versicherungsalternativen

[53] Vgl. Neter/Williams (1971).

[54] Vgl. Neter/Williams (1971), S. 393 ff.

[55] Vgl. Neter/Williams (1971), S. 405.

[56] Vgl. Neter/Williams (1971), S. 396 ff.

nach den drei untersuchten Methoden den höchsten errechneten Präferenzwert aufweisen.[57] Eine solche Vorgehensweise kann natürlich in hohem Maße beeinflussend auf die Auswahlentscheidungen der Probanden wirken.

Kunreuther (1976) ermittelt in einer groß angelegten empirischen Untersuchung zur Konsumentennachfrage nach Versicherungen gegen Hochwasser und Erdbeben, dass die Versicherungsentscheidungen der Mehrheit der Teilnehmer nicht in Einklang mit der Erwartungsnutzentheorie stehen.[58] In der Studie wurden über 3.000 Hauseigentümer in hochwasser- und erdbebengefährdeten Gebieten in Kalifornien bezüglich ihrer Versicherungsnachfrage nach den genannten Produkten befragt.[59] Im Wesentlichen ergeben sich in der Studie zwei Teilaspekte, die die schlechte Erklärungsgüte der Erwartungsnutzentheorie hinsichtlich der Versicherungsnachfrage für die untersuchten geringwahrscheinlichen Schadensereignisse mit hohen potenziellen Schadenshöhen bedingen.[60] So haben viele der befragten Personen zu wenige Informationen über relevante Größen und können keinerlei Schätzung über mögliche Schadenshöhen, Versicherungskosten und Schadeneintrittswahrscheinlichkeiten abgeben. Aufgrund dieser fehlenden Inputgrößen ist eine Anwendung der Erwartungsnutzentheorie für sie nicht möglich. Von den Personen, die Schätzungen über die relevanten Größen abgeben können, handeln allerdings viele entgegen der Erwartungsnutzentheorie. Ein substanzieller Anteil dieser Gruppe müsste eine extreme Risikoaversion aufweisen, um das zutage gelegte Verhalten mit der Erwartungsnutzentheorie zu erklären. Insgesamt tritt bei 55 % (42 %) der Personen, die eine Versicherung gegen Hochwasser (Erdbeben) abgeschlossen hatten, ein Verhalten auf, das mit der Erwartungsnutzentheorie inkonsistent ist.[61] Bei den Probanden, die keine Versicherung abgeschlossen haben, tritt sogar bei 88 % (85 %) mit der Erwartungsnutzentheorie inkonsistentes Verhalten bezüglich der Versicherungsentscheidungen gegen Hochwasser (Erdbeben) auf. Als Haupteinflussfaktoren für die Versicherungsentscheidungen identifiziert Kunreuther in seiner Studie zum einen eigene Schadenserfahrungen der Probanden in der Vergangenheit und zum anderen die Informationsbeschaffung von Personen aus dem Freundes- und Bekanntenkreis.[62]

---

57 Vgl. Neter/Williams (1971), S. 396 und S. 405.

58 Vgl. Kunreuther (1976).

59 Vgl. Kunreuther (1976), S. 232 f.

60 Vgl. Kunreuther (1976), S. 234 ff.

61 Vgl. Kunreuther (1976), S. 238 f.

62 Vgl. Kunreuther (1976), S. 246 ff. und auch Kunreuther et al. (1978), S. 111.

Eine Einschränkung der Studie ist auch hier darin zu sehen, dass die Aussagen über die Erklärungsgüte zwar auf allgemein akzeptierten Annahmen in diesem Entscheidungsmodell beruhen und auch unter diesen Annahmen mathematisch hergeleitet werden. Allerdings erfolgt keine empirische Erhebung der individuellen Nutzenfunktionen der Probanden, durch die die unterstellten Annahmen entweder verifiziert oder falsifiziert werden könnten.

Slovic et al. (1977) führen eine Reihe von Laborexperimenten zu Versicherungsentscheidungen durch und ermitteln dabei verschiedene Verletzungen der Annahmen der Erwartungsnutzentheorie.[63] Die Teilnehmer der Laborexperimente (vornehmlich Studenten) mussten dabei eine Reihe von Versicherungswahlentscheidungen treffen, wobei die verfügbaren Versicherungsalternativen in den meisten Experimenten als faire Versicherungen ausgestaltet sind (die Versicherungsprämie entspricht hierbei dem Erwartungsschaden). Die Entscheidungssituationen stellen dabei systematische Variationen hinsichtlich der möglichen Schadenshöhe und der entsprechenden Schadeneintrittswahrscheinlichkeiten dar.[64] Ein Teilexperiment ist in der Studie als Urnenexperiment mit abstrakten Versicherungsentscheidungen als Verlustlotterien gestaltet, das andere als so genanntes Farm Game, bei dem die Teilnehmer neben anderen Entscheidungen auch Versicherungsentscheidungen gegen Naturkatastrophen auf einer hypothetischen Farm treffen müssen. Im Ergebnis kommen die Autoren jeweils zu dem Schluss, dass sich die Teilnehmer viel stärker gegen Situationen versichern, die mit hoher Wahrscheinlichkeit niedrige Verluste mit sich bringen, als gegen Situationen, die mit geringer Wahrscheinlichkeit hohe Verluste mit sich bringen.[65] Dieses Verhalten der Probanden steht allerdings im Widerspruch zur Erwartungsnutzentheorie, die bei Annahme von risikoaversen Probanden mit konkaver Nutzenfunktion genau das Gegenteil prognostizieren würde.[66] Als eine mögliche Erklärung für dieses Ergebnis führen die Autoren an, dass die Probanden möglicherweise, im Widerspruch zur Erwartungsnutzentheorie, eine konvexe Nutzenfunktion im Verlustbereich aufweisen, was mit der Prospect Theorie im Einklang stehen würde. Des Weiteren argumentieren sie, dass bei Personen möglicherweise bestimmte Wahrscheinlichkeitsschwellen existieren, unter denen (bei sehr kleinen Wahrscheinlichkeiten) Verluste als nicht bedrohlich angesehen werden, und somit in diesen Situationen keine Versicherungen nachgefragt werden.

---

63 Vgl. Slovic et al. (1977).

64 Vgl. Slovic et al. (1977), S. 241 f. und S. 249.

65 Vgl. Slovic et al. (1977), S. 243 f. und S. 250 f. und auch Kunreuther/Pauly (2004), S. 5 ff.

66 Vgl. Slovic et al. (1977), S. 253 ff.

Einige der Experimente von Slovic et al. wurden in Form hypothetischer Entscheidungssituationen durchgeführt, in denen die getroffenen Entscheidungen der Probanden keine finanziellen Auswirkungen für die Probanden beinhalteten. Dies könnte zu einer Beeinflussung des Antwortverhaltens geführt haben. Allerdings kamen die anderen Experimente mit einem entsprechenden Anreizmechanismus zu vergleichbaren Ergebnissen, wodurch diese Tatsache offenbar in der Studie kein ernsthaftes Problem darstellte. Die Argumentation der Autoren bezüglich der Verletzung der Prämissen der Erwartungsnutzentheorie basiert allerdings ausschließlich auf qualitativen Aussagen unter den üblichen Annahmen über den Verlauf der Nutzenfunktion. Eine Überprüfung, ob diese Annahmen zutreffen (über eine Erhebung der individuellen Nutzenfunktionen der Probanden), und eine quantitative Untermauerung der Argumentation werden in der Studie nicht geleistet.

Schoemaker und Kunreuther (1979) stellen in einer Studie die Erklärungsgüte der Erwartungsnutzentheorie und der Prospect Theorie in Bezug auf verschiedene Gesichtspunkte von Versicherungsentscheidungen gegenüber.[67] Dazu wurden insgesamt 302 Probanden (Studenten und Kunden einer Versicherungsagentur) befragt. Unter anderem mussten die Probanden vier verschiedene Versicherungsalternativen, die sich hinsichtlich Prämie und Höhe der Selbstbeteiligung unterscheiden, nach ihrer Attraktivität beurteilen.[68] Auffällig hierbei ist, dass die Mehrzahl der Probanden entweder Versicherungen ohne Selbstbeteiligung oder mit der höchsten Selbstbeteiligung bei gleichzeitig niedrigster Versicherungsprämie präferiert. „Mittlere“ Prämien-Selbstbeteiligungs-Kombinationen werden dagegen weniger vorgezogen. Diese Präferenzstruktur steht nach den Autoren allerdings im Widerspruch zur Erwartungsnutzentheorie.

Zu der Untersuchung von Schoemaker und Kunreuther sind speziell zwei Aspekte kritisch zu würdigen: Die Argumentation der Autoren zur Erklärungsgüte der Erwartungsnutzentheorie und Prospect Theorie für die untersuchten Fragestellungen erfolgt rein qualitativ. Das bedeutet, dass Aussagen über zu erwartendes Präferenzverhalten nach den untersuchten Entscheidungsmodellen allein auf plausiblen Annahmen und allgemein unterstellten Funktionsverläufen der Entscheidungsmodelle basieren. Es wird in der Studie allerdings weder überprüft, ob die Funktionen der Entscheidungsmodelle bei den Probanden tatsächlich so verlaufen, noch werden numerische Nutzenwerte für die Entscheidungsalternativen berechnet, die die Ergebnisse auch quantitativ zeigen. Des Weiteren mussten die Probanden hypothetische Versiche-

---

[67] Vgl. Schoemaker/Kunreuther (1979).

[68] Vgl. Schoemaker/Kunreuther (1979), S. 610 ff.

rungsentscheidungen treffen, wobei aufgrund des Fehlens eines Anreizmechanismus in der Studie möglicherweise Verzerrungen im Antwortverhalten der Probanden aufgetreten sein könnten.

Hershey und Schoemaker (1980) untersuchen Versicherungsentscheidungen mit der Erwartungsnutzentheorie und legen dabei eine Markowitz-Nutzenfunktion zugrunde.[69] Dabei analysieren sie Versicherungsentscheidungen von 82 Studenten, die jeweils zu entscheiden haben, ob sie in bestimmten Entscheidungssituationen eine Versicherungsalternative oder Nichtversicherungsalternative vorziehen würden oder zwischen diesen beiden Alternativen indifferent sind.[70] Bei den Versicherungsalternativen werden systematische Variationen der Verlusthöhe, Schadeneintrittswahrscheinlichkeiten und Versicherungsprämie vorgenommen. Alle Alternativen sind dabei aber so ausgestaltet, dass es sich um faire Versicherungen handelt, d. h., dass die Versicherungsprämie dem Erwartungsschaden entspricht. Im Ergebnis tritt bei vielen Probanden ein Präferenzverhalten zutage, welches inkonsistent mit der Erwartungsnutzentheorie ist und von den Autoren teilweise mit einer Übergewichtung kleiner Schadeneintrittswahrscheinlichkeiten sowie Untergewichtung großer Schadeneintrittswahrscheinlichkeiten erklärt wird, wie es auch in der Prospect Theorie angenommen wird.[71]

An der Vorgehensweise der Autoren ist wie in vielen anderen Studien auch zu bemängeln, dass die Argumentation rein grafisch und auf qualitativer Ebene erfolgt. Auch hier werden die individuellen Nutzenfunktionen der Probanden nicht erhoben, wodurch eine numerische Analyse der betreffenden Versicherungsentscheidungen möglich wäre. Methodisch werden die Versicherungsentscheidungen im Rahmen einer Befragung erhoben, wobei auf finanzielle Anreize für die Probanden verzichtet wird bzw. keine anreizkompatiblen Verfahren zum Einsatz kommen. Somit kann nicht ausgeschlossen werden, dass Verzerrungen im Antwortverhalten der Probanden aufgetreten sind und die getroffenen Entscheidungen nicht dem „wahren“ Entscheidungsverhalten entsprechen.

Johnson et al. (1993) führten eine Reihe verschiedener Studien zum Entscheidungsverhalten bei Versicherungen durch.[72] Unter anderem untersuchten die Autoren das Entscheidungsverhalten von 187 Probanden hinsichtlich zweier unterschiedlich geframter Kfz-Versicherungsalternativen. Ökonomisch sind die beiden Entscheidungsalternativen identisch,

---

[69] Vgl. Hershey/Schoemaker (1980) und Markowitz (1952).

[70] Vgl. Hershey/Schoemaker (1980), S. 120 ff.

[71] Vgl. Hershey/Schoemaker (1980), S. 126 f.

[72] Vgl. Johnson et al. (1993).

sieht man einmal von intertemporalen Effekten ab. Bei der ersten Versicherungsalternative zahlt der Versicherungsnehmer eine Versicherungsprämie von 1.000 $ im Jahr und im Schadensfall eine Selbstbeteiligung von 600 $ (d. h., Schäden bis zu einer Summe von 600 $ im Jahr müssen vom Versicherungsnehmer selbst getragen werden).[73] Die zweite Versicherungsalternative kostet am Jahresanfang zunächst eine Versicherungsprämie von 1.600 $. Bei Schadensfreiheit oder Schäden < 600 $ während des Jahres wird bei dieser Alternative am Jahresende eine Prämienrückerstattung von bis zu 600 $ gewährt. Ein rational handelnder Versicherungsnehmer (im Sinne der Erwartungsnutzentheorie) sollte nun entweder indifferent zwischen beiden Alternativen sein oder bei Berücksichtigung intertemporaler Präferenzen die erste Versicherungsalternative vorziehen (im zweiten Fall erleidet der Versicherungsnehmer durch die Vorfinanzierung der höheren Prämie einen Zinsverlust). Das Ergebnis der Befragung gestaltet sich indes genau gegensätzlich – 67,8 % der Probanden ziehen die zweite Versicherungsalternative (Prämienrückerstattung) der ersten Alternative (Selbstbeteiligung) vor.[74] Die Autoren begründen dieses von den Vorhersagen der Erwartungsnutzentheorie abweichende Ergebnis anhand der Wertfunktion der Prospect Theorie. Während bei der ersten Alternative (Selbstbeteiligung) mental bei den Probanden zwei segregierte Verluste anfallen (Versicherungsprämie und Selbstbeteiligung), fallen im zweiten Fall ein Verlust (Versicherungsprämie) und ein Gewinn (Prämienrückerstattung) an. Dies lässt die zweite Versicherungsalternative aufgrund der spezifischen Funktionsform der Wertfunktion der Prospect Theorie attraktiver erscheinen – unabhängig davon, ob ein Unfall eintritt oder nicht.[75]

Die von Johnson et al. (1993) durchgeführte Analyse wird allerdings ausschließlich grafisch vorgenommen, weshalb die Argumentation nur qualitativen Charakter aufweist. Das Entscheidungsverhalten der Probanden ist zwar bei dem typischerweise unterstellten Funktionsverlauf der Wertfunktion der Prospect Theorie begründbar. Dabei handelt es sich aber um den Funktionsverlauf eines Median-Entscheiders, wodurch intersubjektive Heterogenität in den Funktionsverläufen vernachlässigt wird. Andere Funktionsverläufe der Wertfunktion können allerdings auch zu anderem Entscheidungsverhalten führen. Eine „harte" Begründung, ob das beobachtete Verhalten mit der Prospect Theorie erklärbar ist, kann letztlich nur eine numerische Analyse liefern, bei der die individuellen Wertfunktionen der Entscheidungsträger geschätzt und darauf basierend die Gesamtwerte der beiden Versicherungsalternativen berechnet

73 Vgl. Johnson et al. (1993), S. 44.

74 Vgl. Johnson et al. (1993), S. 42 ff.

75 Vgl. Johnson et al. (1993), S. 43 f. und auch Thaler (1985), S. 202 f. und Thaler/Johnson (1990), S. 646 f.

werden. Des Weiteren vernachlässigt die Untersuchung den Unsicherheitsaspekt durch Nichtberücksichtigung von Schadeneintrittswahrscheinlichkeiten, die in die evaluierten Werte mit einfließen müssten. Ein weiterer möglicher Nachteil der Studie ist, dass es sich um rein hypothetische Entscheidungen der Probanden handelt, die keinerlei echte monetäre Konsequenzen mit sich brachten, wodurch Verzerrungen im Antwortverhalten nicht ausgeschlossen werden können.

McClelland, Schulze und Coursey (1993) untersuchten mittels einer Vickrey Auktion Gebotsverhalten und Zahlungsbereitschaften der Probanden für Versicherungen gegen Risiken, die mit unterschiedlich hohen Wahrscheinlichkeiten eintreten können.[76] In zwei Laborexperimenten, die die Autoren mit insgesamt 112 Ökonomie-Studenten durchführten, werden die Risiken durch abstrakte Verlustsituationen simuliert (ein bestimmter Verlust tritt bei Ziehung eines roten Chips aus einem Beutel mit roten und weißen Chips ein), gegen die die Probanden eine Versicherung erwerben können.[77] Die Versicherungen werden dabei über ein anreizkompatibles Gebotsverfahren versteigert, wodurch zumindest theoretisch die wahren Zahlungsbereitschaften der Probanden für den Versicherungsschutz ermittelt werden können. Ein besonders interessantes Ergebnis ergibt sich für Versicherungen gegen geringwahrscheinliche Risiken (mit einer Schadeneintrittswahrscheinlichkeit von 0,01).[78] Hierbei ergibt sich eine bimodale Verteilung der Zahlungsbereitschaften der Probanden, wobei viele der Probanden entweder eine Zahlungsbereitschaft von null haben oder eine Zahlungsbereitschaft, die ein Vielfaches des Erwartungsschadens beträgt. Dieses Verhalten, welches systematisch in unterschiedlichen Treatments für solche geringwahrscheinlichen Risiken auftritt, ist dadurch zu erklären, dass eine Reihe von Personen offenbar das Risiko eines Verlustes so gering einschätzt, dass sie keine Versicherung abschließen möchte, und demzufolge eine Zahlungsbereitschaft von null angibt. Andere Personen gewichten die kleine Schadeneintrittswahrscheinlichkeit offensichtlich so stark über, dass sehr hohe Zahlungsbereitschaften abgegeben werden. Mit der Erwartungsnutzentheorie ist ein solches Verhalten auch bei Annahme starker Risikoaversion nicht zu erklären, da der entsprechende Risikoaversionskoeffizient um ein Vielfaches größer sein müsste als in verschiedenen empirischen Untersuchungen ermittelte Risikoaversionskoef-

---

76 Vgl. McClelland/Schulze/Coursey (1993) und auch Vickrey (1961).

77 Vgl. McClelland/Schulze/Coursey (1993), S. 98 ff.

78 Vgl. McClelland/Schulze/Coursey (1993), S. 102 ff. und auch Kunreuther et al. (2002), S. 261.

fizienten.[79] Als möglicher Erklärungsansatz kann in diesem Fall die Prospect Theorie angeführt werden, die eine Übergewichtung kleiner Wahrscheinlichkeiten postuliert.

An der Studie kann kritisiert werden, dass die Autoren entgegen den Usancen in ökonomischen Laborexperimenten mit Deception arbeiten.[80] Entgegen der Aussage gegenüber den Probanden folgt die Ermittlung der Schäden durch Ziehung eines Chips nicht einem Zufallsmechanismus mit den angegebenen Wahrscheinlichkeiten, sondern einer zuvor von den Experimentatoren festgelegten Reihenfolge.[81] Weiterhin stellt die Begrenzung des Versicherungsangebots, die in der Studie erfolgte, eine Annahme dar, die in der Realität so nicht gegeben ist. Bedingt durch das eingesetzte Auktionsdesign erhielt jeweils die Hälfte der Personen (vier von acht), die an den einzelnen Vickrey Auktionen teilnahmen, auch einen entsprechenden Versicherungsschutz.[82] Dabei sei angemerkt, dass mit der Vickrey Auktion allerdings bei n Bietern maximal die Nachfrage von (n-1) Bietern befriedigt werden kann, ansonsten ist der Preis nicht mehr unabhängig von den Geboten, was der Idee der Vickrey Auktion widersprechen würde.[83] Das von den Autoren gewählte Auktionsdesign impliziert also automatisch diese fragwürdige Angebotsrestriktion der Versicherungen.

Camerer und Kunreuther (1989) untersuchten ebenfalls im Rahmen von Laborexperimenten das Entscheidungsverhalten von Marktteilnehmern auf Versicherungsmärkten.[84] Eine Zielsetzung der Untersuchung ist dabei der Vergleich des Entscheidungsverhaltens der Marktteilnehmer mit der Erwartungsnutzentheorie und der Prospect Theorie. Im Vergleich zur vorher beschriebenen Studie arbeiten die Autoren dabei mit einer zweiseitigen Auktion (double-oral auction), wobei jeweils einige Experiment-Teilnehmer als Versicherungsnachfrager und andere als Versicherungsanbieter fungieren und je Experiment 15 bis 35 Perioden gespielt werden.[85] Versicherungsnachfrager treffen dabei in jeder Periode eine Versicherungskaufentscheidung sich gegen abstrakte Verlustlotterien zu versichern, indem sie ihre Zahlungsbereitschaft nennen. Versicherungsanbieter nennen dagegen in jeder Periode den Verkaufspreis, zu dem sie bereit sind solche Verlustlotterien zu übernehmen und eine Versicherung bereitzustel-

[79] Vgl. McClelland/Schulze/Coursey (1993), S. 109 f.

[80] Vgl. Camerer (1996); Hertwig/Ortmann (2001) und Hertwig/Ortmann (2003).

[81] Vgl. McClelland/Schulze/Coursey (1993), S. 100 und S. 115.

[82] Vgl. McClelland/Schulze/Coursey (1993), S. 99.

[83] Vgl. Vickrey (1961), S. 26; Wolfstetter (1996), S. 387 f.; Cox/Smith/Walker (1985), S. 183; Skiera/Revenstorff (1999), S. 225 und Ruprecht (2005), S. 30.

[84] Vgl. Camerer/Kunreuther (1989).

[85] Vgl. Camerer/Kunreuther (1989), S. 271 ff.

len. Nachdem über den Auktionsmechanismus der Marktpreis bestimmt ist und die Versicherungskäufe bzw. -verkäufe abgewickelt sind, wird der Risikoeintritt der abstrakten Verlustlotterien mit einer Zufallsziehung simuliert. Der Eintritt respektive Nichteintritt der Risiken wirkt sich dementsprechend auf die finanzielle Situation der Markteilnehmer aus.[86] Am Abschluss des Experiments erhalten die Marktteilnehmer eine entscheidungsabhängige finanzielle Vergütung für die Teilnahme, die sich anhand des erzielten Gesamtvermögens aus allen experimentellen Perioden bestimmt. Die Ergebnisse der Experimente sprechen eher dafür, dass die Experiment-Teilnehmer nach der Erwartungsnutzentheorie als nach der Prospect Theorie gehandelt haben.[87] Insbesondere entsprechen die Marktpreise bei vielen Experimenten mit unterschiedlichen Verlustwahrscheinlichkeiten nahezu dem Erwartungswert der Verlustlotterien – ein Umstand, der bei der postulierten nichtlinearen Wahrscheinlichkeitsgewichtung nach der Prospect Theorie (besonders der Übergewichtung kleiner Wahrscheinlichkeiten) so nicht auftreten dürfte. Als mögliche Begründung führen die Autoren an, dass ggf. die Erfahrung der Teilnehmer durch Entscheidungen in mehreren Perioden und der Wettbewerb auf dem Mark zu einem rationaleren Entscheidungsverhalten der Teilnehmer geführt haben.

Kritisch ist auch bei dieser Untersuchung die Tatsache zu sehen, dass sowohl für die Erwartungsnutzentheorie als auch die Prospect Theorie bestimmte Annahmen über die für alle Teilnehmer identischen Funktionsverläufe von Nutzenfunktion, Wert- und Entscheidungsgewichtungsfunktion getroffen wurden,[88] ohne dass die Funktionsverläufe für die einzelnen Teilnehmer erhoben wurden. Weiterhin wird durch die Verwendung identischer Funktionsverläufe für alle Teilnehmer jegliche intersubjektive Heterogenität in den Präferenzen vernachlässigt.

2.2.2 Studien zu Versicherungsentscheidungen als multiattributive Entscheidungen

Rosko et al. (1985) erheben im Rahmen einer Conjoint-Studie die Konsumentenpräferenzen für Krankenversicherungen.[89] Dazu werden 97 Probanden befragt, die zum Großteil Versicherungsnehmer einer Krankenversicherung für US-Bürger ab 65 Jahren sind.[90] Für die Stimuli der zur Auswahl stehenden Krankenversicherungen werden insgesamt zehn Produkteigen-

---

[86] Vgl. Camerer/Kunreuther (1989), S. 273.

[87] Vgl. Camerer/Kunreuther (1989), S. 280 ff.

[88] Vgl. Camerer/Kunreuther (1989), S. 266 und S. 290.

[89] Vgl. Rosko et al. (1985).

[90] Vgl. Rosko et al. (1985), S. 29 f.

schaften mit jeweils zwei bis vier Eigenschaftsausprägungen zugrunde gelegt. Um den Erhebungsaufwand für die Probanden zu verringern, müssen diese je zwei Subsets an Stimuli mit je sechs Eigenschaften beurteilen (also einer Teilmenge aller Eigenschaften), wobei zwei so genannte Brückeneigenschaften in jedem Stimulus beinhaltet sind (d. h., in jedem der Subsets sind zwei identische Eigenschaften vorhanden). Im Ergebnis ergibt sich für die Gesamtstichprobe, dass die Eigenschaft „Wartezeit zwischen Terminvereinbarung und Termin" das höchste Bedeutungsgewicht erhält, gefolgt von „Höhe der monatlichen Versicherungsprämie" und „Sprechzeiten des Arztes".[91] Neben diesen Ergebnissen auf aggregierter Ebene ermitteln die Autoren basierend auf den geschätzten Bedeutungsgewichten der Eigenschaften auch noch drei Marktsegmente, die sich durch unterschiedliche Bedeutungsgewichte der Eigenschaften unterscheiden.

Die gewählte Vorgehensweise der Beurteilung zweier Subsets von Stimuli zur Reduktion der Komplexität für die Probanden erscheint problematisch. Zwar ist eine Verknüpfung der geschätzten Nutzenwerte über die vorhandenen Brückeneigenschaften möglich, allerdings beurteilen die Probanden nicht mehr die Versicherungsprodukte als Ganzes, sondern nur noch Teile davon. Diese Tatsache kann somit einen Einfluss auf die Bewertungen durch die Probanden haben. Davon abgesehen stellt die Beurteilung von insgesamt 31 Stimuli mit je 6 Produkteigenschaften immer noch einen sehr hohen Aufwand für die Probanden dar, der die Ergebnisse beispielsweise durch Ermüdungserscheinungen negativ beeinflussen kann.

Chakraborty, Ettenson und Gaeth (1994) analysieren in einer Studie die Präferenzen von Konsumenten für Krankenversicherungsverträge mit der Choice-Based Conjoint Analyse.[92] Aus einer Anzahl von insgesamt 24 Produkteigenschaften (23 mit je 3 Ausprägungen und eine mit 6 Ausprägungen) generieren die Autoren ein reduziertes experimentelles Design, in dem die Probanden jeweils 11 Choice Sets mit je 4 Stimuli beurteilen müssen.[93] Bei den Probanden der Studie handelt es sich um 562 staatliche Angestellte des US-Bundesstaates Maryland. Im Ergebnis ergeben sich als wichtigste der 24 Produkteigenschaften auf aggregierter Ebene über alle Probanden „Deckung des Krankenhausaufenthalts über die Krankenversicherung", „freie Arztwahl" und „Höhe der Versicherungsprämie".[94] Daneben führen die Autoren noch eine A-priori-Segmentierung der Gesamtstichprobe anhand bestimmter soziodemogra-

---

[91] Vgl. Rosko et al. (1985), S. 31 ff.

[92] Vgl. Chakraborty/Ettenson/Gaeth (1994).

[93] Vgl. Chakraborty/Ettenson/Gaeth (1994), S. 24.

[94] Vgl. Chakraborty/Ettenson/Gaeth (1994), S. 25 ff.

phischer Variablen durch, um die Präferenzstrukturen innerhalb dieser Marktsegmente zu ermitteln.[95]

Trotz der sich ergebenden hohen Anpassungsgüte der geschätzten Modelle bleibt einschränkend anzumerken,[96] dass die externe Validität der Modelle beispielsweise über Hold-Out-Stimuli nicht überprüft wird. Des Weiteren könnte die enorme Anzahl von 24 Produkteigenschaften je Stimulus die Probanden womöglich bei der Beurteilung der Stimuli überfordert haben. Immerhin müssen je Choice Set für alle Stimuli jeweils 24 Produkteigenschaften verglichen werden, um eine Auswahlentscheidung zu treffen.

Eine weitere Anwendung der Conjoint Analyse in Bezug auf Versicherungsentscheidungen findet sich in der Studie von Sherrick et al. (2003).[97] Die Autoren untersuchen dabei die Präferenzen von 422 Farmern im Mittleren Westen der USA bezüglich unterschiedlich ausgestalteter Ernteversicherungen. Als relevante Produkteigenschaften identifizieren die Autoren drei Eigenschaften mit jeweils zwei Eigenschaftsausprägungen.[98] Dabei handelt es sich um die Versicherungsart (erlös- oder gewinnbezogen), die Flexibilität zusätzliche Äcker in einem bestehenden Versicherungsvertrag mitzuversichern (flexibel, inflexibel) und die Versicherungsdeckung mit der damit verbundenen Prämienhöhe (hoch, niedrig). Die Teilnehmer der Studie müssen darin ein vollständiges Design von acht Stimuli durch Rangreihung hinsichtlich ihrer Attraktivität beurteilen. Die höchste Bedeutung wird dabei auf aggregierter Ebene der Eigenschaft „Flexibilität" zugeschrieben, gefolgt von „Versicherungsart" und „Versicherungsdeckung".[99] Diese Bedeutungsrangfolge spiegelt sich auch im Wesentlichen in den Segmenten wider, die die Autoren anhand bestimmter Hintergrundvariablen bilden.

Kritisch ist auch hier die Tatsache zu sehen, dass zwar eine hohe interne Validität der Ergebnisse festgestellt werden konnte,[100] allerdings keine Aussagen über die externe Validität der Ergebnisse getroffen werden können, da keine Hold-Out-Stimuli eingesetzt werden.[101] Ebenso ist die unscharfe Operationalisierung der Eigenschaft „Versicherungsdeckung" (hoch, niedrig) problematisch.

---

95 Vgl. Chakraborty/Ettenson/Gaeth (1994), S. 27 ff.

96 Vgl. Chakraborty/Ettenson/Gaeth (1994), S. 25.

97 Vgl. Sherrick et al. (2003).

98 Vgl. Sherrick et al. (2003), S. 418.

99 Vgl. Sherrick et al. (2003), S. 421 ff.

100 Vgl. Sherrick et al. (2003), S. 423 ff.

101 Vgl. Sherrick et al. (2003), S. 429.

2.2.3 Studien zu weiteren Faktoren und Determinanten von Versicherungsentscheidungen

Neben den zuvor dargestellten Studien, die Versicherungsentscheidungen im Rahmen entscheidungstheoretischer Modelle analysieren, gibt es noch verschiedene Ansätze, die auch andere Faktoren als rein monetäre Größen oder bestimmte Produktattribute als Determinanten von Versicherungsentscheidungen untersuchen.

Beck (1982) versucht im Rahmen einer Befragung mit 59 Studenten Determinanten für die Nachfrage nach Kfz-Versicherungen zu ermitteln.[102] In der Studie wird eine ganze Reihe von Hypothesen über die Wirkungsrichtung möglicher Einflussfaktoren auf die Nachfrage nach Kfz-Versicherungen insgesamt bzw. auch auf einzelne Kfz-Versicherungsarten (z. B. Kfz-Kaskoversicherung) aufgestellt.[103] Vermutete Einflussfaktoren sind unter anderem der Preis des Versicherungsprodukts, die Informationsbeschaffungsaufwendungen der Versicherungsnehmer im Vorfeld der Kaufentscheidung, das verfügbare Einkommen der Versicherungsnehmer und vergangene Schadenserfahrungen der Versicherungsnehmer. Im Ergebnis kann allerdings nur für zwei Einflussfaktoren ein signifikanter Einfluss auf die nachgefragte Kfz-Versicherungsschutzmenge der Probanden insgesamt (Kfz-Haftpflicht-, Kfz-Kasko- und Kfz-Unfallversicherung) nachgewiesen werden.[104] Der Preis für den Versicherungsschutz steht dabei in einem negativen Zusammenhang mit der nachgefragten Menge an Kfz-Versicherungsschutz, für das verfügbare Einkommen der Probanden ergibt sich ein positiver Zusammenhang.

Abgesehen von der relativ kleinen Stichprobengröße ist hier kritisch anzumerken, dass die Befragungsteilnehmer zwar eine Vergütung für die Beantwortung des Fragebogens erhielten. Methodisch wurde allerdings mit einer reinen Befragung ohne Einsatz anreizkompatibler Mechanismen gearbeitet, wodurch Abweichungen im Antwortverhalten vom „wahren" Verhalten der Teilnehmer nicht auszuschließen sind.

In einer Studie von Hogarth und Kunreuther (1995) gehen die Autoren der Fragestellung nach, ob sich das Entscheidungsverhalten in Risikosituationen und Ungewissheitssituationen in Bezug auf den Erwerb von Garantien gegen Defekte bei Unterhaltungselektronikprodukten wie PCs, Stereoanlagen, CD-Playern und Videorekordern voneinander unterscheidet.[105] Einen

---

[102] Vgl. Beck (1982).

[103] Vgl. Beck (1982), S. 545 ff.

[104] Vgl. Beck (1982), S. 553 ff.

[105] Vgl. Hogarth/Kunreuther (1995).

wesentlichen Aspekt der Studie stellt dabei die Analyse von Begründungen bzw. Argumenten dar, anhand derer die Versuchspersonen die getroffenen Entscheidungen gegenüber sich selbst und anderen Personen rechtfertigen. Den Versuchspersonen waren bei der Studie der Preis der betreffenden Elektronikprodukte sowie die Kosten der Garantie bekannt, die einen bestimmten Prozentsatz des Produktpreises betrugen.[106] In der Risikobedingung verfügten die Probanden weiterhin über Informationen hinsichtlich der Defektwahrscheinlichkeit und der erwarteten Reparaturkosten des Produkts; in der Ungewissheitsbedingung fehlten diese Informationen. Die Teilnehmer sollten im Rahmen der Studie die Kaufwahrscheinlichkeit für die jeweiligen Garantien angeben und Argumente bzw. Begründungen für die getroffene Entscheidung offen formulieren. Eine weitere Aufgabe bestand darin, eine Reihe vorgegebener Argumente bzw. Begründungen für respektive gegen den Kauf einer Garantie mittels eines Ratings im Hinblick auf das eigene Entscheidungsverhalten zu beurteilen. In der Ungewissheitsbedingung sollten die Probanden ferner ihre eigene Einschätzung über die Defektwahrscheinlichkeit des Produkts und die Höhe der erwarteten Reparaturkosten abgeben.

Die Autoren kommen zu drei wesentlichen Ergebnissen: Erstens besteht unter der Ungewissheitsbedingung im Vergleich zur Risikobedingung eine höhere Kaufwahrscheinlichkeit für Garantien (wobei dieser Zusammenhang allerdings nur für zwei der untersuchten Produkte signifikant ist).[107] Zweitens liefern normative Kosten-Nutzen-Modelle, bei denen die Kaufwahrscheinlichkeit als eine Funktion der erwarteten Reparaturkosten und der Garantiekosten abgebildet wird, sowohl in der Risiko- als auch der Ungewissheitsbedingung keine gute Erklärungskraft für das beobachtete Entscheidungsverhalten. Drittens können die getroffenen Entscheidungen eher anhand der von den Entscheidern geäußerten Argumente begründet werden. In der Risikobedingung sind dabei eher quantitative Argumente wie z. B. „Die Garantiekosten sind relativ hoch im Vergleich zur Wahrscheinlichkeit eines Defekts“ von Bedeutung. In der Ungewissheitsbedingung, in der solche Informationen nicht gegeben sind, lassen sich die Probanden eher von nichtquantifizierbaren, qualitativen Größen leiten, beispielsweise der Sorge über die Produktverlässlichkeit.

Problematisch an der Untersuchung erscheint die Tatsache, dass es sich für die Versuchspersonen lediglich um eine hypothetische Entscheidungssituation handelt, bei der sie nur annehmen sollen, dass sie nach dem Kauf eines Unterhaltungselektronikprodukts die Möglichkeit

---

[106] Vgl. Hogarth/Kunreuther (1995), S. 18 ff.

[107] Vgl. Hogarth/Kunreuther (1995), S. 21 ff.

zu einem Garantiekauf haben.[108] Insofern stützen sich die Ergebnisse nur auf hypothetisch ermittelte Kaufwahrscheinlichkeiten für die betreffenden Garantien anstatt auf tatsächlich getroffene Entscheidungen. Zwar erhielten die Versuchspersonen eine Teilnahmevergütung von jeweils 10 $, die aber unabhängig von den getroffenen Entscheidungen ausgezahlt wurde.[109] Diese mangelnde Verhaltensrelevanz hinsichtlich der Vergütung kann allerdings zu einer Verzerrung der Aussagen der Teilnehmer im Vergleich zu deren tatsächlichen Präferenzen und gegebenenfalls zu einer verminderten Sorgfalt bei der Beantwortung der Fragen führen. Der Einsatz eines anreizkompatiblen Mechanismus, bei dem die Teilnahmevergütung an die getroffenen Entscheidungen gekoppelt ist, hätte diese Einschränkung zumindest mindern, wenn nicht ganz ausschließen können.

In einer Studie von Schade/Kunreuther/Kaas (2002) wurden der Einfluss einer rechnerischen Herangehensweise unter Berücksichtigung von Wahrscheinlichkeiten und der Einfluss der Persönlichkeitsvariable Worry („Besorgtheit") auf die Zahlungsbereitschaft von Probanden für Versicherungen untersucht.[110] Im Rahmen eines Experiments mit 263 studentischen Probanden bestand für diese die Möglichkeit, eine Versicherung gegen Feuer oder Diebstahl für ein geerbtes Gemälde bzw. eine Skulptur im Wert von 2.000 DM abzuschließen. Die Erhebung der Zahlungsbereitschaften der Probanden für die Versicherungen erfolgte mittels des anreizkompatiblen Secret-Price-Mechanismus, einem modifizierten BDM-Mechanismus.[111] Da nur jeweils ein Teilnehmer im Besitz des Originals des Gemäldes und der Skulptur war (der am Ende des Experiments per Zufallsmechanismus ermittelt wurde), wurden die zu zahlenden Versicherungsprämien und etwaige Verluste bzw. auch der Gewinn der 2.000 DM nur bei den Besitzern des Originals tatsächlich zahlungswirksam.[112] Alle Besitzer von wertlosen Fälschungen erhielten am Ende des Experiments nur eine Teilnahmevergütung von 10 DM, mussten allerdings auch nicht ihre angegebene Versicherungsprämie zahlen. Bei der Studie kamen verschiedene experimentelle Treatments zum Einsatz, insbesondere eine Ambiguitäts- und eine Risikobedingung. In der Ambiguitätsbedingung waren die Eintrittswahrscheinlichkeiten für das Schadensereignis (Verlust des Gemäldes durch Feuer/Diebstahl) nur ambige in

---

[108] Vgl. Hogarth/Kunreuther (1995), S. 19.

[109] Vgl. Hogarth/Kunreuther (1995), S. 19.

[110] Vgl. Schade/Kunreuther/Kaas (2002), S. 4 und Schade (1999), S. 142 ff.

[111] Vgl. zum Secret-Price-Mechanismus Schade (1999), S. 104 ff.; Schade/Kunreuther/Kaas (2002), S. 9 und Schade/Kunreuther (2002), S. 8 f. sowie Becker/DeGroot/Marschak (1964) zum BDM-Mechanismus.

[112] Vgl. Schade/Kunreuther/Kaas (2002), S. 5 ff.

Abhängigkeit der Wetterentwicklung im Juli/August gegeben (eine genau bestimmte Anzahl an Regentagen im Juli bzw. August). In der Risikobedingung waren die Schadeneintrittswahrscheinlichkeiten für den Verlust der Skulptur dagegen präzise als Wahrscheinlichkeit von 1 zu 10.000 spezifiziert; die objektiven Wahrscheinlichkeiten sind dabei so gewählt, dass sie in beiden Bedingungen übereinstimmen.

Als wesentliche Ergebnisse der Studie ermitteln die Autoren Folgendes: Zunächst zeigt sich, wie in verschiedenen anderen Untersuchungen bei Versicherungen gegen geringwahrscheinliche Ereignisse mit hohen potenziellen Verlusten auch, dass die Verteilung der ermittelten Zahlungsbereitschaften bimodal ist.[113] Viele der Untersuchungsteilnehmer besitzen entweder eine Zahlungsbereitschaft von null für die angebotenen Versicherungen oder eine extrem hohe Zahlungsbereitschaft – ein Ergebnis, das mit der normativen Erwartungsnutzentheorie so nicht erklärbar ist. Des Weiteren ergibt sich für die Ambiguitätssituation im Mittel eine doppelt so hohe Zahlungsbereitschaft wie in der Risikosituation, was mit einer Ambiguitätsaversion der Probanden konsistent ist. Als wesentlicher Erklärungsfaktor der ermittelten Zahlungsbereitschaften kann die Persönlichkeitsvariable „Worry“ identifiziert werden.[114] Sowohl in der Ambiguitätsbedingung als auch der Risikobedingung steigt mit zunehmender Besorgnis der Probanden deren mittlere Zahlungsbereitschaft für die angebotene Versicherung signifikant an. Ebenso weisen Probanden, die eine positive Zahlungsbereitschaft für die Versicherung besitzen, ein signifikant höheres Ausmaß an „Worry“ auf, im Vergleich zu Probanden, die eine Zahlungsbereitschaft von null für die Versicherung angeben.

Auch an dieser Studie sind einige Punkte kritisch zu hinterfragen: Die Tatsache, dass jeweils nur ein Teilnehmer im Besitz des Originalkunstwerks war, und demzufolge die getroffenen Entscheidungen nur für zwei Teilnehmer tatsächlich zahlungswirksam wurden (für die anderen Teilnehmer ist die Situation ex post rein hypothetisch), könnte möglicherweise dazu geführt haben, dass die Probanden das Experiment als Ganzes als eine zweistufige Lotterie aufgefasst haben. Die erste Lotterie ist dabei in den eigentlichen riskanten bzw. ambigen Lotterien des Versicherungskaufs zu sehen, die zweite Lotterie in der zufallsdeterminierten Entscheidung hinsichtlich des Besitzes des Originalkunstwerks. Falls Probanden das Experiment nach diesem Muster framen, kann ein Einfluss auf die ermittelten Ergebnisse nicht ausgeschlossen werden. Weiterhin stellt sich die Frage, ob die Persönlichkeitsvariable „Worry“ reliabel und valide mit einem einzigen Item der Form „Wie besorgt waren Sie bezüglich des

---

113 Vgl. Schade/Kunreuther/Kaas (2002), S. 10 ff.

114 Vgl. Schade/Kunreuther/Kaas (2002), S. 13 ff.

Verlustes des Gemäldes (der Skulptur)?“ gemessen werden kann. Üblicherweise wird zur Messung von Worry der so genannte Worry Domains Questionnaire in einer 25-Item-Version eingesetzt, oder es kommt eine 10-Item-Version (Short Form) zum Einsatz.[115]

In einer weiteren Untersuchung haben Schade/Kunreuther (2002) experimentell die Zahlungsbereitschaft für Garantien gegen Defekte von Walkmans untersucht.[116] Dabei wurden insgesamt 129 studentische Versuchspersonen zunächst mit einem Endowment (Anfangsausstattung) von 25 DM versehen. Im Experiment waren sie verpflichtet, von dieser Anfangsaustattung einen Walkman für 15 DM zu erwerben (der ihnen dann auch ausgehändigt wurde) und der mit einer bestimmten Wahrscheinlichkeit (simuliert über einen Zufallsmechanismus) defekt sein konnte.[117] Mit den restlichen 10 DM der Anfangsausstattung bestand für die Probanden nun die Möglichkeit eine Garantie zu erwerben, die gegen das Risiko eines defekten Walkmans schützte. Für diesen Garantiekauf wurden die Zahlungsbereitschaften der Versuchsteilnehmer mit dem schon erwähnten anreizkompatiblen Secret-Price-Mechanismus erhoben.[118] In der Untersuchung wurden insgesamt vier experimentelle Treatments untersucht, die sich darin unterschieden, ob die Zahlungsbereitschaft für die Garantien ungebündelt oder gebündelt mit dem Walkman erhoben wurden, ob ein Rabatt bei Schadensfreiheit gewährt wurde, oder ob der Gütertransfer vor oder nach der Erhebung der Zahlungsbereitschaft erfolgte.[119] Die Ausprägung der Persönlichkeitsvariable „Worry“ der Versuchsteilnehmer wurde über die 25-Item-Version des Worry Domains Questionnaire erfasst.[120]

Als wesentliches Ergebnis der Studie ermitteln die Autoren, dass der Persönlichkeitsvariable „Worry“ eine Schlüsselstellung in Bezug auf die Höhe der geäußerten Zahlungsbereitschaft zukommt.[121] High-Worriers (Personen, die generell besorgter sind bzw. eine stärkere Tendenz dazu haben) weisen eine signifikant höhere Zahlungsbereitschaft für die Garantien auf als Low-Worriers (Personen, bei denen die Persönlichkeitsvariable Worry einen geringeren Ein-

---

115 Vgl. Tallis/Davey/Bond (1994), S. 286 ff.; Tallis/Eysenck/Mathews (1992); Stöber/Joormann (2001), S. 591 ff. und Stöber (1996), S. 75 ff. und S. 228.

116 Vgl. Schade/Kunreuther (2002).

117 Vgl. Schade/Kunreuther (2002), S. 6 ff.

118 Vgl. zum Secret-Price-Mechanismus Schade (1999), S. 104 ff.; Schade/Kunreuther (2002), S. 8 f. und Schade/Kunreuther/Kaas (2002), S. 9.

119 Vgl. Schade/Kunreuther (2002), S. 7 f.

120 Vgl. Tallis/Davey/Bond (1994), S. 286 ff.; Tallis/Eysenck/Mathews (1992) und Stöber (1996), S. 228.

121 Vgl. Schade/Kunreuther (2002), S. 10 ff. und Schade (1999), S. 125 f.

fluss besitzt). Ferner folgen die Zahlungsbereitschaften der Versuchspersonen einer bimodalen Verteilung mit einer großen Anzahl an Personen, die eine Zahlungsbereitschaft von null haben und einer großen Anzahl an Personen, die eine hohe positive Zahlungsbereitschaft aufweisen. Der Anteil dieser so genannten Schwellenpersonen mit einer Zahlungsbereitschaft von null unterscheidet sich wiederum signifikant in Bezug auf Low- und High-Worriers. Bei der Gruppe der Low-Worriers sind insgesamt 17,8 % den Schwellenpersonen zuzurechnen, wohingegen nur 4,3 % der High-Worriers eine Zahlungsbereitschaft von null aufweisen. High-Worriers schätzen offenbar das Eintreten negativer Ereignisse als wahrscheinlicher ein bzw. finden kognitiv mehr Argumente für negative als positive Ereignisverläufe und sind demzufolge bereit, mehr für einen Schutz gegen solche negativen Ereignisse zu zahlen.

Problematisch an der Studie erscheint einerseits die relativ geringe Gruppengröße der einzelnen experimentellen Treatments. Diese liegen bedingt durch die Gesamtteilnehmerzahl jeweils nur bei knapp über 30 Personen. Zum Zweiten kann die Anfangsausstattung der Probanden mit 25 DM, von denen Walkman und Garantie gekauft werden mussten, als Kritikpunkt aufgeführt werden. Diese könnte dazu geführt haben, dass der House-Money-Effekt oder der Endowment-Effekt zum Tragen kommen.[122] Diese Effekte besagen, dass Personen das Endowment als Geschenk auffassen und sich demzufolge in Bezug darauf anders verhalten, als sie dies beim Einsatz eigener finanzieller Mittel tun würden. Allerdings muss auch angemerkt werden, dass die Realisation von Verlusten in Experimenten seitens der Teilnehmer aus praktischen, rechtlichen und ethischen Gründen ohne Endowment im Prinzip nicht möglich ist.[123]

2.2.4 Fazit aus dem Literaturüberblick zu Versicherungsentscheidungen

Zusammenfassend kann nach Sichtung der Studien festgehalten werden, dass im Bereich der Versicherungsentscheidungen zwar in der Vergangenheit schon intensive Forschung betrieben wurde. Die dargestellten Untersuchungen decken allerdings nur Teilaspekte der hier behandelten Fragestellungen ab und arbeiten oftmals mit anderen Versicherungsprodukten als Kfz-Kaskoversicherungen bzw. einfach mit abstrakten Verlustlotterien.

---

[122] Vgl. zu House-Money- und Endowment-Effekt Thaler/Johnson (1990), S. 657; Battalio/Kagel/Jiranyakul (1990), S. 33 ff.; Krahnen/Rieck/Theissen (1997a), S. 17 f.; Kahneman/Knetsch/Thaler (1990); Kahneman/Knetsch/Thaler (1991); Samuelson/Zeckhauser (1988) und Smith (1994), S. 124.

[123] Vgl. Krahnen/Rieck/Theissen (1997a), S. 17 f.; Wahrenburg (1998), S. 215; Spann/Skiera (2003), S. 1315; Steul (2005), S. 89 und auch Murray (1972), S. 34.

Die bestehenden Untersuchungen bieten dennoch methodische Ansatzpunkte hinsichtlich der Entscheidungsmodelle, mit denen Kfz-Kaskoversicherungsentscheidungen analysiert werden können. Es wurde deutlich, dass diese Entscheidungen als Entscheidungen unter Unsicherheit mittels der Erwartungsnutzentheorie oder der (Cumulative) Prospect Theorie oder als multiattributive Entscheidungen mit der Conjoint Analyse aufgefasst werden können. Die Studien, die weitere Faktoren und Determinanten der Versicherungsentscheidung untersuchen, bieten für die vorliegende Arbeit insbesondere im Hinblick auf die angestrebte präferenzbasierte Segmentierung interessante Hinweise. Wie sich zeigte, erscheinen besonders die Persönlichkeitsvariable „Worry" sowie Argumente bzw. Begründungen zur Rechtfertigung der getroffenen Entscheidungen im vorliegenden Kontext interessant.

Bisher sind zudem nur sehr wenige Studien bekannt, die die Eignung bestimmter Entscheidungsmodelle zur Erklärung und Prognose von Versicherungsentscheidungen auch quantitativ überprüfen – ein Aspekt, der mit der vorliegenden Untersuchung geleistet werden soll. Die existierenden Untersuchungen in diesem Bereich argumentieren normalerweise nur qualitativ in dem Sinne, dass grundsätzliche Annahmen bei den untersuchten Entscheidungsmodellen unterstellt werden (z. B. risikoaverse Entscheidungsträger bei der Erwartungsnutzentheorie, üblicherweise angenommene Funktionsverläufe bei der Prospect Theorie), anhand derer dann versucht wird, das Entscheidungsverhalten zu erklären. Eine Überprüfung, ob beispielsweise die unterstellten Funktionsverläufe für die betreffenden Entscheidungsträger auch tatsächlich zutreffend sind, wird normalerweise nicht geleistet. Somit sind letztlich keine exakten Aussagen über die tatsächliche (quantitative) Erklärungs- und Prognosegüte der eingesetzten Modelle möglich.

So wird zwar im Allgemeinen im Rahmen der Erwartungsnutzentheorie unterstellt, dass sich Entscheidungsträger risikoavers verhalten,[124] allerdings lassen sich damit bestenfalls globale Aussagen zur Versicherungsnachfrage rational handelnder „Standardentscheider" treffen. Beispielsweise sollte in diesem Fall die Versicherungsnachfrage ceteris paribus mit steigender Risikoaversion von Individuen zunehmen.[125] Bezogen auf die hier untersuchten Kfz-Kaskoversicherungen wäre bei risikoaverseren Personen demnach die Präferenz für einen umfassenderen Versicherungsschutz, sprich eine Vollkaskoversicherung, zu erwarten. Diese bietet dem Versicherungsnehmer, wie bereits erwähnt, im Vergleich zur Teilkaskoversiche-

---

[124] Vgl. Schoemaker/Kunreuther (1979), S. 604; von der Schulenburg (1992), S. 401; Slovic et al. (1977), S. 238; Weber/Camerer (1987), S. 132 und Kromschröder (1994), S. 70.

[125] Vgl. von der Schulenburg (1992), S. 402 und Heinlin (1993), S. 29 f.

rung Schutz gegen eine größere Bandbreite möglicher Schadensereignisse. Weiterhin wäre nach der Erwartungsnutzentheorie bei einer versicherungstechnisch fairen Prämie (diese entspricht dem Erwartungsschaden) eine Vollversicherung optimal, bei einem Prämienaufschlag über die faire Prämie hinaus dagegen eine Bruchteilversicherung.[126]

Eine solche Vorgehensweise ist allerdings in Bezug auf die individuelle Versicherungsnachfrage in der Realität nur begrenzt aussagefähig – konkrete Erkenntnisse hinsichtlich des Kundenbedarfs lassen sich von Versicherungsanbietern daraus nicht gewinnen. Somit lassen sich daraus auch keine greifbaren Implikationen für das Marketing von Versicherungen oder zur Entscheidungsunterstützung der Versicherungsnehmer ableiten.

Schließlich sind auch keine Studien bekannt, die wie hier verschiedene mögliche und (wenn auch nicht speziell bei Versicherungsentscheidungen) häufig eingesetzte Entscheidungsmodelle miteinander vergleichen (Erwartungsnutzentheorie, Cumulative Prospect Theorie und Conjoint Analyse). Ein solcher Vergleich birgt allerdings den Vorteil, dass sowohl Aussagen hinsichtlich der jeweiligen Prognosegüte der Modelle unter denselben kontrollierten Bedingungen möglich sind als auch vergleichende Aussagen bezüglich der Anwendbarkeit der Modelle beim praktischen Einsatz.

Im nachfolgenden Kapitel werden nun die drei schon erwähnten Entscheidungsmodelle zur Analyse von Kfz-Kaskoversicherungsentscheidungen detailliert dargestellt.

---

[126] Vgl. Mossin (1968), S. 556 ff.; Schlesinger (1994), S. 118 ff.; von der Schulenburg (1992), S. 402; Heinlin (1993), S. 39 ff. und Kromschröder (1994), S. 71 f.

3 Entscheidungsmodelle zur Analyse von Kfz-Kaskoversicherungsentscheidungen

Versicherungsentscheidungen im Allgemeinen und Kfz-Kaskoversicherungsentscheidungen im Speziellen können mit verschiedenen Entscheidungsmodellen analysiert werden. Dazu wird zunächst ein Überblick über die grundlegenden Herangehensweisen zur Analyse von Kfz-Versicherungsentscheidungen gegeben (Kap. 3.1). In den nachfolgenden Kapiteln werden die einzelnen Ansätze dann näher ausgeführt. Dazu befasst sich Kapitel 3.2 mit zwei entscheidungstheoretischen Ansätzen für Entscheidungen unter Unsicherheit, der Erwartungsnutzentheorie und der Cumulative Prospect Theorie. In Kapitel 3.3 wird mit der Conjoint Analyse ein Verfahren im Rahmen des multiattributiven Entscheidungsmodells behandelt.

3.1 Grundlegende Herangehensweisen zur Analyse von Kfz-Kaskoversicherungsentscheidungen

Zur Analyse der Konsumentenpräferenzen bei Kfz-Kaskoversicherungsentscheidungen stellt sich zunächst die Frage, welches Entscheidungsmodell dazu geeignet ist und eingesetzt werden sollte. Solche Entscheidungen können grundsätzlich als Entscheidungen unter Unsicherheit oder als multiattributive Entscheidungen aufgefasst werden, was bereits der Literaturüberblick in Kapitel 2.2 gezeigt hat. Diese beiden grundlegenden Entscheidungsparadigma können in verschiedene Entscheidungsmodelle untergliedert werden, wie in Abbildung 2 dargestellt ist und auf die nachfolgend eingegangen werden soll.

Abbildung 2: Grundlegende Entscheidungsmodelle zur Analyse von Kfz-Kaskoversicherungsentscheidungen

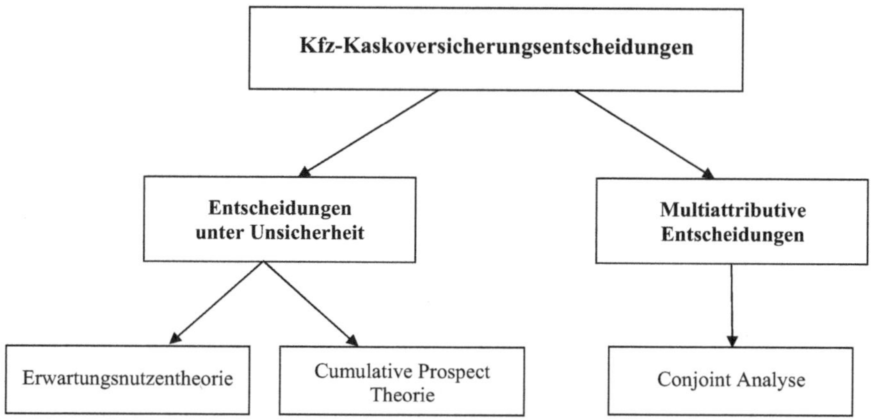

Eine Möglichkeit stellt demnach die Analyse von Versicherungsentscheidungen als Entscheidungen unter Unsicherheit dar.[127] Dabei werden Versicherungen als Lotterien bzw. Prospects aufgefasst, die in verschiedenen Umweltzuständen zu bestimmten unsicheren Ergebnissen/Konsequenzen führen. In Abhängigkeit von der gewählten Entscheidungsalternative und dem letztlich eingetretenen Umweltzustand werden somit unterschiedliche Zahlungen bzw. Vermögenszustände realisiert. Die einfachste Form einer Versicherungsentscheidung als Entscheidung unter Unsicherheit ist in Tabelle 2 dargestellt:

Tabelle 2: *Allgemeine Darstellung der einfachsten Form einer Versicherungsentscheidung als Entscheidung unter Unsicherheit*[128]

	s_1 (kein Schaden) p_1	**s_2 (Schaden)** $p_2 = (1 - p_1)$
a_1 (keine Versicherung)	W	$W - D$
a_2 (Versicherung)	$W - IP$	$W - IP - D + C$

Mit: a_i = Alternative i (i = 1, 2); s_j = Umweltzustand j (j = 1, 2); p_j = Eintrittswahrscheinlichkeit des Umweltzustands j; W = Vermögen; D = Schaden; IP = Versicherungsprämie; C = Versicherungsleistung/Entschädigung

Ein Entscheidungsträger hat dabei die Wahl zwischen zwei Alternativen a_1 (kein Abschluss einer Versicherung) und a_2 (Abschluss einer Versicherung).[129] Dabei sind zwei Umweltzustände s_1 (kein Eintritt eines Schadens) und s_2 (Eintritt eines Schadens) möglich, in denen die Alternativen a_1 und a_2 zu unterschiedlichen Konsequenzen führen. Der Umweltzustand s_1 (kein Eintritt eines Schadens) tritt dabei mit der Wahrscheinlichkeit p_1, der Umweltzustand s_2 (Eintritt eines Schadens) mit der Wahrscheinlichkeit $p_2 = (1 - p_1)$ ein. Der Entscheidungsträger wählt schließlich diejenige der beiden Alternativen, die ihm den höchsten Nutzen stiftet. Wie aus Tabelle 2 ersichtlich, muss er sich hierbei letztlich zwischen einer unsicheren großen Reduktion seines Vermögens (a_1) oder einer sicheren kleinen Reduktion seines Vermögens entscheiden (a_2). In der Realität stellen sich solche Entscheidungen natürlich weitaus komplexer dar, sowohl hinsichtlich der Anzahl und Komplexität der Entscheidungsalternativen als auch in Bezug auf die Umweltzustände.

Als Entscheidungsmodell zur Analyse von Versicherungsentscheidungen als Entscheidungen unter Unsicherheit bietet sich die klassische, normative Erwartungsnutzentheorie an, die das

[127] Vgl. Karten (1976), S. 244 ff.; von der Schulenburg (1992), S. 400; Schade (2000), S. 84 und Harrington/Niehaus (2004), S. 162 ff.

[128] Vgl. Zweifel/Eisen (2003), S. 82 ff.; Karten (1995), S. 59 ff. und Briys/Loubergé (1985), S. 578.

[129] Vgl. Karten (1976), S. 244 ff.; Karten (1995), S. 59 ff.; Neter/Williams/Whitmore (1968), S. 88 f. und Zweifel/Eisen (2003), S. 82 ff.

am häufigsten eingesetzte Entscheidungsmodell in solchen Entscheidungssituationen darstellt. Die Erwartungsnutzentheorie ist allerdings in zunehmendem Maße Kritik hinsichtlich ihrer empirischen Validität ausgesetzt.[130] Somit kann als zweites Entscheidungsmodell für Kfz-Kaskoversicherungsentscheidungen als Entscheidungen unter Unsicherheit die Cumulative Prospect Theorie herangezogen werden, bei der es sich um das am häufigsten eingesetzte deskriptive Modell für Entscheidungen unter Unsicherheit handelt.[131] Die Cumulative Prospect Theorie besitzt eine strukturelle Ähnlichkeit zur Erwartungsnutzentheorie,[132] allerdings versucht sie durch verschiedene Annahmen über die Verhaltensweisen der Entscheidungsträger der Kritik an der mangelnden empirischen Validität der Erwartungsnutzentheorie Rechnung zu tragen.[133]

Das zweite grundlegende Entscheidungsparadigma ist die Analyse von Versicherungsentscheidungen als multiattributive Entscheidungen. Bei dem in betriebswirtschaftlichen Fragestellungen zentralen multiattributiven Ansatz werden Entscheidungsalternativen durch das gleichzeitige Auftreten mehrerer Eigenschaften charakterisiert.[134] Versicherungen können daher im Rahmen multiattributiver Entscheidungen als Bündel bestimmter Produkteigenschaften und Eigenschaftsausprägungen aufgefasst werden. Diese umfassen im Fall von Kfz-Kaskoversicherungen beispielsweise die Art der Risiken (Teil- oder Vollkaskorisiken), die von dem Versicherungsprodukt gedeckt werden, die Höhe der Versicherungsprämie sowie die Höhe der Selbstbeteiligung. In Tabelle 3 ist die einfachste Form einer multiattributiven Versicherungsentscheidung mit zwei Alternativen mit je zwei Eigenschaften abgebildet.

Tabelle 3: *Allgemeine Darstellung der einfachsten Form einer Versicherungsentscheidung als multiattributive Entscheidung*

	Art der Risikodeckung	**Versicherungsprämie**
a_1 (Versicherung 1)	Risiko 1	700 €
a_2 (Versicherung 2)	Risiko 1 + Risiko 2	1.200 €

Mit: a_i = Alternative i (i = 1, 2)

[130] Vgl. z. B. Allais (1953); Kahneman/Slovic/Tversky (eds.) (1982); Oehler (1992) und Wakker/Deneffe (1996), S. 1133.

[131] Vgl. Wakker/Zank (2002), S. 1255; Wakker (1998), S. 152; Trepel/Fox/Poldrack (2005), S. 34; Neilson/Stowe (2002), S. 132 und Bleichrodt et al. (2007), S. 470.

[132] Vgl. Schade (1999), S. 37 und Fennema/van Assen (1999), S. 278.

[133] Vgl. für weitere verhaltenswissenschaftliche Aspekte in der Entscheidungsanalyse Kroeber-Riel/Weinberg (2003), S. 368 ff.

[134] Vgl. Sattler/Gedenk/Hensel-Börner (2002), S. 954; von Nitzsch/Weber (1991), S. 971; Keeney/Raiffa (1976), S. 219 ff. und Eisenführ/Weber (2003), S. 115 ff.

Der Entscheidungsträger muss bei seiner Entscheidung mehrere Produkteigenschaften der verfügbaren Entscheidungsalternativen gleichzeitig bewerten. Letztlich wählt der Entscheidungsträger auch hier wieder die Alternative, die ihm den höchsten Nutzen stiftet. Im Beispiel hat der Entscheidungsträger zwischen einer günstigeren Versicherung, die weniger Risken abdeckt (a_1), und einer Versicherung mit einer höheren Risikodeckung abzuwägen, die dafür aber teurer ist (a_2). Auch in diesem Fall gilt wieder, dass sich reale Entscheidungsprobleme hinsichtlich der Anzahl der möglichen Entscheidungsalternativen und der Anzahl der Eigenschaften je Entscheidungsalternative weitaus komplexer gestalten. Daneben sind weitere Eigenschaften wie z. B. Marke, Service und Vertriebsweg im Rahmen von Kfz-Kaskoversicherungen aus praktischer Sicht bedeutsam.

Ein Verfahren zur Analyse solcher multiattributiver Entscheidungen stellt die Conjoint Analyse dar, mit der die Entscheidungsträger eine ganzheitliche Bewertung multiattributiver Produkte vornehmen.[135] Neben der Conjoint Analyse existieren im Rahmen des multiattributiven Entscheidungsmodells noch weitere Verfahren.[136] Beispiele für solche Verfahren sind Scoring-Modelle, der Analytic Hierarchy Process (AHP) und Self-Explicated Models.[137] Da diesen Verfahren in der vorliegenden Untersuchung keine Bedeutung zukommt, wird der Begriff des multiattributiven Entscheidungsmodells hier synonym mit dem Verfahren der Conjoint Analyse verwendet. Im Gegensatz zu den vorher dargestellten Entscheidungsmodellen bei Entscheidungen unter Unsicherheit werden in der Conjoint Analyse Unsicherheitsaspekte im Allgemeinen nicht bzw. allenfalls implizit berücksichtigt.[138]

Im weiteren Verlauf dieses Kapitels werden die einzelnen zuvor vorgestellten Entscheidungsmodelle zur Analyse von Kfz-Kaskoversicherungsentscheidungen aus Abbildung 2 im Detail erläutert.

---

[135] Vgl. Sattler/Gedenk/Hensel-Börner (2002), S. 954 ff.; von Nitzsch/Weber (1991), S. 971; Nitschke/Völckner (2006), S. 744 ff.; Teichert (1999), S. 478 ff. und Trommsdorff/Bleicker/Hildebrandt (1980).

[136] Vgl. Sattler/Gedenk/Hensel-Börner (2002), S. 953 ff.; Kroeber-Riel/Weinberg (2003), S. 310 ff.; Eisenführ/Weber (2003), S. 115 ff.; Teichert (2001), S. 32 ff. und Rommelfanger/Eickemeier (2002), S. 133 ff.

[137] Vgl. Schneeweiß (1991); Saaty (1980) und Srinivasan (1988).

[138] Vgl. Nitschke/Völckner (2006), S. 744 ff. Vgl. für Ansätze zur Integration von Unsicherheitsaspekten in die Conjoint Analyse Fischer (1976); Basu/Hastak (1990) und Nitschke/Völckner (2006), S. 747 ff.

3.2 Kfz-Kaskoversicherungsentscheidungen als Entscheidungen unter Unsicherheit

In diesem Kapitel werden entscheidungstheoretische Ansätze betrachtet, mit denen Versicherungsentscheidungen als Entscheidungen unter Unsicherheit analysiert werden können. Hierbei werden Kfz-Kaskoversicherungen als Lotterien bzw. Prospects aufgefasst. In diesem Rahmen werden die Erwartungsnutzentheorie (Kap. 3.2.1) und die Cumulative Prospect Theorie (Kap. 3.2.2) dargestellt.

3.2.1 Erwartungsnutzentheorie

Die Erwartungsnutzentheorie (EUT) stellt die älteste und prominenteste Theorie zur Analyse von Entscheidungen unter Unsicherheit dar.[139] Auch der Anwendungsbezug zu Versicherungsentscheidungen wurde bereits von Daniel Bernoulli (1738) hergestellt, auf den die Erwartungsnutzentheorie zurückgeht.[140] Bernoulli beschreibt in seinem Aufsatz u. a. das Problem einer Versicherungsentscheidung für Waren auf dem Seetransport und erörtert dabei die Frage, ob bzw. unter welchen Bedingungen ein vernünftig handelnder Kaufmann mit einem bestimmten Vermögen eine solche Transportversicherung abschließen sollte oder nicht.

Die Erwartungsnutzentheorie stellt folglich ein Verfahren der normativen Entscheidungstheorie dar, die besagt, wie sich ein rationaler Entscheidungsträger in einer Entscheidung unter Unsicherheit verhalten sollte.[141] Wenn ein Entscheidungsträger bereit ist, verschiedene Axiome zu akzeptieren, können danach Handlungsempfehlungen abgeleitet werden, die postulieren, wie sich ein rationaler Entscheider verhalten sollte.[142] Im Einzelnen handelt es sich bei den Axiomen rationalen Verhaltens um die Axiome der vollständigen Ordnung (Vollständigkeit und Transitivität), das Stetigkeitsaxiom und das Unabhängigkeitsaxiom (Substitutionsaxiom).[143] Aus dem Axiomensystem kann direkt das Entscheidungskriterium (1) der Erwartungsnutzentheorie hergeleitet werden.[144]

---

[139] Vgl. Currim/Sarin (1989), S. 22; Keller (1992), S. 3; Bleichrodt/Pinto/Wakker (2001), S. 1498 f. und Wu/Gonzalez (1999), S. 74.

[140] Vgl. Bernoulli (1738), S. 738 f.

[141] Vgl. Bernoulli (1738), S. 733 ff.; Kleindorfer/Kunreuther/Schoemaker (1993), S. 4 ff.; Laux (2005), S. 1 f. und Bamberg/Coenenberg (2004), S. 2 ff.

[142] Vgl. Schoemaker (1982), S. 531 f.; Laux (2005), S. 171 ff. und Weber/Camerer (1987), S. 129.

[143] Vgl. detaillierter zu dem der EUT zugrunde liegenden Axiomensystem beispielsweise von Neumann/Morgenstern (1947), S. 24 ff.; Herstein/Milnor (1953), S. 292 ff. und Laux (2005), S. 171 ff.

[144] Vgl. Eisenführ/Weber (2003), S. 217; Laux (2005), S. 175 ff.; Herstein/Milnor (1953), S. 291 und Wu/Zhang/Gonzalez (2004), S. 401.

Neben dem erwähnten Axiomensystem wird im Rahmen der EUT vom Invarianzprinzip ausgegangen.[145] Dieses Prinzip besagt, dass Auswahlentscheidungen inhaltlich gleicher Entscheidungsprobleme nicht in Abhängigkeit unterschiedlicher Problemformulierungen, Darstellungen oder Erhebungsmethoden anders ausfallen dürfen. Ein rationaler Entscheidungsträger muss somit zwei Entscheidungsprobleme, die sich ceteris paribus durch die genannten Faktoren unterscheiden, gleich bewerten. Bei der Anwendung der EUT werden weiterhin folgende drei Annahmen unterstellt:

1. Entscheidungsträger handeln im Allgemeinen risikoavers.[146] Dies äußerst sich im konkaven Verlauf ihrer Nutzenfunktion und darin, dass sie eine sichere Alternative einer unsicheren Alternative mit demselben Erwartungswert vorziehen.

2. Es findet eine Endvermögensbetrachtung statt, d. h., einzelne Gewinne bzw. Verluste werden nicht relativ bewertet, sondern vor der Bewertung mit dem gesamten Vermögen saldiert, welches dann bewertet wird.[147]

3. Entscheidungsträger verhalten sich als rationale Erwartungsnutzenmaximierer, indem sie diejenige Entscheidungsalternative wählen, die ihnen den maximalen Erwartungsnutzen bietet.[148]

Die Erwartungsnutzentheorie ermöglicht es einem Entscheidungsträger somit, eine rationale Entscheidung hinsichtlich der Wahl einer riskanten Alternative a_i ($i \in I$) aus einer betrachteten Menge relevanter Alternativen zu treffen. Nach dem zugrunde liegenden Entscheidungskriterium (1) ist die optimale Alternative diejenige, die für den Entscheider den größten Erwartungsnutzen erbringt:[149]

$$(1) \qquad EU(a_i) = \sum_{j=1}^{J} p_j \cdot u(x_{ij}) \qquad \rightarrow \max! \qquad i \in I$$

---

[145] Vgl. Weber (1990), S. 43; Tversky/Kahneman (1986), S. S253; Arrow (1982), S. 6 f. und Jungermann/Pfister/Fischer (2005), S. 214 ff.

[146] Vgl. Schoemaker/Kunreuther (1979), S. 604; Kleindorfer/Kunreuther/Schoemaker (1993), S. 131; Currim/Sarin (1989), S. 24; Wu/Zhang/Gonzalez (2004), S. 400; Tversky/Wakker (1995), S. 1255 und Slovic et al. (1977), S. 238 f.

[147] Vgl. Slovic et al. (1977), S. 238; Wu/Zhang/Gonzalez (2004), S. 400; Schoemaker/Kunreuther (1979), S. 604; Currim/Sarin (1989), S. 24 und Abdellaoui (2000), S. 1499.

[148] Vgl. Kleindorfer/Kunreuther/Schoemaker (1993), S. 131 ff.; Slovic et al. (1977), S. 238 und Schoemaker/Kunreuther (1979), S. 604.

[149] Vgl. Laux (2005), S. 164 f.; Schoemaker (1982), S. 530 und Bitz (1981), S. 153 f.

wobei:

$EU(a_i)$:	Erwartungsnutzen der i-ten Alternative a_i,
p_j:	Eintrittswahrscheinlichkeit des j-ten Umweltzustands, wobei $\sum_{j=1}^{J} p_j = 1$,
$u(x_{ij})$:	Nutzen der Auszahlung x der i-ten Alternative im j-ten Umweltzustand,
I:	Indexmenge der Alternativen,
J:	Indexmenge der Umweltzustände.

Wie sich erkennen lässt, werden die einzelnen Ergebnisse (Auszahlungen) x_{ij} einer Alternative zunächst mittels einer Nutzenfunktion $u(\bullet)$ in Nutzenwerte $u(x_{ij})$ transformiert. Durch Gewichtung der so ermittelten Nutzenwerte mit den jeweiligen Eintrittswahrscheinlichkeiten der einzelnen Umweltzustände p_j ($j \in J$) wird dann der Erwartungswert des Nutzens gebildet. Die Nutzenfunktion hat dabei die Eigenschaft, dass sowohl die Höhenpräferenz des Entscheiders (Wert eines Ergebnisses bei Sicherheit) als auch seine Risikopräferenz (Risikoeinstellung) simultan abgebildet werden.[150]

Aufgrund der Tatsache, dass Nutzenfunktionen nur bis auf positiv lineare Transformationen eindeutig bestimmt sind, ist eine Normierung der Nutzenfunktion möglich, ohne dass sich an der Präferenzrangfolge, die sie repräsentiert, etwas ändert.[151] Üblicherweise wird die Nutzenfunktion daher auf das Intervall [0, 1] normiert, allerdings wäre auch jede andere Normierung möglich.

Je nach Verlauf der Nutzenfunktion können Rückschlüsse auf die Risikoeinstellung des Entscheiders abgeleitet werden.[152] Anhand ihrer Krümmung (konkav, linear oder konvex) lässt sich unterscheiden, ob der Entscheidungsträger risikoavers (u_{RA}), risikoneutral (u_{RN}) oder risikofreudig (u_{RF}) ist (vgl. Abbildung 3).

---

[150] Vgl. Bitz (1998), S. 922 ff.; Eisenführ/Weber (2003), S. 211; von Nitzsch (2002), S. 146 und Wakker/Zank (2002), S. 1253.

[151] Vgl. Laux (2005), S. 166 f.; Fishburn (1989), S. 389; Hull/Moore/Thomas (1973), S. 227 ff.; Mosteller/Nogee (1951), S. 374; Hey/Orme (1994), S. 1297 und Schoemaker (1982), S. 532.

[152] Vgl. Weber/Camerer (1987), S. 132; Machina (1987), S. 123 f.; Bamberg/Coenenberg (2004), S. 92 ff. und von Winterfeldt/Edwards (1986), S. 255 f.

Abbildung 3: Nutzenfunktionen und Risikoeinstellung[153]

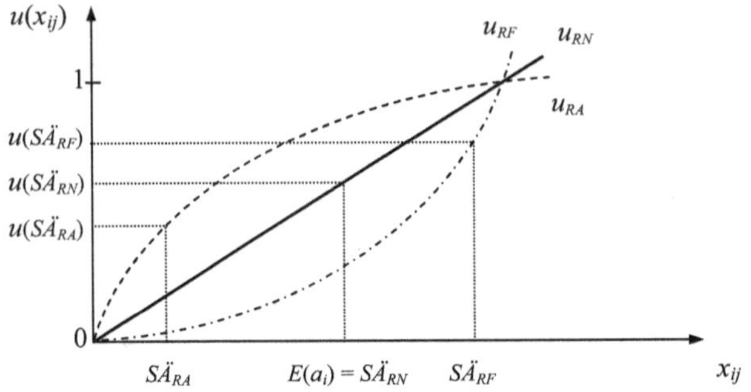

Als Vergleichsgröße dient in diesem Falle immer eine Indifferenzbeziehung des Entscheidungsträgers zwischen einer riskanten Alternative und seinem Sicherheitsäquivalent, also derjenigen sicheren Zahlung, bei der der Entscheider gerade indifferent zwischen der riskanten Alternative und dieser sicheren Zahlung ist.[154]

Wie aus Abbildung 3 ersichtlich, ist beispielsweise im Falle von Risikoaversion das Sicherheitsäquivalent ($SÄ_{RA}$) bei Indifferenz immer kleiner als der Erwartungswert einer beliebigen riskanten Alternative $E(a_i)$. Dagegen würde ein risikofreudiger Entscheider bei einer sicheren Zahlung $SÄ_{RF}$, die größer als der Erwartungswert der riskanten Alternative $E(a_i)$ ist, Indifferenz empfinden. Liegt der Fall von Risikoneutralität vor, entspricht das Sicherheitsäquivalent $SÄ_{RN}$ gerade dem Erwartungswert $E(a_i)$ der riskanten Alternative.

Um Aussagen über die individuellen Präferenzen von Entscheidungsträgern mittels der Erwartungsnutzentheorie treffen zu können, ist es von essenzieller Bedeutung, den individuellen Verlauf der Nutzenfunktionen der einzelnen Entscheidungsträger zu kennen. Je nach Verlauf der Nutzenfunktion (konkav, linear oder konvex) und der Stärke der Krümmung können ganz unterschiedliche Präferenzrangfolgen prognostiziert werden. Daher ist es erforderlich, die individuellen Nutzenfunktionen der Entscheidungsträger zu bestimmen, die diese Präferenzstruktur adäquat widerspiegeln.[155] Die Grundidee besteht darin, die Nutzenfunktion mittels

[153] Vgl. ähnlich Machina (1987), S. 123 f.

[154] Vgl. Neter/Williams (1971), S. 387 f.; Gonzalez/Wu (1999), S. 133 und Kleindorfer/Kunreuther/Schoemaker (1993), S. 133.

[155] Vgl. Laux (2005), S. 166; Eisenführ/Weber (2003), S. 227 und Hein (2002), S. 111.

einfacher Entscheidungsalternativen zu erfassen.[156] Nach der Erhebung der Nutzenfunktion können mit dieser dann Handlungsempfehlungen für beliebig komplexe Entscheidungsalternativen gegeben werden.

Zur Erhebung von Nutzenfunktionen wird in der Literatur eine ganze Reihe von Methoden diskutiert. Im Wesentlichen handelt es sich dabei um Methoden, die auf dem Verfahren der Lotterievergleiche basieren.[157] Zur Bestimmung seiner Nutzenfunktion muss der Entscheidungsträger dazu eine unsichere Lotterie (x_{max}, p, x_{min}), die eine Auszahlung x_{max} mit der Wahrscheinlichkeit p und eine Auszahlung x_{min} mit der Gegenwahrscheinlichkeit $(1 - p)$ erbringt, mit einer sicheren Auszahlung ce vergleichen.[158] Je nach eingesetzter Methode ist dabei immer eine der zu vergleichenden Größen $(ce, p, x_{max}, x_{min})$ so festzulegen, dass der Entscheidungsträger Indifferenz zwischen der Lotterie und der sicheren Zahlung empfindet.

Eine Ausnahme bildet hierbei die Direct-Rating-Methode, bei der der Entscheidungsträger den zu beurteilenden Alternativen direkt einen Nutzenwert zuordnet.[159] Dabei weist der Entscheidungsträger beispielsweise der besten Konsequenz einen Nutzenwert von 100 und der schlechtesten Konsequenz einen Nutzenwert von 0 zu. Konsequenzen, die nutzenmäßig zwischen den beiden Extremkonsequenzen liegen, ordnet der Entscheidungsträger dazwischenliegende Nutzenwerte aus dem Intervall [0, 100] zu. Tabelle 4 gibt einen Überblick über die wichtigsten traditionellen Methoden zur Erhebung von Nutzenfunktionen:

---

[156] Vgl. Friedman/Savage (1952), S. 470 und auch Kleindorfer/Kunreuther/Schoemaker (1993), S. 136 f.

[157] Vgl. Hauser/Urban (1979), S. 252; von Nitzsch (2002), S. 172 und Bamberg/Coenenberg (2004), S. 90 f. Vgl. daneben zur ersten umfassenden empirischen Studie zur Erhebung von Nutzenfunktionen Mosteller/Nogee (1951).

[158] Vgl. Johnson/Schkade (1989), S. 406 f.; von Nitzsch/Weber (1986), S. 846; Farquhar (1984), S. 1284 und Hull/Moore/Thomas (1973), S. 229 f.

[159] Vgl. Hull/Moore/Thomas (1973), S. 228 f.; Wakker/Deneffe (1996), S. 1133; Torrance (1976), S. 130; Hein (2002), S. 168 ff. und Fishburn (1967), S. 441 ff.

Tabelle 4: Traditionelle Methoden zur Erhebung von Nutzenfunktionen im Vergleich[160]

Methode zur Erhebung von Nutzenfunktionen	**Durchzuführende Bewertung bei der Erhebung**[a]	**Nachteile der Methode**
Certainty-Equivalence-Methode	$(x_{max}, p, x_{min}) \sim \boldsymbol{ce}$	▪ Anfälligkeit gegen verzerrte Wahrscheinlichkeitswahrnehmung ▪ Certainty-Effekt
Probability-Equivalence-Methode	$(x_{max}, \boldsymbol{p}, x_{min}) \sim ce$	▪ Anfälligkeit gegen verzerrte Wahrscheinlichkeitswahrnehmung ▪ Certainty-Effekt
Value-Equivalence-Methode	$(\boldsymbol{x_{max}}, p, x_{min}) \sim ce$	▪ Anfälligkeit gegen verzerrte Wahrscheinlichkeitswahrnehmung ▪ Certainty-Effekt
Lottery-Equivalence-Methode	$(x_{max}, p, x_{min}) \sim (y_{max}, \boldsymbol{p}, y_{min})$	▪ Anfälligkeit gegen verzerrte Wahrscheinlichkeitswahrnehmung
Direct-Rating-Methode	$x_i \rightarrow \boldsymbol{u(x_i)}$	▪ Keine theoretische Fundierung zur Erhebung von Nutzenfunktionen

[a] Die vom Entscheidungsträger festzulegende Größe ist fett dargestellt

Zu den am häufigsten angewendeten Methoden gehören die Certainty-Equivalence-Methode, die Probability-Equivalence-Methode sowie die Direct-Rating-Methode.[161] Durch wiederholte Befragung des Entscheidungsträgers können mittels der eingesetzten Methoden dann einige Stützpunkte seiner Nutzenfunktion gewonnen werden.[162] Die Nutzenfunktion lässt sich anschließend durch lineare Interpolation der Stützstellen grafisch ermitteln oder unter Zugrundelegung eines geeigneten Funktionstyps und einer Schätzung der entsprechenden Funktionsparameter approximieren.[163] Zur Analyse von Kfz-Kaskoversicherungsentscheidungen erweist sich jedoch nur letztere Variante als sinnvoll, da eine grafische Analyse bereits bei etwas komplexeren Entscheidungsalternativen schnell an ihre Grenzen stößt, und darüber zudem

[160] Vgl. Farquhar (1984), S. 1288 ff.; Wakker/Deneffe (1996), S. 1133 ff.; Hull/Moore/Thomas (1973), S. 228 ff.; McCord/de Neufville (1986) S. 58; von Winterfeldt/Edwards (1986), S. 249 ff.; Zuber/Guthier (2003), S. 374 ff. und Eisenführ/Weber (2003), S. 227 ff.

[161] Vgl. Schoemaker/Hershey (1992), S. 398; Hershey/Schoemaker (1985), S. 1213; Hershey/Kunreuther/Schoemaker (1982), S. 937; Kleindorfer/Kunreuther/Schoemaker (1993), S. 133; Wakker/Deneffe (1996), S. 1131 und Delquié/de Neufville (1991), S. 147.

[162] Vgl. zur Vorgehensweise von Nitzsch/Weber (1988), S. 150 f.; Bitz (1984), S. 1079; Raiffa (1973), S. 110 f. und Swalm (1966), S. 124 ff.

[163] Vgl. von Nitzsch/Weber (1986), S. 847 f.; Keeney/Raiffa (1976), S. 196 ff.; Eisenführ/Weber (2003), S. 229 und Camerer (1995), S. 640.

keine fundierten Aussagen über die Prognosegüte der erhobenen Nutzenfunktion getroffen werden können.

Da zur Erhebung der Nutzenfunktion mit der Certainty-Equivalence-Methode und der Probability-Equivalence-Methode jeweils eine Lotterie mit einer sicheren Zahlung verglichen wird, sind diese Methoden anfällig gegen den sog. Certainty-Effekt (vgl. auch Tabelle 4).[164] Dieser besagt, dass Personen sichere Zahlungen höher bewerten als lediglich wahrscheinliche Zahlungen, wodurch systematische Verzerrungen der ermittelten Nutzenwerte in Abhängigkeit der eingesetzten Wahrscheinlichkeiten sowie ein stärker risikoaverses Verhalten zutage treten können.[165] Weiterhin können die erhobenen Nutzenfunktionen durch eine verzerrte Wahrnehmung von Wahrscheinlichkeiten negativ beeinflusst werden.[166]

Die Lottery-Equivalence-Methode hat zwar den Vorteil, dass der Certainty-Effekt nicht auftreten kann, da jeweils zwei Lotterien miteinander verglichen werden, die Verletzbarkeit der Ergebnisse durch verzerrte Wahrscheinlichkeitswahrnehmung besteht allerdings weiterhin.[167]

Beim Einsatz der Direct-Rating-Methode ist insbesondere problematisch, dass hierbei keine theoretische Fundierung zur Erhebung von Nutzenfunktionen nach der Erwartungsnutzentheorie besteht und dass teilweise von Anwendungsproblemen der Entscheidungsträger bei dieser Methode berichtet wird.[168]

Nach der Erwartungsnutzentheorie und dem zuvor erwähnten Invarianzprinzip müssten zudem alle auf Lotterievergleichen basierenden Methoden zur Erhebung von Nutzenfunktionen theoretisch äquivalent sein, d. h., sie müssten zu identischen Nutzenfunktionen führen.[169] Verschiedene empirische Studien zeigen allerdings, dass dies keineswegs der Fall ist und die unterschiedlichen Methoden zu systematisch unterschiedlichen Ergebnissen und somit verzerr-

---

[164] Vgl. Fennema/van Assen (1999), S. 277 ff.; Wakker/Deneffe (1996), S. 1142 und Levy/Levy (2002), S. 1337.

[165] Vgl. Kahneman/Tversky (1979), S. 265 f.; McCord/de Neufville (1986), S. 57; Tversky/Kahneman (1981), S. 455 f.; Bleichrodt/Pinto (2000), S. 1487 und Bleichrodt/Pinto/Wakker (2001), S. 1499.

[166] Vgl. Bleichrodt/Pinto (2000), S. 1488; Wakker/Deneffe (1996), S. 1145; Abdellaoui (2000), S. 1500 und Etchart-Vincent (2004), S. 220.

[167] Vgl. Fennema/van Assen (1999), S. 277 f.; Wakker/Deneffe (1996), S. 1131 und auch Farquhar (1984), S. 1292 f. und McCord/de Neufville (1986).

[168] Vgl. Torrance (1976), S. 135; Wakker/Deneffe (1996), S. 1133 und auch Hein (2002), S. 166 ff.

[169] Vgl. Bleichrodt et al. (2007), S. 470; Hershey/Kunreuther/Schoemaker (1982), S. 937 f.; Hershey/Schoemaker (1985), S. 1214 und Kleindorfer/Kunreuther/Schoemaker (1993), S. 141 f.

ten Nutzenwerten führen.[170] Besonders markant erscheint dieses Problem bei den so genannten Riskless-Risk-Methoden (Methoden, bei denen in irgendeiner Form eine riskante Lotterie mit einer sicheren Zahlung verglichen wird).[171] Hier konnte eine starke Diskrepanz zwischen den einzelnen Methoden festgestellt werden, wohingegen die so genannten Risk-Risk-Methoden (Methoden, bei denen zwei riskante Lotterien miteinander verglichen werden) offenbar konsistentere Ergebnisse liefern.

Eine Methode, die die genannten Nachteile der traditionellen Methoden (vgl. Tabelle 4) umgeht und die den aus empirischer Sicht vorteilhafteren Risk-Risk-Methoden zuzurechnen ist, ist die in dieser Arbeit eingesetzte Trade-Off-Methode.[172] Das Auftreten des Certainty-Effekts wird folglich durch den Vergleich zweier unsicherer Lotterien ausgeschlossen. Außerdem wird der Einfluss möglicher Verzerrungen der Wahrscheinlichkeitswahrnehmung dadurch minimiert, dass alle zu vergleichenden Lotterien dieselben Wahrscheinlichkeiten aufweisen und die Wahrscheinlichkeiten letzten Endes bei der Bestimmung der Nutzenwerte keine Rolle spielen. Als nachteilig an der Trade-Off-Methode können gleichwohl die Verkettung von Antworten der Probanden in nachfolgenden Lotterievergleichen und eine möglicherweise höhere Komplexität im Vergleich zu den Riskless-Risk-Methoden angesehen werden.[173]

Bei der Trade-Off-Methode muss der Entscheidungsträger eine Reihe von Lotterievergleichen $l \in L$ durchführen, damit seine individuelle Nutzenfunktion bestimmt werden kann. Der Entscheidungsträger soll dabei jeweils zwei Lotterien (x_{l-1}^{+}, p, r^{+}) und (x_l^{+}, p, R^{+}) miteinander vergleichen und den fehlenden Wert x_l^{+} in der 2. Lotterie so festlegen, dass er indifferent zwischen beiden Lotterien ist (vgl. Abbildung 4).[174] Es handelt sich dabei um gemischte Lotterien, die jeweils eine positive und eine negative Zahlung erbringen.[175]

---

[170] Vgl. Bleichrodt et al. (2007), S. 474 ff.; Johnson/Schkade (1989), S. 408 ff.; Hershey/Schoemaker (1985), S. 1215 ff.; Hershey/Kunreuther/Schoemaker (1982), S. 938 ff.; Schoemaker/Hershey (1992) und Pinto-Prades/Abellán-Perpiñán (2005), S. 71 ff.

[171] Vgl. Bleichrodt et al. (2007), S. 470 und S. 476 sowie auch Conlisk (1989), S. 392 ff. und Officer/Halter (1968), S. 259.

[172] Vgl. Wakker/Deneffe (1996), S. 1145 f.; Bleichrodt/Pinto (2000), S. 1488; Etchart-Vincent (2004), S. 220 und Köbberling/Wakker (2004), S. 142.

[173] Vgl. Wakker/Deneffe (1996), S. 1147 f. und auch Kleindorfer/Kunreuther/Schoemaker (1993), S. 142 und Fennema/van Assen (1999), S. 283.

[174] Vgl. Wakker/Deneffe (1996), S. 1134; Abdellaoui/Vossmann/Weber (2005), S. 1387 und Voßmann (2004), S. 32.

[175] Vgl. Abdellaoui/Vossmann/Weber (2005), S. 1385; Wu/Gonzalez (1996), S. 1678 und Tversky/Kahneman (1992), S. 300.

Abbildung 4: Darstellung des l-ten Lotterievergleichs in der Trade-Off-Methode

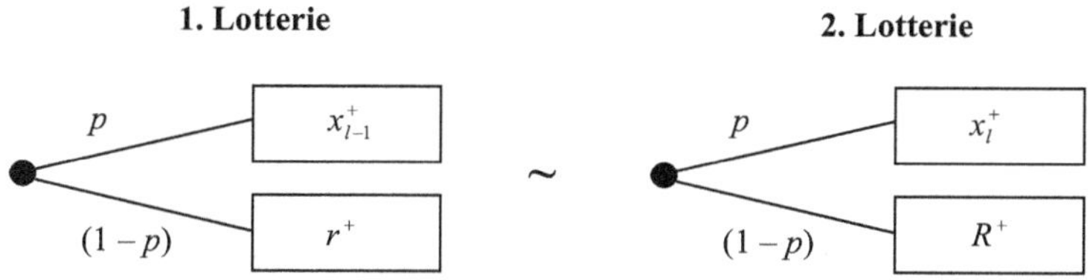

Die Notation bedeutet dabei, dass die 1. Lotterie mit der Wahrscheinlichkeit p eine Zahlung von x_{l-1}^+ erbringt und mit der Gegenwahrscheinlichkeit $(1-p)$ eine Zahlung von r^+ zu leisten ist.[176] Die 2. Lotterie erbringt dagegen mit einer Wahrscheinlichkeit p die vom Entscheidungsträger festzulegende Zahlung von x_l^+ und mit der Gegenwahrscheinlichkeit $(1-p)$ ist eine Zahlung von R^+ zu leisten. Die Wahrscheinlichkeiten p und $(1-p)$ sowie die Referenzwerte r^+ und R^+ sind dabei in allen durchzuführenden Lotterievergleichen identisch, wobei $R^+ < r^+ < 0$ gilt.[177] Beim ersten Lotterievergleich $(l = 1)$ gilt des Weiteren für den Wert $x_{l-1}^+ = x_0^+ = 0$. In allen nachfolgenden Lotterievergleichen $(l > 1)$ dient der vom Entscheidungsträger im vorherigen Lotterievergleich $(l-1)$ in der 2. Lotterie festgelegte Wert x_l^+ als Wert x_{l-1}^+ in der 1. Lotterie (vgl. Abbildung 4).

Konkret bedeutet dies, dass der Entscheidungsträger im ersten Lotterievergleich $(l = 1)$ den Indifferenzwert x_1^+ festlegt und für ihn $(x_0^+, p, r^+) \sim (x_1^+, p, R^+)$ gelten muss. Im zweiten Lotterievergleich $(l = 2)$ stellt dieser Indifferenzwert x_1^+ die positive Zahlung der 1. Lotterie dar und der Entscheidungsträger muss den Indifferenzwert x_2^+ in der 2. Lotterie festlegen, und es gilt $(x_1^+, p, r^+) \sim (x_2^+, p, R^+)$ usw.[178] Beim Festsetzen der Indifferenzwerte muss der Entscheidungsträger immer einen subjektiven Trade-Off dahingehend leisten, um wie viel höher für ihn die Zahlung x_l^+ als die Zahlung x_{l-1}^+ sein muss, damit das Risiko kompensiert wird

[176] Vgl. Wakker/Deneffe (1996), S. 1133 f.; Abdellaoui/Vossmann/Weber (2005), S. 1385 ff. und Voßmann (2004), S. 29 ff.

[177] Vgl. Abdellaoui/Vossmann/Weber (2005), S. 1387; Wakker/Deneffe (1996), S. 1134 und Etchart-Vincent (2004), S. 220.

[178] Vgl. Etchart-Vincent (2004), S. 220; Abdellaoui/Vossmann/Weber (2005), S. 1387; Wakker/Deneffe (1996), S. 1134 und Abdellaoui (2000), S. 1500.

statt der Zahlung r^+ die (negativere) Zahlung R^+ leisten zu müssen, wobei die Wahrscheinlichkeiten für die Zahlungen in beiden Lotterien gleich sind.

Wenn eine ausreichend große Anzahl L von Lotterievergleichen vom Entscheidungsträger vorgenommen wurde, können aus den gewonnenen Informationen Stützpunkte seiner Nutzenfunktion ermittelt werden.[179] Nach der Erwartungsnutzentheorie gilt bei Indifferenz zwischen jeweils zwei Lotterien $(x_{l-1}^+, p, r^+) \sim (x_l^+, p, R^+)$, dass deren erwarteter Nutzen nach Formel (1) identisch sein muss. Somit ergibt sich das in (2) dargestellte Gleichungssystem:

$$(2)\quad \begin{array}{ll} p \cdot u(x_0^+) + (1-p) \cdot u(r^+) = p \cdot u(x_1^+) + (1-p) \cdot u(R^+) & \text{1. LV} \\ p \cdot u(x_1^+) + (1-p) \cdot u(r^+) = p \cdot u(x_2^+) + (1-p) \cdot u(R^+) & \text{2. LV} \\ \quad \ldots \qquad\qquad\qquad \ldots & \ldots \\ p \cdot u(x_{L-1}^+) + (1-p) \cdot u(r^+) = p \cdot u(x_L^+) + (1-p) \cdot u(R^+) & \text{L. LV} \end{array}$$

Durch Gleichsetzen von jeweils zwei nachfolgenden Lotterievergleichen l und $l+1$ und Umformen (3) erhält man eine Standardsequenz $x_0^+,\ x_1^+,\ \ldots,\ x_{L-1}^+,\ x_L^+$ von Zahlungen bzw. Indifferenzwerten x_l^+, die äquidistant in Nutzeneinheiten ist.[180]

$$(3)\quad u(x_{l+1}^+) - u(x_l^+) = u(x_l^+) - u(x_{l-1}^+) \qquad l \in L$$

Durch Normierung des Nutzenwertes des kleinsten und größten Indifferenzwerts auf $u(x_0^+) = 0$ und $u(x_L^+) = 1$ sowie Umformen der Gleichungen (3) ergibt sich als Nutzenwert für Indifferenzwert x_l^+ nach (4):[181]

$$(4)\quad u(x_l^+) = \frac{l}{L} \qquad l \in L$$

Über diese Vorgehensweise erhält man somit eine Anzahl von L Stützpunkten $[x_l^+, u(x_l^+)]$ der Nutzenfunktion des Entscheidungsträgers, aus denen die Nutzenfunktion mittels einer nichtlinearen Regressionsanalyse geschätzt werden kann.[182]

---

[179] Vgl. Wakker/Deneffe (1996), S. 1134 f. und Abdellaoui (2000), S. 1500.

[180] Vgl. Fennema/van Assen (1999), S. 282 f.; Bleichrodt/Doctor/Stolk (2005), S. 659; Abdellaoui/Vossmann/Weber (2005), S. 1387; Etchart-Vincent (2004), S. 220 und Bleichrodt/Pinto (2000), S. 1488.

[181] Vgl. Wakker/Deneffe (1996), S. 1134 f.; Bleichrodt/Pinto (2000), S. 1488; Etchart-Vincent (2004), S. 220 und Bleichrodt/Doctor/Stolk (2005), S. 659.

[182] Vgl. Abdellaoui/Vossmann/Weber (2005), S. 1391; Voßmann (2004), S. 40 und Abdellaoui (2000), S. 1506.

Zusammenfassend lässt sich festhalten, dass im vorangehenden Kapitel die theoretischen Grundlagen der Erwartungsnutzentheorie als Entscheidungsmodell zur Analyse von Kfz-Kaskoversicherungsentscheidungen als Entscheidungen unter Unsicherheit erläutert wurden. Es wurden des Weiteren die Vor- und Nachteile unterschiedlicher Methoden zur Erhebung von Nutzenfunktionen diskutiert, was ein Kernproblem bei der Anwendung der Erwartungsnutzentheorie darstellt. Schließlich wurde anhand der Trade-Off-Methode, die verschiedene Vorteile gegenüber traditionellen Methoden zur Erhebung von Nutzenfunktionen aufweist, demonstriert, wie die erforderlichen Stützpunkte zur Schätzung von Nutzenfunktionen erhoben werden können. Das nachfolgende Kapitel beschäftigt sich mit dem zweiten Entscheidungsmodell für Kfz-Kaskoversicherungsentscheidungen unter Unsicherheit, der Cumulative Prospect Theorie.

3.2.2 Cumulative Prospect Theorie

Die auf Daniel Kahneman und Amos Tversky zurückgehende Prospect Theorie (PT) und ihre Weiterentwicklung, die Cumulative Prospect Theorie (CPT), stellen deskriptive Entscheidungstheorien dar.[183] Somit verfolgen sie eine etwas andere Zielrichtung als die normative Erwartungsnutzentheorie. Die Ausrichtung der deskriptiven Entscheidungstheorien besteht nicht darin, Handlungsempfehlungen abzugeben, wie sich ein rationaler Entscheidungsträger verhalten sollte. Stattdessen versuchen sie zu erklären, wie sich begrenzt rationale Entscheider in der Realität tatsächlich verhalten.[184]

Prospect Theorie und Cumulative Prospect Theorie wurden daher vor dem Hintergrund entwickelt, dass die Rationalitätsaxiome, die die Grundlage der EUT bilden, in der Realität von Entscheidern häufig verletzt werden, und demzufolge empirisch oftmals mit der EUT inkonsistentes Verhalten beobachtbar ist.[185]

Ein Anwendungsbezug der Prospect Theorie zu Versicherungsentscheidungen wurde bereits von Kahneman und Tversky (1979) mit dem Problem der so genannten Probabilistic Insurance hergestellt.[186] Dazu wurden Probanden, die zwischen der Selbsttragung eines Risikos und

---

[183] Vgl. Kahneman/Tversky (1979) und Tversky/Kahneman (1992).

[184] Vgl. Kleindorfer/Kunreuther/Schoemaker (1993), S. 4 ff.; Laux (2005), S. 1 f.; Bamberg/Coenenberg (2004), S. 2 ff.; Felten (2002), S. 69 und Theil (1997), S. 27.

[185] Vgl. Allais (1953); Kahneman/Slovic/Tversky (eds.) (1982); Oehler (1992); Fishburn (1989), S. 396; Machina (2007), S. 3 ff.; Starmer (2000), S. 336 ff.; Haug (1998), S. 129 ff.; Frey/Eichenberger (1989), S. 82 ff. und Weber/Camerer (1987), S. 130 ff.

[186] Vgl. Kahneman/Tversky (1979), S. 269 ff. und auch Segal (1988), S. 287 ff.; Wakker/Thaler/Tversky (1997) und Theil (2002), S. 51 ff.

dem Abschluss einer „normalen" Versicherung gerade indifferent waren, zum Kauf einer Probabilistic Insurance befragt. Bei dieser Versicherungsform zahlen die Probanden zunächst nur die Hälfte der Versicherungsprämie. Mit einer Wahrscheinlichkeit von p tritt ein Schaden ein und mit der Gegenwahrscheinlichkeit von $(1 - p)$ kein Schaden. Im Schadensfall trägt die Versicherung mit einer Wahrscheinlichkeit von 0,5 den vollen Schaden, der Versicherungsnehmer muss allerdings nochmals die Hälfte der Versicherungsprämie zahlen. Mit der Gegenwahrscheinlichkeit von 0,5 muss der Versicherungsnehmer den gesamten Schaden selbst tragen, die Versicherung erstattet in diesem Fall die Hälfte der schon gezahlten Versicherungsprämie zurück. Die überwiegende Mehrheit der Probanden lehnte es ab, eine solche Probabilistic Insurance zu erwerben, was, wie Kahneman und Tversky zeigen können, mit der EUT (bei risikoaversem Verhalten) inkonsistent ist. Einen Erklärungsansatz für dieses Phänomen liefern Kahneman und Tversky mit der nichtlinearen Gewichtung von Wahrscheinlichkeiten in der Prospect Theorie.[187]

Das zunächst etwas konstruiert wirkende Instrument der Probabilistic Insurance hat seinen Hintergrund darin, dass Schutzmaßnahmen oftmals nicht alle Schäden vollständig absichern (man denke z. B. an nicht gedeckte Risiken in Versicherungsverträgen, das Eintreten höherer Gewalt, mögliche Zahlungsunfähigkeit von Versicherungsgesellschaften etc.).[188]

Bei der Anwendung von Prospect Theorie und Cumulative Prospect Theorie werden verschiedene Annahmen unterstellt, die nachfolgend erläutert werden:

1. Die Entscheidung untergliedert sich in zwei Phasen – zunächst die sog. Editing-Phase und im Anschluss die sog. Evaluation-Phase.[189]

   - In der Editing-Phase werden die Entscheidungsalternativen mental aufbereitet (editiert) und für die spätere Entscheidung strukturiert.[190] Dabei können verschiedene Editing-Operationen („coding", „combination", „segregation", „cancellation", „simplification" und „detection of dominance") zum Einsatz kommen. Hinter „combination" verbirgt sich beispielsweise, dass Prospects (bzw. Lotterien, Entscheidungsalternati-

---

[187] Vgl. Kahneman/Tversky (1979), S. 285 f. und Wakker/Thaler/Tversky (1997), S. 15 ff.

[188] Vgl. Wakker/Thaler/Tversky (1997), S. 7 f.; Kahneman/Tversky (1979), S. 270 und Albrecht/Maurer (2000), S. 344.

[189] Vgl. Kahneman/Tversky (1979), S. 274; Tversky/Kahneman (1986), S. S257; Starmer (2000), S. 352 und Jungermann/Pfister/Fischer (2005), S. 220.

[190] Vgl. Kahneman/Tversky (1979), S. 274 f.; Trepel/Fox/Poldrack (2005), S. 38 ff. und Theil (2002), S. 129 ff.

ven) durch Addition der Wahrscheinlichkeiten identischer Ergebnisse vereinfacht werden. Bisher bestehen allerdings keine genauen Erkenntnisse, wie diese Editing-Operationen beim Entscheider genau ablaufen bzw. welche durchgeführt werden.[191]

- In der Evaluation-Phase findet schließlich die eigentliche Entscheidung zwischen den editierten Alternativen statt, d. h., der Entscheidungsträger wählt aus den aufbereiteten Entscheidungsalternativen diejenige, die für ihn den höchsten Gesamtwert aufweist.[192]

2. Entscheidungsträger bewerten die Ergebnisse der Entscheidungsalternativen anhand einer Wertfunktion.[193] Im Gegensatz zur EUT-Nutzenfunktion, die sowohl Höhen- als auch Risikopräferenz eines Entscheidungsträgers umfasst, besteht allerdings in der Literatur keine einhellige Meinung, ob die Wertfunktion nur die Höhenpräferenz oder sowohl Höhen- als auch Risikopräferenz verkörpert:

   - In den Originalstudien zur Prospect Theorie bzw. Cumulative Prospect Theorie von Kahneman und Tversky wird diese Frage nicht eindeutig thematisiert.[194]

   - Eine Reihe von Autoren spricht im Zusammenhang mit der Wertfunktion der PT bzw. CPT von einer reinen (messbaren) Wertfunktion, die nur die Bewertung von Alternativen bei Sicherheit verkörpert und dementsprechend nur die Höhenpräferenz von Entscheidungsträgern abbilden kann.[195]

   - Insbesondere in neueren Aufsätzen zur Erhebung von Wertfunktionen der PT bzw. CPT wird in diesem Zusammenhang von den Autoren allerdings meist von „utility function“ anstatt „value function“ gesprochen.[196] Dementsprechend wird die Erhebung nicht unter Sicherheit vorgenommen, wodurch der Wertfunktion in Bezug auf die Hö-

---

[191] Vgl. Wu/Zhang/Gonzalez (2004), S. 415 f.; Eisenführ/Weber (2003), S. 377; Currim/Sarin (1989), S. 26; Laibson/Zeckhauser (1998), S. 24 und Kahneman/Tversky (1979), S. 275.

[192] Vgl. Kahneman/Tversky (1979), S. 274; Jungermann/Pfister/Fischer (2005), S. 220 und Tversky/Kahneman (1986), S. S257.

[193] Vgl. Kahneman/Tversky (1979), S. 277 ff.; Kahneman/Tversky (1984), S. 342 f. und Jungermann/Pfister/Fischer (2005), S. 223 ff.

[194] Vgl. Kahneman/Tversky (1979), S. 277 ff. und Tversky/Kahneman (1992), S. 303.

[195] Vgl. Eisenführ/Weber (2003), S. 375; Felten (2002), S. 70; Schoemaker/Kunreuther (1979), S. 605; Hershey/Schoemaker (1980), S. 113; von Nitzsch (2002), S. 126; von Nitzsch/Friedrich (1999), S. 95 und Steul (2003), S. 22 f. und auch Dyer/Sarin (1979); Farquhar/Keller (1989) und von Winterfeld/Edwards (1986), S. 205 ff.

[196] Vgl. Wakker/Deneffe (1996), S. 1142 ff.; Bleichrodt/Pinto (2000), S. 1486 ff.; Bleichrodt/Pinto/Wakker (2001), S. 1501 f.; Abdellaoui (2000), S. 1499 f.; Voßmann (2004), S. 28 ff. und Abdellaoui/Vossmann/Weber (2005), S. 1385 ff.

hen- und Risikopräferenz eine äquivalente Rolle wie der EUT-Nutzenfunktion zukommt.[197] Die Auffassung, dass die Wertfunktion sowohl Höhen- als auch Risikopräferenz abbildet, wird auch in der vorliegenden Arbeit vertreten.

3. Personen bewerten Vermögensänderungen relativ zu einem Referenzpunkt, d. h., es erfolgt eine gesonderte Betrachtung von Gewinnen und Verlusten relativ zum aktuellen Status quo anstatt einer Endvermögensbetrachtung.[198]

4. Anstatt objektiver bzw. subjektiver Wahrscheinlichkeiten gehen subjektive Entscheidungsgewichte in die Bewertung der Entscheidungsalternativen ein.[199] Die Entscheidungsgewichte reflektieren dabei den Einfluss, den Ereignisse auf die Attraktivität eines Prospects ausüben oder sind, anders ausgedrückt, Indikatoren für die Sensitivität der Präferenzen gegenüber Änderungen der Wahrscheinlichkeiten. Somit stellen die Entscheidungsgewichte keine Wahrscheinlichkeiten dar, da sie nicht den Gesetzen der Wahrscheinlichkeitsrechnung genügen, sondern Verzerrungen bzw. Transformationen gegebener Wahrscheinlichkeiten.

Im Folgenden wird zunächst die klassische Prospect Theorie dargestellt, bevor im Anschluss auf die drauf aufbauende Erweiterung, die Cumulative Prospect Theorie, eingegangen wird. Das Entscheidungskriterium nach der Prospect Theorie ist in (5) dargestellt.[200] Der Entscheider wählt dabei die Alternative (den Prospect) mit dem für ihn maximalen Gesamtwert, der sich wie folgt ermittelt:

$$(5) \qquad V_{PT}(a_i) = \sum_{j=1}^{2} \pi(p_j) \cdot v(x_{ij}) \qquad \rightarrow \max! \qquad i \in I$$

---

[197] Die Risikoeinstellung eines Entscheiders wird allerdings trotz der Tatsache, dass die Wertfunktion auch die Risikopräferenz mit abbildet, nicht allein durch die Wertfunktion bestimmt, sondern durch Zusammenwirken der Wert- und Entscheidungsgewichtungsfunktion. Vgl. auch Fennema/Wakker (1997), S. 54 f. und Tversky/Wakker (1995), S. 1255.

[198] Vgl. Kahneman/Tversky (1979), S. 277 ff.; Tversky/Kahneman (1992), S. 299; Abdellaoui (2000), S. 1499; Wakker/Zank (2002), S. 1254; Schoemaker/Kunreuther (1979), S. 605; Weber (1994), S. 234 und Currim/Sarin (1989), S. 24.

[199] Vgl. Kahneman/Tversky (1979), S. 280 ff.; Tversky/Kahneman (1992), S. 300 f.; Wu/Zhang/Gonzalez (2004), S. 406; Tversky/Wakker (1995), S. 1255; Schoemaker/Kunreuther (1979), S. 605; Currim/Sarin (1989), S. 24 ff.; Gonzalez/Wu (1999), S. 131 f.; Theil (2002), S. 124 und Weber (1994), S. 234.

[200] Vgl. Kahneman/Tversky (1979), S. 275 f.; Steul (2003), S. 26; Weber/Camerer (1987), S. 134 und Jungermann/Pfister/Fischer (2005), S. 228. Mit der klassischen Prospect Theorie von 1979 können nur Prospects mit maximal zwei von null verschiedenen Auszahlungen analysiert werden.

wobei:

$V_{PT}(a_i)$: Gesamtwert des *i*-ten Prospects a_i nach der PT,

$\pi(p_j)$: Entscheidungsgewicht der Eintrittswahrscheinlichkeit des *j*-ten Umweltzustands p_j,

$v(x_{ij})$: Wert der Auszahlung *x* des *i*-ten Prospects im *j*-ten Umweltzustand,

I: Indexmenge der Alternativen,

J: Indexmenge der Umweltzustände.

Mittels der Wertfunktion $v(\bullet)$ werden die Ergebnisse (Auszahlungen) x_{ij} eines Prospects zu den Werten der Auszahlungen $v(x_{ij})$ der einzelnen Umweltzustände transformiert.[201] Die (idealtypische) Wertfunktion der Prospect Theorie verläuft wie in Abbildung 5 dargestellt und besitzt die nachfolgenden Eigenschaften:

Abbildung 5: Wertfunktion der Prospect Theorie[202]

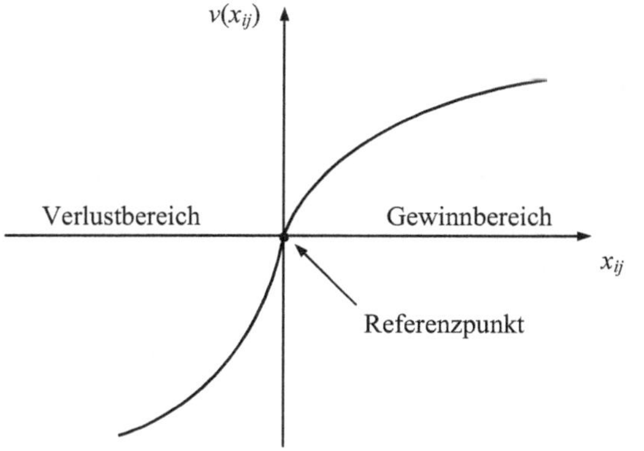

Die Wertfunktion hat einen s-förmigen Verlauf und ist konkav im Gewinnbereich, d. h. für positive Abweichungen vom Referenzpunkt, sowie konvex im Verlustbereich, d. h. für negative Abweichungen vom Referenzpunkt.[203] Der konkave Verlauf im Gewinnbereich deutet

[201] Vgl. Kahneman/Tversky (1979), S. 277 ff.; Currim/Sarin (1989), S. 24 und Jungermann/Pfister/Fischer (2005), S. 223 ff.

[202] Vgl. ähnlich Kahneman/Tversky (1979), S. 279.

[203] Vgl. Kahneman/Tversky (1979), S. 277 ff.; Kahneman/Tversky (1982), S. 137 f. und Currim/Sarin (1989), S. 24 f.

dabei auf ein risikoscheues Verhalten bei Gewinnchancen hin, der konvexe Verlauf im Verlustbereich auf ein risikofreudiges Verhalten bei drohenden Verlustrisiken.[204]

Die Steigung der Wertfunktion wird mit zunehmender Entfernung vom Referenzpunkt immer flacher.[205] Diese abnehmende Sensitivität drückt aus, dass die Wertschätzung einer bestimmten Ausprägungsdifferenz mit zunehmender Entfernung vom Referenzpunkt immer mehr abnimmt. Etwas plastischer formuliert bedeutet dies, dass der Unterschied zwischen einem Gewinn (Verlust) von 100 € und 200 € schwerer wiegt als der Unterschied zwischen einem Gewinn (Verlust) von 10.100 € und 10.200 €.

Des Weiteren drückt sich in der Wertfunktion eine Verlustaversion der Entscheider aus, da die Wertfunktion im Verlustbereich etwa doppelt so steil verläuft wie im Gewinnbereich.[206] Der Wert eines Gewinns ist somit kleiner als der absolute Wert eines betragsmäßig identischen Verlusts $v(x_{ij}) < |v(-x_{ij})|$.

Wie aus Formel (5) ersichtlich ist, gehen in die Bewertung eines Prospects nicht die Eintrittswahrscheinlichkeiten der Umweltzustände direkt ein, sondern es werden vom Entscheidungsträger, wie bereits erwähnt, subjektive Entscheidungsgewichte herangezogen. Mittels der Entscheidungsgewichtungsfunktion $\pi(\bullet)$ werden die Eintrittswahrscheinlichkeiten p_j ($j \in J$) in entsprechende Entscheidungsgewichte $\pi(p_j)$ transformiert (vgl. Abbildung 6 für eine idealtypische Darstellung der Entscheidungsgewichtungsfunktion der Prospect Theorie).

[204] Vgl. Kahneman/Tversky (1979), S. 268 ff.; Kahneman/Tversky (1982), S. 137 f.; Trepel/Fox/Poldrack (2005), S. 37; Jungermann/Pfister/Fischer (2005), S. 223 f.; Lopes/Oden (1999), S. 289; Camerer (1995), S. 625 und Steul (2003), S. 23.

[205] Vgl. von Nitzsch (1998), S. 623; Theil (2002), S. 154 und Gierl/Helm/Stumpp (2001), S. 560.

[206] Vgl. Kahneman/Tversky (1982), S. 139; Steul (2003), S. 24; von Nitzsch (1998), S. 623; Theil (2002), S. 135 und Gierl/Helm/Stumpp (2001), S. 560.

Abbildung 6: Entscheidungsgewichtungsfunktion der Prospect Theorie[207]

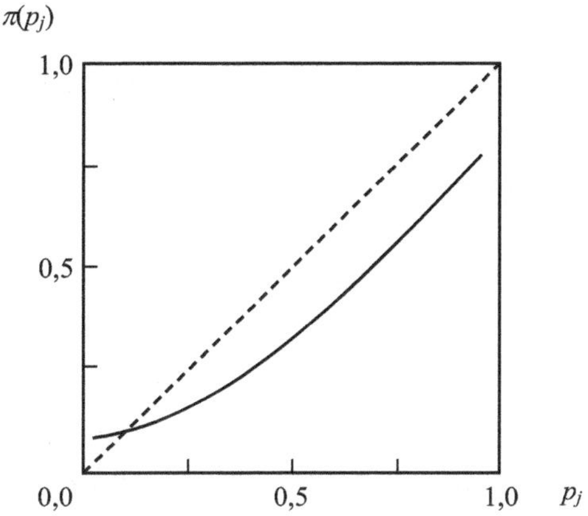

Aus der Abbildung 6 geht hervor, dass kleine Wahrscheinlichkeiten übergewichtet, mittlere und große Wahrscheinlichkeiten durch die Entscheidungsgewichtungsfunktion dagegen untergewichtet werden.[208] Des Weiteren weist die Funktion Sprungstellen in der Nähe von $p_j = 0$ mit $\pi(0) = 0$ und $p_j = 1$ mit $\pi(1) = 1$ auf, was bedeutet, dass sehr kleine Eintrittswahrscheinlichkeiten als unmöglich, sehr große als sicher wahrgenommen werden.

Die ursprüngliche Form der Prospect Theorie hat den Nachteil, dass sie nur zur Anwendung kommen kann, wenn die Prospects maximal zwei von null verschiedene Auszahlungen besitzen, und dass nach ihr teilweise stochastisch dominierte Alternativen präferiert werden.[209] Zudem besteht der Nachteil, dass eine Parametrisierung der Entscheidungsgewichtungsfunktion der klassischen Prospect Theorie aus der Literatur nicht bekannt ist. Hieraus ergeben sich Einschränkungen in Bezug auf die quantitative Analyse von Entscheidungsproblemen, da keine Referenzgrößen hinsichtlich Funktionsform und Parameterwerten bestehen. Aufgrund der zwei erstgenannten Nachteile wurde von Tversky und Kahneman (1992) als Erweiterung

---

207 Vgl. ähnlich Kahneman/Tversky (1979), S. 283.

208 Vgl. Kahneman/Tversky (1979), S. 280 ff.; Currim/Sarin (1989), S. 24 ff. und Gonzalez/Wu (1999), S. 134. Weitere Eigenschaften der Entscheidungsgewichtungsfunktion sind die Subadditivität, die Subsicherheit und die Subproportionalität.

209 Vgl. Kahneman/Tversky (1979), S. 275 f.; Tversky/Kahneman (1992), S. 299; Gonzalez/Wu (1999), S. 134; Fennema/Wakker (1997), S. 53 f.; Breuer/Gürtler (2006), S. 4 f.; Gonzalez/Wu (2003), S. 4 f. und auch Miyamoto (1987), S. 410 ff.

die rangplatzabhängige Cumulative Prospect Theorie entwickelt, die diese Schwächen behebt.[210]

Auch nach der Cumulative Prospect Theorie wählt der Entscheider den Prospect mit dem für ihn maximalen Gesamtwert wie in (6) dargestellt, wobei die zur Wahl stehenden Prospects jeweils $\hat{j}$ negative Auszahlungen und $J - \hat{j}$ positive Auszahlungen aufweisen:

$$(6) \quad V_{CPT}(a_i) = \sum_{j=1}^{\hat{j}} \pi^-(p_j) \cdot v(x_{ij}) + \sum_{j=\hat{j}+1}^{J} \pi^+(p_j) \cdot v(x_{ij}) \quad \rightarrow \max! \qquad i \in I$$

wobei:

$V_{CPT}(a_i)$: Gesamtwert des i-ten Prospects a_i nach der CPT,

$\pi^-(p_j)$: Entscheidungsgewicht der Eintrittswahrscheinlichkeit des j-ten Umweltzustands p_j für Verluste,

$\pi^+(p_j)$: Entscheidungsgewicht der Eintrittswahrscheinlichkeit des j-ten Umweltzustands p_j für Gewinne,

$v(x_{ij})$: Wert der Auszahlung x des i-ten Prospects im j-ten Umweltzustand,

I: Indexmenge der Alternativen (Prospects),

J: Indexmenge der Umweltzustände.

Die Wertfunktion (vgl. Abbildung 5) wird in der CPT unverändert beibehalten.[211] Änderungen ergeben sich dagegen bei der Entscheidungsgewichtungsfunktion, die nun getrennt für Gewinne $w^+(\bullet)$ und Verluste $w^-(\bullet)$ betrachtet wird.[212] Dazu werden die insgesamt J Auszahlungen der jeweiligen Prospects zunächst in aufsteigender Reihenfolge geordnet, d. h., es gilt $x_1 \leq ... \leq x_{\hat{j}} \leq 0 \leq x_{\hat{j}+1} \leq ... \leq x_J$.[213] Danach können die Entscheidungsgewichte für die $\hat{j}$ ne-

[210] Vgl. Tversky/Kahneman (1992); Gonzalez/Wu (1999), S. 134 f.; Wu/Gonzalez (1996), S. 1677 und Steul (2003), S. 27 f. Vergleichbare Ansätze finden sich bei Starmer/Sugden (1989); Luce/Fishburn (1991); Gilboa (1987) und Schmeidler (1989). Die CPT kombiniert dabei die deskriptiven Vorzüge der PT mit der rangplatzabhängigen Wahrscheinlichkeitstransformation der Rank Dependent Expected Utility Theorie. Vgl. Chateauneuf/Wakker (1999), S. 137; Quiggin (1982); Yaari (1987) und Luce (1988).

[211] Vgl. Tversky/Kahneman (1992), S. 303 und Jungermann/Pfister/Fischer (2005), S. 248.

[212] Vgl. Tversky/Kahneman (1992), S. 300 f.; Fennema/Wakker (1997), S. 55 und Bayoumi/Redelmeier (2002), S. 405.

[213] Vgl. Tversky/Kahneman (1992), S. 300; Tversky/Wakker (1995), S. 1259; Donkers/Melenberg/van Soest (2001), S. 177; Fennema/Wakker (1997), S. 55; Neilson/Stowe (2002), S. 33 und Weber (1994), S. 234.

gativen Auszahlungen wie in (7) und für die $J - \hat{j}$ positiven Auszahlungen wie (8) berechnet werden.

$$(7) \qquad \pi^-(p_1) = w^-(p_1), \qquad \pi^-(p_j) = w^-\left(\sum_{j=1}^{j} p_j\right) - w^-\left(\sum_{j=1}^{j-1} p_j\right) \qquad j \in \left\{2, ..., \hat{j}\right\},$$

$$(8) \qquad \pi^+(p_J) = w^+(p_J), \qquad \pi^+(p_j) = w^+\left(\sum_{j=j}^{J} p_j\right) - w^+\left(\sum_{j=j+1}^{J} p_j\right) \qquad j \in \left\{\hat{j}+1, ..., J-1\right\}.$$

Im Gegensatz zur Wahrscheinlichkeitstransformation der klassischen Prospect Theorie, die Transformationen für „marginale" Wahrscheinlichkeiten (separat für jede Auszahlung) berechnet, werden in der Cumulative Prospect Theorie Transformationen für „dekumulative" Wahrscheinlichkeiten bei Gewinnen und „kumulative" Wahrscheinlichkeiten bei Verlusten vorgenommen.[214] Die dekumulativen Wahrscheinlichkeiten ($p_j + \ldots + p_J$) beziehen sich demnach darauf, die Auszahlung x_{ij} oder eine bessere Auszahlung zu erhalten. Im Fall von Gewinnen werden die Entscheidungsgewichte sodann als Differenzen der transformierten dekumulativen Wahrscheinlichkeiten berechnet. Im Fall von Verlusten berechnen sich die Entscheidungsgewichte gleichermaßen als Differenzen kumulativer Wahrscheinlichkeiten ($p_1 + \ldots + p_j$), also der Wahrscheinlichkeiten die Auszahlung x_{ij} oder eine schlechtere Auszahlung leisten zu müssen.

Die Entscheidungsgewichtungsfunktionen für Gewinne und Verluste verlaufen demnach invers s-förmig wie in Abbildung 7 dargestellt. Aus der Abbildung wird deutlich, dass sowohl für Gewinne als auch Verluste kleine Wahrscheinlichkeiten über- sowie mittlere und große untergewichtet werden, was sich im konkaven Verlauf für kleine und im konvexen Verlauf für mittlere und große Wahrscheinlichkeiten ausdrückt.

---

[214] Vgl. Tversky/Kahneman (1992), S. 301; Lopes/Oden (1999), S. 289; Fennema/Wakker (1997), S. 56; Birnbaum (2004), S. 47; Bayoumi/Redelmeier (2002), S. 405; Yaari (1987), S. 96 f.; Hey/Orme (1994), S. 1299; Birnbaum/Chavez (1997), S. 168 f.; Birnbaum/McIntosh (1996), S. 103 f. und auch Jungermann/Pfister/Fischer (2005), S. 242 ff.

Abbildung 7: Entscheidungsgewichtungsfunktionen der Cumulative Prospect Theorie[215]

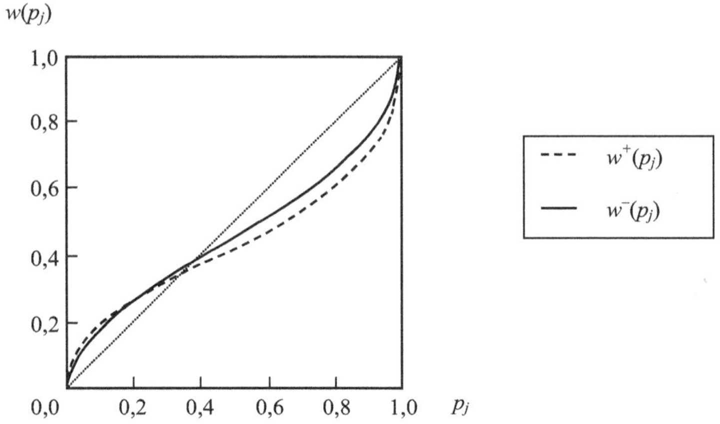

Mit der Cumulative Prospect Theorie wird das Prinzip der abnehmenden Sensitivität auch auf die Entscheidungsgewichtungsfunktion übertragen.[216] Mit zunehmender Distanz von den zwei „natürlichen" Referenzpunkten der Sicherheit $p_j = 1$ und der Unmöglichkeit $p_j = 0$ lässt sich dabei ein abnehmender Einfluss der Änderungen der Wahrscheinlichkeiten feststellen. Die Übergänge von der Unmöglichkeit zur Möglichkeit (z. B. von $p_j = 0$ auf $p_j = 0{,}05$) oder von der Möglichkeit zur Sicherheit (z. B. von $p_j = 0{,}95$ auf $p_j = 1$) besitzen dabei ein wesentlich höheres Gewicht als Änderungen im mittleren Bereich der Wahrscheinlichkeiten (beispielsweise von $p_j = 0{,}55$ auf $p_j = 0{,}60$).[217]

In Bezug auf Versicherungsentscheidungen ist im Rahmen der hier dargestellten Cumulative Prospect Theorie (und auch der klassischen Prospect Theorie) anzumerken, dass die Versicherungsnachfrage von Personen ausschließlich darüber erklärbar ist, dass die typischerweise kleinen Schadeneintrittswahrscheinlichkeiten mittels der Entscheidungsgewichtungsfunktion übergewichtet werden.[218] Die Wertfunktion alleine, die bei Verlusten ja Risikofreude impli-

---

[215] Vgl. ähnlich Tversky/Kahneman (1992), S. 313.

[216] Vgl. Fennema/Wakker (1997), S. 56; Tversky/Fox (1995), S. 270; Tversky/Wakker (1995), S. 1257; Gonzalez/Wu (1999), S. 136 f.; Wu/Zhang/Abdellaoui (2005), S. 110; Steul (2003), S. 28 und Jungermann/Pfister/Fischer (2005), S. 248 ff.

[217] Vgl. Tversky/Kahneman (1992), S. 303; Bleichrodt/Eeckhoudt (2006), S. 213; Fennema/Wakker (1997), S. 56; Trepel/Fox/Poldrack (2005), S. 38 und Tversky/Fox (1995), S. 270.

[218] Vgl. Kahneman/Tversky (1979), S. 285 f.; Tversky/Kahneman (1992), S. 316; Wakker (1998), S. 152; Wakker/Thaler/Tversky (1997), S. 20; Schade (1999), S. 40 f.; Theil (2002), S. 237 ff. und auch Viscusi (1995) und Shanteau (1992), S. 178.

ziert, würde ansonsten selbst bei einer fairen Versicherungsprämie (diese entspricht dem Erwartungsschaden) vorhersagen, dass Entscheider keine Versicherung abschließen und sich stattdessen für die „Verlustlotterie“ Nichtversicherung entscheiden. Nur wenn die Übergewichtung kleiner Wahrscheinlichkeiten so stark ist, dass die Wertfunktion überkompensiert werden kann, ist somit die Versicherungsnachfrage von Konsumenten erklärbar. Dies ist allerdings im Einzelfall von den konkreten Funktionsverläufen der Wert- und Entscheidungsgewichtungsfunktionen und deren Zusammenwirken abhängig. Kahneman und Tversky resümieren in diesem Zusammenhang treffend: „Hence, overweighting ($\pi(p) > p$) is necessary but not sufficient for risk seeking in the domain of gains. Precisely the same condition is necessary but not sufficient for risk aversion when $x < 0$.“[219]

Die dargestellten Funktionsverläufe der Cumulative Prospect Theorie gehen jedoch nur auf das Präferenz- und Entscheidungsverhalten eines durchschnittlichen (Median-)Entscheiders ein.[220] Dies gestaltet sich im Hinblick auf das Ziel der Analyse individueller Kfz-Kaskoversicherungsentscheidungen als problematisch, da bei einer ausschließlichen Betrachtung von Median-Funktionen jegliche interpersonelle Heterogenität der Funktionsverläufe vernachlässigt wird und das angesprochene Zusammenwirken von Wert- und Entscheidungsgewichtungsfunktionen ebenfalls nur im Mittel analysierbar ist.

Diese Problematik verdeutlichen unter anderem auch die Ergebnisse verschiedener empirischer Untersuchungen, die bezüglich der Elemente der Cumulative Prospect Theorie eine erhebliche interpersonelle Heterogenität feststellen.[221] Wie schon bei der im vorherigen Kapitel dargestellten Erwartungsnutzentheorie, ist es daher auch bei der Cumulative Prospect Theorie erforderlich, den Funktionsverlauf der Elemente – der Wert- und Entscheidungsgewichtungsfunktionen empirisch zu erheben.

Die Erhebung der Wert- und Entscheidungsgewichtungsfunktionen der Cumulative Prospect Theorie erfolgt in einem zweistufigen Prozess, wobei zunächst die Wertfunktion des Entscheidungsträgers ermittelt wird.[222] Im Anschluss, wenn die Wertfunktion bekannt ist, können

---

[219] Kahneman/Tversky (1979), S. 285.

[220] Vgl. Steul (2003), S. 31; Gierl/Helm/Stumpp (2001), S. 562 ff. und S. 573 und Bleichrodt/Pinto (2000), S. 1486.

[221] Vgl. z. B. Voßmann (2004), S. 24; Abdellaoui/Vossmann/Weber (2005), S. 1390 ff.; Bleichrodt et al. (2007), S. 476 f. und auch Wu/Gonzalez (1996), S. 1678.

[222] Vgl. Bleichrodt/Pinto (2000), S. 1488; Etchart-Vincent (2004), S. 219; Abdellaoui/Vossmann/Weber (2005), S. 1386 f. und Abdellaoui (2000), S. 1500 f.

die Entscheidungsgewichtungsfunktionen geschätzt werden. Bestandteile der Wertfunktion dienen in diesem Schritt als Input zur Ermittlung der Entscheidungsgewichtungsfunktionen.

Zur Erhebung der Wertfunktion der Cumulative Prospect Theorie kann ebenfalls die in Kapitel 3.2.1 dargestellte Trade-Off-Methode eingesetzt werden.[223] Auch in diesem Fall muss der Entscheidungsträger jeweils eine Reihe von Lotterievergleichen $l \in L$ durchführen, damit seine individuelle Wertfunktion für Gewinne und Verluste bestimmt werden kann. Der Entscheidungsträger soll dabei im Gewinnbereich (Verlustbereich) jeweils zwei Lotterien $(x_{l-1}^{+(-)}, p, r^{+(-)})$ und $(x_l^{+(-)}, p, R^{+(-)})$ miteinander vergleichen und analog den obigen Ausführungen den fehlenden Indifferenzwert $x_l^{+(-)}$ so festlegen, dass er indifferent zwischen beiden Lotterien ist.[224] Die Wahrscheinlichkeiten p und $(1 - p)$ sowie die Referenzwerte $r^{+(-)}$ und $R^{+(-)}$ sind dabei in allen durchzuführenden Lotterievergleichen identisch.[225] Im Gewinnbereich gilt dabei $R^+ < r^+ < 0$ und im Verlustbereich $R^- > r^- > 0$.

Nachdem eine ausreichende Anzahl L von Lotterievergleichen im Gewinn- und Verlustbereich durchgeführt wurde, können nach der Cumulative Prospect Theorie für Gewinne die Gleichungen (9) aufgestellt werden.[226] Bei Indifferenz des Entscheiders zwischen den beiden Lotterien/Prospects muss auch hier für jeden Lotterievergleich wieder gelten, dass der Gesamtwert beider Prospects für den Entscheider gleich ist.

$$
(9) \quad
\begin{array}{ll}
\pi^-(1-p)\cdot v(r^+) + \pi^+(p)\cdot v(x_0^+) = \pi^-(1-p)\cdot v(R^+) + \pi^+(p)\cdot v(x_1^+) & 1.\,\text{LV} \\
\pi^-(1-p)\cdot v(r^+) + \pi^+(p)\cdot v(x_1^+) = \pi^-(1-p)\cdot v(R^+) + \pi^+(p)\cdot v(x_2^+) & 2.\,\text{LV} \\
\quad\ldots \qquad\qquad\qquad\qquad \ldots & \ldots \\
\pi^-(1-p)\cdot v(r^+) + \pi^+(p)\cdot v(x_{L-1}^+) = \pi^-(1-p)\cdot v(R^+) + \pi^+(p)\cdot v(x_L^+) & L.\,\text{LV}
\end{array}
$$

Für Verluste ergeben sich bei Indifferenz des Entscheidungsträgers analog die Gleichungen (10):

---

223 Vgl. Wakker/Deneffe (1996), S. 1134; Voßmann (2004), S. 32 und Abdellaoui/Vossmann/Weber (2005), S. 1387.

224 Der Index + steht dabei für Gewinne und der Index – für Verluste.

225 Vgl. Abdellaoui/Vossmann/Weber (2005), S. 1387; Wakker/Deneffe (1996), S. 1134 und Etchart-Vincent (2004), S. 220.

226 Vgl. Abdellaoui (2000), S. 1142 ff.; Abdellaoui/Vossmann/Weber (2005), S. 1385 ff.; Fennema/van Assen (1999), S. 280 ff.; Wakker/Deneffe (1996), S. 1142 ff. und Bleichrodt/Pinto (2000), S. 1488.

$$
(10)\quad \begin{array}{ll}
\pi^-(p)\cdot v(x_0^-)+\pi^+(1-p)\cdot v(r^-)=\pi^-(p)\cdot v(x_1^-)+\pi^+(1-p)\cdot v(R^-) & 1.\,\mathrm{LV}\\
\pi^-(p)\cdot v(x_1^-)+\pi^+(1-p)\cdot v(r^-)=\pi^-(p)\cdot v(x_2^-)+\pi^+(1-p)\cdot v(R^-) & 2.\,\mathrm{LV}\\
\quad\ldots \qquad\qquad\qquad\qquad\qquad \ldots & \ldots\\
\pi^-(p)\cdot v(x_{L-1}^-)+\pi^+(1-p)\cdot v(r^-)=\pi^-(p)\cdot v(x_L^-)+\pi^+(1-p)\cdot v(R^-) & \mathrm{L.\,LV}
\end{array}
$$

Durch Gleichsetzen und Umformen von jeweils zwei nachfolgenden Lotterievergleichen l und $l+1$ der Gleichungen (9) für Gewinne bzw. (10) für Verluste ergeben sich die Gleichungen (11):

$$
(11)\quad v(x_{l+1}^{+(-)})-v(x_l^{+(-)})=v(x_l^{+(-)})-v(x_{l-1}^{+(-)}) \qquad l\in L
$$

Auch hier kann der minimale und maximale Gewinn auf $v(x_0^+)=0$ und $v(x_L^+)=1$ normiert werden, bei Verlusten erfolgt eine Normierung auf $v(x_0^-)=0$ und $v(x_L^-)=-1$.[227] Durch Umformen der Gleichungen (11) ergibt sich als Wert für Indifferenzwert $x_l^{+(-)}$ nach (12):

$$
(12)\quad v(x_l^+)=\frac{l}{L},\qquad v(x_l^-)=-\frac{l}{L} \qquad l\in L
$$

Nach dieser Vorgehensweise erhält man jeweils eine Anzahl von L Stützpunkten der Wertfunktion des Entscheidungsträgers im Gewinnbereich (Verlustbereich) $[x_l^{+(-)}, v(x_l^{+(-)})]$. Mit einer nichtlinearen Regressionsanalyse können dann auch hier parametrische Funktionen der beiden Äste der Wertfunktion geschätzt werden.[228]

Nachdem die Wertfunktion, wie zuvor dargestellt, erhoben wurde, können im Anschluss mittels der Certainty-Equivalence-Methode die Entscheidungsgewichtungsfunktionen für Gewinne und Verluste geschätzt werden.[229] Diese Methode kommt zum Einsatz, weil mit den Entscheidungsgewichtungsfunktionen gerade die Verzerrungen bzw. Transformationen von Wahrscheinlichkeiten ermittelt werden sollen (vgl. auch Tabelle 4). Dies ist mit der zuvor dargestellten Trade-Off-Methode nicht möglich, da dort in allen Lotterien dieselben Wahrscheinlichkeiten zum Einsatz kommen und die Effekte einer verzerrten Wahrscheinlichkeitswahrnehmung weitestgehend ausgeschlossen werden.

---

[227] Vgl. Abdellaoui/Vossmann/Weber (2005), S. 1387; Voßmann (2004), S. 33 und Etchart-Vincent (2004), S. 220.

[228] Vgl. zur nichtlinearen Regressionsanalyse z. B. Bortz (2005), S. 196 ff.; Gujarati (2003), S. 563 ff. und Fahrmeir/Kaufmann/Kredler (1984), S. 145 ff.

[229] Vgl. Etchart-Vincent (2004), S. 220 f.; Abdellaoui/Vossmann/Weber (2005), S. 1387; Currim/Sarin (1989), S. 27; Weber/Camerer (1987), S. 147 und Farquhar (1984), S. 1291 f.

Im Unterschied zur Trade-Off-Methode wird der Entscheidungsträger bei der Certainty-Equivalence-Methode aufgefordert jeweils eine Lotterie bzw. einen Prospect mit einer sicheren Zahlung zu vergleichen (vgl. Abbildung 8). Hierbei sind die Auszahlungen der Lotterie $x_L^{+(-)}$ und $x_0^{+(-)}=0$ bei allen vorzunehmenden Lotterievergleichen identisch. Die Eintrittswahrscheinlichkeiten für die Auszahlungen p_l bzw. $(1-p_l)$ variieren dagegen bei jedem Lotterievergleich.

Abbildung 8: Darstellung des l-ten Lotterievergleichs mit der Certainty-Equivalence-Methode

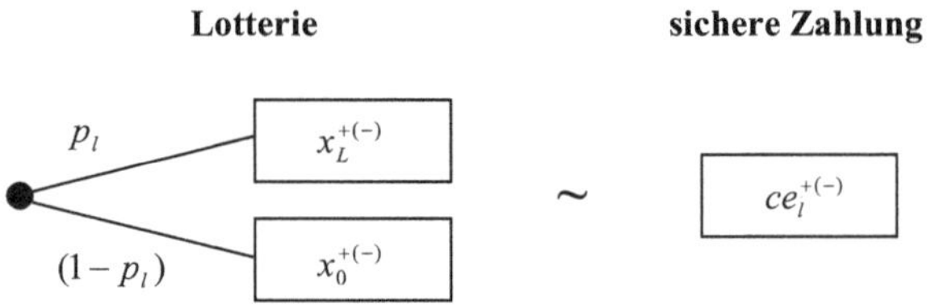

Der Entscheidungsträger muss nun jeweils eine sichere Zahlung (Sicherheitsäquivalent) angeben, bei der er Indifferenz zwischen dieser sicheren Zahlung und der riskanten Lotterie empfindet.[230] Im Falle von Gewinnen (Verlusten) bedeutet dies, dass der Entscheidungsträger den sicheren Gewinn (Verlust) $ce_l^{+(-)}$ angeben muss, bei dem er Indifferenz zu der Gewinnlotterie (Verlustlotterie) $(x_L^{+(-)}, p_l, x_0^{+(-)})$ empfindet.

Nach der Cumulative Prospect Theorie muss bei Indifferenz gelten, dass der Gesamtwert zwischen dem Prospect und der sicheren Zahlung für den Entscheidungsträger gleich ist.[231] Somit ergibt sich für Gewinne (Verluste) die Gleichung (13):

$$(13) \quad \pi^{+(-)}(p_l)\cdot v(x_L^{+(-)}) + \pi^{+(-)}(1-p_l)\cdot v(x_0^{+(-)}) = \pi^{+(-)}(1)\cdot v(ce_l^{+(-)}) \qquad l \in L$$

Aufgrund der zuvor vorgenommenen Normierung $v(x_0^{+(-)})=0$ und $v(x_L^{+(-)})=1\ (-1)$ sowie $\pi^{+(-)}(1)=1$ vereinfacht sich Gleichung (13) zu (14) und es gilt:[232]

$$(14) \quad \pi^{+}(p_l)=v(ce_l^{+}), \qquad \pi^{-}(p_l)=(-1)\cdot v(ce_l^{-}) \qquad l \in L$$

---

[230] Vgl. Etchart-Vincent (2004), S. 220 f.; Abdellaoui/Vossmann/Weber (2005), S. 1387; Voßmann (2004), S. 33 und auch Abdellaoui (2000), S. 1501.

[231] Vgl. Abdellaoui/Vossmann/Weber (2005), S. 1387; Voßmann (2004), S. 33; Etchart-Vincent (2004), S. 220 f. und auch Abdellaoui (2000), S. 1501.

[232] Vgl. Voßmann (2004), S. 33; Etchart-Vincent (2004), S. 220 f.; Abdellaoui/Vossmann/Weber (2005), S. 1387 und auch Abdellaoui (2000), S. 1501.

Dies bedeutet, dass das Entscheidungsgewicht für Gewinne (Verluste) beim l-ten Lotterievergleich gerade dem Wert des vom Entscheidungsträger angegebenen Sicherheitsäquivalents bei Gewinnen (Verlusten) entspricht.

Somit erhält man durch Anwendung der Certainty-Equivalence-Methode eine Reihe von L Stützpunkten der Entscheidungsgewichtungsfunktion für Gewinne (Verluste) $[p_l^{+(-)}, v(ce_l^{+(-)})]$, aus denen mittels einer nichtlinearen Regressionsanalyse die parametrischen Entscheidungsgewichtungsfunktionen des Entscheidungsträgers geschätzt werden können.[233]

Als möglicher Nachteil der dargestellten Vorgehensweise ergibt sich, dass die Schätzung der Entscheidungsgewichtungsfunktionen nicht unabhängig von der Schätzung der Wertfunktion ist, da zur Ermittlung der Entscheidungsgewichte in (14) $\pi^{+(-)}(p_l)$ die Werte $v(ce_l^{+(-)})$ der jeweiligen Sicherheitsäquivalente $ce_l^{+(-)}$ berechnet werden müssen.[234]

Als Fazit der Ausführungen dieses Kapitels lässt sich festhalten, dass zunächst die theoretischen Grundlagen der deskriptiv ausgerichteten Cumulative Prospect Theorie beschrieben wurden. Diese wird als zweites Entscheidungsmodell für Entscheidungen unter Unsicherheit zur Analyse der Kfz-Kaskoversicherungsentscheidungen der Experiment-Teilnehmer in der vorliegenden Untersuchung herangezogen. Im Gegensatz zur Erwartungsnutzentheorie bewerten Personen bei der Cumulative Prospect Theorie Vermögensänderungen als Gewinne bzw. Verluste relativ zu einem Referenzpunkt mittels einer Wertfunktion. Daneben fließen ins Entscheidungskalkül subjektive Entscheidungsgewichte mit ein, die mit Entscheidungsgewichtungsfunktionen transformierte Wahrscheinlichkeiten darstellen. Da im weiteren Verlauf der Untersuchung die Wert- und Entscheidungsgewichtungsfunktionen individuell geschätzt werden, wurde anhand der Trade-Off-Methode das Vorgehen bei der Erhebung der Wertfunktion sowie mittels der Certainty-Equivalence-Methode die Vorgehensweise bei der Erhebung der Entscheidungsgewichtungsfunktionen demonstriert. Im nachfolgenden Kapitel wird die Conjoint Analyse als multiattributives Entscheidungsmodell zur Analyse von Kfz-Kaskoversicherungsentscheidungen dargestellt.

---

[233] Vgl. Abdellaoui/Vossmann/Weber (2005), S. 1391; Wu/Gonzalez (1996), S. 1678; Voßmann (2004), S. 40 und Abdellaoui (2000), S. 1506.

[234] Vgl. Etchart-Vincent (2004), S. 221; Abdellaoui/Vossmann/Weber (2005), S. 1387; Bleichrodt/Pinto (2000), S. 1489 und Wu/Gonzalez (1996), S. 1678.

3.3 Kfz-Kaskoversicherungsentscheidungen als multiattributive Entscheidungen – Conjoint Analyse

Die Conjoint Analyse[235] hat ihre Ursprünge in der mathematischen Psychologie und geht auf Luce/Tukey (1964) zurück und wurde dort als Simultaneous Conjoint Measurement diskutiert.[236] Eine Grundlage der Conjoint Analyse bildet dabei das Attributmodell Lancasters (1966), in dem Güter als Eigenschaftsbündel aufgefasst werden, deren Nutzen sich aus der Summe der Nutzen der einzelnen Produktattribute ergibt.[237] Die Idee der Conjoint Analyse wurde in den 1970er Jahren von Green und Rao aufgegriffen und im Marketing etabliert.[238]

Heute stellt die Conjoint Analyse das am häufigsten eingesetzte Verfahren zur Erhebung von Konsumentenpräferenzen dar.[239] Dies ist im besonderen Maße auch darauf zurückzuführen, dass dabei eine einfach handhabbare empirische Erhebung mit den Auswertungsmöglichkeiten hochwertiger statistischer Verfahren verknüpft wird.[240] So kam die Conjoint Analyse in einem breiten Spektrum an Studien bei unterschiedlichsten Produkten/Dienstleistungen und in diversen Branchen zur Anwendung.[241] Auch im Bereich von Finanzdienstleistungen wurde die Conjoint Analyse bereits oftmals eingesetzt, z. B. zur Gestaltung von Beratungshonoraren in Banken, zur Präferenzanalyse bei Investmentfonds, zur Präferenzmessung in der Kapitalanlageberatung, für die Gestaltung von Girokonten und für die Gestaltung von Kreditkarten.[242]

Speziell bei Versicherungsprodukten sind allerdings nur wenige Studien aus dem Bereich der Krankenversicherung, Ernteversicherungen in der Landwirtschaft oder für Hauseigentümer-

---

[235] Vgl. zur Conjoint Analyse Skiera/Gensler (2002a); Skiera/Gensler (2002b); Backhaus et al. (2006), S. 557 ff.; Hair et al. (2006), S. 459 ff. und Teichert (1999).

[236] Vgl. Luce/Tukey (1964) und Green/Srinivasan (1978), S. 103.

[237] Vgl. Lancaster (1966), S. 134 ff.; Kaas (1987), S. 230 ff. und Gensler (2003), S. 12 f.

[238] Vgl. Green/Rao (1971).

[239] Vgl. Wittink/Vriens/Burhenne (1994); Carrol/Green (1995), S. 385; Green/Krieger/Wind (2001), S. S57; Wittink/Cattin (1989); Cattin/Wittink (1982); Green/Srinivasan (1990), S. 3 f. und Hartmann/Sattler (2002), S. 2 f.

[240] Vgl. Teichert (1994), S. 610 und Teichert (2001), S. 16.

[241] Vgl. Green/Krieger/Wind (2001), S. S66 f.; Voeth (1999), S. 158 ff. und Wittink/Cattin (1989), S. 91 ff.

[242] Vgl. z. B. Severidt (2001a); Severidt (2001b); Kaas/Schneider (2002); Schneider (2005); Kaas/Schneider (2007); Schmidt (2006); Wilcox (2003); Kraus (2004); Hein (2002); Epple (1990); Gerke/Pfeufer-Kinnel (1996); Herrmann/Jungmann (1997); Tacke/Pohl (1997); Bauer/Huber/Schaul (1998); Gierl/Stich (1992) und Kara/Kaynak/Kucukemiroglu (1994).

versicherungen bekannt.[243] Auch ein Anwendungsfall mit einer Kfz-Versicherung wird in der Literatur vorgeschlagen, die genaue Fragestellung und das Design der Studie sind aus den Ausführungen allerdings nicht ersichtlich.[244] Insgesamt gesehen erscheint die Conjoint Analyse demzufolge grundsätzlich zur Erhebung der Konsumentenpräferenzen bei Kfz-Kaskoversicherungen und zur Analyse von Kfz-Kaskoversicherungsentscheidungen geeignet.

Die Conjoint Analyse versucht von ihrer Grundidee her, aus empirisch erhobenen Präferenzurteilen (Gesamtnutzenurteilen) über ganzheitlich beschriebene Produktalternativen die Teilnutzenbeiträge einzelner Eigenschaften bzw. Eigenschaftsausprägungen zu ermitteln (dekomponieren).[245] Die untersuchten Produkte werden dabei als Bündel verschiedener Eigenschaftsausprägungen aufgefasst, deren Nutzenbeiträge sich additiv zum Gesamtnutzen des Produkts zusammensetzen.

Somit ist die Conjoint Analyse den dekompositionellen Verfahren zur Präferenzmessung zuzuordnen.[246] Beim Einsatz der Conjoint Analyse ergeben sich die in Abbildung 9 dargestellten Ablaufschritte:

Abbildung 9: Ablaufschritte der Conjoint Analyse[247]

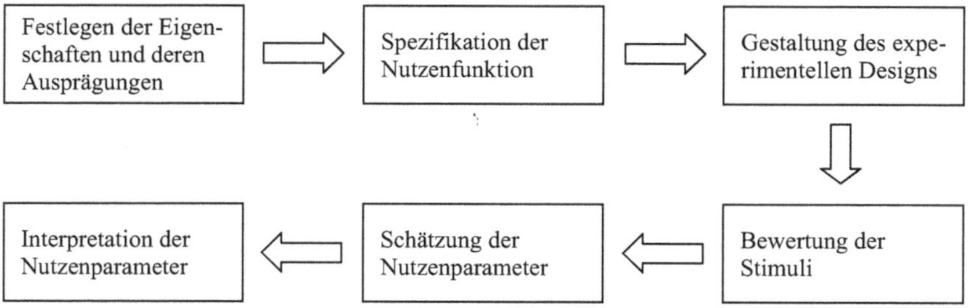

[243] Vgl. Rosko et al. (1985); Chakraborty/Ettenson/Gaeth (1994); Sherrick et al. (2003) und Green/Krieger (1985), S. 11 ff.

[244] Vgl. Böhme/Schmies (1995).

[245] Vgl. Backhaus et al. (2006), S. 558; Perrey (1996), S. 105; Weiber/Rosendahl (1997), S. 107 und Fischer (2001), S. 58.

[246] Daneben existieren auch kompositionelle Verfahren zur Präferenzmessung (Self-Explicated Models). Hierbei werden Probanden unmittelbar nach dem Wert von bestimmten Produkteigenschaften bzw. deren Ausprägungen befragt und der Gesamtnutzen eines Produkts wird durch Addition der Werte der einzelnen Eigenschaftsausprägungen ermittelt. Problematisch an der kompositionellen Vorgehensweise ist allerdings, dass Konsumenten bei einer direkten Befragung aufgrund der nicht ganzheitlichen Produktbeurteilung tendenziell alle Eigenschaften als sehr wichtig einstufen. Vgl. Skiera/Gensler (2002a), S. 200; Srinivasan (1988) und Huber (1997), S. 3 ff.

[247] Vgl. ähnlich Gensler (2003), S. 15 und Backhaus et al. (2006), S. 561.

Bei der Durchführung einer Conjoint Analyse sind vom Untersuchenden in einem ersten Schritt die Eigenschaften und Eigenschaftsausprägungen für das zu untersuchende Produkt bzw. die zu untersuchende Dienstleistung festzulegen. Dabei ist zunächst darauf zu achten, dass die betreffenden Eigenschaften für die Probanden keine K.O.-Kriterien darstellen, also keine Produkteigenschaften sind, die das Produkt für die Konsumenten völlig inakzeptabel erscheinen lassen.[248] Des Weiteren sollten die Eigenschaften für die Probanden relevant sowie für das Unternehmen operationalisierbar und realisierbar sein. Bei der Conjoint Analyse wird zudem angenommen, dass die Eigenschaften in einer kompensatorischen Beziehung stehen, d. h., dass eine schlechte Ausprägung bei einer Eigenschaft durch eine gute Ausprägung bei einer anderen Eigenschaft ausgeglichen werden kann. Schließlich sollten die Eigenschaften voneinander unabhängig sein, was bedeutet, dass der Nutzen einer Eigenschaftsausprägung nicht durch die Ausprägungen anderer Eigenschaften beeinflusst wird.

Nach der Festlegung der Eigenschaften und Eigenschaftsausprägungen ist die Form der Nutzenfunktion der Conjoint Analyse zu spezifizieren. Die Nutzenfunktion verknüpft dabei die Nutzenbeiträge der einzelnen Eigenschaften eines Produkts bzw. deren Ausprägungen zu dem Gesamtnutzen des Produkts. Daneben beinhaltet die Nutzenfunktion oftmals noch eine Konstante.[249] Hinsichtlich der Art der Bewertung der Eigenschaften und Eigenschaftsausprägungen sind dabei unterschiedliche Nutzenstrukturmodelle einsetzbar, die in Abbildung 10 dargestellt sind. Hierbei kann zwischen dem Vektor-Modell, dem Idealpunkt-Modell und dem Teilnutzen-Modell unterschieden werden.

---

[248] Vgl. Backhaus et al. (2006), S. 562 f.; Skiera/Gensler (2002a), S. 201; Hahn (1997), S. 48 f. und Reiners (1996), S. 32 ff.

[249] Vgl. Gensler (2003), S. 15 und Kamakura/Russell (1989), S. 380.

Abbildung 10: Alternative Nutzenstrukturmodelle im Rahmen der Conjoint Analyse[250]

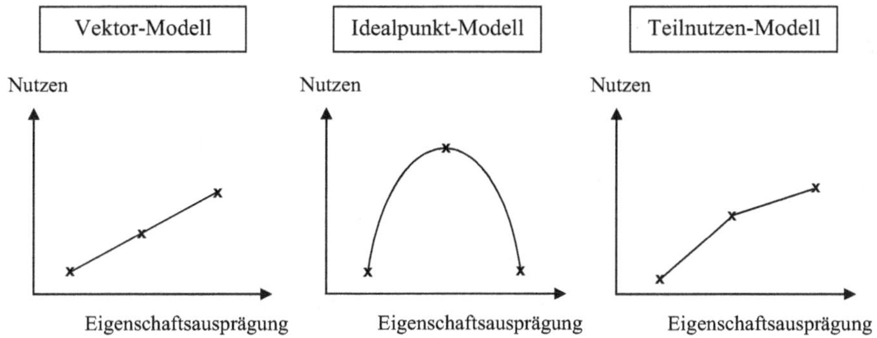

Das Vektor-Modell unterstellt, dass eine lineare Beziehung zwischen Eigenschaftsausprägungen und dem resultierenden Nutzen besteht.[251] Dieser Zusammenhang kann sowohl negativ sein (d. h., eine höhere Eigenschaftsausprägung führt zu einem geringeren Nutzen, wie dies i. d. R. bei der Eigenschaft „Preis" angenommen wird) als auch positiv (d. h., eine höhere Eigenschaftsausprägung führt zu einem höheren Nutzen). Bei k Eigenschaften mit jeweils m Eigenschaftsausprägungen sind beim Einsatz des Vektor-Modells inklusive einer Konstante insgesamt $|K|+1$ Nutzenparameter zu schätzen.

Beim Idealpunkt-Modell wird im Gegensatz zum Vektor-Modell angenommen, dass eine optimale Eigenschaftsausprägung der entsprechenden Eigenschaft existiert; beispielsweise kann hier der Zuckergehalt einer Limonade genannt werden.[252] Abweichungen von einem für einen Konsumenten idealen Zuckergehalt führen in beiden Richtungen zu Nutzeneinbußen, d. h., sowohl eine zu saure als auch eine zu süße Limonade führt beim Konsumenten zu einem geringeren Nutzenbeitrag als der ideale Süßegrad. Im Falle des Idealpunkt-Modells ergibt sich als Zahl der zu schätzenden Nutzenparameter eine Anzahl von $2 \cdot |K|+1$, wobei auch hier k Eigenschaften mit jeweils m Eigenschaftsausprägungen und eine Konstante unterstellt werden.

250 Vgl. ähnlich Skiera/Gensler (2002a), S. 204; Green/Srinivasan (1978), S. 106 und Hair et al. (2006), S. 491.

251 Vgl. Reiners (1996), S. 55; Green/Srinivasan (1978), S. 105; Schubert (1991), S. 201 f. und Gensler (2003), S. 18.

252 Vgl. Green/Srinivasan (1978), S. 105; Skiera/Gensler (2002a), S. 203 und Gensler (2003), S. 17 f.

Das Teilnutzen-Modell ermittelt für jede Eigenschaftsausprägung separat einen so genannten Teilnutzenwert, der einen beliebigen Nutzenbeitrag annehmen kann.[253] Die Anwendung des Teilnutzen-Modells ist bei nominal- oder ordinalskalierten Eigenschaften obligatorisch, und auch Eigenschaften mit metrischem Skalenniveau können im Rahmen des Teilnutzen-Modells abgebildet werden. Zur Anwendung des Teilnutzen-Modells ist es erforderlich, die Eigenschaftsausprägungen als Dummy-Variablen zu kodieren, wobei der Wert „1" bedeutet, dass die entsprechende Eigenschaftsausprägung vorhanden ist, und der Wert „0" bedeutet, dass die Eigenschaftsausprägung nicht vorhanden ist.[254] Aufgrund der Redundanz der Dummy-Variablen ist immer eine Dummy-Variable weniger erforderlich als die Anzahl der Eigenschaftsausprägungen, d. h., bei $|M_k|$ Eigenschaftsausprägungen sind $|M_k - 1|$ Dummy-Variablen erforderlich, die M_k-te Eigenschaftsausprägung liegt dann vor, wenn alle Dummy-Variablen den Wert „0" annehmen. Die Anzahl der zu schätzenden Nutzenparameter inklusive Konstante bestimmt sich beim Teilnutzen-Modell daher durch $\sum_{k \in K} (|M_k| - 1) + 1$.

Die Wahl des Nutzenstrukturmodells ist somit auch durch einen Trade-Off zwischen der Flexibilität des Ansatzes und der Anzahl der zu schätzenden Nutzenparameter je berücksichtigte Eigenschaft gekennzeichnet. Das Teilnutzen-Modell weist die höchste Flexibilität unter den dargestellten Ansätzen auf und beinhaltet die beiden anderen Nutzenstrukturmodelle als Spezialfälle.[255] Des Weiteren können darüber unkompliziert Eigenschaften unterschiedlichen Skalenniveaus abgebildet werden. Allerdings ist bei Verwendung des Teilnutzen-Modells auch die höchste Anzahl an Parametern zu schätzen.

Für jede der Eigenschaften kann ein separates Nutzenstrukturmodell spezifiziert werden. Daher kann neben den drei vorgestellten Nutzenstrukturmodellen auch ein gemischtes Nutzenstrukturmodell eingesetzt werden, das eine Kombination dieser Ansätze darstellt.[256] Im gemischten Nutzenstrukturmodell können für ein Produkt somit einige Eigenschaften ein Teilnutzen-Modell aufweisen und andere Eigenschaften dem Vektor-Modell oder dem Idealpunkt-Modell folgen. Die Anzahl der zu schätzenden Parameter bestimmt sich beim gemisch-

---

[253] Vgl. Green/Srinivasan (1978), S. 105 f.; Hair et al. (2006), S. 490 und Gensler (2003), S. 18 f.

[254] Vgl. Teichert (2001), S. 60; Skiera/Gensler (2002a), S. 203 f.; Hahn (1997), S. 52 f.; Gujarati (2003), S. 301 ff. und Gensler (2003), S. 19.

[255] Vgl. Gustafsson/Herrmann/Huber (2001), S. 12; Hair et al. (2006), S. 490; Gensler (2003), S. 19 f.; Böcker (1986), S. 558 und Gutsche (1995), S. 85.

[256] Vgl. Hair et al. (2006), S. 490; Green/Srinivasan (1978), S. 106 f.; Vriens (1995), S. 55 und Green/Srinivasan (1990), S. 4.

ten Nutzenstrukturmodell aus der Summe der zu schätzenden Parameter der verwendeten Nutzenstrukturmodelle der einzelnen Eigenschaften.

Die Wahl des Nutzenstrukturmodells sollte dabei, neben statistischen Überlegungen hinsichtlich der Zahl der zu schätzenden Parameter, insbesondere von inhaltlichen Überlegungen über die zugrunde liegende Nutzenbeziehung bei den betrachteten Eigenschaften geleitet sein.[257]

Nach der Spezifikation der Nutzenfunktion betrifft der nächste Schritt bei der Durchführung einer Conjoint Analyse die Gestaltung des experimentellen Designs. Die Produkte bzw. Bündel von Eigenschaftsausprägungen, die den Probanden zur Beurteilung vorgelegt werden, werden bei der Conjoint Analyse im Allgemeinen als Stimuli bezeichnet, da es sich nicht ausschließlich um real existierende Produkte handeln muss.[258] Hierbei ist zunächst festzulegen, ob die Stimuli, die den Probanden präsentiert werden, jeweils alle in die Untersuchung aufgenommenen Produkteigenschaften umfassen (Full-Profile-Methode), oder ob die Stimuli jeweils nur zwei Produkteigenschaften beinhalten, die die Probanden gegeneinander abwägen müssen (Trade-Off-Methode).[259] Durch die Wahl einer dieser Methoden bestimmt sich auch die Anzahl der möglichen Stimuli. Bei k Eigenschaften mit jeweils m Ausprägungen beträgt die Anzahl der möglichen Stimuli im Rahmen der Full-Profile-Methode $\prod_{k \in K} |M_k|$. Bei der Trade-Off-Methode ergeben sich $\binom{K}{2}$ Trade-Off-Matrizen mit jeweils $|M_k| \times |M_k|$ Elementen, die die Stimuli repräsentieren, wobei auch hier k Eigenschaften mit jeweils m Ausprägungen unterstellt werden.

Bei der Entscheidung, welche der beiden Methoden angewendet werden sollte, sind unterschiedliche Aspekte abzuwägen.[260] Die Trade-Off-Methode wird durch den Vergleich von nur jeweils zwei Eigenschaftskombinationen dem dekompositionellen Ansatz der Conjoint Analyse nur begrenzt gerecht und ist daher wenig realitätsnah. Die Full-Profile-Methode weist dagegen eine größere Realitätsnähe auf, da alle Eigenschaftsausprägungen gemeinsam beurteilt werden müssen, was normalerweise auch bei realen Entscheidungen der Fall ist. Aus diesem Grund ist die Full-Profile-Methode für die Probanden jedoch mit einem höheren kogniti-

---

[257] Vgl. Hair et al. (2006), S. 491; Schubert (1991), S. 201 und Hahn (1997), S. 50.

[258] Vgl. Backhaus et al. (2006), S. 564; Kaas/Schneider (2007), S. 505 und Skiera/Gensler (2002a), S. 201.

[259] Vgl. Hair et al. (2006), S. 495 f.; Müller-Hagedorn/Sewing/Toporowski (1993), S. 124; Teichert (1994), S. 611 und Johnson (1974), S. 121 ff.

[260] Vgl. Fischer (2001), S. 75 f.; Hensel-Börner (2000), S. 29 und Reiners (1996), S. 69 ff.

ven Aufwand verbunden, da sich das Abwägen zwischen mehreren Eigenschaftsausprägungen schwieriger gestaltet als der Vergleich von jeweils nur zwei Eigenschaftsausprägungen. Dafür ist der Aufwand der Befragung im Hinblick auf die Anzahl der zu evaluierenden Stimuli bei der Full-Profile-Methode geringer als bei der Trade-Off-Methode, da den Probanden eine geringere Anzahl an Stimuli vorgelegt werden kann, als bei der Trade-Off-Methode erforderlich ist.[261] Bei der Anwendung der Conjoint Analyse hat sich insbesondere aufgrund der realistischeren Gestaltung der Stimuli die Full-Profil-Methode durchgesetzt.[262] Auch im Hinblick auf die Anwendbarkeit und die Zuverlässigkeit der Parameterschätzung erscheint die Full-Profile-Methode gegenüber der Trade-Off-Methode vorteilhafter.[263]

Die zweite Entscheidung, die bei der Gestaltung des experimentellen Designs zu treffen ist, ist die Frage, ob den Befragungsteilnehmern ein vollständiges Design oder ein reduziertes Design zur Beurteilung vorgelegt werden soll.[264] Ersteres beinhaltet dabei alle möglichen Stimuli, die sich aus der Kombination aller Eigenschaftsausprägungen miteinander ergeben. Der Nachteil eines vollständigen Designs besteht darin, dass die Anzahl der möglichen Stimuli in Abhängigkeit der Eigenschaften und Eigenschaftsausprägungen sehr schnell ansteigt.[265]

Eine hohe Anzahl an zu beurteilenden Stimuli kann schnell zu einer kognitiven Überforderung der Probanden, zu Ermüdungseffekten sowie Schematisierungseffekten führen, was sich negativ auf die Validität der Modellschätzung auswirken kann.[266] Untersuchungen haben diesbezüglich ergeben, dass Probanden in Conjoint Analysen maximal 30 Stimuli zur Beurteilung vorgelegt werden sollten, um solche Effekte möglichst zu vermeiden. Diese Anzahl wird allerdings schon bei einer relativ geringen Anzahl an Eigenschaften und Eigenschaftsausprägungen schnell überschritten. Aus diesem Grund wird bei der Durchführung von Conjoint

---

261 Vgl. Fischer (2001), S. 75; Schubert (1991), S. 210 und Hahn (1997), S. 56.

262 Vgl. Hair et al. (2006), S. 493 f. und Wittink/Vriens/Burhenne (1994) S. 45.

263 Vgl. Teichert (1994), S. 611 ff.; Müller-Hagedorn/Sewing/Toporowski (1993), S. 130 ff.; Safizadeh (1989), S. 453 und S. 458; Olge (1986), S. 22 und Currim/Weinberg/Wittink (1981), S. 70 ff. Jain et al. (1979) kommen in ihrer Untersuchung zu dem Ergebnis, dass keine signifikanten Unterschiede hinsichtlich der Modellgüte bestehen. Vgl. Jain et al. (1979), S. 320.

264 Vgl. Green/Srinivasan (1978), S. 109 f. und Perrey (1996), S. 106.

265 So ergeben sich bei zwei Eigenschaften mit jeweils zwei Ausprägungen und einer Eigenschaft mit drei Ausprägungen $2 \cdot 2 \cdot 3 = 12$ Stimuli. Bei jeweils der doppelten Anzahl an Eigenschaftsausprägungen umfasst das vollständige Design dagegen schon $4 \cdot 4 \cdot 6 = 96$ Stimuli.

266 Vgl. Green/Srinivasan (1978), S. 109; Jacoby/Speller/Kohn (1974), S. 67; Sawtooth Software, Inc. (2002), S. 7; Johnson/Orme (1996); Louviere/Gaeth (1988), S. 60; Teichert (1994), S. 628 und Reibstein/Bateson/Boulding (1988), S. 285.

Analysen i. d. R. nicht mit einem vollständigen, sondern mit einem reduzierten Design gearbeitet.

Ziel eines reduzierten Designs ist es, die Anzahl der zu beurteilenden Stimuli zu reduzieren, aber dabei gleichzeitig ein Design zu entwickeln, welches das vollständige Design möglichst gut repräsentiert.[267] Dabei kann zwischen symmetrischen und asymmetrischen reduzierten Designs unterschieden werden. Bei Ersteren ist die Anzahl der Ausprägungen bei allen Eigenschaften gleich und die Bildung des Designs erweist sich als relativ unkompliziert.[268] Bei Letzteren ist keine gleiche Anzahl an Eigenschaftsausprägungen für alle Eigenschaften gegeben. Die Bildung asymmetrischer reduzierter Designs gestaltet sich dementsprechend schwieriger und wird oftmals softwaregestützt durchgeführt.[269]

Nachdem die Fragen der Gestaltung des experimentellen Designs und der Ausgestaltung der Stimuli in einer Conjoint-Studie geklärt sind, steht in einem nächsten Schritt die Bewertung der Stimuli durch die Befragungspersonen an. Auch hier kann eine ganze Reihe unterschiedlicher Bewertungsmethoden herangezogen werden. Einen Überblick darüber liefert die nachfolgende Abbildung 11.

Abbildung 11: Bewertungsmethoden für die Stimuli in der Conjoint Analyse[270]

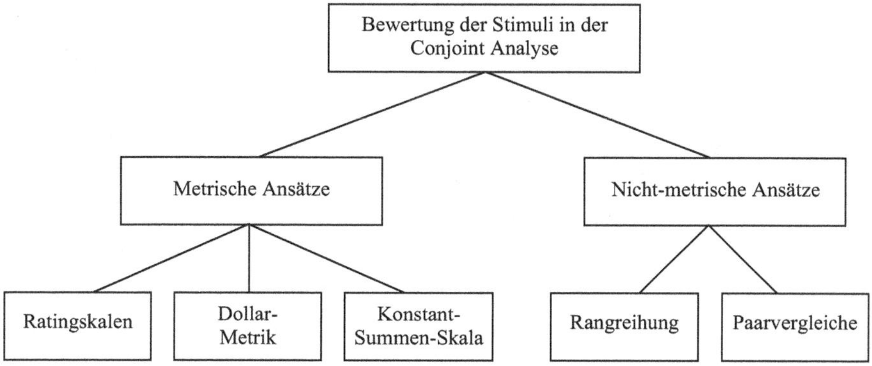

[267] Vgl. Backhaus et al. (2006), S. 566; Hahn (1997), S. 58 und Hair et al. (2006), S. 496.

[268] Vgl. Backhaus et al. (2006), S. 566 f. Ein Beispiel für ein symmetrisches reduziertes Design ist das Lateinische Quadrat.

[269] Vgl. Backhaus et al. (2006), S. 567 ff.; Addelman (1962a); Addelman (1962b); Green (1974) und Green/Carroll/Carmone (1978). Beispielsweise kann die Software NCSS zur Generierung experimenteller Designs zur Anwendung kommen (http://www.ncss.com).

[270] Vgl. Skiera (1999), S. 185.

In Abhängigkeit des Skalenniveaus können dabei metrische und nicht-metrische Ansätze untergliedert werden. Den metrischen Ansätzen sind dabei Ratingskalen, Dollar-Metrik und Konstant-Summen-Skala zuzurechnen, zu den nicht-metrischen Ansätzen gehören die Rangreihung und Paarvergleiche.

Beim Rating beurteilen die Probanden die Stimuli gemäß ihrer Präferenz anhand einer Zahlenskala, wobei üblicherweise hohe Zahlenwerte eine hohe Präferenz widerspiegeln.[271] Im Rahmen der Dollar-Metrik sollen Probanden entweder einen Dollarbetrag für den Wert der einzelnen Stimuli angeben oder den geldwerten Unterschied zwischen den Stimuli mittels eines Dollarbetrags ausdrücken. Die Konstant-Summen-Skala beinhaltet, dass der Proband eine Punktesumme von z. B. 100 Punkten gemäß seinen Präferenzen auf sämtliche zu beurteilende Stimuli aufteilt. Diese Ansätze führen alle zu einer intervallskalierten oder sogar ratioskalierten Ordnung der Stimuli.

Die nicht-metrischen Ansätze führen zu einer ordinalskalierten Ordnung der Stimuli, wobei bei der Rangreihung die Stimuli vom Probanden in eine Rangfolge vom höchstpräferierten zum niedrigstpräferierten Stimulus gebracht werden.[272] Bei Paarvergleichen werden jeweils zwei Stimuli gemäß der Präferenz angeordnet.

In der praktischen Anwendung haben sich bei Conjoint-Studien die Bewertungsmethoden der Rangreihung sowie der Ratingskalen durchgesetzt, was u. a. aus der hohen Reliabilität der Rangreihung und der Annahme einer Intervallskalierung bei Ratingskalen resultiert.[273]

Als nächster Schritt schließt sich an die Beurteilung der Stimuli durch die Probanden die Schätzung der Nutzenparameter an. Dies geschieht im Rahmen der hier dargestellten Traditionellen Conjoint Analyse im Allgemeinen auf individuellem Niveau für jeden Probanden.[274] Zur Schätzung der Nutzenparameter wurde in Abhängigkeit des Datenniveaus der Beurteilung der Stimuli durch die Probanden eine Reihe unterschiedlicher Schätzalgorithmen vorgeschlagen.[275] Im Wesentlichen kommen bei nicht-metrischem Datenniveau die Algorithmen LINMAP (Linear Programming Techniques for Multidimensional Analysis of Preference) und

271 Vgl. Gensler (2003), S. 26 f.; Skiera/Gensler (2002a), S. 202; Mahajan/Green/Goldberg (1982), S. 337; Leigh/MacKay/Summers (1984), S. 457 f. und Reiners (1996), S. 92 ff.

272 Vgl. Leigh/MacKay/Summers (1984), S. 457 f.; Hahn (1997), S. 67 f.; Reiners (1996), S. 91 ff.; Gensler (2003), S. 26 f. und Skiera/Gensler (2002a), S. 202.

273 Vgl. Wittink/Vriens/Burhenne (1994), S. 44 und Green/Srinivasan (1978), S. 111 f.

274 Vgl. Weiber/Rosendahl (1997), S. 107; Voeth (2000), S. 44; Teichert (1998), S. 1246 und Gensler (2003), S. 14.

275 Vgl. Voeth (2000), S. 42 f.; Weiber/Rosendahl (1997), S. 108 und Jain et al. (1979), S. 313 ff.

MONANOVA (Monotonic Analysis of Variance) zur Anwendung.[276] Bei metrischem Skalenniveau können die Schätzalgorithmen OLS (Ordinary Least Squares) und ANOVA (Analysis of Variance) zum Einsatz kommen.[277]

Bei der Anwendung der Conjoint Analyse hat sich allerdings die Schätzung der Nutzenparameter mittels OLS auch bei einer Bewertung der Stimuli mit einer Rangreihung durchgesetzt, obwohl eine Rangreihung streng genommen kein metrisches Skalenniveau aufweist.[278] Dies scheint einerseits vertretbar, da eine Interpretation der Rangdaten als metrische Skalierung möglich erscheint (es wird somit eine asymptotische Annäherung der Rangurteile an eine Intervallskalierung unterstellt), wenn man die Abstände zwischen den Rängen als gleich unterstellt.[279] Andererseits haben verschiedene empirische Studien und Simulationsstudien ergeben, dass die Anwendung metrischer Schätzalgorithmen bei nicht-metrischen Inputdaten zu keiner signifikanten Verschlechterung der Schätzergebnisse führt und die Regressionsanalyse (OLS) somit eine sehr robuste Methode zur Schätzung der Nutzenparameter ist.[280]

Daher erfolgt die weitere Beschreibung der Parameterschätzung im Rahmen der OLS, wobei sich der Gesamtnutzen der *i*-ten Alternative aus der Summe der Nutzenbeiträge der Eigenschaften bzw. Eigenschaftsausprägungen zusammensetzt, wie in der Regressionsfunktion (15) bzw. der Regressionsgleichung (16) dargestellt ist.[281] Dabei sei hier angenommen, dass die Nutzenbeziehungen für $\left|\tilde{k}-1\right|$ Eigenschaften dem Vektor-Modell sowie für $\left|K-\tilde{k}-1\right|$ Eigenschaften dem Teilnutzen-Modell folgen.[282]

---

276 Vgl. Wittink/Vriens/Burhenne (1994), S. 44; Wittink/Cattin (1989), S. 92 f.; Cattin/Wittink (1982), S. 49; Srinivasan/Shocker (1973) und Kruskal (1965).

277 Vgl. Voeth (2000), S. 43; Green/Srinivasan (1978), S. 113; Carmone/Green/Jain (1978), S. 300 und Reiners (1996), S. 133 f.

278 Vgl. Wittink/Vriens/Burhenne (1994), S. 46; Carmone/Green/Jain (1978), S. 301 f.; Gensler (2003), S. 29 f. und Teichert (1994), S. 610.

279 Vgl. Louviere (1988), S. 25; Green/Srinivasan (1978), S. 112; Voeth/Hahn (1998), S. 121 und Teichert (1998), S. 1248 ff.

280 Vgl. Wittink/Vriens/Burhenne (1994), S. 46; Carmone/Green/Jain (1978), S. 301 f.; Cattin/Wittink (1976), S. 14 ff.; Cattin/Wittink (1978), S. 6 und S. 16; Cattin/Bliemel (1978), S. 477 ff.; Darmon/Rouziès (1994), S. 473 ff.; Green/Srinivasan (1978), S. 114 und Skiera/Gensler (2002a), S. 204.

281 Vgl. im Folgenden auch Gensler (2003), S. 30 ff.; Albers/Skiera (1999), S. 207 f.; Gujarati (2003), S. 47 ff. und S. 202 ff. und Fahrmeir/Kaufmann/Kredler (1984), S. 83 ff.

282 Da dem Idealpunkt-Modell in der vorliegenden Untersuchung keine Beutung zukommt, wird im Folgenden davon abgesehen.

(15) $\hat{u}(a_i) = \beta_0 + \sum_{k=1}^{\tilde{k}-1}\sum_{m=1}^{M} \beta_k \cdot x_{i,k,m} + \sum_{k=\tilde{k}}^{K}\sum_{m=1}^{M} \beta_{k,m} \cdot \tilde{x}_{i,k,m}$ $\qquad i \in I$

beziehungsweise

(16) $u(a_i) = \beta_0 + \sum_{k=1}^{\tilde{k}-1}\sum_{m=1}^{M} \beta_k \cdot x_{i,k,m} + \sum_{k=\tilde{k}}^{K}\sum_{m=1}^{M} \beta_{k,m} \cdot \tilde{x}_{i,k,m} + \varepsilon_i \qquad mit \quad \varepsilon_i \sim N(\mu, \sigma^2) \qquad i \in I$

wobei:

$\hat{u}(a_i)$: Geschätzter Gesamtnutzen des *i*-ten Stimulus a_i,

β_0: Geschätzte Konstante,

β_k: Geschätzter Nutzenparameter der *k*-ten Eigenschaft,

$\beta_{k,m}$: Geschätzter Nutzenparameter der *m*-ten Ausprägung der *k*-ten Eigenschaft,

$x_{i,k,m}$: Wert der *m*-ten Eigenschaftsausprägung der *k*-ten Eigenschaft beim *i*-ten Stimulus,

$\tilde{x}_{i,k,m}$: Dummy-Variable der *m*-ten Eigenschaftsausprägung der *k*-ten Eigenschaft beim *i*-ten Stimulus

mit: $\tilde{x}_{i,k,m} = \begin{cases} 1 & \text{wenn der } i\text{-te Stimulus die } m\text{-te Ausprägung der } k\text{-ten Eigenschaft aufweist} \\ 0 & \text{sonst,} \end{cases}$

$u(a_i)$: Gesamtnutzen des *i*-ten Stimulus a_i,

ε_i: Fehlerterm für den *i*-ten Stimulus,

μ: Mittelwert des Fehlerterms,

σ^2: Varianz des Fehlerterms,

I: Indexmenge der Stimuli,

K: Indexmenge der Eigenschaften,

M: Indexmenge der Eigenschaftsausprägungen.

Das Ziel der OLS-Schätzung ergibt sich durch Schätzung der Parameter in der Weise, dass die Summe der quadrierten Abweichungen zwischen den empirisch beobachteten Gesamtnutzenwerten $u(a_i)$ und den geschätzten Gesamtnutzenwerten $\hat{u}(a_i)$ je Stimulus bzw. Beobachtung minimiert wird. Dies ist äquivalent mit der Minimierung der Summe der quadrierten Fehlerterme, wie aus der Zielfunktion (17) deutlich wird.

(17) $\sum_{i=1}^{I}\left(u(a_i) - (\hat{u}(a_i))\right)^2 = \sum_{i=1}^{I} \varepsilon_i^2 \quad \rightarrow \min! \qquad i \in I$

Die Minimierung der Zielfunktion (17) gestattet folglich die Ermittlung der individuellen Nutzenparameter,[283] auf deren Basis die geschätzten Gesamtnutzenwerte der Stimuli berechnet werden können.

Als letzter Schritt in der Conjoint Analyse steht nach der Schätzung der Nutzenparameter mittels einer Regressionsanalyse (OLS-Schätzung) die Interpretation der geschätzten Nutzenparameter an. Darunter können die Beurteilung der Güte der geschätzten Nutzenparameter sowie die inhaltliche Interpretation subsumiert werden, die dann vorgenommen werden sollte, wenn die Gütebeurteilung zu hinreichenden Ergebnissen kommt. Die Gütebeurteilung der geschätzten Nutzenparameter respektive des zugrunde liegenden Regressionsmodells kann mittels der Face-Validität, der internen Validität und der externen Validität erfolgen.[284] Verschiedene Kriterien zur Überprüfung der genannten Validitätsausprägungen werden in Abbildung 12 aufgezeigt.

Abbildung 12: Gütekriterien zur Beurteilung der geschätzten Nutzenfunktion in der Conjoint Analyse

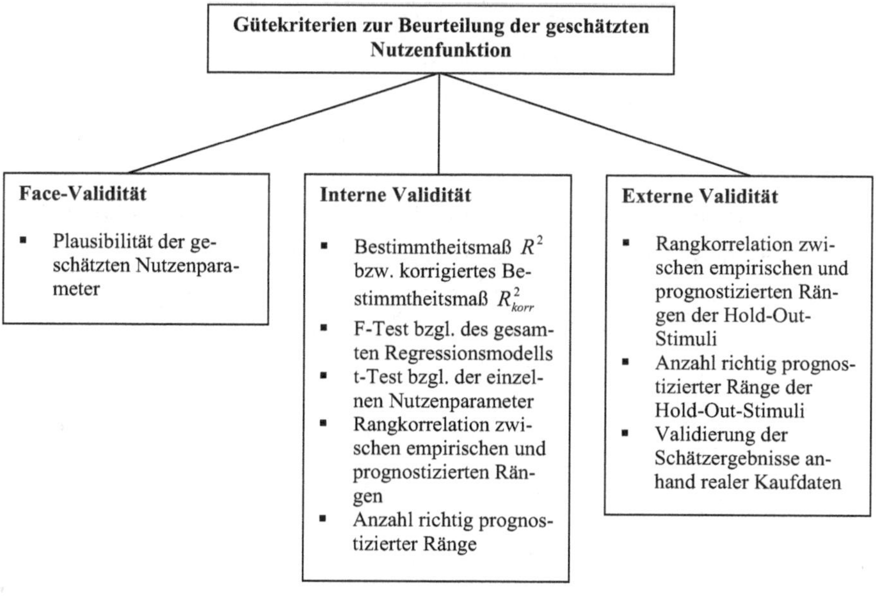

---

[283] Vgl. Gujarati (2003), S. 58 ff. und Gensler (2003), S. 33.

[284] Vgl. Skiera/Gensler (2002b), S. 258 f.; Hensel-Börner (2000), S. 30 f. und auch Peter (1981).

Die Face-Validität zielt drauf ab, die geschätzten Parameterwerte hinsichtlich ihrer Plausibilität zu überprüfen.[285] Dies umfasst im Wesentlichen eine Prüfung des Vorzeichens, wodurch Aussagen darüber getroffen werden können, ob die ermittelte Nutzenbeziehung plausibel im Hinblick auf a priori getroffene Erwartungen erscheint. Beispielsweise würde man bei der Eigenschaft „Preis" i. d. R. einen negativen Nutzenbeitrag unterstellen, wodurch ceteris paribus ein niedrigerer Gesamtnutzen eines Stimulus aus einem höheren Preis resultiert.

Die interne Validität lässt Aussagen darüber zu, wie gut das geschätzte Regressionsmodell an die Schätzdaten angepasst ist.[286] Zur Prüfung der internen Validität bzw. der Anpassungsgüte des Modells kann eine Reihe verschiedener Kennzahlen herangezogen werden. Als Maß für die Anpassungsgüte des Regressionsmodells kann zunächst das Bestimmtheitsmaß R^2 dienen, welches den Anteil der durch das Modell erklärten Varianz an der Gesamtvarianz widerspiegelt.[287] Der Wertebereich des Bestimmtheitsmaßes liegt dabei im Intervall [0, 1], wobei der Wert „1" eine perfekte Anpassung der geschätzten Nutzenfunktion an die Beobachtungen bedeutet.

Ein Problem, das bei der Conjoint Analyse allerdings generell besteht, ist, dass mit relativ wenigen Beobachtungen eine ganze Reihe an Nutzenparametern geschätzt wird. Anders ausgedrückt weist die OLS-Schätzung oftmals nur eine geringe Anzahl an Freiheitsgraden auf.[288] Die Zahl der Freiheitsgrade drückt dabei aus, wie viele Parameter bei der Schätzung frei festgelegt werden können. Sie ergibt sich aus der Anzahl der Beobachtungen, die in die Schätzung der Nutzenparameter einbezogen werden, abzüglich der Anzahl der zu schätzenden Parameter. Insofern wird deutlich, dass die zuvor skizzierte Festlegung des Nutzenstrukturmodells neben inhaltlichen Überlegungen auch einen Einfluss auf die Anzahl der verbleibenden Freiheitsgrade bei der Parameterschätzung hat.[289] Mit einer steigenden Anzahl an Eigen-

---

[285] Vgl. Skiera/Gensler (2002b), S. 258 f.; Tscheulin (1992), S. 74; Schweikl (1985), S. 71 und Baier/Säuberlich (1997), S. 967.

[286] Vgl. Baier/Säuberlich (1997), S. 968; Müller-Hagedorn/Sewing/Toporowski (1993), S. 126 und Hensel-Börner (2000), S. 31.

[287] Vgl. Reisinger (1996), S. 50 ff.; Gujarati (2003), S. 81 ff.; Backhaus et al. (2006), S. 64 ff. und Albers/Skiera (1999), S. 209.

[288] Vgl. Gensler (2003), S. 36; Wittink/Cattin (1989), S. 94; Green/Srinivasan (1990), S. 5 und auch Gujarati (2003), S. 77 und Hair et al. (2006), S. 196 f. Im Extremfall wird sogar mit vollständig saturierten Erhebungsdesigns gearbeitet, die über gar keine Freiheitsgrade verfügen. Vgl. z. B. Bauer/Herrmann/Mengen (1996), S. 85 ff.

[289] Vgl. auch Gensler (2003), S. 20; Green/Srinivasan (1990), S. 4; Hagerty (1986), S. 299; Cattin/Punj (1984), S. 73 und Voeth (2000), S. 40.

schaftsausprägungen je Eigenschaft weist dabei das Teilnutzen-Modell den höchsten „Verbrauch" an Freiheitsgraden auf, das Vektor-Modell dagegen den geringsten.

Bei einer Schätzung von vielen Parametern mit relativ wenigen Beobachtungen oder anders ausgedrückt einer geringen Anzahl an Freiheitsgraden ist allerdings stets mit hohen Werten des Bestimmtheitsmaßes R^2 zu rechnen.[290] Dieser Umstand wird teilweise durch die Verwendung des korrigierten Bestimmtheitsmaßes R^2_{korr} abgemildert, bei dem das Bestimmtheitsmaß um das Verhältnis der Anzahl der zu schätzenden Parameter zur Gesamtzahl der Beobachtungen korrigiert wird.[291]

Zur globalen Prüfung des aufgestellten Regressionsmodells dient der F-Test.[292] Wenn zwischen der abhängigen Variablen und den unabhängigen Variablen ein kausaler Zusammengang besteht, müssen die wahren Regressionskoeffizienten $\beta_{k,m}$ ungleich null sein.[293] Darüber kann die Nullhypothese H_0: $\beta_{k,m} = 0 \quad \forall\ k \in K,\ m \in M$ aufgestellt werden. Bei Ablehnung der Nullhypothese folgt daraus, dass für das Regressionsmodell insgesamt unter Einbezug der zugrunde liegenden Irrtumswahrscheinlichkeit ein kausaler Zusammenhang zwischen der abhängigen Variablen und den in die Schätzung einbezogenen unabhängigen Variablen besteht.

Falls der F-Test ergibt, dass für das Regressionsmodell als Ganzes ein signifikanter Zusammenhang besteht, können die einzelnen Regressionskoeffizienten bzw. Nutzenparameter mittels des t-Tests auf Signifikanz geprüft werden.[294] In diesem Fall lautet die Nullhypothese für einen geschätzten Nutzenparameter H_0: $\beta_{k,m} = 0$.[295] Falls die Nullhypothese abgelehnt werden kann, ergibt sich, dass der betreffende Nutzenparameter einen signifikanten Einfluss aufweist.

Als weiteres Kriterium zur Beurteilung der internen Validität der geschätzten Nutzenfunktion können Rangkorrelationskoeffizienten zwischen der empirisch von den Probanden vorgegebenen Reihenfolge der Stimuli und der aus den errechneten Gesamtnutzenwerten abgeleiteten

---

290 Vgl. Gensler (2003), S. 35 und auch Leigh/MacKay/Summers (1984), S. 461; Albers/Skiera (1999), S. 209 f. und Gujarati (2003), S. 217 f.

291 Vgl. Hagerty (1986), S. 301; Reisinger (1996), S. 57 ff. und Backhaus et al. (2006), S. 68.

292 Vgl. Reisinger (1996), S. 61 f.; Backhaus et al. (2006), S. 68 ff. und Hair et al. (2006), S. 237 ff.

293 Der Index *k,m* ergibt sich, wenn als Nutzenstrukturmodell das Teilnutzen-Modell unterstellt wird, beim Vektor-Modell gilt nur der Index *k*.

294 Vgl. Skiera/Gensler (2002b), S. 259; Reisinger (1996), S. 62 f. und Backhaus et al. (2006), S. 73 ff.

295 Der Index *k,m* ergibt sich, wenn als Nutzenstrukturmodell das Teilnutzen-Modell unterstellt wird, beim Vektor-Modell gilt nur der Index *k*.

Rangfolge für die Stimuli dienen.[296] Die Überlegung hierbei ist, dass die sich mittels der geschätzten Nutzenfunktion ergebende Reihenfolge möglichst gut mit der empirisch erhobenen Reihenfolge übereinstimmen sollte. Im Rahmen der Conjoint Analyse findet Kendalls Tau breite Anwendung, allerdings kann auch Spearmans Rho zu einer Ermittlung der Rangkorrelation eingesetzt werden.[297] Beide Koeffizienten liegen im Wertebereich zwischen [-1, +1]. Das Vorzeichen gibt dabei die Wirkungsrichtung der Beziehung an, der absolute Wert des Rangkorrelationskoeffizienten die Stärke der Wirkungsbeziehung. Somit sind im Hinblick auf eine hohe interne Validität Werte nahe „+1" anzustreben.

Abschließend kann auch noch die Anzahl der mit der geschätzten Nutzenfunktion richtig prognostizierten Ränge der Stimuli herangezogen werden, die sich aus den errechneten Gesamtnutzenwerten ergeben.

Neben der Prüfung der internen Validität, die Aussagen über die Anpassungsgüte des Modells an die Daten zulässt, sollte ebenfalls die externe Validität überprüft werden. Dies verdeutlicht in besonderem Maße die zuvor angesprochene Problematik von Conjoint Analysen, dass oftmals relativ viele Parameter mit nur wenigen Beobachtungen geschätzt werden, respektive nur wenige Freiheitsgrade bei der Parameterschätzung vorliegen.

Zur Beurteilung der externen Validität bzw. der Prognosegüte der geschätzten Nutzenfunktion können so genannte Hold-Out-Stimuli herangezogen werden.[298] Dabei handelt es sich um Stimuli, die von den Probanden im Rahmen einer Conjoint Studie zwar beurteilt werden, die jedoch nicht in die Schätzung der Nutzenparameter eingehen und ausschließlich zu Validierungszwecken dienen. Auch in diesem Fall kann die Rangkorrelation zwischen der empirisch erhobenen Reihenfolge für die Hold-Out-Stimuli und der mittels der geschätzten Nutzenfunktion errechneten Reihenfolge über Kendalls Tau bzw. Spearmans Rho ermittelt werden. Daneben kann auch die Anzahl der richtig prognostizierten Ränge für die Hold-Out-Stimuli ermittelt werden bzw. diese mit der Anzahl der richtigen Ränge unter einer Zufallsbedingung verglichen werden.[299]

---

[296] Vgl. Baier/Säuberlich (1997), S. 968; Wübker (1998), S. 127 f. und Gensler (2003), S. 35 f.

[297] Vgl. Green/Helsen/Shandler (1988), S. 395; Wübker (1998), S. 127 f. und Schweikl (1985), S. 70.

[298] Vgl. Hensel-Börner (2000), S. 31 und S. 152; Hair et al. (2006), S. 507; Backhaus et al. (2006), S. 592 f.; auch Müller-Hagedorn/Sewing/Toporowski (1993), S. 127; Baier/Säuberlich (1997), S. 969; Green/Srinivasan (1990), S. 13 und Green/Srinivasan (1978), S. 115.

[299] Vgl. auch Gensler (2006b), S. 316 f.; Hensel-Börner (2000), S. 153 ff.; Srinivasan/Park (1997), S. 289 f. und auch Tscheulin (1991), S. 1275.

Als „härtestes“ Kriterium zur Prüfung der externen Validität kann eine Validierung der Schätzergebnisse anhand realer Kaufdaten erfolgen.[300] Dies gestaltet sich aber unter Praktikabilitätsaspekten oftmals als sehr schwierig bis unmöglich.

Zur inhaltlichen Interpretation der geschätzten Nutzenparameter in Bezug auf ihre Wichtigkeit für die einzelnen Probanden können nicht die absoluten Werte der geschätzten Nutzenparameter herangezogen werden.[301] Dies ist deswegen nicht möglich, da es sich um intervallskalierte Nutzenparameter handelt und verschiedene Probanden bezüglich der Bewertung der Stimuli unterschiedliche subjektive Skalen verwenden können. Daher ist vor der Durchführung interindividueller Vergleiche eine Normierung der individuellen Nutzenparameter erforderlich.[302]

Eine gewisse Normierung der Abstände bei den Nutzenparametern wird durch die Berechnung von Bedeutungsgewichten erreicht, die Aussagen über die relative Wichtigkeit einzelner Eigenschaften im Hinblick auf die Präferenzveränderung für einen Probanden zulassen.[303] Das Bedeutungsgewicht für eine Eigenschaft (18) ergibt sich, indem die Spannweite der betreffenden Eigenschaft – also die Differenz zwischen dem höchsten und dem niedrigsten Teilnutzenwert einer Eigenschaft – durch die Summe der Spannweiten aller Eigenschaften dividiert wird.[304]

$$(18) \qquad W_k = \frac{\max\limits_{m \in M}\{\beta_{k,m}\} - \min\limits_{m \in M}\{\beta_{k,m}\}}{\sum\limits_{k \in K}\left(\max\limits_{m \in M}\{\beta_{k,m}\} - \min\limits_{m \in M}\{\beta_{k,m}\}\right)} \qquad k \in K$$

wobei:

W_k : Bedeutungsgewicht der k-ten Eigenschaft,

300 Vgl. Skiera/Gensler (2002b), S. 259; Hensel-Börner (2000), S. 31; Green/Srinivasan (1990), S. 13; Schweikl (1985), S. 71 und Leigh/MacKay/Summers (1984), S. 461.

301 Vgl. Gensler (2003), S. 37; Skiera/Gensler (2002b), S. 259 und Rossi/Gilula/Allenby (2001), S. 20 f.

302 Vgl. Backhaus et al. (2006), S. 80 f.; Teichert (1999), S. 498 f.; Gensler (2003), S. 37; Reiners (1996), S. 138 f. und Skiera/Gensler (2002b), S. 259 f.

303 Vgl. Gensler (2003), S. 37 f.; Skiera/Gensler (2002b), S. 259 f. und Teichert (2001), S. 69 ff.

304 Wenn als Nutzenstrukturmodell für die betreffende Eigenschaft nicht das Teilnutzen-Modell verwendet wird, müssen dazu zunächst die Teilnutzenwerte der Eigenschaftsausprägungen berechnet werden. Dies geschieht z. B. beim Vektor-Modell durch Multiplikation der Eigenschaftsausprägungen mit dem geschätzten Nutzenparameter der betreffenden Eigenschaft. Vgl. Hair et al. (2006), S. 490.

$\beta_{k,m}$: Geschätzter Teilnutzenwert der *m*-ten Ausprägung der *k*-ten Eigenschaft,

K: Indexmenge der Eigenschaften,

M: Indexmenge der Eigenschaftsausprägungen.

Neben den Bedeutungsgewichten der einzelnen Eigenschaften kann zur inhaltlichen Interpretation der Nutzenwerte des Weiteren der Nutzen in Geldeinheiten für die einzelnen Eigenschaftsausprägungen berechnet sowie ein Choice-Simulator implementiert werden, um entsprechendes Auswahlverhalten der Konsumenten zu simulieren.[305]

Aufgrund der breiten Anwendung der Conjoint Analyse in Wissenschaft und Praxis wurde sie im Laufe der Zeit erweitert, um Schwächen der zuvor dargestellten Traditionellen Conjoint Analyse Rechnung zu tragen. Dabei können die folgenden zwei wesentlichen Schwächen genannt werden:[306]

In die Traditionelle Conjoint Analyse kann nur eine relativ geringe Anzahl an Eigenschaften und Eigenschaftsausprägungen einfließen, da Probanden i. d. R. nur eine begrenzte Zahl an Stimuli beurteilen können. Als Obergrenze für die Anzahl an Eigenschaften der Stimuli werden demnach maximal sechs bis neun Eigenschaften vorgeschlagen.[307] Des Weiteren wird an der Traditionellen Conjoint Analyse kritisiert, dass die Form der Datenerhebung durch Ratings oder Rankings nicht dem Entscheidungsverhalten in der Realität entspricht, wo im Allgemeinen Auswahlentscheidungen zwischen mehreren Produktalternativen getroffen werden. Abbildung 13 bietet einen Überblick über Erweiterungen der Traditionellen Conjoint Analyse, die versuchen die genannten Schwächen zu beheben.

[305] Für Details sei hier auf die Literatur verwiesen. Der Nutzen in Geldeinheiten wird in dieser Arbeit nicht herangezogen und im Rahmen des experimentellen Designs wird auch das Auswahlverhalten der Probanden erfasst, sodass hierüber keine Simulation mittels eines Choice-Simulators stattfindet. Vgl. Skiera/Gensler (2002b), S. 260 ff.; Gensler (2003), S. 38 ff. und Backhaus et al. (2006), S. 597 f.

[306] Vgl. Skiera/Gensler (2002a), S. 262; Voeth (2000), S. 72 f. und Hair et al. (2006), S. 495.

[307] Vgl. Orme (2003), S. 3; Hair et al. (2006), S. 479; Hensel-Börner (2000), S. 40; Pullman/Dodson/Moore (1999), S. 125 und Natter/Feurstein (2002), S. 448.

Abbildung 13: Überblick über Erweiterungen der Traditionellen Conjoint Analyse[308]

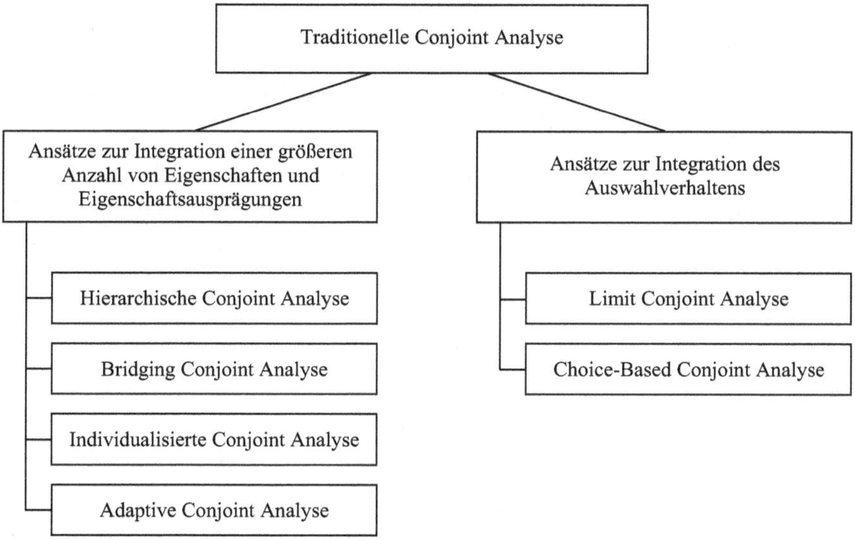

Als Ansätze zum Einbezug einer größeren Anzahl von Eigenschaften und Eigenschaftsausprägungen können die Hierarchische Conjoint Analyse, die Bridging Conjoint Analyse, die Individualisierte Conjoint Analyse und die Adaptive Conjoint Analyse genannt werden. Die Limit Conjoint Analyse und die Choice-Based Conjoint Analyse wurden vor dem Hintergrund entwickelt, das Auswahlverhalten von Konsumenten in die Conjoint Analyse einzubinden. Nachfolgend werden die Kernüberlegungen der abgebildeten Erweiterungen der Traditionellen Conjoint Analyse kurz skizziert.

Die Grundüberlegung der Hierarchischen Conjoint Analyse ist, eine hohe Anzahl an Eigenschaften in die Conjoint Analyse zu integrieren, indem a priori logisch oder inhaltlich korrespondierende Eigenschaften in bestimmte Subdesigns untergliedert werden.[309] Dahinter steht die Annahme, dass Konsumenten in komplexen Entscheidungssituationen mit vielen Produkteigenschaften diese zunächst zu übergeordneten Entscheidungskonstrukten aggregieren, die dann im Anschluss beurteilt werden. Die Probanden beurteilen somit Stimuli aus den Beschreibungsmerkmalen innerhalb der gebildeten Subdesigns sowie zusätzlich das übergeordnete Conjoint Design der Entscheidungskonstrukte. Die Verknüpfung der beiden Ebenen der

[308] Vgl. ähnlich Voeth (2000), S. 74.

[309] Vgl. zur Hierarchischen Conjoint Analyse nachfolgend Louviere (1984); Louviere/Gaeth (1987) und Voeth (2000), S. 130 ff.

Subdesigns und des für alle Probanden als identisch unterstellten übergeordneten Conjoint Designs der Entscheidungskonstrukte erfolgt im Präferenzbildungsprozess über eine Verknüpfungsfunktion.

Die Briding Conjoint Analyse versucht, einer hohen Anzahl an Eigenschaften und Eigenschaftsausprägungen dadurch zu begegnen, dass aus dieser Gesamtheit verschiedene Subdesigns gebildet werden.[310] Diese Subdesigns enthalten subdesignspezifische Eigenschaften sowie eine überlappende Brückeneigenschaft, die auch in den anderen Subdesigns vorhanden ist. Über die gemeinsame Brückeneigenschaft erfolgt schließlich die Synthese der Subdesigns und Justierung der Nutzenparameter der Eigenschaften bzw. Eigenschaftsausprägungen.

Die Individualisierte Conjoint Analyse integriert eine hohe Anzahl an Eigenschaften bzw. Eigenschaftsausprägung über eine computergestützte, individuelle Gestaltung der Stimuli in die Conjoint Analyse.[311] Die Grundidee berücksichtigt dabei, dass den Konsumenten oftmals nur einige wenige Eigenschaften bzw. Eigenschaftsausprägungen wichtig sind, obschon Produkte wesentlich mehr solcher Eigenschaften bzw. Eigenschaftsausprägungen umfassen. Daher werden zunächst die individuell wichtigen Eigenschaften ermittelt, was zur Folge hat, dass für die Gesamtstichprobe kein identisches Design verwendet wird. Im Anschluss erhalten die als unwichtig eingestuften Eigenschaften bei der Generierung individueller Stimuli ein Gewicht von null, um die zur Vergleichbarkeit der individuellen Nutzenschätzungen erforderliche Normierung vornehmen zu können.

Die Adaptive Conjoint Analyse stellt eine Kombination aus einem kompositionellen und einem dekompositionellen Verfahren zur Präferenzmessung dar, um auf diesem Wege eine höhere Anzahl an Eigenschaften und Eigenschaftsausprägungen zu integrieren.[312] In einem ersten Schritt beurteilen Konsumenten kompositionell die für sie individuell relevanten Eigenschaftsausprägungen, wobei die Möglichkeit besteht, völlig inakzeptable Ausprägungen vom weiteren Befragungsprozess auszuschließen. Des Weiteren werden für die relevanten Eigenschaften die individuellen Wichtigkeiten bestimmt. Aus diesen Angaben wird eine erste Schätzung der Nutzenbeiträge einzelner Eigenschaften bzw. Eigenschaftsausprägungen vorgenommen. Im zweiten Schritt werden die mittels der Informationen aus dem kompositionel-

[310] Vgl. zur Bridging Conjoint Analyse nachfolgend Albaum (1989), S. 486 f.; Oppewal/Louviere/Timmermans (1994) und Voeth (2000), S. 127 f.

[311] Vgl. zur Individualisierten Conjoint Analyse nachfolgend Schweikl (1985); Boecker/Schweikl (1988) und Voeth (2000), S. 128 ff.

[312] Vgl. zur Adaptive Conjoint Analyse nachfolgend Johnson (1987); Green/Krieger/Agarwal (1991) und Herrmann/Schmidt-Gallas/Huber (2001), S. 279 ff.

len Teil individuell generierten Stimuli dekompositionell mit Paarvergleichen durch die Befragungspersonen beurteilt und es erfolgt eine Justierung der ersten Parameterschätzungen. Schließlich werden zur Kalibrierung der Nutzenwerte noch Auswahlwahrscheinlichkeiten für eine Reihe von Stimuli erhoben. Die Besonderheit an der Adaptive Conjoint Analyse ist die dynamische, softwaregestützte Generierung der Stimuli, wodurch Informationen aus dem Beurteilungsverhalten der Individuen in die weiteren Befragungsschritte einfließen können.

Die Grundidee der Limit Conjoint Analyse besteht darin, das Auswahlverhalten der Konsumenten in die Traditionelle Conjoint Analyse zu integrieren.[313] Neben der Abgabe von Präferenzurteilen durch Rangreihung wie bei der Traditionellen Conjoint Analyse werden die Probanden dabei aufgefordert anzugeben, bis zu welchem Rangplatz sie die vorgelegten Stimuli auch tatsächlich kaufen würden. Dies geschieht über eine so genannte Limit-Card, die zwischen den Rangplätzen platziert wird, zwischen denen die Kaufbereitschaft hinsichtlich der Stimuli zu einer Nicht-Kaufbereitschaft kippt. Die Integration der über die Limit-Card gewonnenen zusätzlichen Informationen wird bei der Limit Conjoint Analyse über eine Skalentransformation geleistet.

Die Choice-Based Conjoint Analyse unterscheidet sich von den zuvor dargestellten Ansätzen insbesondere durch das ihr zugrunde liegende theoretische Fundament. Sie basiert auf dem Zufallsnutzenbegriff, wobei der Nutzen eines Produkts als latente Zufallsgröße betrachtet wird und angenommen wird, dass nicht alle nutzendeterminierenden Komponenten beobachtet werden können.[314] Somit setzt sich der Gesamtnutzen eines Produkts aus einer deterministischen und einer stochastischen Komponente zusammen. Die Choice-Based Conjoint Analyse wurde ebenfalls vor dem Hintergrund entwickelt, das Auswahlverhalten von Konsumenten abbilden zu können.[315] Die Probanden wählen dabei im Gegensatz zur Traditionellen Conjoint Analyse aus einem Set von Stimuli (Choice Set) einen oder auch keinen (Nichtwahl-Alternative) Stimulus aus. Die Präferenzen der Probanden werden dabei direkt aus den beobachteten diskreten Auswahlentscheidungen abgeleitet, wobei angenommen wird, dass die Probanden sich nutzenmaximierend verhalten. Aufgrund des geringeren Informationsniveaus der zugrunde liegenden Auswahlentscheidungen ist es mit der Choice-Based Conjoint Analyse i. d. R. nur möglich, die Schätzung der Nutzenparameter auf aggregiertem Niveau vorzu-

---

[313] Vgl. zur Limit Conjoint Analyse nachfolgend Voeth/Hahn (1998) und Voeth (2000), S. 77 ff.

[314] Vgl. McFadden (1974) und Train (2003), S. 18 ff.

[315] Vgl. zur Choice-Based Conjoint Analyse nachfolgend Louviere/Woodworth (1983); Gensler (2003), S. 46 ff.; Gensler (2006a); Gensler (2006b) und Louviere/Hensher/Swait (2000).

nehmen, wodurch die Heterogenität in den Konsumentenpräferenzen nicht berücksichtigt werden kann.[316] Dieses Problem der rein aggregierten Betrachtung der Konsumentenpräferenzen stellt sich dabei umso gewichtiger dar, je stärker die Präferenzen differenziert sind. Es besteht allerdings die Möglichkeit, die Heterogenität in den Präferenzen mittels Finite-Mixture-Modellen auf Segmentebene respektive mit hierarchischen Bayes-Modellen auf individueller Ebene im Rahmen der Choice-Based Conjoint Analyse abzubilden.[317]

Aufgrund der relativ geringen Anzahl von Eigenschaften und Eigenschaftsausprägungen (vgl. Kap. 2.1) besteht in der vorliegenden Untersuchung keine Notwendigkeit zum Einsatz einer Erweiterung gegenüber der Traditionellen Conjoint Analyse. Auch das Auswahlverhalten der Probanden wird im Rahmen dieser Arbeit in die Traditionelle Conjoint Analyse integriert. Dies geschieht einerseits darüber, dass die Stimuli auch eine Nichtwahl-Alternative beinhalten – also die Option keine Kfz-Kaskoversicherung abzuschließen, falls dies der Präferenz der Probanden entspricht. Andererseits ist das experimentelle Design der Untersuchung so angelegt, dass die Probanden die Kfz-Kaskoversicherungsalternative, für die sie die stärkste Präferenz empfinden, auch tatsächlich kaufen müssen. Über diesen Mechanismus wird neben der zuvor getroffenen Rangreihung der Stimuli zusätzlich eine echte Auswahlentscheidung abgebildet. Weiterhin besteht das Erfordernis, die Nutzenparameter auf individueller Ebene zu schätzen, um Aussagen über das individuelle Entscheidungsverhalten treffen zu können und einen Vergleich mit den anderen untersuchten Entscheidungsmodellen zu gewährleisten. Die Schätzung von Nutzenparametern auf individueller Ebene ist mit der Choice-Based Conjoint Analyse jedoch nicht ohne weiteres möglich.[318] Diese Gründe sprechen für den Einsatz der Traditionellen Conjoint Analyse und insofern werden die skizzierten Erweiterungen der Traditionellen Conjoint Analyse an dieser Stelle nicht umfassender vertieft.

Als Fazit kann aus diesem Kapitel festgehalten werden, dass zunächst die theoretischen Grundlagen der Conjoint Analyse als multiattributives Entscheidungsmodell zur Analyse von Kfz-Kaskoversicherungsentscheidungen beschrieben wurden. Dabei wurde den Ablaufschritten der Conjoint Analyse folgend auf die Festlegung von Eigenschaften und deren Ausprägungen, die Spezifikation der Nutzenfunktion, die Gestaltung des experimentellen Designs, die Bewertung der Stimuli, die Schätzung der Nutzenparameter und die Interpretation der

---

[316] Vgl. Elrod/Louviere/Davey (1992), S. 368; Gensler (2003), S. 58 und Allenby/Rossi (1999), S. 58.

[317] Vgl. Gensler (2003), S. 88 ff. sowie Kamakura/Russell (1989); DeSarbo/Ramaswamy/Cohen (1995); Allenby/Ginter (1995); Lenk et al. (1996) und Sawtooth Software, Inc. (2005).

[318] Vgl. Gensler (2003), S. 84 f. und S. 94.

Nutzenparameter eingegangen. Abschließend wurden kurz verschiedene Erweiterungen der Traditionellen Conjoint Analyse vorgestellt, die mit dem Ziel der Integration einer größeren Anzahl von Eigenschaften und Eigenschaftsausprägungen und der Integration des Auswahlverhaltens von Konsumenten entwickelt wurden. Eine Diskussion zeigte, dass in der vorliegenden Untersuchung über das experimentelle Design mit einem Anreizmechanismus sowie die Integration einer Nichtwahl-Alternative das Auswahlverhalten der Probanden in der Traditionellen Conjoint Analyse berücksichtigt werden kann. Dieser Umstand bietet den Vorteil, dass es möglich ist, die Nutzenfunktion der Probanden auf individueller Ebene zu schätzen. Nachdem die Entscheidungsmodelle, die in der vorliegenden Untersuchung eingesetzt werden, dargestellt wurden, befasst sich das folgende Kapitel mit Fragen, die das experimentelle Design der empirischen Untersuchung betreffen.

4 Experimentelles Design zur Analyse von Kfz-Kaskoversicherungsentscheidungen

Das nachfolgende Kapitel beschäftigt sich mit der Darstellung des experimentellen Designs zur Analyse von Kfz-Kaskoversicherungsentscheidungen. Zunächst erfolgt dazu die Darstellung des experimentellen Rahmens und des Untersuchungsdesigns (Kap. 4.1). Im Anschluss werden der Aufbau der Untersuchung und das Befragungstool, das zur Datenerhebung eingesetzt wurde, beschrieben (Kap. 4.2). In Kapitel 4.3 werden dann die Elemente der untersuchten Entscheidungsmodelle dargestellt und es wird darauf eingegangen, wie diese Elemente in der empirischen Untersuchung erhoben werden. Anschließend wird die Anreizstruktur diskutiert, die der empirischen Untersuchung zugrunde liegt (Kap. 4.4). Abschließend wird kurz auf die Durchführung der empirischen Untersuchung zur Analyse von Kfz-Kaskoversicherungsentscheidungen eingegangen (Kap. 4.5).

4.1 Experimenteller Rahmen und Untersuchungsdesign

Zur Erreichung des Ziels der Analyse von Kfz-Kaskoversicherungsentscheidungen mit verschiedenen Entscheidungsmodellen und dem Vergleich von deren Prognosegüte wurde als Untersuchungsrahmen der vorliegenden Untersuchung methodisch eine experimentelle Vorgehensweise gewählt. Diese Vorgehensweise bietet im Vergleich zu einer reinen Befragung den Vorteil, dass bestimmte Faktoren im Rahmen eines Experiments systematisch kontrolliert und variiert werden können.[319] Des Weiteren wird an einer nicht-experimentellen Vorgehensweise oftmals kritisiert, dass sich solche Untersuchungen auf rein hypothetische Situationen beziehen und daher auch den Untersuchungsergebnissen weniger Glauben geschenkt wird.[320] So ermitteln beispielsweise Irwin/McClelland/Schulze (1992) im Fall von Auktionen für Versicherungspolicen, die vor großen geringwahrscheinlichen Verlusten schützen, dass sich Individuen in einer hypothetischen Situation einfach sorgloser verhalten als in einer experimentellen Situation, in der reale Risiken bestehen und reale Zahlungen anfallen.[321]

Bei einer experimentellen Vorgehensweise kann man zwischen Feld- und Laborexperimenten unterscheiden. Diese beiden Arten von Experimenten stehen hinsichtlich der externen und der

---

[319] Vgl. Rack/Christophersen (2006), S. 20; Kaya (2006), S. 65 und Hüttner (1989), S. 122 ff.

[320] Vgl. Beattie/Loomes (1997), S. 155 ff.; Laibson/Zeckhauser (1998), S. 21 ff.; Davis/Holt (1993), S. 449 f.; Harrison (1994), S. 223; Kruse/Thompson (2003), S. 495 und Camerer (1995), S. 634 f.

[321] Vgl. Irwin/McClelland/Schulze (1992), S. 114; Schade (2004), S. 570 f. und Schade (2005), S. 411.

internen Validität der Ergebnisse in einem gegensätzlichen Verhältnis.[322] Die interne Validität bezeichnet hierbei die eindeutige Interpretierbarkeit der Untersuchungsergebnisse, die externe Validität die Generalisierbarkeit der Untersuchungsergebnisse, wobei diese mit abnehmender Realitätsnähe sinkt.[323] Da sich Laborexperimente durch ein stärker kontrollierbares Entscheidungsumfeld als Feldexperimente auszeichnen, weisen sie i. d. R. eine höhere interne Validität auf. Aufgrund des abstrakteren Umfeldes ist dagegen die externe Validität bei Laborexperimenten im Allgemeinen geringer als bei Feldexperimenten.

Ökonomischen Experimenten[324] liegt dabei das Experimental-Economics-Paradigma zugrunde, wobei besondere Aufmerksamkeit darauf verwendet wird, dass die Experiment-Teilnehmer bei ihren Entscheidungen mit realen monetären Konsequenzen konfrontiert werden.[325] Dabei sollen die Entscheidungen der Experiment-Teilnehmer durch den gezielten Einsatz von Anreizen bzw. Entlohnungen induziert werden, wodurch das Ziel verfolgt wird, dass den Charakteristika der Experiment-Teilnehmer und anderen Störeinflüssen im Hinblick auf die getroffenen Entscheidungen weniger Bedeutung zukommt.[326] Somit sollten Experiment-Teilnehmer zumindest in Höhe ihrer subjektiven Kosten entlohnt werden, die beispielsweise durch die mit der Teilnahme verbundene Anstrengung entstehen können.[327]

Die Wirkung solcher entscheidungsabhängiger monetärer Anreize ist in verschiedenen Studien untersucht und in der Literatur diskutiert worden. Zwei Metastudien von Camerer und Hogarth (1999) sowie Smith und Walker (1993) kommen diesbezüglich zu folgenden Ergebnissen:[328] In vielen Fällen führt die Bereitstellung leistungsabhängiger Anreize zu einer Reduktion der Fehlervarianz, des Weiteren entfalten finanzielle Anreize offenbar bei unterschiedlichen Fragestellungen unterschiedliche Wirkungen. Insbesondere im hier relevanten

322 Vgl. Churchill (1999), S. 148 ff.; Steul (2005), S. 86; Hüttner (1989), S. 124; Kaya (2006), S. 66 f. und Rack/Christophersen (2006), S. 20 f.

323 Vgl. Bortz (2005), S. 8; Rack/Christophersen (2006), S. 31 und Campbell/Stanley (1966), S. 5.

324 Im Unterschied zu ökonomischen Experimenten wird bei psychologisch orientierten Experimenten im Allgemeinen auf monetäre Anreize verzichtet. Weiterhin werden die Teilnehmer hier oftmals über den wahren Untersuchungsgegenstand im Unklaren gelassen bzw. sogar getäuscht (deception). Vgl. zu den Unterschieden zwischen ökonomischen und psychologischen Experimenten Camerer (1996); Hertwig/Ortmann (2003); Hertwig/Ortmann (2001) und Smith (1991), S. 162 ff.

325 Vgl. Schade (1999), S. 90 f.; Steul (2005), S. 87 und Zuber (2005), S. 88. Einen ausführlichen Überblick zum Experimental-Economics-Paradigma bieten Smith (1990); Smith (1991); Davis/Holt (1993); Hey (1994) und Kagel/Roth (1995).

326 Vgl. Smith (1976), S. 275 und Friedman/Sunder (1994), S. 12 ff.

327 Vgl. Smith (1976), S. 275 f.; Smith/Walker (1993a), S. 259 f. und Camerer/Hogarth (1999), S. 7 f.

328 Vgl. Camerer/Hogarth (1999); Smith/Walker (1993a) und Hertwig/Ortmann (2003), S. 255 ff.

Bereich von entscheidungstheoretischen Fragestellungen weisen finanzielle Anreize oftmals positive Wirkungen auf.

Die dem Experimental-Economics-Paradigma zugrunde liegende Theorie stellt die Induced-Value-Theorie von Vernon L. Smith (1976) dar.[329] Die Anreizstruktur muss nach Smith vier Bedingungen erfüllen, damit nach der Induced-Value-Theorie Entscheidungen induziert werden und experimentelle Kontrolle sichergestellt wird:[330]

1. Die Experiment-Teilnehmer sollen dem Nonsatiation-Kriterium bzw. Monotonicity-Kriterium unterliegen. Dies bedeutet, dass sie ein Mehr an Entlohnung einem Weniger vorziehen. Zur Erfüllung dieser Bedingung wird zur Entlohnung der Experiment-Teilnehmer meistens reales Geld eingesetzt.

2. Die Entlohnung der Experiment-Teilnehmer muss von deren getroffenen Entscheidungen im Experiment abhängen (Saliency-Kriterium). Die Probanden müssen des Weiteren diesen Zusammenhang und den Einfluss ihrer Entscheidungen auf die Entlohnung verstehen.

3. Das Dominance-Kriterium besagt, dass sich Veränderungen im Nutzenniveau der Experiment-Teilnehmer ausschließlich aus der experimentellen Entlohnung ergeben sollten und nicht von anderen Faktoren abhängig sein sollten, die nicht im Experiment kontrollierbar sind. Daher müssen die subjektiven Kosten der Experiment-Teilnehmer von der Entlohnung dominiert werden, wobei als minimales Niveau für eine ausreichende Dominanz die Opportunitätskosten der Experiment-Teilnehmer angesehen werden können.

4. Jeder Experiment-Teilnehmer sollte nur Informationen über die eigene Entlohnung erhalten, sodass sich die Teilnehmer untereinander nicht vergleichen und demzufolge Faktoren wie Neid, Missgunst oder Mitleid die induzierte Wertschätzung nicht beeinflussen (Privacy-Kriterium).

Ein weiteres Charakteristikum des Experimental-Economics-Paradigmas ist, dass es sich bei den Experiment-Teilnehmern in der Regel um studentische Versuchspersonen handelt.[331] Ein Vorteil ergibt sich daraus, dass bei diesem Personenkreis das Dominance-Kriterium am leichtesten erfüllbar sein sollte, da studentische Versuchspersonen im Allgemeinen über relativ

---

329 Vgl. Smith (1976).

330 Vgl. Smith (1976) und Smith (1982), S. 931 ff.

331 Vgl. Friedman/Sunder (1994), S. 39 f. und Schade (2004), S. 571 f.

begrenzte finanzielle Mittel verfügen. Demgemäß sollten bei diesem Personenkreis schon relativ geringe finanzielle Anreize entsprechende Wirkung entfalten.

Der Einsatz studentischer Probanden wird in der Literatur allerdings kontrovers diskutiert. Kritik wird beispielsweise daran geübt, dass das Entscheidungsverhalten von Studenten nicht ohne weiteres auf andere Personengruppen übertragbar ist.[332] Grundsätzlich sollte der Einsatz studentischer Versuchspersonen insbesondere auch vom zu untersuchenden Forschungskontext abhängen.[333] Im vorliegenden Fall von Kfz-Kaskoversicherungsentscheidungen sind Studenten auch in der Realität oftmals Konsumenten dieser Produkte, was dafür spricht, dass sich keine systematischen Unterschiede im Vergleich zu anderen Personengruppen ergeben sollten. Andere Autoren sehen es daneben durchaus als vorteilhaft an, mit studentischen Versuchspersonen zu arbeiten, da diese sich vielfach besser auf die experimentelle Situation einstellen können als andere Probanden.[334]

In Experimenten, denen das Experimental-Economics-Paradigma zugrunde liegt, werden im Allgemeinen nur „klinische" Entscheidungssituationen betrachtet.[335] Dahinter verbirgt sich, dass die Experiment-Teilnehmer im Experiment mit abstrakten Situationsbeschreibungen und ausschließlich monetären Aspekten konfrontiert werden, was der Beachtung des Dominance-Kriteriums sowie der experimentellen Kontrolle anderer Einflussfaktoren dienen soll.

Im Rahmen von Versicherungsentscheidungen würde dies beispielsweise bedeuten, dass Probanden an abstrakten Verlustlotterien teilnehmen müssen (die ausschließlich durch monetäre Größen und entsprechende Eintrittswahrscheinlichkeiten der Umweltzustände gekennzeichnet sind) anstatt an der realen Situation eines konkreten Versicherungskaufs. Ein weiteres Beispiel für „klinische" Entscheidungssituationen im Gegensatz zu „realitätsnahen" Entscheidungssituationen wären Experimente, bei denen mit Auktionen (abstrakt) optimale Bietstrate-

---

[332] Vgl. dazu eine Metastudie von Peterson (2001) und Cunningham/Anderson/Murphy (1974).

[333] Vgl. Enis/Cox/Stafford (1972), S. 72.

[334] Vgl. Friedman/Sunder (1994), S. 40 f.; Burns (1985), S. 152 und auch Schoemaker/Kunreuther (1979), S. 616.

[335] Vgl. Schade (1999), S. 92; Zuber (2005), S. 88 f. und auch Steul (2005) S. 91.

gien untersucht werden sollen, anstelle von Experimenten, die mittels anreizkompatibler Mechanismen die Erhebung von Zahlungsbereitschaften für reale Produkte vornehmen.[336]

Im vorliegenden Fall werden die Experiment-Teilnehmer allerdings im Gegensatz zum Experimental-Economics-Paradigma zugunsten einer angestrebten höheren externen Validität mit einem „realitätsnahen Frame" und einem „realen" Kfz-Kaskoversicherungskauf konfrontiert. Dieser Umstand trägt auch der Forderung von Winer (1999) Rechnung, im Rahmen von experimentellen Designs verstärkt auf die externe Validität zu achten.[337] Dies ist ferner im Hinblick darauf wichtig, dass die hier dargestellten Ergebnisse auch für Anbieter von Kfz-Kaskoversicherungen und das Versicherungsmarketing Relevanz besitzen sollen. Insgesamt betrachtet kann der experimentelle Rahmen somit als ökonomisches Laborexperiment mit realitätsnahen Frames bezeichnet werden.[338] Solche ökonomischen Laborexperimente mit realitätsnahen Frames stellen nach Schade (1999) „[...] einen Kompromiss zwischen der Stringenz und hohen internen Validität der Experimental-Economics-Untersuchungen und dem Wunsch nach einer höheren externen Validität der Resultate dar."[339] Allerdings ist im vorliegenden Fall diese Abgrenzung nicht ganz trennscharf, da Teile des Experiments auch eher einem „klinischen" Framing entsprechen.[340]

Eine weitere Frage stellt sich bei der Gestaltung des experimentellen Untersuchungsrahmens: Bei der Durchführung empirischer Untersuchungen können im Hinblick auf das experimentelle Design grundsätzlich sog. Between-Subjects-Designs und Within-Subject-Designs unterschieden werden.[341] Bei Ersteren werden die Probanden lediglich zur Beurteilung eines experimentellen Treatments aufgefordert, bei Letzteren beurteilen die Probanden dagegen alle experimentellen Treatments.

---

336 Vgl. dazu auch Wertenbroch/Skiera (2002), die mit dem sog. BDM-Mechanismus Zahlungsbereitschaften für Coca-Cola und Kuchen am „point of purchase" erheben. Vgl. Skiera/Revenstorff (1999) für die Ermittlung von Zahlungsbereitschaften für Mobilfunktarife mit der Vickrey Auktion. Vgl. Ruprecht (2005); Kaas/Ruprecht (2003) und Kaas/Ruprecht (2006) für die Erhebung von Zahlungsbereitschaften mittels unterschiedlicher anreizkompatibler Mechanismen für französische Schokolade und Duschgel.

337 Vgl. Winer (1999), S. 349 f.

338 Vgl. Schade (1999), S. 95.

339 Schade (1999), S. 95.

340 Dies betrifft insbesondere Teile der Untersuchung, in denen mittels (abstrakter) Lotterievergleiche die Funktionen der Erwartungsnutzentheorie und der Cumulative Prospect Theorie erhoben werden (vgl. Kap. 4.3.3).

341 Vgl. Lehmann/Gupta/Steckel (1998), S. 152; Harsha/Knapp (1990), S. 51; Greenwald (1976), S. 314; Pany/Reckers (1987), S. 39 f.; Reips (2003), S. 74 f. und Abdellaoui/Barrios/Wakker (2007), S. 364.

Vorteilhaft bei einem Between-Subjects-Design ist der geringere zeitliche und auch kognitive Aufwand, dem die Experiment-Teilnehmer unterliegen, da nur ein experimentelles Treatment im Experiment zu durchlaufen ist. Nachteilig ist indes, dass zum einen keine intrasubjektive Vergleichbarkeit hinsichtlich der experimentellen Treatments möglich ist. Andererseits reduziert sich die Stichprobengröße je Treatment unter Umständen so stark, dass insgesamt eine größere Gesamtstichprobe erforderlich ist.[342]

Bei einem Within-Subject-Design tritt das Problem von möglicherweise geringen Teilstichproben für die einzelnen experimentellen Treatments in dieser Form nicht auf und auch die intrasubjektive Vergleichbarkeit der Treatments ist voll gewährleistet. Unter erhebungstechnischen Gesichtspunkten ist es allerdings von Nachteil, dass der kognitive und zeitliche Aufwand sich für den einzelnen Probanden wesentlich höher gestalten kann als bei einem Between-Subjects-Design. Dadurch kann es zu Ermüdungserscheinungen bei den Teilnehmern kommen, die sich in einer weniger sorgfältigen Ausführung der experimentellen Aufgaben oder im Extremfall sogar in Ablehnung bzw. Abbruch des Experiments äußern können.

Bei der vorliegenden Untersuchung besteht die Zielsetzung, die getroffenen individuellen Kfz-Kaskoversicherungsentscheidungen der Probanden zu analysieren und dabei verschiedene Entscheidungsmodelle hinsichtlich ihrer Prognosegüte sowohl auf individueller als auch auf aggregierter Ebene zu vergleichen. Zu diesem Zweck erscheint das Between-Subjects-Design nicht geeignet, da ansonsten eventuelle Unterschiede in der Prognosegüte einzelner Entscheidungsmodelle auch einfach auf interpersonellen Zufallseinflüssen basieren können. Aus diesem Grund wurde ein Within-Subject-Design umgesetzt, bei dem für jeden Experiment-Teilnehmer Daten für alle zu untersuchenden Entscheidungsmodelle (EUT, CPT, CA) erhoben wurden.

4.2 Aufbau der Untersuchung und Befragungstool zur Datenerhebung

Kapitel 4.2 beschäftigt sich mit dem Aufbau der durchgeführten Untersuchung (Kap. 4.2.1) und dem Befragungstool, mit dem die Datenerhebung vorgenommen wurde. Hierzu werden zunächst Anforderungen an ein solches Befragungstool definiert (Kap. 4.2.2) und anschließend wird kurz auf das technische Design und die Struktur des Befragungstools eingegangen (Kap. 4.2.3).

---

342 Bei einer Stichprobengröße von *n* und zwei experimentellen Treatments beträgt die Größe der (gleichgroßen) Teilstichproben nur noch *n*/2, bei drei experimentellen Treatments *n*/3.

4.2.1 Aufbau der Untersuchung zur Analyse von Kfz-Kaskoversicherungsentscheidungen

Die Experiment-Teilnehmer haben in der vorliegenden Untersuchung die Aufgabe in einer gegebenen Entscheidungssituation eine Kfz-Kaskoversicherungsentscheidung zu treffen sowie weitere Informationen bereitzustellen, die für die Analyse der getroffenen Entscheidungen erforderlich sind. Zur Durchführung der empirischen Untersuchung und Erhebung der Daten wurde ein computergestütztes Befragungstool entwickelt, das auf die speziellen Bedürfnisse im Rahmen der Fragestellung zugeschnitten ist. Die Datenerhebung gliedert sich im Befragungstool im Wesentlichen in fünf Phasen, die in Abbildung 14 dargestellt sind.

Abbildung 14: Aufbau der Untersuchung im Befragungstool

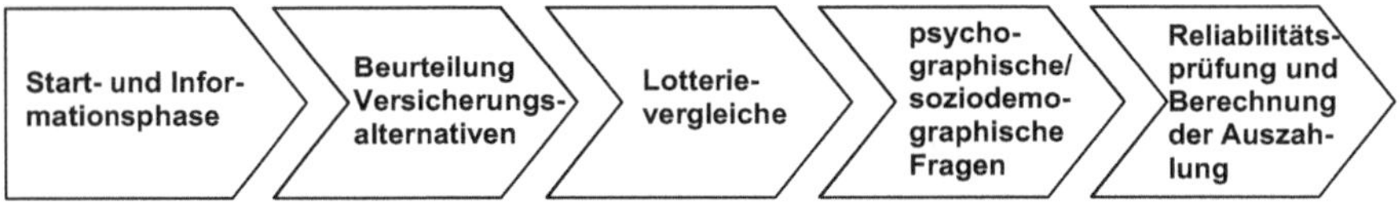

Die erste Phase (Start- und Informationsphase) diente der Heranführung der Teilnehmer an die Fragestellung der Untersuchung und der Übermittlung erforderlicher Informationen, die die Teilnehmer zum Treffen ihrer Kfz-Kaskoversicherungsentscheidungen benötigten. Hier wurde die Entscheidungssituation der Probanden erläutert. Dies umfasste beispielsweise den Wert des zu versichernden Pkws in Höhe von 30.000 € sowie die Barmittel in Höhe von 6.000 €, die den Probanden für den Abschluss einer Kfz-Kaskoversicherung zur Verfügung standen. Des Weiteren wurden hier die Schadeneintrittswahrscheinlichkeiten für Teil- bzw. Vollkaskoschäden dargestellt und die Produkteigenschaften der zur Auswahl stehenden Kfz-Kaskoversicherungsalternativen erläutert.

In der zweiten Phase erfolgte die Beurteilung von Kfz-Kaskoversicherungsalternativen durch die Probanden durch Rangreihung hinsichtlich ihrer Attraktivität. Dabei waren sowohl die Produkteigenschaften der einzelnen Stimuli für die Probanden ersichtlich als auch die korrespondierenden Schadeneintrittswahrscheinlichkeiten für die Teil- bzw. Vollkaskoschäden, sodass die für die Entscheidungssituation relevanten Informationen ständig verfügbar waren.

Die dritte Phase umfasste die Lotterievergleiche, mit denen die erforderlichen Informationen zur Schätzung der EUT-Nutzenfunktion sowie der CPT-Wertfunktion und der CPT-Entscheidungsgewichtungsfunktionen erhoben wurden (vgl. Kap. 4.3.3).

Anschließend an die Lotterievergleiche wurde in der vierten Phase eine ganze Reihe psychographischer und soziodemographischer Variablen erhoben, u. a. umfassten diese die 10-Item-Version des Worry Domains Questionnaire, Fragen zur persönlichen Versicherungssituation der Experiment-Teilnehmer im Hinblick auf Kfz-Kaskoversicherungen sowie Fragen zur Vorgehensweise bei der Entscheidungsfindung (vgl. Kap. 4.3.4).

Die fünfte und letzte Phase umfasste eine Reliabilitätsprüfung der erhobenen Lotterievergleiche aus Phase drei und die Erhebung von Informationen, die für die Auszahlung der finanziellen Anreize erforderlich waren. Weiterhin wurde in dieser Phase die Höhe der finanziellen Anreize berechnet, die von der getroffenen Kfz-Kaskoversicherungsentscheidung sowie einem Zufallseinfluss abhängig waren, und im Anschluss an die Datenerhebung den Probanden bar ausgezahlt wurden (vgl. detaillierter zur implementierten Anreizstruktur Kap. 4.4).

4.2.2 Anforderungen an das Befragungstool

Bei der Entwicklung des Befragungstools zur Datenerhebung und Durchführung der empirischen Erhebung waren nachfolgende Anforderungen von Bedeutung:[343]

Aus Sicht der Experiment-Teilnehmer muss sichergestellt sein, dass eine angemessene und flexible Informationsbereitstellung für sie gewährleistet ist, da sie das Experiment weitestgehend selbständig durchführen. Bei der Datenerhebung war zwar ein Experiment-Leiter zugegen, allerdings sollte dessen Hilfestellung durch Erläuterungen und Beantwortung von Fragen möglichst minimiert werden und nur in Ausnahmefällen erforderlich sein. Der Hauptanteil dieser Aufgabe musste folglich durch das zu entwickelnde Befragungstool geleistet werden. Weiterhin spielt die Benutzerfreundlichkeit der Software eine Rolle, um die Teilnahme möglichst angenehm und ermüdungsfrei zu gestalten. Dieser Aspekt gewinnt mit zunehmender Komplexität der Aufgaben, die im Rahmen der Befragung an die Probanden gestellt werden, noch stärker an Bedeutung.

Aus Sicht des Experiment-Leiters muss die Software in der Lage sein, die Benutzereingaben auf Konsistenz und Vollständigkeit zu prüfen, und ggf. den Teilnehmer zu einer Revision bzw. Ergänzung seiner Eingaben auffordern.[344] Dazu ist eine sofortige Onlineverarbeitung der vorgenommenen Nutzereingaben erforderlich, um beispielsweise auf unvollständige Eingaben dynamisch reagieren zu können. Ebenfalls muss die Anbindung an Datenbanken möglich sein, um die erhobenen Daten in einem für die spätere Auswertung adäquaten Format zu spei-

---

[343] Vgl. zu zum Teil ähnlichen Anforderungen im Bereich virtueller Börsen Spann (2002), S. 119.

[344] Vgl. auch Fennema/van Assen (1999), S. 285.

chern oder beispielsweise die Höhe der auszuzahlenden Entlohnung für die jeweiligen Experiment-Teilnehmer zum Abschluss des Experiments dynamisch zu errechnen. Alle Nutzereingaben müssen während einer Session selbstverständlich dem richtigen Nutzer eindeutig zurechenbar sein, um Fehler in der Datenerhebung zu vermeiden. Daneben muss die Software in der Lage sein, einen Zufallsmechanismus durchzuführen, was einerseits für die Ermittlung der Anreizhöhe erforderlich ist (vgl. genauer Kap. 4.4), andererseits erscheint die Präsentation der Stimuli und z. T. der Lotterievergleiche in einer zufälligen Reihenfolge sinnvoll, um Reihenfolgeeffekte auszuschließen.[345] Zudem ist eine einfache, kostengünstige und plattformunabhängige Implementierung eines solchen Befragungstools wünschenswert.

4.2.3 Technisches Design und Struktur des Befragungstools

Das im Rahmen dieser Arbeit entwickelte webbasierte Befragungstool basiert auf einer Client-Server-Architektur[346] (siehe Abbildung 15) und ist in der Skriptsprache PHP 5 (http://www.php.net/) programmiert.[347] Die Verwaltung der erhobenen Daten erfolgt über einen MySQL-Datenbankserver (http://www.mysql.com/) mittels der standardisierten Datenbanksprache SQL. Die erforderlichen Funktionalitäten werden zentral auf einem Apache-Webserver (http://www.apache.org/) bereitgestellt.[348]

Abbildung 15: Schematische Darstellung der Architektur des Befragungstools[349]

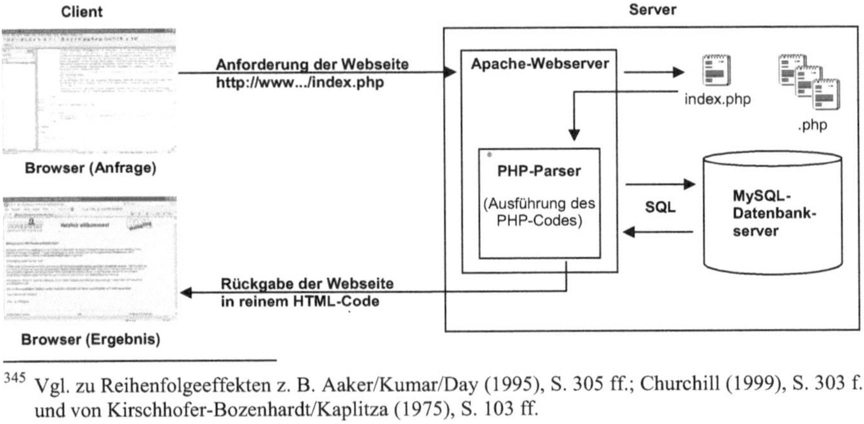

345 Vgl. zu Reihenfolgeeffekten z. B. Aaker/Kumar/Day (1995), S. 305 ff.; Churchill (1999), S. 303 f. und von Kirschhofer-Bozenhardt/Kaplitza (1975), S. 103 ff.

346 Vgl. Hoppe/Brüggemann/Schwarze (2002), S. 1427; König et al. (2003), S. 19 f. und Anderhub/Müller/Schmidt (2001), S. 231 f.

347 Vgl. zu den Funktionalitäten der verwendeten Softwarekomponenten Apache, MySQL und PHP Hoppe/Brüggemann/Schwarze (2002), S. 1430 ff.

348 Die Applikation ist unter http://cgi.server.uni-frankfurt.de/fb02/guthier/aipa/ einsehbar. Ein vollständiger Überblick mittels Screenshots findet sich in Anhang A.

349 Vgl. ähnlich Hoppe/Brüggemann/Schwarze (2002), S. 1432 und Franke (2004), S. 46.

Die eingesetzten Techniken ermöglichen somit prinzipiell die Ausnutzung der wesentlichen Eigenschaften des Internets im Rahmen der Marktforschung. Hierbei handelt es sich um die örtliche („anywhere") und zeitliche („anytime") Ungebundenheit bei der Nutzung, die multimediale Darstellung von Inhalten („anyhow"), die Interaktivität und die Digitalisierung von Prozessen.[350] Insofern ist das entwickelte Befragungstool technisch gesehen in der Lage, für rein webbasierte Online-Experimente bzw. Online-Befragungen eingesetzt zu werden, bei der die Teilnehmer die an sie gestellten Aufgaben völlig eigenständig an einem beliebigen Standort/Rechner durchführen. Dieser Weg wurde, wie bereits erwähnt, bei der vorliegenden Untersuchung allerdings insbesondere aufgrund der hohen Komplexität des Experiments nicht gewählt.[351]

Die im vorherigen Abschnitt 4.2.2 gestellten Anforderungen wurden im Design und der Hard- und Softwarearchitektur des Befragungstools berücksichtigt, wie nachfolgend erläutert wird: Die verwendete Skriptsprache PHP 5 ermöglicht die Generierung dynamischer Webseiten, d. h., die Seiteninhalte werden erst zur Laufzeit beim Aufrufen der Seite erzeugt (siehe dazu auch Abbildung 15).[352] Beim Aufruf einer Seite durch den Webbrowser wird die angeforderte PHP-Datei serverseitig durch den PHP-Parser ausgeführt, eine Webseite in reinem HTML-Code generiert und an den Browser zurückgesendet. Durch diese serverseitige Verarbeitung ist eine flexible Reaktion auf Benutzereingaben und Einbindung von Daten auf Basis von Nutzeraktionen möglich. Dies gestattet im Befragungstool die erforderliche Konsistenz- und Vollständigkeitsprüfung der Benutzereingaben und entsprechende Reaktionen bei Nichteinhaltung (vgl. Abbildung 16).[353] Beim Auslassen erforderlicher Antworten werden die Nutzer dazu aufgefordert, die Beantwortung vorzunehmen, bei offensichtlich nicht sinnvollen Antworten fordert das Befragungstool zu einer Revision der entsprechenden Antwort auf. Die Eingabe nicht zulässiger Werte (beispielsweise alphanumerische Zeichen, wo nur numerische Zeichen sinnvoll sind, z. B. bei den Lotterievergleichen) wird clientseitig mittels JavaScripten ausgeschlossen. All diese Maßnahme tragen damit auch zur Datenvollständigkeit (Vermeidung von Missing Values) und zu einer hohen Datenqualität bei.

---

[350] Vgl. Choi/Stahl/Whinston (1997), S. 522 und Hanson (2000), S. 32 ff.

[351] Im vorliegenden Fall wurde die Datenerhebung computergestützt in Anwesenheit eines Experiment-Leiters zentral an der Johann Wolfgang Goethe-Universität, Frankfurt am Main, durchgeführt (vgl. Kap. 4.5), obschon die erhebungstechnische Abwicklung und der Datenverkehr mit einem Webbrowser über das Internet erfolgten. Vgl. auch Reips (2003), S. 77.

[352] Vgl. Franke (2004), S. 36 ff.; Krause (2004), S. 35 f.; Ferner (2004), S. 12 f. und Hoppe/Brüggemann/Schwarze (2002), S. 1431 ff.

[353] Vgl. auch Birnbaum (2001), S. 235 und Schmidt (1997), S. 275 ff.

Abbildung 16: Screenshot – Lotterievergleiche, Konsistenz- und Vollständigkeitsprüfung

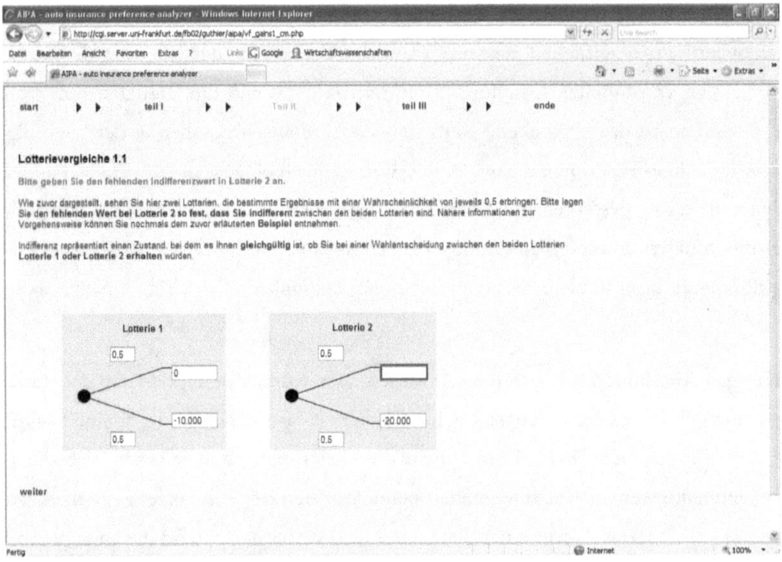

Auch ist mit PHP 5 die Erzeugung einer eindeutigen Session-ID für jeden Teilnehmer realisierbar, sodass die richtige Zuordnung der Nutzereingaben zum betreffenden Teilnehmer gewährleistet ist.[354] Ebenso werden dadurch die erforderlichen Funktionalitäten zur Generierung eines Zufallsprozesses bereitgestellt, der für die zufällige Anordnung der präsentierten Stimuli und die Berechnung der Höhe der monetären Anreize für die Teilnehmer eingesetzt werden muss (vgl. Abbildung 17). Die Anbindung an eine MySQL-Datenbank erlaubt die Speicherung der erhobenen Daten im gewünschten Format und auch den Rückgriff auf schon zuvor getätigte Eingaben, beispielsweise im Rahmen von Reliabilitätsprüfungen.[355] Zudem wird durch die Skriptsprache PHP 5 der Aspekt der Plattformunabhängigkeit der Software unterstützt.

Durch die konsequente Verwendung der weit verbreiteten Open-Source-Produkte PHP, MySQL und Apache ist außerdem eine einfache und kostengünstige Implementierung der Software möglich.[356] Weiterhin gewährleisten offene Datenbankschnittstellen und die Verwendung von SQL einen problemlosen Datenexport für die spätere Datenauswertung mittels

---

[354] Vgl. auch Anderhub/Müller/Schmidt (2001), S. 231 und Krause (2004), S. 414 ff.

[355] Vgl. auch Bornträger (2004), S. 22 ff. und Franke (2004), S. 168 ff.

[356] Vgl. Hoppe/Brüggemann/Schwarze (2002), S. 1429.

Statistiksoftware; prinzipiell wäre darüber auch die Anbindung des Befragungstools an reale Produkt-Datenbanken möglich, was einer direkten, präferenzbasierten Entscheidungsunterstützung dienen könnte.[357]

Abbildung 17: Screenshot – zufällige Anordnung der Stimuli und Online-Hilfe

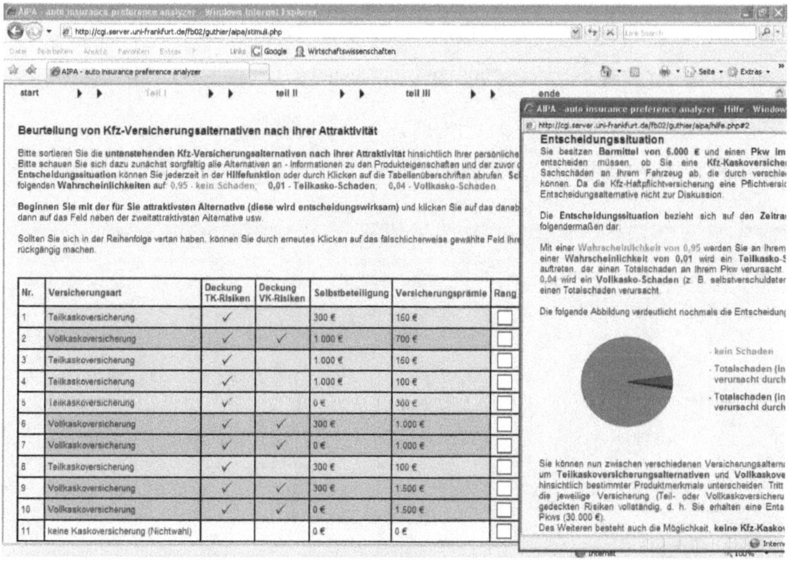

Aus Anwendersicht wird eine angemessene und flexible Informationsbereitstellung u. a. durch die jederzeit verfügbare Online-Hilfe und kontextbezogene Erklärungen mittels Hyperlinks gewährleistet (vgl. Abbildung 17). Ein interaktives Beispiel verdeutlicht den Anwendern die Problemstellung und trägt somit zum Verständnis der teils komplexen Aufgabenstellung bei.[358] Speziell zur Illustration der Vorgehensweise bei den unterschiedlichen Arten von Lotterievergleichen wurde den Probanden vor der eigentlichen Aufgabenstellung ein solches Beispiel präsentiert. Zur Reduktion von möglichen Ankereffekten wurden dabei andere Zahlenwerte gewählt als in den von den Probanden zu beantwortenden Fragen.[359] Die den Nutzern

---

[357] Dieser Ansatz wird in der vorliegenden Untersuchung allerdings nicht weiterverfolgt. Vgl. zu Preference-Based-Recommender-Systemen Schneider (2005).

[358] Eine andere Möglichkeit ist die Durchführung von Probefragen durch die Probanden, die nicht in der eigentlichen Datenauswertung berücksichtig werden. Vgl. dazu auch Stott (2006), S. 111 und Bleichrodt et al. (2007), S. 474. Aufgrund der hohen Anzahl an vorzunehmenden Lotterievergleichen wurde dieser Ansatz in der vorliegenden Untersuchung nicht verfolgt.

[359] Vgl. zu Ankereffekten Tversky/Kahneman (1974), S. 1128; Theil (2002), S. 77; Goldberg/von Nitzsch (1999), S. 66 f. und Stephan (1999), S. 107 ff.

schon bekannten Aufgabenstellungen bei sich wiederholenden Aufgaben (z. B. Lotterievergleichen) werden standardmäßig ausgeblendet. Die Nutzer haben aber bei Bedarf jederzeit die Möglichkeit, die Aufgabenbeschreibung per Hyperlink dynamisch wieder einblenden zu lassen. Dies dient zur Reduktion des Leseaufwands der Benutzer und damit verbunden der Senkung der Bearbeitungszeit sowie der Erhöhung ihrer Motivation. Daneben tragen eine grafisch unterstützte Datenerhebung in einem klar strukturierten Design und eine ständige Übersicht über die aktuelle Phase der Befragung zu einer benutzerfreundlichen Anwendung bei (vgl. Abbildung 18).[360]

Abbildung 18: Screenshot – strukturierte grafische Gestaltung von Fragen und Phasenübersicht der Befragung

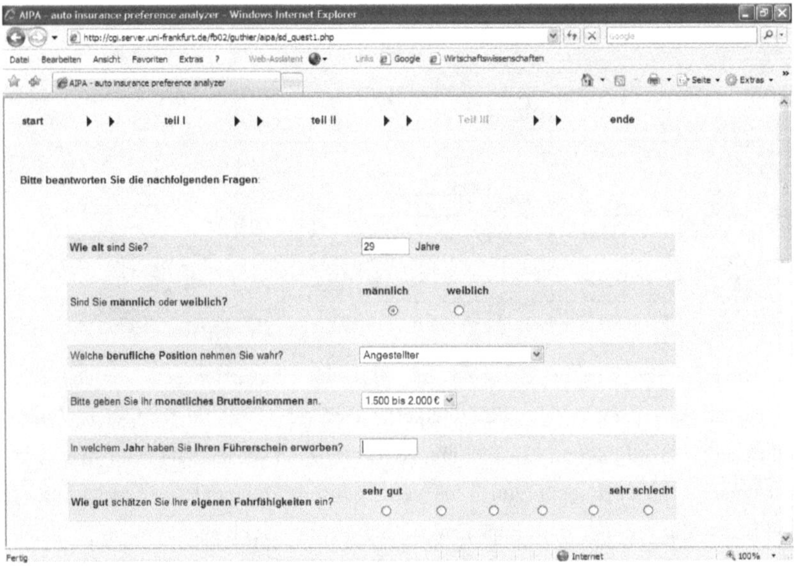

---

360 Vgl. auch Welker/Werner/Scholz (2005), S. 89 ff. und Nielsen/Loranger (2006).

4.3 Elemente der untersuchten Entscheidungsmodelle und deren Erhebung

In diesem Kapitel werden die Elemente der untersuchten Entscheidungsmodelle und deren Erhebung beschrieben. Nach einem Überblick über diese Elemente und deren Verwendung im Gesamtkontext der Untersuchung (Kap. 4.3.1) erfolgt in Kapitel 4.3.2 eine Darstellung der Ausgestaltung des experimentellen Designs und der Gestaltung der Stimuli. Anschließend wird verdeutlicht, wie die Elemente der Erwartungsnutzentheorie und der Cumulative Prospect Theorie erhoben werden (Kap. 4.3.3). Den Abschluss dieses Kapitels bildet die Beschreibung der soziodemographischen und psychographischen Variablen, die in der empirischen Untersuchung erhoben wurden (Kap. 4.3.4).

4.3.1 Überblick über die Elemente der Entscheidungsmodelle und deren Erhebung im Gesamtkontext der Untersuchung

Abbildung 19 gibt einen strukturellen Überblick über die Elemente der betrachteten Entscheidungsmodelle, die eingesetzten Methoden bei deren Erhebung und deren Verwendung in der Untersuchung. Die Abbildung soll dazu dienen, Struktur und Zusammenhänge bei der Erhebung der Entscheidungsmodelle zu verdeutlichen, auf die in den nachfolgenden Kapiteln detailliert eingegangen wird.

Abbildung 19: Überblick über die Elemente der Entscheidungsmodelle, eingesetzte Methoden bei deren Erhebung und Verwendungszweck in der Untersuchung

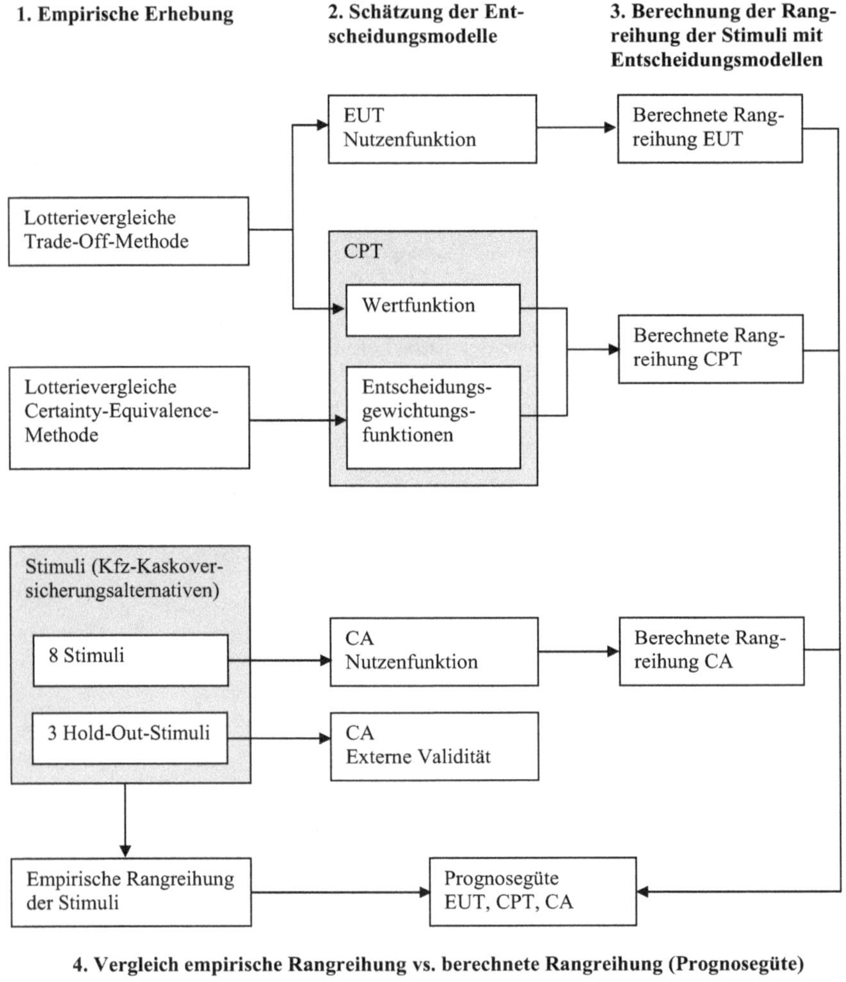

Wie aus der Abbildung ersichtlich, dienen die elf Stimuli in der Untersuchung einerseits der Erhebung der empirischen Rangreihung der Kfz-Kaskoversicherungsalternativen, die zur Beurteilung der Prognosegüte aller untersuchten Entscheidungsmodelle (EUT, CPT, CA) herangezogen wird. Andererseits bilden acht der Stimuli die Datengrundlage zur Schätzung der Nutzenfunktion der Conjoint Analyse. Die drei Hold-Out-Stimuli werden hingegen zur Beurteilung der externen Validität der geschätzten Nutzenfunktion der Conjoint Analyse herangezogen. In Kapitel 4.3.2.1 wird ausführlich auf die Gestaltung der Stimuli eingegangen.

Die Erhebung der Nutzenfunktion der Erwartungsnutzentheorie sowie der Wertfunktion der Cumulative Prospect Theorie erfolgt über Lotterievergleiche mittels der Trade-Off-Methode. Die Entscheidungsgewichtungsfunktionen der Cumulative Prospect Theorie werden über Lotterievergleiche mit der Certainty-Equivalence-Methode erhoben. Die Aspekte der Erhebung dieser Funktionen werden in Kapitel 4.3.3 erläutert.

Nachdem die Entscheidungsmodelle der EUT, CPT und CA geschätzt sind, lässt sich mit ihnen eine Rangreihung der elf Stimuli berechnen, die die Präferenzstruktur der Probanden in Bezug auf diese Kfz-Kaskoversicherungsalternativen widerspiegelt. Auf die Berechnung der Präferenzstruktur mit den einzelnen Entscheidungsmodellen wird im Ergebnisteil der Arbeit in den Kapiteln 5.2, 5.3 und 5.4 eingegangen.

Wie aus Abbildung 19 ersichtlich ist, wird zur Ermittlung der Prognosegüte der Entscheidungsmodelle die empirische Rangreihung der Stimuli der über die einzelnen Entscheidungsmodelle berechneten Rangreihung der Stimuli gegenübergestellt. Detaillierte Informationen zur Prognosegüte finden sich im Ergebnisteil der Arbeit in Kapitel 5.5.

4.3.2 Experimentelles Design und Gestaltung der Stimuli

Kapitel 4.3.2.1 befasst sich mit der Gestaltung der Stimuli der Kfz-Kaskoversicherungsalternativen als Aspekt des experimentellen Designs. Dabei werden zunächst einige methodische Überlegungen skizziert, bevor auf die konkrete Ausgestaltung des Designs in der vorliegenden Untersuchung eingegangen wird. Anschließend wird in Kapitel 4.3.2.2 die Generierung der Eintrittswahrscheinlichkeiten beschrieben, die der Entscheidungssituation der Experiment-Teilnehmer zugrunde liegen.

4.3.2.1 Gestaltung der Stimuli der Kfz-Kaskoversicherungsalternativen

Die verschiedenen von den Probanden zu beurteilenden Kfz-Kaskoversicherungsalternativen (Stimuli) dienen zur Erhebung der empirische Präferenzrangfolge, die mit den geschätzten Präferenzrangfolgen verglichen wird, welche über die untersuchten Entscheidungsmodelle errechnet werden (vgl. Kap. 4.3.1). Weiterhin dienen die Stimuli zur Schätzung der Nutzenfunktion im Rahmen der Conjoint Analyse. Die Gestaltung der Stimuli bzw. des experimentellen Designs determiniert, welche Eigenschaften und Eigenschaftsausprägungen in welcher Kombination in die Analyse einbezogen werden.[361]

Wie bereits in Kapitel 3.3 im Rahmen der Conjoint Analyse deutlich wurde, ist es meistens nicht möglich, mit vollständigen experimentellen Designs zu arbeiten. Aufgrund der sich er-

---

[361] Vgl. Hair et al. (2006), S. 695 f. und Jasny (1994), S. 80 ff.

gebenden hohen Anzahl an Stimuli und der daraus resultierenden kognitiven Überforderung der Probanden besteht somit im Allgemeinen das Erfordernis, mit reduzierten Designs zu arbeiten. Dies impliziert allerdings die Vernachlässigung von bestimmten Interaktionseffekten, da eine getrennte Schätzung aller Haupt- und Interaktionseffekte nur in einem vollständigen Design möglich ist.[362] Es stellt sich daher die Frage, wie ein adäquates reduziertes Design ermittelt werden kann, das das vollständige Design möglichst gut repräsentiert und mit dem alle interessierenden Effekte schätzbar sind.[363] Es gibt darum verschiedene methodische Kriterien, die bei der Generierung reduzierter Designs beachtet werden sollten, um diese Anforderungen zu erfüllen:

Ein wesentliches Kriterium bei der Erstellung reduzierter Designs ist die Orthogonalität des Designs. In einem orthogonalen Design ist gewährleistet, dass alle interessierenden Effekte unabhängig voneinander schätzbar und somit die geschätzten Parameter unkorreliert sind.[364] Die Resolution r eines Designs gibt an, welche Effekte unabhängig schätzbar sind und welche Effekte miteinander konfundiert, d. h. nicht separat ermittelbar, sind.[365] Ein Design mit der Resolution r vermischt dabei die Haupteffekte mit den (r-1)-fachen Interaktionseffekten. Bei einem Design mit einer Resolution III sind daher nur die Haupteffekte unabhängig schätzbar, allerdings sind sie mit den Zwei-Faktor-Interaktionseffekten konfundiert. Eine Resolution IV beinhaltet dagegen, dass die Haupteffekte weder mit Haupteffekten noch mit Zwei-Faktor-Interaktionen konfundiert sind, die Zwei-Faktor-Interaktionen untereinander allerdings nicht unabhängig voneinander sind. Höhere Resolutionen erfordern eine größere Anzahl an Stimuli,[366] wodurch der Trade-Off zwischen den Anforderungen an die Probanden und einer unverzerrten Schätzung der gewünschten Effekte deutlich wird. In der Praxis werden infolgedessen sehr häufig Designs mit der Resolution III eingesetzt, weil hier eine relativ große Anzahl an Faktoren mit einer minimalen Anzahl an Stimuli geschätzt werden kann.[367]

---

[362] Vgl. Box/Hunter/Hunter (1978), S. 306 ff.; Holland/Cravens (1973), S. 270 f.; Vriens (1995), S. 42; Winer/Brown/Michels (1991), S. 296 und Teichert (1994), S. 612.

[363] Vgl. Schneider (2005), S. 50 ff.; Thomas (1983), S. 312 ff. und Perrey (1996), S. 106.

[364] Vgl. Kuhfeld/Tobias/Garratt (1994), S. 545; Green/Carroll/Carmone (1978), S. 102; Teichert (1994), S. 612 und Baier/Säuberlich (1997), S. 959.

[365] Vgl. Green/Carroll/Carmone (1978), S. 102; Teichert (1994), S. 612 f.; Zwerina (1997), S. 14 f.; Vriens (1995), S. 42 und Kuhfeld/Tobias/Garratt (1994), S. 546.

[366] Vgl. Kuhfeld (1997), S. 3; Zwerina (1997), S. 15 und Kuhfeld/Tobias/Garratt (1994), S. 546.

[367] Vgl. Louviere (1994), S. 233; Kuhfeld (1997), S. 3 und Zwerina (1997), S. 15.

Ein weiteres Kriterium bei der Generierung reduzierter Designs stellt die Ausgewogenheit der Faktorkombinationen dar, was bedeutet, dass jede Eigenschaftsausprägung für jeden Faktor mit derselben Häufigkeit auftritt.[368]

Die Generierung orthogonaler Designs ist allerdings nicht immer möglich, beispielsweise wenn mit einer nicht standardisierten Anzahl an Stimuli gearbeitet werden soll oder unzulässige Faktorkombinationen im Design existieren.[369] Als Zielkriterium bei der Generierung experimenteller Designs sollte daher primär die Effizienz des Designs dienen, die durch den Grad an Orthogonalität und Ausgewogenheit eines Designs determiniert wird.[370] Ein vollkommen orthogonales und ausgewogenes Design weist somit eine maximale Effizienz auf, was gleichbedeutend mit einer minimalen Varianz der geschätzten Parameter ist. Wie sich in Simulationsstudien zeigt, besteht hingegen durchaus die Möglichkeit, dass ein nicht-orthogonales, aber ausgewogenes Design effizienter ist als ein orthogonales, aber unausgewogenes Design.[371]

Zur Bestimmung der Effizienz bzw. Güte eines Designs existieren daher drei gebräuchliche Gütemaße (A-efficiency, D-efficiency und G-efficiency), die auf der Matrix $\boldsymbol{X'X}$ (information matrix) basieren, deren Inverse $(\boldsymbol{X'X})^{-1}$ proportional zur Varianz-Kovarianz-Matrix der geschätzten Parameter ist.[372] Diese Gütemaße messen die Güte relativ zu einem vollkommen effizienten (d. h. orthogonalen und ausgewogenen) Design, welches aber oftmals nicht realisierbar ist.[373] Die Skalierung der Gütemaße erstreckt sich auf das Intervall [0, 100], wobei aufgrund der nur relativen Aussagekraft der Maße auch Werte, die nicht in der Nähe von 100 liegen, situationsabhängig eine gute Effizienz ausdrücken können. Als Standard-Kriterium hat sich infolge der weniger aufwendigen Berechnung das D-efficiency-Kriterium durchgesetzt, dessen Berechnung in (19) dargestellt ist:[374]

---

368 Vgl. Zwerina (1997), S. 22; Kuhfeld/Tobias/Garratt (1994), S. 546 und Kuhfeld (1997), S. 2.

369 Vgl. Kuhfeld/Tobias/Garratt (1994), S. 545.

370 Vgl. Zwerina (1997), S. 22 und Kuhfeld/Tobias/Garratt (1994), S. 546.

371 Vgl. Kuhfeld/Tobias/Garratt (1994), S. 549; Zwerina (1997), S. 23 und Schneider (2005), S. 54.

372 Vgl. Kuhfeld (1997), S. 6; Zwerina (1997), S. 21; Kuhfeld/Tobias/Garratt (1994), S. 546 und Atkinson/Donev (1992).

373 Vgl. Kuhfeld/Tobias/Garratt (1994), S. 547 und Kuhfeld (1997), S. 7.

374 Vgl. Kuhfeld/Tobias/Garratt (1994), S. 547 f.; Kuhfeld (1997), S. 6 f.; Zwerina (1997), S. 21 f. und Carson et al. (1994), S. 361 f.

$$(19) \quad D_{eff} = 100 \cdot \frac{1}{N_D \cdot \left|(X'X)^{-1}\right|^{\frac{1}{N_p}}}$$

wobei:

D_{eff}: D-efficiency-Kriterium,

N_D: Anzahl der Stimuli,

$\left|(X'X)^{-1}\right|$: Determinante der Inversen der Matrix $X'X$ (information matrix),

N_p: Anzahl der zu schätzenden Parameter.

Ein Problem, welches sich bei der Erstellung experimenteller Designs ergeben kann, ist das Vorliegen von unplausiblen Faktorkombinationen wie beispielsweise das qualitativ hochwertigste Produkt bei gleichzeitig niedrigstem Preis, der leistungsstärkste Pkw mit gleichzeitig geringstem Benzinverbrauch oder eine hochrentierliche Kapitalanlage zusammen mit einem sehr geringen Risiko.[375] Dieser Umstand tritt allerdings oft ein, insbesondere dann, wenn das Design Faktoren beinhaltet, die in der Realität miteinander korreliert sind. Folglich wurde dieses Problem in der Vergangenheit schon bei Studien mit Preis-/Qualitäts-Stimuli erörtert.[376] Auch in der vorliegenden Untersuchung ist der Aspekt der Korrelation von Faktorkombinationen bei der Generierung der Stimuli der Kfz-Kaskoversicherungsalternativen bedeutsam.

Orthogonale Designs berücksichtigen das Vorliegen solcher korrelierter Eigenschaften nicht, da sie auf der Unabhängigkeit der betrachteten Eigenschaften basieren.[377] Aus diesem Grund können bei der Erstellung orthogonaler Designs Eigenschaftsausprägungen miteinander kombiniert werden, die in der Realität nicht vorkommen, wodurch unplausible, unrealistische Stimuli entstehen können.

Bei der Präsentation unrealistischer Stimuli, die sich aus unplausiblen Eigenschaftsausprägungen zusammensetzen, besteht jedoch die Gefahr, dass Probanden mit unvorhersehbarem und nichtrepräsentativem Antwortverhalten reagieren, was sich negativ auf die Schätzresulta-

---

[375] Vgl. Johnson/Meyer/Ghose (1989), S. 255 ff.; Mahajan/Green/Goldberg (1982), S. 334 f.; Vriens (1995), S. 44; Levin et al. (1983), S. 183 und Schneider (2005), S. 54 f.

[376] Vgl. Rao/Monroe (1989), S. 351 f.; Green/Helsen/Shandler (1988), S. 392 f.; Stafford/Enis (1969); Teichert (1994), S. 618; Balderjahn (1993), S. 95; Goldberg/Green/Wind (1984), S. S111 ff.; Schweikl (1985), S. 52; Weiber/Rosendahl (1997), S. 112; Louviere/Hensher (1983), S. 352 und Wyner (1995), S. 33.

[377] Vgl. Green/Helsen/Shandler (1988), S. 392; Moore/Holbrook (1990), S. 490; Schubert (1991), S. 213 f. und Hair et al. (2006), S. 498.

te auswirken kann.[378] So ist beispielsweise denkbar, dass Probanden bei ihren Antworten gewissen Vereinfachungsheuristiken unterliegen. Dies kann sich darin äußern, dass sie sich im Angesicht unrealistischer Faktorkombinationen nur an einem bestimmten Merkmal orientieren und sich die Ausprägungen anderer Merkmale in dessen Abhängigkeit hinzudenken.

Zur Umgehung bzw. Milderung des Problems unrealistischer Stimuli aufgrund korrelierter Eigenschaftsausprägungen wurden in der Literatur verschiedene Ansätze vorgeschlagen,[379] deren Angemessenheit allerdings immer vom spezifischen Untersuchungsgegenstand abhängig ist:

Eine Möglichkeit bietet die Generierung eines neuen orthogonalen Designs, das keine unrealistischen Stimuli mehr beinhaltet.[380] Dies ist aber nur bei einer geringen Anzahl von korrelierten Eigenschaftsausprägungen im Verhältnis zu den möglichen Kombinationen von Eigenschaftsausprägungen durchführbar.

Des Weiteren wird angeregt, unrealistische Stimuli aus dem experimentellen Design einfach zu entfernen, obgleich ein einfaches Entfernen dieser Stimuli unter Umständen zu wenig effizienten Designs und somit ggf. stärker korrelierten Parameterschätzungen führt.[381]

Zur Vermeidung von korrelierten Attributsausprägungen kann auch die Bildung eines „Superfaktors" dienen, der die korrelierten Eigenschaften zusammenfasst.[382] Mit Hilfe des Superfaktors lässt sich dann ggf. ein orthogonales Design bilden, das keine unrealistischen Alternativen mehr beinhaltet. Nachteilig hierbei ist indes, dass nicht in jedem Kontext ein solcher Superfaktor sinnvoll ermittelt werden kann und dass damit die entsprechenden Effekte miteinander konfundiert werden und nicht mehr unabhängig voneinander schätzbar sind.

Ein pragmatischer Ansatz, der einen Kompromiss zwischen statistischen Kriterien einer effizienten Parameterschätzung und Anforderungen an den Realismus der Stimuli darstellt, ist die

---

378 Vgl. Steckel/DeSarbo/Mahajan (1991), S. 435; Moore/Holbrook (1990), S. 490 f.; Goldberg/Green/Wind (1984), S. S111; Parker/Srinivasan (1976), S. 1010 und Huber/McCann (1982).

379 Vgl. Moore/Holbrook (1990), S. 491; Steckel/DeSarbo/Mahajan (1991), S. 436 f.; Green/Srinivasan (1978), S. 109 ff. und Hair et al. (2006), S. 498.

380 Vgl. Moore/Holbrook (1990), S. 491; Hair et al. (2006), S. 498 und Green/Srinivasan (1978), S. 110.

381 Vgl. Steckel/DeSarbo/Mahajan (1991), S. 436 f.; Hair et al. (2006), S. 498; Kuhfeld/Tobias/Garratt (1994), S. 551; Brunswik (1955), S. 205 f. und Malhotra/Jain (1982), S. 37.

382 Vgl. Goldberg/Green/Wind (1984), S. S113; Moore/Holbrook (1990), S. 491; Green/Srinivasan (1978), S. 110 und Hair et al. (2006), S. 483.

Erzeugung eines Designs, das zwar Korrelationen der Faktoren aufweist, allerdings schwächer ausgeprägte als in der Realität.[383]

Im Anschluss an die getroffenen methodischen Vorüberlegungen wird nun auf die Generierung des experimentellen Designs in der vorliegenden Untersuchung eingegangen. Zur Gestaltung der Stimuli wurden die vier wesentlichen Produkteigenschaften von Kfz-Kaskoversicherungen „Deckung von Teilkaskoschäden“, „Deckung von Vollkaskoschäden“, „Selbstbeteiligung“ und „Versicherungsprämie“ (vgl. Kap. 2.1) mit den in Tabelle 5 abgebildeten Eigenschaftsausprägungen herangezogen.[384]

Tabelle 5: Eigenschaften und Eigenschaftsausprägungen der Stimuli

Eigenschaft	**Ausprägungen**
Deckung von Teilkaskoschäden	▪ Vorhanden ▪ Nicht vorhanden
Deckung von Vollkaskoschäden	▪ Vorhanden ▪ Nicht vorhanden
Selbstbeteiligung	▪ 0 € ▪ 300 € ▪ 1.000 €
Versicherungsprämie	▪ 0 € ▪ 100 € ▪ 150 € ▪ 300 € ▪ 700 € ▪ 1.000 € ▪ 1.500 €

[383] Vgl. Steckel/DeSarbo/Mahajan (1991), S. 437; Parker/Srinivasan (1976), S. 1010 f. und Goldberg/Green/Wind (1984), S. S113.

[384] Von weiteren Eigenschaften wie bspw. Marke, Service oder Vertriebsweg wird abgesehen, da insbesondere mit der EUT und der CPT nicht-monetäre Eigenschaften nicht ohne weiteres abgebildet werden können.

Die Versicherungsprämien und die Höhe der Selbstbeteiligung wurden dabei so ausgewählt, dass sie für einen Pkw im Wert von 30.000 €, der der empirischen Untersuchung und den Entscheidungen der Experiment-Teilnehmer zugrunde lag, in einer realistischen Bandbreite liegen.[385]

Die nachfolgende Tabelle 6 fasst überblickartig die zu berücksichtigenden Einflussfaktoren bei der Gestaltung des experimentellen Designs und der Generierung der Stimuli für die vorliegende Untersuchung zusammen, auf die im Folgenden eingegangen wird.

Tabelle 6: Überblick über die zu berücksichtigenden Einflussfaktoren bei der Generierung der Stimuli im experimentellen Design

Design-Aspekt	Zu berücksichtigende Einflussfaktoren
Unrealistische Stimuli	▪ Hohe Korrelation der Eigenschaften beim Produkt „Kfz-Kaskoversicherung“ ▪ Simulierte Kaufsituation im Gesamtkontext der Untersuchung im Rahmen des Experimental-Economics-Paradigmas ▪ Effizienzüberlegungen (Orthogonalität und Ausgewogenheit des Designs)
Nichtwahl-Alternative	▪ Kfz-Kaskoversicherungen sind keine Pflichtversicherungen ▪ Simulierte Kaufsituation im Gesamtkontext der Untersuchung im Rahmen des Experimental-Economics-Paradigmas
Anzahl der Stimuli	▪ Hohe kognitive Anforderungen an die Probanden im Gesamtkontext der Untersuchung ▪ Nutzenstrukturmodell der einzelnen Eigenschaften ▪ Anzahl der Freiheitsgrade bei der Parameterschätzung ▪ Anzahl der Hold-Out-Stimuli zur Prüfung der externen Validität ▪ Effizienzüberlegungen (Orthogonalität und Ausgewogenheit des Designs)

Als Problem ergibt sich hier, wie zuvor schon allgemein diskutiert, dass die Eigenschaften bzw. Eigenschaftsausprägungen miteinander korreliert sind, was zur Generierung unplausibler

[385] Die Prämienbandbreite für Kfz-Kaskoversicherungen mit dieser Vorgabe wurde mit der Online-Vergleichsplattform der FSS online AG ermittelt (www.fss-online.de). Die Tarifierung in der Realität ist hingegen von einer ganzen Reihe weiterer Einflussfaktoren abhängig, die im Rahmen einer solchen Untersuchung nicht berücksichtigt werden können. Faktoren, die Einfluss auf die Höhe der Versicherungsprämie haben, sind bspw. Wohnort des Versicherungsnehmers, Schadenfreiheitsklasse, berufliche Tätigkeit, Garagenstellplatz, Besitz von Wohneigentum, Nutzung des Pkws durch erwachsene Kinder etc. Insofern können für denselben Pkw in Abhängigkeit dieser Größen individuell für verschiedene Versicherungsnehmer sehr unterschiedliche Versicherungsprämien zustande kommen. Vgl. auch Böhme/Schmies (1995), S. 59 und Kap. 4.3.2.2.

Stimuli führen kann. So ist sowohl die Deckung von Teilkaskoschäden als auch die Deckung von Vollkaskoschäden mit der Höhe der Versicherungsprämie korreliert. Dabei sollte die Versicherungsprämie bei Teilkasko-Alternativen (die nur das Risiko gegen Teilkaskoschäden abdecken) realistischerweise deutlich niedriger sein als bei Vollkasko-Alternativen, die Versicherungsschutz für Teil- und Vollkaskoschäden bieten (vgl. auch Kapitel 2.1). Ebenso besteht eine Korrelation in Bezug auf die Selbstbeteiligung und die Versicherungsprämie, wobei Versicherungsalternativen mit Selbstbeteiligung keine höhere Versicherungsprämie aufweisen sollten als solche ohne Selbstbeteiligung.

Die hohe Korrelation der Produkteigenschaften wird daran deutlich, dass von den $2 \cdot 2 \cdot 3 \cdot 7 = 84$ Stimuli in einem vollständigen Design insgesamt 65 Stimuli als unrealistisch ausgeschlossen werden müssen.[386] So gesehen wäre die Generierung eines orthogonalen Designs ohne Inkaufnahme unrealistischer Stimuli nicht möglich.[387] Auch die Bildung eines „Superfaktors" ist in diesem Fall nicht anwendbar, da ansonsten die einzelnen interessierenden Einflussfaktoren nicht mehr getrennt geschätzt werden könnten.

Verschiedene Studien kommen zwar zu dem Schluss, dass die interne und externe Validität der Ergebnisse durch die Verwendung orthogonaler Designs mit unrealistischen Stimuli nicht signifikant negativ beeinflusst wird.[388] Die vorliegende Untersuchung stellt in ihrem Gesamtkontext jedoch eine simulierte Kaufsituation im Rahmen des Experimental-Economics-Paradigmas[389] dar. Hierbei treffen die Probanden in der gegebenen Entscheidungssituation eine Kaufentscheidung und erhalten abschließend eine Vergütung, die abhängig von der getroffenen Kaufentscheidung und dem eingetretenen Umweltzustand ist. Durch dieses Framework und den Anreizmechanismus soll sichergestellt werden, dass die Probanden möglichst

---

[386] Dies umfasst alle Alternativen, die weder Teil- noch Vollkaskoschäden versichern, aber eine positive Selbstbeteiligung und/oder Versicherungsprämie aufweisen. Weiterhin werden alle Alternativen ausgeschlossen, die ausschließlich Vollkaskoschäden und keine Teilkaskoschäden absichern – die in der Realität angebotenen Vollkaskoversicherungen decken immer das Risiko gegen Teil- und Vollkaskoschäden. Schließlich werden noch Teilkasko-Alternativen mit sehr hoher Versicherungsprämie sowie Vollkasko-Alternativen mit sehr niedriger Versicherungsprämie ausgeschlossen. Dies erscheint aufgrund der unterschiedlichen Risikodeckung angezeigt. Einen genauen Überblick über die Generierung des Designs liefert der Anhang B.

[387] Testhalber wurde ein orthogonales Design für die vorliegenden Eigenschaften und Eigenschaftsausprägungen mit der Prozedur ORTHOPLAN mittels SPPS 12 ermittelt – es beinhaltet nur 8 realistische Stimuli von insgesamt 27 Stimuli.

[388] Vgl. Moore/Holbrook (1990), S. 491 ff.; DeSarbo/Mahajan/Steckel (1985); Green/Helsen/Shandler (1988), S. 394 ff.; Green/Helsen/Shandler (1989); Levin et al. (1983); Johnson/Meyer/Ghose (1989), S. 268 f. und auch Schneider (2005), S. 53 f.

[389] Vgl. zu einem umfassenden Überblick zum Experimental-Economics-Paradigma Smith (1990); Smith (1991); Davis/Holt (1993); Hey (1994); Kagel/Roth (1995) und auch Kap. 4.1.

ihre „wahren" Präferenzen äußern und ihre Kaufentscheidung so treffen, wie sie es in einer derartigen Situation in der Realität auch getan hätten (vgl. dazu im Einzelnen Kapitel 4.4). Insofern erscheint die Verwendung eines orthogonalen Designs, das hier unumgänglich unrealistische Stimuli beinhaltet, in diesem Gesamtkontext kontraproduktiv und würde dieses Ziel konterkarieren.

Auch im Hinblick auf die kognitiven Anforderungen an die Probanden im Gesamtkontext der Untersuchung erscheint ein orthogonales Design nicht einsetzbar.[390] Dabei würden sich insgesamt 27 Stimuli ergeben, was zwar knapp unter der in der Literatur vorgeschlagen Obergrenze von maximal 30 Stimuli liegt,[391] in Bezug auf den gesamten Befragungsaufwand der vorliegenden Studie jedoch bei weitem zu hoch erscheint.

Als Zwischenergebnis der zuvor diskutierten Punkte kann somit festgehalten werden, dass die Generierung eines orthogonalen Designs im Kontext der vorliegenden Untersuchung nicht sinnvoll erscheint.

Basierend auf den Überlegungen zur simulierten Kaufsituation in der Untersuchung und der Tatsache, dass es sich der bei Kfz-Kaskoversicherung um eine freiwillige und keine Pflichtversicherung handelt, erscheint es ebenfalls erforderlich, dass die Stimuli eine Nichtwahl-Alternative beinhalten. Dies ermöglicht es den Probanden, das Risiko von Kfz-Kaskoschäden selbst zu tragen, sofern dies ihrer Präferenz entspricht.

Ein weiterer Design-Aspekt bezieht sich auf die Anzahl der Stimuli im experimentellen Design, auf die unter anderem das Nutzenstrukturmodell der Eigenschaften einen Einfluss hat. Als Nutzenstrukturmodell im Rahmen der Conjoint Analyse wurde für die Eigenschaften „Deckung von Teilkaskoschäden" und „Deckung von Vollkaskoschäden" das Teilnutzen-Modell angenommen. Für die Eigenschaften „Selbstbeteiligung" und „Versicherungsprämie" wird ein linearer Zusammenhang und somit das Vektor-Modell unterstellt, wie dies oftmals bei der Eigenschaft „Preis" geschieht.[392] Daraus ergibt sich, dass inklusive einer Konstante 5 Parameter zu schätzen sind (vgl. auch Kapitel 3.3). Daneben besteht noch die Anforderung zur Überprüfung der externen Validität der Parameterschätzung 3 Hold-Out-Stimuli zu integrieren.

---

[390] Dieses orthogonale Design wurde testhalber mit der Prozedur ORTHOPLAN in SPSS 12 generiert.

[391] Vgl. Green/Srinivasan (1978), S. 109; Louviere/Gaeth (1988), S. 60; Johnson/Orme (1996); Vriens (1995), S. 43 und Reibstein/Bateson/Boulding (1988), S. 285. Thomas (1983) erachtet bereits 20 Stimuli schon als sehr hohe Anforderung an die Versuchspersonen. Vgl. Thomas (1983), S. 312.

[392] Vgl. z. B. Gensler (2003), S. 18 und auch Balderjahn (1994), S. 14 und Balderjahn (1991), S. 38.

Da die Anzahl der Stimuli mindestens der Zahl der zu schätzenden Parameter entsprechen muss (dann liegt ein vollständig saturiertes Design ohne Freiheitsgrade vor),[393] würde sich hier eine Mindestanzahl von 8 Stimuli ergeben (inklusive der 3 Hold-Out-Stimuli). Um zumindest einige Freiheitsgrade zu gewährleisten, wurde bei der vorliegenden Untersuchung ein Design mit 11 Stimuli erstellt.[394]

Nach Würdigung der zuvor genannten Aspekte wurde das experimentelle Design übereinstimmend mit anderen Untersuchungen durch Auswahl per Hand generiert,[395] wobei bei diesen Studien oftmals noch weniger Freiheitsgrade vorliegen und der Einsatz von Hold-Out-Stimuli völlig vernachlässigt wird.

Um das Design möglichst ausgewogen zu gestalten, umfasst es neben der Nichtwahl-Alternative jeweils 5 Teilkasko-Alternativen sowie 5 Vollkasko-Alternativen. Tabelle 7 beinhaltet das 11 Stimuli umfassende experimentelle Design.

Tabelle 7: Stimuli im experimentellen Design der Untersuchung

Nr.	Deckung TK-Schäden	Deckung VK-Schäden	Selbstbeteiligung	Versicherungsprämie
1	–	–	0 €	0 €
2	✓	–	300 €	100 €
3	✓	–	1.000 €	100 €
4	✓	–	300 €	150 €
5	✓	–	1.000 €	150 €
6	✓	–	0 €	300 €
7	✓	✓	1.000 €	700 €
8	✓	✓	0 €	1.000 €
9	✓	✓	300 €	1.000 €
10	✓	✓	0 €	1.500 €
11	✓	✓	300 €	1.500 €

Nichtwahl-Alternative Teilkaskoversicherung Vollkaskoversicherung

Bei der Bildung des experimentellen Designs lassen sich einige Dominanzen im Design nicht vermeiden. Dies ist auf die Korrelation der Eigenschaften zurückzuführen und ebenfalls konsistent mit anderen Untersuchungen, bei denen hinsichtlich der verwendeten Eigenschaften

[393] Vgl. Gensler (2003), S. 25 und Albers/Skiera (1999), S. 217 f.

[394] Die Anzahl der Freiheitsgrade ergibt sich aus der Anzahl der Stimuli abzüglich der Anzahl der zu schätzenden Parameter. Da die Hold-Out-Stimuli ausschließlich der Prüfung der externen Validität dienen, bleiben sie bei der Berechung der Freiheitsgrade außen vor.

[395] Vgl. für Studien, in denen das experimentelle Design ebenfalls durch Auswahl per Hand generiert wurde, Severidt (2001a), S. 139 ff.; Kaas/Severidt (2002), S. 629 f.; Wübker (1998), S. 121 ff. und S. 134 ff.; Tacke (1989), S. 178 ff.; Wuebker/Mahajan (1999), S. 161 und S. 171; Thomas (1983), S. 314 und Schneider (2005), S. 170 ff.

ähnlich gelagerte Probleme auftreten.[396] Auch Green/Helsen/Shandler (1988) und Huber/Hansen (1986) kommen in ihren Untersuchungen zum Ergebnis, dass pareto-optimale Designs (die ausschließlich nicht-dominierte Stimuli beinhalten), offenbar keinen signifikanten Einfluss auf die Prognosegüte der geschätzten Modelle ausüben.[397] Wübker (1998) wertet solche dominierten Stimuli sogar durchaus positiv und sieht sie als Mittel zur Überprüfung der Konsistenz der abgegeben Antworten der Probanden an.[398] Zudem muss angemerkt werden, dass dominierte Alternativen selbstverständlich auch im realen Marktumfeld auftreten können.

Im Hinblick auf Effizienzüberlegungen soll abschließend noch die D-efficiency (19) des verwendeten Designs mit der D-efficiency des effizientesten Designs gegeben der sinnvollen und realistischen Kombinationen von Eigenschaftsausprägungen verglichen werden.[399] Der D-effiency-Wert des verwendeten handgenerierten Designs beträgt $D_{eff} = 39{,}77$.[400] Wird dagegen softwaregestützt ein Design aus den grundsätzlich realistischen Stimuli generiert, ergibt sich ein D-efficiency-Wert von $D_{eff} = 55{,}49$. Dies stellt zwar das effizienteste Design gegeben der zu beachtenden Restriktionen dar, hat allerdings im Vergleich zu dem verwendeten Design den Nachteil, dass es hinsichtlich der unterschiedlichen Versicherungsalternativen deutlich unausgewogener ist und vier (identische) Stimuli doppelt beinhaltet.[401] Insofern erscheint die verminderte statistische Effizienz des eingesetzten Designs unter inhaltlichen Gesichtspunkten auf jeden Fall gerechtfertigt.[402]

---

[396] Vgl. Severidt (2001a), S. 141 f. und S. 176; Kaas/Severidt (2002), S. 629 ff.; Wübker (1998), S. 121 ff. und S. 134 ff.; Tacke (1989), S. 179 und Schneider (2005), S. 170 f.

[397] Vgl. Green/Helsen/Shandler (1988), S. 395; Huber/Hansen (1986) und auch Vriens (1995), S. 44.

[398] Vgl. Wübker (1998), S. 127. Vgl. kritischer zu dem Aspekt dominierter Stimuli Carson et al. (1994), S. 356; Krieger/Green (1991) und Wiley (1978), S. 171.

[399] Vgl. zum D-efficiency-Kriterium S. 104.

[400] Die Berechnung der D-efficiency erfolgte mit der Software NCSS 2007 (http://www.ncss.com).

[401] Dieses Design setzt sich aus 2 Nichtwahl-Alternativen, 3 Teilkasko-Alternativen und 6 Vollkasko-Alternativen zusammen.

[402] Das effizienteste Design, das aus allen möglichen Stimuli (also auch unrealistischen Stimuli) generiert wird, besitzt einen D-efficieny-Wert von $D_{eff} = 97{,}94$. Es beinhaltet allerdings nur 4 sinnvolle Stimuli und stellt somit unter inhaltlichen Gesichtspunkten keine diskutable Alternative dar. Das zuvor erwähnte orthogonale Design mit 27 Stimuli hat den Wert $D_{eff} = 75{,}40$.

4.3.2.2 Generierung der Eintrittswahrscheinlichkeiten der Umweltzustände der Entscheidungssituation

Ein weiterer wichtiger Aspekt für die vorliegende Entscheidungssituation bezüglich der Kfz-Kaskoversicherungsentscheidungen ist die Ausgestaltung der Umweltzustände, da es sich um Unsicherheitssituationen handelt. Konkret stellt sich dabei das Problem der Festlegung der Eintrittswahrscheinlichkeiten der drei möglichen Umweltzustände (kein Eintritt eines Kaskoschadens, Eintritt eines Totalschadens des Pkws, verursacht durch einen Teilkaskoschaden, und Eintritt eines Totalschadens des Pkws, verursacht durch einen Vollkaskoschaden).

Zu diesem Aspekt ist zu erwähnen, dass die möglichen Schadenshöhen in der Realität natürlich ein Kontinuum von sehr geringen Teilschäden bis hin zu Totalschäden darstellen. Des Weiteren ist die Schadeneintrittswahrscheinlichkeit von unterschiedlichen Personen selbstverständlich intersubjektiv verschieden und hängt beispielsweise von Aspekten wie der eigenen Fahrpraxis, der Anzahl der gefahrenen Kilometer (Vielfahrer vs. Wenigfahrer), dem Pkw-Typ, dem Alter des Fahrers, regionalen Aspekten u. a. ab. Aus Vereinfachungsgründen werden in der vorliegenden Untersuchung hinsichtlich der Schadenshöhe ausschließlich zwei Zustände (kein Schaden oder Totalschaden des Pkws) angenommen sowie für alle Probanden identische Schadeneintrittswahrscheinlichkeiten unterstellt. Auf die Überlegungen zur Festlegung dieser Eintrittswahrscheinlichkeiten wird im Folgenden eingegangen.

Die Bruttoversicherungsprämie für eine Versicherung setzt sich aus folgenden Bestandteilen zusammen:[403] Reine Risikoprämie (Erwartungsschaden) + Sicherheitszuschlag + Betriebskostenzuschlag + Gewinnzuschlag. Wenn vom Sicherheits- und Betriebskostenzuschlag abgesehen wird, errechnet sich der Gewinn wie folgt: Gewinn = Bruttoprämie – Erwartungsschaden. Für das Jahr 2004 ergeben sich dafür die in Tabelle 8 abgebildeten empirischen Größen.[404]

Tabelle 8: Empirische Größen zu Prämienbestandteilen der Kfz-Kaskoversicherung

	Kfz-Teilkaskoversicherung	**Kfz-Vollkaskoversicherung**
Bruttoprämien 2004 (Deutschland)	1.721.000.000 €	6.710.000.000 €
Versicherungstechnischer Gewinn 2004	240.000.000 €	520.000.000 €
Gewinnmarge	13,95 %	7,75 %

403 Vgl. Farny (1995a), S. 44 ff.; Lippe (1984), S. 134 und Zweifel/Eisen (2003), S. 91 f.

404 Vgl. GDV (2005), S. 90 ff.

Weiterhin wurde für eine männliche Testperson (Jahrgang 1980) für zwei unterschiedliche Pkw-Modelle mit einem Neupreis von 30.000 € die Prämienbandbreite für verschiedene Kfz-Teilkaskoversicherungen und Kfz-Vollkaskoversicherungen (jeweils ohne Selbstbeteiligung, mit 300 € Selbstbeteiligung und mit 1.000 € Selbstbeteiligung) ermittelt.[405] Dabei wurden auch drei unterschiedliche Schadenfreiheitsklassen zugrunde gelegt, die in der Tarifierung in der Praxis Auswirkungen auf die Prämienhöhe der Vollkaskoversicherung haben (SF1: 100 % des Beitragssatzes, SF3: 80 % des Beitragssatzes und SF5: 65 % des Beitragssatzes). Für die Teilkaskoversicherung spielen die unterschiedlichen Schadenfreiheitsklassen in der Praxis hingegen keine Rolle. Hierauf ist die ungleiche Anzahl an Datenpunkten bei Teil- und Vollkaskoversicherungen in Tabelle 9 zurückzuführen, die einen Überblick über die so ermittelten Prämienbandbreiten gibt.

[405] Die Ermittlung der Prämienbandbreite erfolgte über die Online-Vergleichsplattform der FSS online AG (www.fss-online.de), die auf die Angebote verschiedener Versicherungsanbieter zugreift (2005-12-15).

Tabelle 9: Empirisch ermittelte jährliche Prämienbandbreiten in Euro für verschiedene Kfz-Kaskoversicherungsalternativen

	TK ohne SB[a]		TK mit 300 € SB[a]		TK mit 1.000 € SB[a]	
GP	Min.	Max.	Min.	Max.	Min.	Max.
Pkw1	297,53	359,00	151,83	221,77	99,26	190,36
Pkw2	293,86	369,45	151,83	211,29	111,70	156,37
Mittelwert	329,96		184,18		139,42	
$G_{TK}(GP)$ – 13,95 %	46,03		25,69		19,45	
$E_{TK}[L_{cc}]$	283,93		158,49		119,97	
$p_{TK}(L_{cc})$	0,0095		0,0053		0,0040	
	VK ohne SB		**VK mit 300 € SB**		**VK mit 1.000 € SB**	
GP	Min.	Max.	Min.	Max.	Min.	Max.
Pkw1, SF1	1.234,14	1.581,65	782,61	1.002,18	605,61	712,72
Pkw2, SF1	1.446,61	1.554,27	819,55	1.105,38	684,96	877,39
Pkw1, SF3	987,31	1265,32	626,08	801,75	484,49	570,18
Pkw2, SF3	1.157,29	1.243,42	701,03	884,31	547,97	701,91
Pkw1, SF5	802,19	938,44	508,69	651,42	393,65	463,27
Pkw2, SF5	940,30	1.010,28	569,58	718,50	445,22	570,30
Mittelwert	1.180,10		764,26		588,14	
$G_{VK}(GP)$ – 7,75 %	91,46		59,23		45,58	
$E_{VK}[L_{cc}]$	1.088,64		705,03		542,56	
$p_{VK}(L_{cc})$	0,0363		0,0235		0,0181	
$p_{VK}(L_{cc})$: $p_{TK}(L_{cc})$	≈ 4 : 1		≈ 4 : 1		≈ 4 : 1	

[a] Schadenfreiheitsklassen existieren in der Praxis nur bei der Kfz-Haftpflichtversicherung und der Kfz-Vollkaskoversicherung, nicht jedoch bei der Kfz-Teilkaskoversicherung; SB = Selbstbeteiligung; SF = Schadenfreiheitsklasse; $G_{TK(VK)}(GP)$ = Gewinn TK(VK)-Versicherung; GP = Bruttoprämie; $E_{TK(VK)}[L_{cc}]$ = Erwartungsschaden TK(VK)-Versicherung = Nettoprämie; $p_{TK(VK)}(L_{cc})$ = Schadeneintrittswahrscheinlichkeit TK(VK)-Versicherung

Aus den dargestellten Prämienbandbreiten können sodann die Mittelwerte für die einzelnen Versicherungsalternativen ermittelt werden. Mittels der Gewinnmargen (vgl. Tabelle 8) von 13,95 % (Teilkaskoversicherung) respektive 7,75 % (Vollkaskoversicherung) können aus den Mittelwerten der Bruttoprämien für die Testperson die entsprechenden mittleren Nettoprämien $E_{TK}[L_{cc}]$ bzw. $E_{VK}[L_{cc}]$ berechnet werden (vgl. Tabelle 9).

Diese mittleren Nettoprämien stellen gleichzeitig den Erwartungsschaden oder anders ausgedrückt die versicherungstechnisch faire Prämie dar.[406] Des Weiteren gilt für die faire Prämie (Nettoprämie) der nachfolgende Zusammenhang (20):

$$(20) \quad E_{TK(VK)}[L_{cc}] = p_{TK(VK)}(L_{cc}) \cdot L_{cc} \quad \Leftrightarrow \quad p_{TK(VK)}(L_{cc}) = \frac{E_{TK(VK)}[L_{cc}]}{L_{cc}}$$

wobei:

$E_{TK(VK)}[L_{cc}]$: Erwartungswert des Schadens im Falle der Teilkaskoversicherung (Vollkaskoversicherung),

$p_{TK(VK)}(L_{cc})$: Schadeneintrittswahrscheinlichkeit im Falle der Teilkaskoversicherung (Vollkaskoversicherung),

L_{cc}: möglicher Verlust.

Da der mögliche Verlust in der vorliegenden Untersuchung annahmegemäß immer einen Totalschaden (Wert des Pkws: 30.000 €) darstellt, können über (20) die in Tabelle 9 abgebildeten Schadeneintrittswahrscheinlichkeiten für die verschiedenen Versicherungsalternativen berechnet werden. Absolut gesehen erhält man für die Schadeneintrittswahrscheinlichkeiten für die Teilkasko-Alternativen eine Bandbreite zwischen 0,4 % und 0,95 %; bei den Vollkasko-Alternativen zwischen 1,8 % und 3,6 %. Setzt man die errechneten Schadeneintrittswahrscheinlichkeiten $p_{VK}(L_{cc})$ und $p_{TK}(L_{cc})$ der jeweils korrespondierenden Vollkasko- und Teilkaskoversicherungen zueinander ins Verhältnis ($p_{VK}(L_{cc}) : p_{TK}(L_{cc})$), erhält man für alle drei Fälle ein Verhältnis der Schadeneintrittswahrscheinlichkeiten von etwa 4 : 1.

Daneben sind noch empirische Daten über die Schadenshäufigkeit in Bezug auf je 1.000 Fahrzeuge für die Jahre zwischen 1980 und 2004 verfügbar (vgl. Tabelle 10).[407]

---

406 Vgl. von der Schulenburg (1992), S. 400 f.; Broll/Milde (1999), S. 520; Windisch (1998), S. 937 und Lippe (1984), S. 135.

407 Vgl. GDV (2005), S. 95.

Tabelle 10: Empirische Schadenshäufigkeit je 1.000 Fahrzeuge für die Jahre zwischen 1980 und 2004

	Kfz-Teilkaskoversicherung		Kfz-Vollkaskoversicherung	
	Schadenshäufigkeit[a]	**Prozent**	**Schadenshäufigkeit**[a]	**Prozent**
Minimum	75	7,5 %	152	15,2 %
Maximum	107	10,7 %	248	24,8 %
Mittelwert	87	8,7 %	183	18,3 %

[a] Zahl der Schäden je 1.000 Fahrzeuge

Aus der Tabelle ist ersichtlich, dass die mittlere Schadenshäufigkeit in den Jahren 1980 bis 2004 in Bezug auf die Kfz-Teilkaskoversicherung 8,7 % betrug und bei der Kfz-Vollkaskoversicherung 18,3 %. Diese Zahlen muten zunächst einmal relativ hoch an, dabei ist allerdings zu bedenken, dass sie sich auf die gesamte Schadenverteilung beziehen (mit anderen Worten umfassen sie die gesamte Bandbreite an Schadenshöhen von sehr geringen Teilschäden bis hin zu Totalschäden).[408] Wenn wie in der hier vorliegenden Untersuchung ausschließlich Totalschäden betrachtet werden, ist davon auszugehen, dass die Schadeneintrittswahrscheinlichkeiten deutlich niedriger liegen.[409]

Basierend auf den zuvor skizzierten Überlegungen und mit den nicht vermeidbaren anfangs geschilderten Restriktionen wurden die Eintrittswahrscheinlichkeiten für die drei möglichen Umweltzustände der Entscheidungssituation festgelegt. Die Schadeneintrittswahrscheinlichkeit für einen Totalschaden, verursacht durch einen Teilkaskoschaden (p_{TK}), beträgt in der vorliegenden Untersuchung 1 %, für einen Totalschaden durch einen Vollkaskoschaden (p_{VK}) 4 % und für den Nichtschadensfall (p_{NS}) schließlich 95 %. Damit liegen die Schadeneintrittswahrscheinlichkeiten am oberen Ende der Bandbreite aus Tabelle 9, sind aber deutlich niedriger als die Mittelwerte aus Tabelle 10 und weisen ein Verhältnis von 4 : 1 für Vollkaskoschäden zu Teilkaskoschäden auf.

408 Typischerweise stellt die Schadenverteilung eine linkssteile Verteilung dar, d. h., einen Großteil der Verteilungsmasse bilden kleine bis mittlere Schäden. Vgl. z. B. Christmann (2004), S. 378 ff.

409 Hierzu sind allerdings keine öffentlich zugänglichen empirischen Daten verfügbar.

4.3.3 Erhebung der Funktionen der Erwartungsnutzentheorie und der Cumulative Prospect Theorie

Zur Erhebung der Nutzenfunktion der Erwartungsnutzentheorie und der Wertfunktion der Cumulative Prospect Theorie wird die zuvor beschriebene Trade-Off-Methode eingesetzt.[410] Ziel ist es dabei, eine Anzahl an Stützpunkten der entsprechenden Funktionen über Lotterievergleiche zu ermitteln, aus denen im Anschluss parametrische Funktionen für die Nutzen- bzw. Wertfunktionen geschätzt werden können.

In diesem Zusammenhang stellt sich zunächst die Frage, ob die Nutzenfunktion der EUT und die Wertfunktion der CPT aus Stützpunkten geschätzt werden können, die auf denselben Lotterievergleichen basieren. Unter erhebungstechnischen Gesichtspunkten (insbesondere Zeitaspekten und kognitiven Anforderungen an die Experiment-Teilnehmer) erscheint dies wünschenswert. Methodisch ist dies indes nur möglich, wenn die Nutzen- und Wertfunktion dieselben Aspekte des Präferenzverhaltens (Höhen- und Risikopräferenz) abbilden. Die Diskussion dieser Fragestellung in Kapitel 3.2.2 zeigt, dass dazu in der Literatur bislang keine eindeutig vorherrschende Meinung besteht, aber dieser Annahme gefolgt werden kann. Aus diesem Grund werden in der vorliegenden Untersuchung die EUT-Nutzen- und CPT-Wertfunktionen auf Basis derselben Lotterievergleiche geschätzt.

Bei der Umsetzung der Trade-Off-Methode sollte gewährleistet sein, dass die erhobenen Nutzen- bzw. Wertfunktionen das Intervall von Zahlungen abdecken, das für die Kfz-Kaskoversicherungsentscheidungen der Experiment-Teilnehmer relevant ist. Hierbei handelt es sich um das Intervall von [-36.000 €, 36.000 €].[411] Eine Erhebung der Funktionen für ein kleineres Intervall als das genannte erscheint unzureichend, da eine Extrapolation des Funktionsverlaufs über den erhobenen Bereich hinaus problematisch ist.[412] Die Literatur geht zwar von einem stückweise linearen Verlauf bei Nutzen- und Wertfunktionen in kleinen Bereichen aus,[413] dennoch ist aber denkbar, dass ab einer bestimmten Gewinn- respektive Verlusthöhe eine Schwelle erreicht ist, bei der sich der Funktionsverlauf grundlegend ändert. Dies könnte beispielsweise der Fall sein, wenn Entscheidungsträger Verluste ab einer bestimmten Höhe als tendenziell existenzbedrohlich empfinden.

---

[410] Vgl. Kap. 3.2.1 und 3.2.2.

[411] Dies stellt die Höhe des Endowments an die Experiment-Teilnehmer (vgl. Kap. 4.4) und demzufolge den maximal möglichen Gewinn bzw. Verlust dar.

[412] Vgl. auch Eisenführ/Weber (2003), S. 117 und Murray (1971), S. 425.

[413] Vgl. Abdellaoui/Vossmann/Weber (2005), S. 1387 und Wakker/Deneffe (1996), S. 1137.

Weiterhin stellt sich die Frage, wie viele Stützpunkte der Funktionen erhoben werden sollen. In der Literatur wird bei der Erhebung von Nutzen- bzw. Wertfunktionen mit einer Anzahl von vier bis neun Stützpunkten gearbeitet.[414] Grundsätzlich gilt hier natürlich, dass eine höhere Zahl an Stützpunkten im Hinblick auf die Schätzung vorzuziehen ist, da so die Anzahl an Freiheitsgraden steigt. Demgegenüber steht ein steigender Erhebungsaufwand für die Experiment-Teilnehmer bei einer steigenden Zahl an Stützpunkten, der die Reliabilität und Validität der Messung negativ beeinflussen kann. Prinzipiell wird in der Literatur aber die Ansicht vertreten, dass bei der Approximation vorgegebener Funktionsformen nur wenige Stützpunkte ausreichend sind.[415]

Aus den zuvor diskutierten Punkten ergibt sich für die vorliegende Untersuchung ein zweistufiges Abbruchkriterium für die Erhebung der Stützpunkte: Erstens werden für Gewinne und Verluste mindestens jeweils sechs Stützpunkte ermittelt. Falls mit dieser Anzahl das relevante Intervall für die Erhebung nicht abgedeckt werden kann, wird die Erhebung von Stützpunkten zweitens so lange fortgeführt, bis im Gewinnbereich ein Indifferenzwert von mindestens 36.000 € sowie im Verlustbereich von mindestens -36.000 € erreicht ist.[416] Dieses Abbruchkriterium für die Erhebung von Stützpunkten mit der Trade-Off-Methode lässt sich mit dem entwickelten Befragungstool gut implementieren.[417]

Des Weiteren stellt sich die Frage, wie die Referenzwerte $(R^+ < r^+ < 0 < r^- < R^-)$ und Wahrscheinlichkeiten $(p, (1-p))$ der Lotterien festgelegt werden sollen. Werden die Referenzwerte zu klein festgelegt, besteht die Gefahr, dass sehr viele Stützpunkte erhoben werden müssen, bis die relevanten Intervallgrenzen der Funktionen erreicht sind. In einem solchen Fall werden die Experiment-Teilnehmer mit einem hohen kognitiven Aufwand belastet, was sich negativ auf die Ergebnisgüte der Untersuchung auswirken kann. Werden die Referenzwerte zu groß gewählt, besteht die Gefahr, dass die Nutzen- bzw. Wertfunktionen weit über den erforderlichen Bereich hinaus erhoben werden und demzufolge für das relevante Intervall nur sehr wenige Stützpunkte vorliegen. Um Einblicke in diese Fragestellungen zu erhalten,

[414] Vgl. von Nitzsch/Weber (1986), S. 847 f.; Pennings/Smidts (2000), S. 1340; Pennings/Smidts (2003), S. 1253; Kimbrough/Weber (1994), S. 621; Etchart-Vincent (2004), S. 222; Bleichrodt/Pinto (2000), S. 1490; Fennema/van Assen (1999), S. 284; Bodily (1985), S. 94 ff. und Abdellaoui/Vossmann/Weber (2005), S. 1390.

[415] Vgl. Wakker/Deneffe (1996), S. 1148; Etchart-Vincent (2004), S. 222; Hey/Orme (1994), S. 1291 f. und von Winterfeldt/Edwards (1986), S. 241 ff.

[416] Die durchschnittliche Anzahl an Stützpunkten in der Untersuchung liegt im Gewinnbereich bei 6,65 und im Verlustbereich bei 10,49.

[417] Vgl. detailliert zu dem entwickelten Befragungstool Kap. 4.2.

wurde zuvor ein Pretest mit $n = 15$ Experiment-Teilnehmern durchgeführt, bei dem verschiedene Referenzwerte getestet wurden.[418] Die Referenzwerte wurden schließlich im Gewinnbereich mit $R^+ = -20.000$ € und $r^+ = -10.000$ € sowie im Verlustbereich mit $r^- = 10.000$ € und $R^- = 20.000$ € festgelegt.

In Bezug auf die Eintrittswahrscheinlichkeiten der festzulegenden Indifferenzwerte in den Lotterien werden in der Literatur im Wesentlichen zwei Varianten diskutiert: Einige Studien verwenden die Eintrittswahrscheinlichkeit von $p = 0{,}33$ für die festzulegenden Indifferenzwerte, woraus sich eine Gegenwahrscheinlichkeit von $(1 - p) = 0{,}67$ für die Referenzwerte der Lotterien ergibt.[419] Als Argument führen die Autoren auf, dass bei einer Wahrscheinlichkeit von $p = 0{,}33$ offenbar weder eine Über- noch Untergewichtung seitens der Probanden stattfindet und diese Wahrscheinlichkeit folglich unverzerrt in die Überlegungen der Experiment-Teilnehmer eingeht.[420] Andere Untersuchungen setzen dagegen die Wahrscheinlichkeiten $p = (1 - p) = 0{,}5$ ein.[421] Dieser Wert hat den Vorteil, dass er für die Experiment-Teilnehmer kognitiv leichter vorstellbar sein dürfte, zumal Personen mit dem Konzept der Wahrscheinlichkeiten oftmals nicht sehr vertraut sind.[422] Insbesondere wenn Personen bei der Festlegung der Indifferenzwerte überschlagsmäßige Berechnungen durchführen möchten, erscheint dieser Wert vorteilhafter. In Bezug auf eine möglicherweise verzerrte Wahrscheinlichkeitswahrnehmung merken Wakker und Deneffe (1996) an, dass solche Verzerrungen nicht so problematisch sind, sofern sie konstant bei allen festzulegenden Indifferenzwerten auftreten.[423] Gerade dies ist bei der Trade-Off-Methode aber aufgrund der identischen Wahr-

[418] Die Teilnehmer des Pretests wurden von der Teilnahme an der endgültigen Untersuchung ausgeschlossen, um spezielles Vorwissen im Vergleich zu anderen Experiment-Teilnehmern auszuschließen.

[419] Vgl. Wakker/Deneffe (1996), S. 1144; Etchart-Vincent (2004), S. 222; Fennema/van Assen (1999), S. 281 und Abdellaoui/Barrios/Wakker (2007), S. 362. Abdellaoui (2000) arbeitet dagegen mit einer Wahrscheinlichkeit von $p = 0{,}67$. Vgl. Abdellaoui (2000), S. 1503.

[420] Vgl. Abdellaoui/Barrios/Wakker (2007), S. 362; Wakker/Deneffe (1996), S. 1144 und auch Tversky/Fox (1995), S. 276 f. Anzumerken ist dazu aber auch, dass $\pi(p) = p$ bei einem Wert von $p = 0{,}33$ wiederum nur auf einer mittleren Entscheidungsgewichtungsfunktion basiert und somit individuell unterschiedlich sein kann.

[421] Vgl. Bleichrodt/Pinto (2000), S. 1490 f.; Bleichrodt/Pinto/Wakker (2001), S. 1506; Bleichrodt/Doctor/Stolk (2005), S. 663 und Bleichrodt/Pinto (2005), S. 542.

[422] Vgl. Eisenführ/Weber (2003), S. 159; Zimmer (1983), S. 159 ff. und Kunreuther/Novemsky/Kahneman (2001), S. 104.

[423] Vgl. Wakker/Deneffe (1996), S. 1147 und auch Abdellaoui (2000), S. 1500; Bleichrodt/Pinto (2000), S. 1488; Abdellaoui/Barrios/Wakker (2007), S. 365 und Blavatskyy (2006), S. 318.

scheinlichkeiten und Referenzwerte bei allen Lotterievergleichen der Fall. Basierend auf diesen Überlegungen wurden als Wahrscheinlichkeiten der Lotterien $p = (1 - p) = 0{,}5$ gewählt.

Nachfolgend wird zur Verdeutlichung der Erhebung von Nutzen- und Wertfunktionen mit der Trade-Off-Methode noch ein konkretes Zahlenbeispiel mit den Indifferenzwerten eines fiktiven Probanden dargestellt. In Abbildung 20 ist dabei der erste einer Reihe von Lotterievergleichen für den Gewinnbereich und (Verlustbereich) abgebildet:

Abbildung 20: Beispielhafte Darstellung des 1. Lotterievergleichs in der Trade-Off-Methode

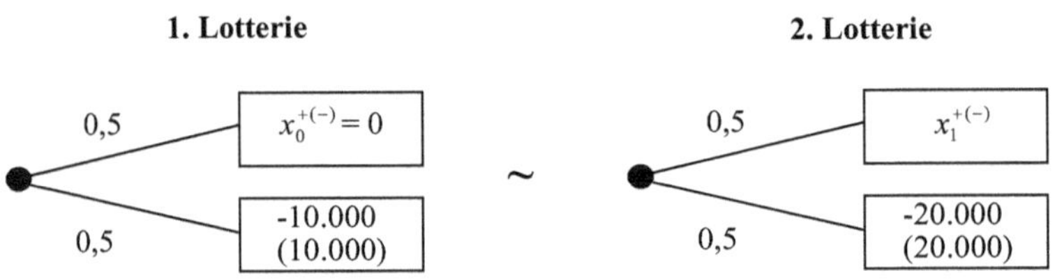

Die Notation bedeutet, dass bei der 1. Lotterie mit der Wahrscheinlichkeit $p = 0{,}5$ eine Zahlung von $x_0^{+(-)} = 0$ € eintritt und mit der Gegenwahrscheinlichkeit $(1 - p) = 0{,}5$ im Gewinnbereich (Verlustbereich) eine Zahlung von -10.000 € (10.000 €) eintritt. Der Entscheidungsträger ist aufgefordert bei der 2. Lotterie den Indifferenzwert $x_1^{+(-)}$, der ebenfalls mit der Wahrscheinlichkeit $p = 0{,}5$ eintritt, so festzulegen, dass er indifferent zwischen beiden Lotterien ist. Die andere Zahlung in der 2. Lotterie beträgt -20.000 € (20.000 €) und tritt mit der Gegenwahrscheinlichkeit $(1 - p) = 0{,}5$ ein. Der Entscheider ist demgemäß einem Trade-Off ausgesetzt und muss abwägen, um wie viel höher (niedriger) die Zahlung $x_1^{+(-)}$ als $x_0^{+(-)}$ sein muss, damit der höhere mögliche Verlust (Gewinn) in der 2. Lotterie kompensiert wird, sodass sich der Zustand der Indifferenz einstellt.

Nach der Festlegung des Indifferenzwerts $x_1^{+(-)}$ folgt der zweite Lotterievergleich, wobei der Wert $x_1^{+(-)}$ dem Entscheidungsträger anstatt der Zahlung $x_0^{+(-)}$ in der 1. Lotterie präsentiert wird (vgl. auch Abbildung 20). Die anderen Werte bleiben unverändert und der Entscheider muss in der 2. Lotterie den Indifferenzwert $x_2^{+(-)}$ festlegen. Nachfolgend läuft das Procedere nach demselben Schema weiter ab, bis das oben beschriebene Abbruchkriterium erreicht ist.

In Tabelle 11 werden die Ergebnisse der Anwendung der Trade-Off-Methode zur Erhebung von Stützpunkten für einen fiktiven Probanden für den Gewinn- und Verlustbereich aufgezeigt; gut erkennbar ist hierbei die Standardsequenz $x_0^{+(-)}, ..., x_5^{+(-)}$ der Indifferenzwerte, die äquidistant in Nutzeneinheiten ist.

Tabelle 11: Beispiel zur Erhebung von Stützpunkten der Nutzen- bzw. Wertfunktion mit der Trade-Off-Methode

Lotterievergleich	**Indifferenzwert** $x_l^{+(-)}$	**Normierter Indifferenzwert** $x_{l,norm}^{+(-)}$	**Nutzen** $u(x_{l,norm}^{+})$ **bzw. Wert** $v(x_{l,norm}^{+(-)})$
Gewinnbereich			
	$x_0^+ = 0$	0,000	0,000
1. LV	$x_1^+ = 6.000$	0,158	0,200
2. LV	$x_2^+ = 11.000$	0,289	0,400
3. LV	$x_3^+ = 18.000$	0,474	0,600
4. LV	$x_4^+ = 26.000$	0,684	0,800
5. LV	$x_5^+ = 38.000$	1,000	1,000
Verlustbereich			
	$x_0^- = 0$	0,000	0,000
1. LV	$x_1^- = -3.000$	-0,083	-0,200
2. LV	$x_2^- = -7.000$	-0,194	-0,400
3. LV	$x_3^- = -11.000$	-0,306	-0,600
4. LV	$x_4^- = -22.000$	-0,611	-0,800
5. LV	$x_5^- = -36.000$	-1,000	-1,000

Vor der Schätzung der Nutzen- und Wertfunktionen wird noch eine Normierung der in der Tabelle dargestellten Indifferenzwerte $x_l^{+(-)}$ durchgeführt, sodass die Indifferenzwerte ebenfalls auf das Intervall [0, 1] bzw. [-1, 0] skaliert sind.[424] Die normierten Indifferenzwerte $x_{l,norm}^{+(-)}$ errechnen sich nach (21) durch Division durch den jeweils (betragsmäßig) größten Indifferenzwert:

$$(21) \qquad x_{l,norm}^{+} = \frac{x_l^+}{x_L^+}, \qquad x_{l,norm}^{-} = -\frac{x_l^-}{x_L^-} \qquad l \in L$$

[424] Vgl. Abdellaoui/Vossmann/Weber (2005), S. 1391; Voßmann (2004), S. 40; Bleichrodt/Pinto (2005), S. 546 und Abdellaoui/Barrios/Wakker (2007), S. 374.

Nach der Erwartungsnutzentheorie ergibt sich der Nutzen $u(x^{+}_{l,norm})$ des jeweiligen normierten Indifferenzwerts $x^{+}_{l,norm}$ direkt aus der Trade-Off-Methode nach Formel (4).[425] Hier ist eine Betrachtung des Gewinnbereichs ausreichend, da eine Endvermögensbetrachtung stattfindet und die Experiment-Teilnehmer folglich keine „echten" Verluste (bzgl. des Endvermögens) realisieren können.[426] Im Rahmen der Cumulative Prospect Theorie wird der Gewinn- und Verlustbereich für die Ermittlung der Wertfunktion herangezogen. Der Wert $v(x^{+(-)}_{l,norm})$ der angegebenen normierten Indifferenzwerte $x^{+(-)}_{l,norm}$ ergibt sich hier aus der Trade-Off-Methode nach Formel (12).[427]

Die parametrische Schätzung der Nutzenfunktion im Rahmen der EUT wird folglich mit den Stützpunkten $[x^{+}_{l,norm}, u(x^{+}_{l,norm})]$ über eine nichtlineare Regressionsanalyse vorgenommen.[428] Die Schätzung der beiden Äste der Wertfunktion der CPT erfolgt analog. Dazu werden als Dateninput im Gewinnbereich die Stützpunkte $[x^{+}_{l,norm}, v(x^{+}_{l,norm})]$ und im Verlustbereich die Stützpunkte $[x^{-}_{l,norm}, v(x^{-}_{l,norm})]$ herangezogen. Für den fiktiven Entscheidungsträger wird dabei eine Potenzfunktion approximiert. Die Parameter ergeben sich im Beispiel mit $\alpha = 0{,}743$ und $\beta = 0{,}534$, was einem konkaven Verlauf der Wertfunktion im Gewinnbereich und einem konvexen Verlauf im Verlustbereich entspricht.[429]

Im Weiteren soll beispielhaft für denselben fiktiven Probanden die Erhebung der Entscheidungsgewichtungsfunktionen nach der Cumulative Prospect Theorie skizziert werden. Die Vorgehensweise folgt dabei der Certainty-Equivalence-Methode, wobei der größte (kleinste) zuvor mit der Trade-Off-Methode ermittelte Indifferenzwert $x^{+(-)}_{L}$ als Dateninput dient.[430] Somit ergibt sich für den fiktiven Probanden bei der Lotterie im Gewinnbereich (Verlustbe-

[425] Vgl. Kap. 3.2.1, S. 48.

[426] Dies hängt mit dem Endowment zusammen, das den Experiment-Teilnehmern bereitgestellt wird. Vgl. zu einer Diskussion Kap. 4.4.

[427] Vgl. Kap. 3.2.2, S. 61.

[428] Vgl. zu dieser Vorgehensweise Abdellaoui/Vossmann/Weber (2005), S. 1391; Voßmann (2004), S. 40 und Abdellaoui (2000), S. 1506.

[429] Die EUT-Nutzenfunktion lautet dabei $u(x) = x^{\alpha}$ für $x \geq 0$. Für die CPT-Wertfunktion ergibt sich $v(x) = x^{\alpha}$ für $x \geq 0$ sowie $v(x) = -(-x)^{\beta}$ für $x < 0$. Vgl. zu einer Diskussion anderer Funktionsformen Stott (2006), S. 105 ff.; Farquhar/Nakamura (1987), S. 212; Farquhar/Nakamura (1988), S. 603 ff.; Bell/Fishburn (2000) und Bronstein et al. (2001), S. 110 ff.

[430] Vgl. Abdellaoui/Vossmann/Weber (2005), S. 1387 ff.; Abdellaoui (2000), S. 1500 f.; Bleichrodt/Pinto (2000), S. 1488 f. und Kap. 3.2.2.

reich) eine maximale (minimale) Zahlung der Lotterie in Höhe von 38.000 € (-36.000 €) und eine minimale (maximale) Zahlung von 0 € (vgl. Tabelle 11). Diese Werte sind bei allen vorzunehmenden Lotterievergleichen identisch, die Eintrittswahrscheinlichkeiten p_l bzw. $(1-p_l)$ der Zahlungen variieren dagegen. Aufgabe der Probanden ist es in diesem Fall eine sichere Zahlung $ce_l^{+(-)}$ (Sicherheitsäquivalent) so festzulegen, dass sie indifferent zwischen der Gewinnlotterie (Verlustlotterie) und diesem positiven (negativen) Sicherheitsäquivalent sind (vgl. Abbildung 21).

Abbildung 21: Beispielhafte Darstellung des 1. Lotterievergleichs in der Certainty-Equivalence-Methode

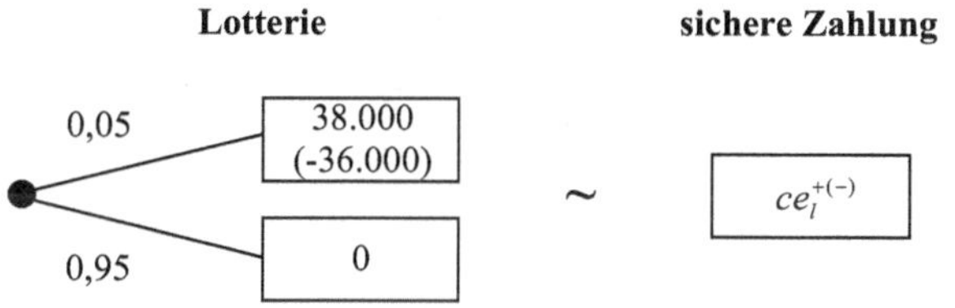

Auch hier steht wieder die Frage im Raum, wie viele solcher Lotterievergleiche durchgeführt werden bzw. wie viele variierende Wahrscheinlichkeiten abgetestet werden sollen. Diese Entscheidung determiniert die Anzahl der Stützpunkte der zu schätzenden Entscheidungsgewichtungsfunktionen, wobei im Hinblick auf die Güte der Schätzung grundlegend eine höhere Zahl einer niedrigeren Zahl an Stützpunkten vorzuziehen ist. Allerdings steigt mit einer steigenden Anzahl an Stützpunkten wiederum der kognitive Aufwand, der bei der Erhebung anfällt, was den vorherigen Effekt konterkarieren kann. Vergleichbare Studien in der Literatur arbeiten mit einer Anzahl von fünf bis elf Stützpunkten.[431]

Nach Würdigung der genannten Aspekte und im Hinblick auf den sehr hohen gesamten Erhebungsaufwand im vorliegenden Experiment werden zur Schätzung der Entscheidungsgewichtungsfunktionen für Gewinne und Verluste jeweils sieben Stützpunkte erhoben. Die Wahrscheinlichkeiten der Lotterievergleiche betragen $p_l^{+(-)} \in \{0{,}05; 0{,}10; 0{,}25; 0{,}33; 0{,}50; 0{,}75; 0{,}90\}$ und die beispielhaften Sicherheitsäquivalente des fiktiven Probanden sind in Tabelle 12 dargestellt:

[431] Vgl. Bleichrodt/Pinto (2000), S. 1491; Tversky/Kahneman (1992), S. 305 ff.; Etchart-Vincent (2004), S. 222; Currim/Sarin (1989), S. 31 und Lattimore/Baker/Witte (1992), S. 385 f.

Tabelle 12: Beispiel zur Erhebung von Stützpunkten der Entscheidungsgewichtungsfunktionen mit der Certainty-Equivalence-Methode

Wahrscheinlichkeit $p_l^{+(-)}$	**Sicherheitsäquivalent** $ce_l^{+(-)}$	**Normiertes Sicherheitsäquivalent** $ce_{l,norm}^{+(-)}$	**Wert** $v(ce_{l,norm}^{+(-)}) = \pi^{+(-)}(p_l^{+(-)})$
Gewinnbereich			
0,00	$ce_0^+ = 0$	0,000	0,000
0,05	$ce_1^+ = 1.800$	0,047	0,104
0,10	$ce_2^+ = 3.500$	0,092	0,170
0,25	$ce_3^+ = 7.000$	0,184	0,285
0,33	$ce_4^+ = 8.000$	0,211	0,314
0,50	$ce_5^+ = 12.000$	0,316	0,425
0,75	$ce_6^+ = 15.000$	0,395	0,501
0,90	$ce_7^+ = 20.000$	0,526	0,621
1,00	$ce_8^+ = 38.000$	1,000	1,000
Verlustbereich			
0,00	$ce_0^- = 0$	0,000	0,000
0,05	$ce_1^- = -800$	0,022	0,131
0,10	$ce_2^- = -1.900$	0,053	0,208
0,25	$ce_3^- = -4.500$	0,125	0,330
0,33	$ce_4^- = -6.000$	0,167	0,384
0,50	$ce_5^- = -8.000$	0,222	0,448
0,75	$ce_6^- = -13.500$	0,375	0,593
0,90	$ce_7^- = -18.000$	0,500	0,691
1,00	$ce_8^- = -36.000$	1,000	1,000

Aus Formel (14) ergibt sich, dass das Entscheidungsgewicht für die einer Lotterie zugrunde liegende Wahrscheinlichkeit $p_l^{+(-)}$ gerade dem Wert des vom Probanden angegebenen Sicherheitsäquivalents entspricht.[432] Auch hier wird zur Vereinheitlichung der Skalen vor der Schätzung der Entscheidungsgewichtungsfunktionen eine Normierung der angegebenen Sicherheitsäquivalente vorgenommen (22), die damit auch auf das Intervall [0, 1] skaliert sind:

---

[432] Vgl. Kap. 3.2.2, S. 62.

$$(22) \qquad ce_{l,norm}^{+(-)} = \frac{ce_l^{+(-)}}{ce_L^{+(-)}} \qquad l \in L$$

Voraussetzung für die Berechnung der Entscheidungsgewichte (die dem Wert der normierten Sicherheitsäquivalente $v(ce_{l,norm}^{+(-)})$ entsprechen) ist somit jedoch, dass im vorherigen Schritt die Wertfunktion $v(\bullet)$ mittels der Trade-Off-Methode geschätzt wurde.[433]

Die parametrische Schätzung der Entscheidungsgewichtungsfunktionen der CPT wird auch in diesem Fall über eine nichtlineare Regressionsanalyse geleistet.[434] Als Dateninput dienen für Gewinne (Verluste) die erhobenen Stützpunkte $[\, p_l^{+(-)},\ v(ce_{l,norm}^{+(-)})\,]$.

Anhand der vorstehenden Beispiele konnten die Erhebung der Nutzen- bzw. Wertfunktion mit der Trade-Off-Methode und die Erhebung der Wahrscheinlichkeitsgewichtungsfunktionen mit der Certainty-Equivalence-Methode demonstriert werden. Wie ersichtlich, erfolgt die Schätzung der Funktionen über Indifferenzwerte bzw. Sicherheitsäquivalente. Dabei können zwei Vorgehensweisen unterschieden werden, wie die erforderlichen Werte von den Probanden (im Rahmen der Trade-Off-Methode bzw. Certainty-Equivalence-Methode) erfragt werden können (response mode).[435] Erstens steht eine urteilsbasierte Vorgehensweise (matching-based) zur Verfügung, bei der der Entscheider bestimmte Größen in Lotterievergleichen festlegen muss (z. B. Indifferenzwert bzw. Sicherheitsäquivalent). Die zweite Vorgehensweise ist wahlbasiert (choice-based), wobei der Entscheider so lange Auswahlentscheidungen zwischen Lotterien bzw. einer Lotterie und einer sicheren Zahlung trifft, bis sich bei ihm der Zustand der Indifferenz einstellt.

In der Literatur wird die wahlbasierte Vorgehensweise oftmals als vorteilhafter angesehen.[436] Dies resultiert u. a. daraus, dass das Treffen von Auswahlentscheidungen für Probanden eine

---

[433] Vgl. Abdellaoui/Vossmann/Weber (2005), S. 1387; Bleichrodt/Pinto (2000), S. 1489 und Voßmann (2004), S. 33. Für den Beispielprobanden wurde hierfür, wie zuvor erwähnt, eine Potenzfunktion approximiert. Die mit einer nichtlinearen Regressionsanalyse geschätzten Parameterwerte ergeben sich mit $\alpha = 0{,}743$ im Gewinnbereich und $\beta = 0{,}534$ im Verlustbereich. Mit diesen Informationen lassen sich die Werte der normierten Sicherheitsäquivalente bzw. Entscheidungsgewichte $v(ce_{l,norm}^{+(-)}) = \pi^{+(-)}(p_l^{+(-)})$ in Tabelle 12 bestimmen.

[434] Vgl. zu dieser Vorgehensweise Wu/Zhang/Gonzalez (2004), S. 413 f.; Gonzalez/Wu (1999), S. 155 ff.; Wu/Gonzalez (1996), S. 1684 ff. und Abdellaoui/Vossmann/Weber (2005), S. 1396 ff.

[435] Vgl. Daniels/Keller (1992), S. 524; Tversky/Sattath/Slovic (1988), S. 371; Sumner/Nease (2001), S. 208 f.; Seidl (2002), S. 621 und Luce (1999), S. 14 ff.

[436] Vgl. Bostic/Herrnstein/Luce (1990); Abdellaoui (2000), S. 1502 f.; Bleichrodt/Doctor/Stolk (2005), S. 662; Casey/Delquié (1995), S. 125 und Luce (1999), S. 43 ff.

„natürlichere“ Aufgabe darstellt als ein urteilsbasiertes Vorgehen bei der Festlegung bestimmter Werte zur Erzielung einer Indifferenzrelation.[437] Somit sollten Auswahlentscheidungen für die Probanden kognitiv leichter zu verarbeiten sein. Des Weiteren wird angemerkt, dass Schätzungen, die auf wahlbasierten Stützpunkten basieren, möglicherweise reliabler sind, eine höhere Konsistenz aufweisen und die Probanden ein höheres Vertrauen in die Schätzergebnisse besitzen.

Demgegenüber besitzen Auswahlentscheidungen einen viel geringeren Informationsgehalt gegenüber der direkten Angabe von Indifferenzwerten bzw. Sicherheitsäquivalenten.[438] Demzufolge sind im Vergleich zur urteilsbasierten Vorgehensweise wesentlich mehr Auswahlentscheidungen erforderlich, um einen Stützpunkt zur Schätzung der Nutzen-, Wert- und Entscheidungsgewichtungsfunktionen zu erheben. Vergleichbare Untersuchungen setzen für die Ermittlung eines einzigen Stützpunktes fünf bis sechs Auswahlentscheidungen eines Probanden voraus.[439] Von daher kann die wahlbasierte Vorgehensweise alles in allem zu einem sehr zeitaufwändigen und ermüdenden Prozess führen.[440] Außerdem besteht die Gefahr, dass die Probanden im Verlauf der Erhebung keine durchdachten Auswahlentscheidungen mehr treffen, was sich ebenfalls negativ auf die Schätzergebnisse niederschlägt.

Aus den dargelegten Gründen wurde in der vorliegenden Untersuchung ein kombiniertes (mehrstufiges) Verfahren zur Erhebung der Stützpunkte eingesetzt. Dies dient zum einen dazu, möglichst die Vorteile beider Verfahren miteinander zu vereinen sowie deren jeweilige Nachteile nach Möglichkeit zu minimieren. Zum anderen kann darüber eine gewisse Konsistenzprüfung der von den Experiment-Teilnehmern vorgenommenen Angaben geleistet werden. Der eingesetzte Matching-Choice-Algorithmus wird in Abbildung 22 grafisch dargestellt:

---

[437] Vgl. Daniels/Keller (1992), S. 525; Fennema/van Assen (1999), S. 285; Abdellaoui (2000), S. 1502 und Etchart-Vincent (2004), S. 221.

[438] Vgl. Daniels/Keller (1992), S. 525; Fennema/van Assen (1999), S. 285; Delquié/de Neufville (1991), S. 146 und Hey (1999), S. 111 ff.

[439] Vgl. Abdellaoui (2000), S. 1503; Etchart-Vincent (2004), S. 221; Luce (1999), S. 97 und Abedellaoui/Barrios/Wakker (2007), S. 371. Im Kontext der vorliegenden Untersuchung wären somit je Proband insgesamt ca. 120 bis 150 Auswahlentscheidungen erforderlich.

[440] Vgl. auch Fennema/van Assen (1999), S. 285 und Johnson/Orme (1996), S. 1.

Abbildung 22: Kombinierter Matching-Choice-Algorithmus zur Erhebung von Stützpunkten

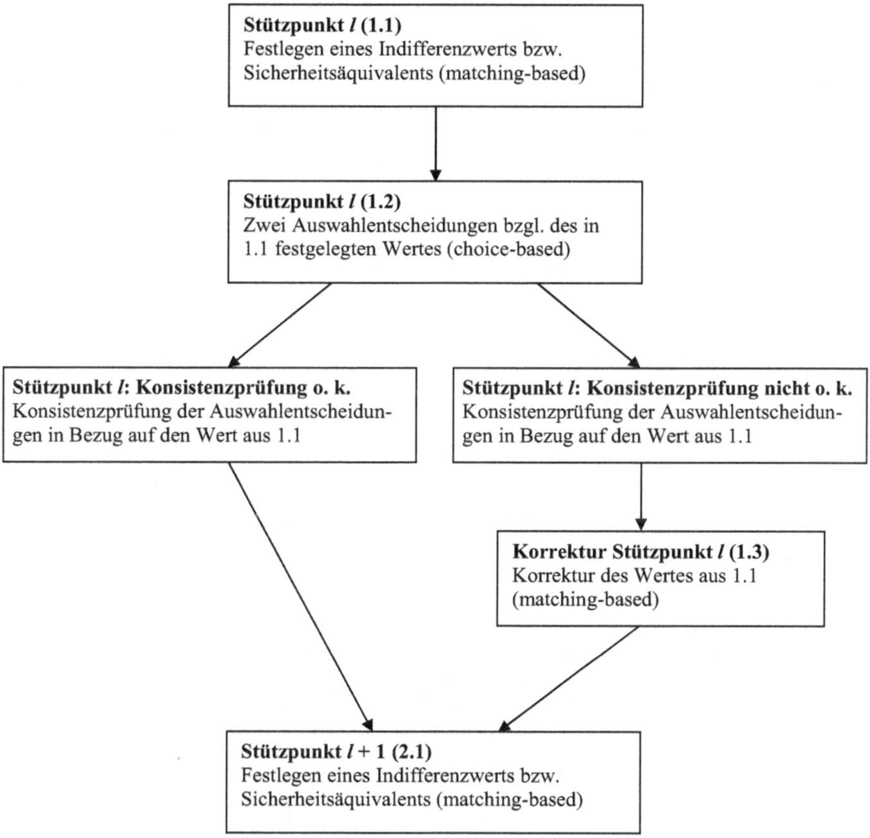

Im ersten Schritt (1.1) legen die Experiment-Teilnehmer dabei urteilsbasiert (matching-based) in einem Lotterievergleich ihren Indifferenzwert bzw. ihr Sicherheitsäquivalent fest. Im zweiten Schritt (1.2) werden sie aufgefordert, Auswahlentscheidungen zwischen zwei Lotterien bzw. einer Lotterie und einer sicheren Zahlung zu treffen.

Die Grundidee dieses Procederes ist dabei die Folgende: Entspricht der vom Probanden festgelegte Indifferenzwert $x_l^{+(-)}$ seinem „wahren“ Indifferenzwert, sind die beiden präsentierten Lotterien für ihn gleichwertig.[441] Wird nun in der ersten Auswahlentscheidung c. p. die 2. Lotterie mit einer etwas höheren Zahlung als dem zuvor vom Probanden angegebenen Indiffe-

[441] Vgl. auch Bostic/Herrnstein/Luce (1990), S. 195; Laux (2005), S. 215 f. und Krahnen/Rieck/Theissen (1997b), S. 470.

renzwert präsentiert ($x_l^{+(-)} + \Delta$), sollte die Präferenz zugunsten dieser Lotterie kippen (vgl. auch Abbildung 20, S. 120). In der zweiten Auswahlentscheidung wird dem Probanden c. p. die 2. Lotterie mit einer etwas niedrigeren Zahlung als dem zuvor von ihm angegebenen Indifferenzwert präsentiert ($x_l^{+(-)} - \Delta$). Dementsprechend sollte die Präferenz des Probanden zugunsten der 1. Lotterie kippen. Ist ein Kippen der Präferenz in beiden Auswahlentscheidungen beobachtbar, liegt ein konsistentes Antwortverhalten vor.[442]

Im Fall der Bestimmung von Sicherheitsäquivalenten wird dem Experiment-Teilnehmer bei der ersten Auswahlentscheidung c. p. ein etwas höheres ($ce_l^{+(-)} + \Delta$), bei der zweiten Auswahlentscheidung c. p. ein etwas niedrigeres ($ce_l^{+(-)} - \Delta$) Sicherheitsäquivalent als sein ursprüngliches Matching-Sicherheitsäquivalent präsentiert (vgl. auch Abbildung 21, S. 123). Die zuvor angestellten Überlegungen hinsichtlich eines zu erwartenden Kippens der Präferenz bei konsistentem Antwortverhalten gelten hier analog. Die Höhe des Wertes Δ wird mit 100 € festgelegt. Vergleichbare Untersuchungen arbeiten mit einem Wert Δ von 100 FF bzw. 50 DM, was ca. einer Spanne zwischen 21 € und 25 € entspricht.[443] Bei so geringen Werten ist allerdings fraglich, ob die Probanden eine ausreichende Diskriminierungsfähigkeit hinsichtlich eines Präferenzwechsels besitzen.

Legt ein Experiment-Teilnehmer nach dem Matching-Choice-Algorithmus in Abbildung 22 bei den Auswahlentscheidungen nach der vorherigen Definition konsistentes Entscheidungsverhalten zutage, wird er im nachfolgenden Schritt (2.1) aufgefordert, seinen nächsten Stützpunkt $x_{l+1}^{+(-)}$ bzw. $ce_{l+1}^{+(-)}$ (matching-based) festzulegen. Ergibt die Konsistenzprüfung, dass Inkonsistenzen im Entscheidungsverhalten vorliegen, wird der Experiment-Teilnehmer zur

---

442 Als konsistentes Antwortverhalten wird auch der Fall akzeptiert, dass ein Experiment-Teilnehmer bei beiden Auswahlentscheidungen äußert, immer noch indifferent zwischen beiden Lotterien zu sein. Dies kann daraus resultieren, dass für den betreffenden Experiment-Teilnehmer der Wert Δ möglicherweise zu klein ist, um einen Präferenzwechsel zu bewirken. Des Weiteren gibt die Literatur Hinweise darauf, dass Personen möglicherweise nicht einen scharfen Punktwert als Indifferenzwert angeben können, sondern dass eher ein Indifferenz-Intervall existiert, welches die Indifferenz mehr oder weniger gut repräsentiert. Vgl. Krahnen/Rieck/Theissen (1997b), S. 482 ff.; Weber (1985), S. 317 ff.; Weber (1987), S. 44 ff.; Gottwald (1990), S. 146 ff.; Basu (1984), S. 212 f.; Barrett/Pattanaik (1985), S. 69 ff.; Kaas (1980), S. 233 f. und Guthier (2004). In diesem Falle wird ein symmetrisches Indifferenz-Intervall unterstellt, dessen mittlerer Indifferenzwert dann wieder dem Matching-Indifferenzwert $x_l^{+(-)}$ entspricht. Die Fuzzy Set Theorie bietet weitergehende Möglichkeiten zur mathematischen Handhabung dieser unscharfen Präferenzen. Vgl. Zadeh (1965); Bellmann/Zadeh (1970); Zimmermann (1987); Zimmermann (1989); Rommelfanger (1994); Dubois/Prade (1980); Ott (2001) und Rommelfanger/Eickemeier (2002).

443 Vgl. Abdellaoui/Vossmann/Weber (2005), S. 1389; Voßmann (2004), S. 36 und Abdellaoui (2000), S. 1503.

Korrektur (matching-based) des ursprünglichen Stützpunktes $x_l^{+(-)}$ bzw. $ce_l^{+(-)}$ (Schritt 1.3) aufgefordert. Nach erfolgter Korrektur beginnt auch hier die Ermittlung des nächsten Stützpunktes (Schritt 2.1) usw.[444]

4.3.4 Erhebung soziodemographischer und psychographischer Daten

Neben den Stützpunkten zur Erhebung der Funktionen, die im Rahmen der EUT und der CPT geschätzt werden und die mittels Lotterievergleichen ermittelt wurden, wurde weiterhin eine ganze Reihe soziodemographischer und psychographischer Variablen erhoben. Diese dienen insbesondere einer Beschreibung der Segmente, die sich bei einer Segmentierung der Probanden ergeben.

Die Persönlichkeitsvariable „Worry“ – „Besorgtheit“, die als kognitive Komponente von Angst verstanden werden kann,[445] stellt eine solche weitere mögliche Einflussgröße auf Versicherungsentscheidungen dar. Wie verschiedene Experimente zeigen, kann der Einfluss von Worry dazu führen, dass in realen Versicherungsentscheidungen stärker emotionale Faktoren relevant sind und die von den Instrumenten der Entscheidungstheorie erforderlichen quantitativen Faktoren weniger stark berücksichtigt werden (vgl. auch Kap. 2.2.3).[446]

Aus diesem Grund wird in der vorliegenden Studie zusätzlich das Ausmaß dieser Persönlichkeitsvariable bei den Experiment-Teilnehmern erfasst. Dies kann über den sog. Worry Domains Questionnaire in der 25-Item-Version geschehen oder im speziellen Kontext auch über entsprechende Fragebögen mit einer geringeren Anzahl von Items.[447] In Tabelle 13 ist der Worry Domains Questionnaire in einer 10-Item-Version (Short Form) dargestellt, der in der vorliegenden Untersuchung zum Einsatz kam.

[444] Der dargestellte Algorithmus kann somit der Konsistenzprüfung dienen. Es kann allerdings nicht mit endgültiger Sicherheit ausgeschlossen werden, dass die Experiment-Teilnehmer im Laufe des Experiments einen Lernprozess durchlaufen und mit der Zeit wissen, wie sie bei den Auswahlentscheidungen „antworten müssen“, damit keine Inkonsistenzen auftreten. Dies könnte der Fall sein, obwohl der Matching-Indifferenzwert bzw. das Matching-Sicherheitsäquivalent nicht ihrem „wahren“ Indifferenzwert bzw. Sicherheitsäquivalent entspricht. Der (subjektive) Eindruck des Experiment-Leiters deutet allerdings auf eine überlegte Vorgehensweise der Experiment-Teilnehmer auch bei den Auswahlentscheidungen hin und nicht einfach auf ein „schnelles Durchklicken“ der vermeintlich „richtigen“ Auswahlentscheidungen.

[445] Vgl. Liebert/Morris (1967), S. 975; MacLeod/Williams/Bekerian (1991), S. 478 ff.; Schade/Kunreuther (2002), S. 4 und Schade (1999), S. 115.

[446] Vgl. Schade/Kunreuther (2002); Schade/Kunreuther/Kaas (2002); Baron/Hershey/Kunreuther (2000) und Schade (1999), S. 111 ff.

[447] Vgl. Schade (1999), S. 107 f.; Tallis/Davey/Bond (1994), S. 286 ff.; Tallis/Eysenck/Mathews (1992); Stöber/Joormann (2001), S. 591 ff. und Stöber (1996), S. 75 ff.

Tabelle 13: Worry Domains Questionnaire (Short Form)[448]

Sie sehen nachfolgend eine Reihe von Aussagen. Bitte geben Sie durch ein Kreuz in der entsprechenden Spalte an, wie viele Sorgen Sie sich über das Folgende machen:

Ich mache mir Sorgen, ...	**gar nicht**	**ein bisschen**	**etwas**	**sehr**	**äußerst**
dass ich meine Ziele nie erreichen werde					
dass ich mein Arbeitspensum nicht schaffe					
dass ich mir nichts leisten kann					
dass ich mich unsicher fühle					
dass ich meine Rechnungen nicht bezahlen kann					
dass ich Arbeit liegen lasse					
dass ich nicht genügend Zuversicht habe					
dass ich unattraktiv bin					
dass ich gute Freunde verliere					
dass ich nicht viel erreicht habe					

Dabei werden den Befragten einfache Statements zu ihrer Besorgnis in verschiedenen Bereichen präsentiert, deren Zutreffen sie mittels Rating („gar nicht“: Score 0, …, „äußerst“: Score 4) bewerten sollen. Die Summe aller Ratings variiert folglich zwischen 0 und 40, wobei ein höherer Score bedeutet, dass eine Person stärker zum „Worrying“ neigt als eine Person mit niedrigerem Score. Bezogen auf den Worry Domains Questionnaire in der 25-Item-Version und englische/amerikanische Probanden ermitteln Tallis/Davey/Bond (1994) bei Arbeitern und Angestellten einen mittleren Score von 23,1, bei Studenten einen von 26,6 und bei Personen mit psychischer Störung (Angstsyndrom) einen mittleren Worry-Score von bis zu 50,7.[449] Da in der vorliegenden Untersuchung einerseits mit der 10-Item-Version (Short Form) gearbeitet wurde, andererseits keine „natürliche“ Grenze für Personen mit hoher Besorgtheit (High-Worriers) und niedriger Besorgtheit (Low-Worriers) existiert, erfolgte eine Klassifizierung anhand des Median-Worry-Scores der Stichprobe.[450] Low-Worriers sind dabei

[448] Vgl. Stöber (1996), S. 228 und Stöber/Joormann (2001), S. 593.

[449] Vgl. Tallis/Davey/Bond (1994), S. 287 ff. und Schade (1999), S. 107 f.

[450] Vgl. auch Schade/Kunreuther (2002), S. 6.

Personen mit einem Worry-Score kleiner oder gleich dem Stichproben-Median, High-Worriers sind Personen mit Worry-Scores größer dem Stichproben-Median. Die Persönlichkeitsvariable Worry bzw. die Klassifizierung als Low-Worriers oder High-Worriers kann dann beispielsweise im Rahmen einer präferenzbasierten Segmentierung der Experiment-Teilnehmer als Erklärungsgröße herangezogen werden.

Weiterhin wurde in Anlehnung an Hogarth/Kunreuther (1995) eine Reihe von Argumenten bzw. Gründen für die Vorgehensweise der Probanden bei den getroffenen Kfz-Kaskoversicherungsentscheidungen erhoben.[451] Ziel war es dabei, Rückschlüsse darauf zu ziehen, ob die Probanden eher einer quantitativen (rechnerischen) oder qualitativen (emotional orientierten) Herangehensweise bei ihren Entscheidungen folgen. Beispiele für solche Statements, die per Rating (Score 6: volle Zustimmung, ..., Score 1: volle Ablehnung) zu beurteilen waren, sind: „Ich habe bei der Beurteilung der Kfz-Versicherungsalternativen aus dem Bauch heraus entschieden“ oder „Ich habe bei der Beurteilung der Kfz-Versicherungsalternativen versucht, die erwartete Schadenshöhe mit den Kosten der Versicherung abzuwägen“.

Schließlich wurden auch noch diverse Fragen zu Alter, Geschlecht etc., zur Selbsteinschätzung der eigenen Fahrfähigkeiten, Anzahl fremd- und selbstverschuldeter Unfälle mit dem Pkw, Einschätzung der persönlichen Schadeneintrittswahrscheinlichkeiten für Teil- und Vollkaskoschäden sowie zur Art des persönlichen Versicherungsschutzes erhoben.[452]

4.4 Anreizstruktur

Im Hinblick darauf, dass es sich bei der vorliegenden Untersuchung um ein ökonomisches Laborexperiment mit realitätsnahen Frames handelt, das in wesentlichen Punkten der Induced-Value-Theorie folgt, ist die Implementierung einer adäquaten Anreizstruktur von zentraler Bedeutung. Die monetären Anreize sollen bewirken, dass die Entscheidungen der Experiment-Teilnehmer durch monetäre Aspekte induziert werden.[453] Somit sollten die Experiment-Teilnehmer einen Anreiz haben ihre „wahren“ Präferenzen zu äußern.

---

451 Vgl. Hogarth/Kunreuther (1995), S. 30 f.

452 Verschiedene Studien ermitteln bspw. einen Einfluss von Schadenserfahrungen auf die Risikowahrnehmung und somit die Einschätzung der Schadeneintrittswahrscheinlichkeiten. Vgl. Slovic/Fischhoff/Lichtenstein (1982), S. 468 ff.; McClelland/Schulze/Coursey (1993), S. 107 f. und Theil (2002), S. 63 f. Ein vollständiger Überblick über alle erhobenen soziodemographischen und psychographischen Variablen findet sich im Anhang C.

453 Vgl. Smith (1976); Smith (1982), S. 931 ff.; Smith (1989), S. 154 sowie Kapitel 4.1.

Zu diesem Zweck wird hier der Vorgehensweise vieler anderer experimenteller Studien gefolgt, die den Experiment-Teilnehmern eine Anfangsausstattung (Endowment) bereitstellen und mit einer linearen Anreizstruktur arbeiten.[454] Jeder Experiment-Teilnehmer erhält in der vorliegenden Untersuchung ein Endowment in Höhe von 36.000 €, welches sich aus dem zu versichernden Pkw im Wert von 30.000 € sowie liquiden Mitteln in Höhe von 6.000 € zusammensetzt.

Zur Erfüllung des Saliency-Kriteriums der Induced-Value-Theorie ist es erforderlich, dass die finanziellen Anreize der Experiment-Teilnehmer von deren getroffenen Entscheidungen abhängig sind. Dies wird dadurch erreicht, dass die Anreizhöhe zum einen von der gekauften Kfz-Kaskoversicherungsalternative abhängt sowie von dem eingetretenen Umweltzustand, der determiniert, ob ein Totalschaden am Pkw eintritt oder nicht.[455] Die Höhe der Auszahlung an die Probanden bestimmt sich anhand des Endvermögens nach Abschluss des Experiments. Hierbei ist zu beachten, dass sich die liquiden Mittel der Experiment-Teilnehmer beim Kauf einer Kfz-Kaskoversicherung entsprechend der jeweiligen Versicherungsprämie reduzieren. Weiterhin reduzieren sich die liquiden Mittel im Fall eines eingetretenen Totalschadens um die Höhe der Selbstbeteiligung, falls die gekaufte Kfz-Kaskoversicherungsalternative eine solche beinhaltet. Falls der Umweltzustand eines Teilkaskoschadens (Wahrscheinlichkeit $p_{TK} = 0{,}01$) oder eines Vollkaskoschadens (Wahrscheinlichkeit $p_{VK} = 0{,}04$) eintritt, reduziert sich der Wert des Pkws durch den Totalschaden auf 0 €. Beim Kauf einer Kfz-Kaskoversicherung durch den Experiment-Teilnehmer erstattet die Versicherung allerdings den am Pkw eingetretenen Totalschaden für die über sie abgedeckten Risiken zu 100 %.[456]

Da die Höhe der monetären Anreize beim implementierten Anreizmechanismus ausschließlich von der eigenen getroffenen Kfz-Kaskoversicherungsentscheidung und einem Zufallsein-

---

454 Vgl. z. B. Kroll/Levy/Rapoport (1988a); Kroll/Levy/Rapoport (1988b); Kroll/Levy (1992); Weber/Camerer (1992); Zuber (2005), S. 107 f. und Sunder (1995). Spann/Skiera (2003), S. 1314 ff. und Spann (2002), S. 99 ff. geben daneben einen Überblick zu weiteren Gestaltungsmöglichkeiten von Anreizstrukturen.

455 Annahmegemäß treten entweder keine Schäden am Pkw auf ($p_{NS} = 0{,}95$) oder Totalschäden, die durch Teilkaskoschäden ($p_{TK} = 0{,}01$) oder Vollkaskoschäden ($p_{VK} = 0{,}04$) verursacht werden. Von einer (realistischeren) kontinuierlichen Verteilung der Schadenshöhen zwischen den Grenzen „kein Schaden“ und „Totalschaden“ wird aus Gründen der Komplexitätsreduktion abgesehen.

456 Die vollständige Erstattung eines eingetretenen Totalschadens stellt ebenfalls eine vereinfachende Annahme dar, die allerdings zu keinen Änderungen der grundsätzlichen Effekte führt. Zu bedenken ist daneben, dass nur die Schäden von der Versicherung erstattet werden, die über die gekaufte Versicherungsalternative gedeckt sind. Hat beispielsweise ein Experiment-Teilnehmer eine Kfz-Teilkaskoversicherung gekauft und es tritt ein Vollkaskoschaden an seinem Pkw ein, erstattet die Versicherung den Totalschaden nicht.

fluss (in Form des letztlich realisierten Umweltzustands) abhängig ist, kann der Mechanismus auf jeden Fall als anreizkompatibel im weiteren Sinne bezeichnet werden.[457] Die Experiment-Teilnehmer sind bei ihren Überlegungen in Bezug auf das erzielte Endvermögen bzw. die monetären Anreize einem Trade-Off zwischen dem möglichen Verlustrisiko und der Höhe der zu leistenden Versicherungsprämie und Selbstbeteiligung ausgesetzt. Insofern sollten die Experiment-Teilnehmer keinen Anreiz haben, von ihren „wahren" Präferenzen abzuweichen, wie dies auch bei anreizkompatiblen Mechanismen im engeren Sinne der Fall ist.[458]

Das Dominance-Kriterium der Induce-Value-Theorie erfordert, dass das Nutzenniveau der Experiment-Teilnehmer ausschließlich von der Entlohnung abhängt, wonach empfohlen wird, dass die Höhe der monetären Anreize mindestens die subjektiven Kosten der Teilnahme kompensieren sollte.[459] Zur Erfüllung dieser Bedingung wird häufig eine Orientierung am Stundenlohn von Studierenden in einem Nebenjob vorgeschlagen.[460] Dementsprechend wird das Endvermögen der Experiment-Teilnehmer nach dem Experiment mit einem Umrechnungsfaktor von 3.000 € (Experiment) : 1 € (reale Auszahlung) transformiert.[461] Daneben erhält jeder Experiment-Teilnehmer eine Vergütung von 3 € für die Teilnahme, die entscheidungsunabhängig ausgezahlt wird. Damit ergibt sich eine mögliche Bandbreite der finanziellen Anreize für die Experiment-Teilnehmer zwischen 4,90 € und 15 €.[462]

Die verbleibenden beiden Kriterien der Induced-Value-Theorie können ebenfalls als erfüllt erachtet werden – das Nonsatiation-Kriterium sollte bei Studierenden der Wirtschaftswissen-

---

457 Vgl. Schade (2004), S. 569.

458 Von dem Einsatz „klassischer" anreizkompatibler Mechanismen im engeren Sinne wurde jedoch aus Gründen der Komplexitätsreduktion abgesehen. Es zeigt sich, dass beim Einsatz dieser Methoden ein erheblicher zusätzlicher Erklärungsaufwand erforderlich ist und es leicht zu Verständnisproblemen seitens der Probanden kommen kann. Vgl. Ruprecht (2005), S. 93 ff.; Sattler/Nitschke (2003), S. 373 ff. und Völckner (2006a), S. 48. Für die einzelnen Mechanismen wird auf die Literatur verwiesen. Vgl. Vickrey (1961) zur Vickrey-Auktion, McAfee/McMillan (1987), S. 702 zur Englischen Auktion, Becker/DeGroot/Marschak (1964) zum BDM-Mechanismus, Schade (1999), S. 104 ff. und Schade/Kunreuther (2002), S. 8 f. zum Secret-Price-Mechanismus.

459 Vgl. Smith (1982), S. 934 und Smith/Walker (1993a).

460 Vgl. Kroll/Levy/Rapoport (1988a), S. 395 f.; Friedman/Sunder (1994), S. 50 und Hey/Orme (1994), S. 1293.

461 Vgl. auch Smith/Walker (1993b), S. 240; Stott (2006), S. 113; Kachelmeier/Shehata (1992), S. 1134; Pommerehne/Schneider/Zweifel (1982), S. 569; Harrison (1994), S. 233; Schade (2004), S. 569; Zuber (2005), S. 108 und Steul (2005), S. 88.

462 Vgl. zu einem vergleichbaren Anreizmechanismus Stott (2006), S. 112 f. Die durchschnittliche Auszahlung der Experiment-Teilnehmer betrug 14,67 € bei einem durchschnittlichen Zeitaufwand von etwa einer Stunde. Somit kann das Dominance-Kriterium als erfüllt angesehen werden.

schaften generell erfüllt sein, dem Privacy-Kriterium wird dadurch Genüge getragen, dass jeder Experiment-Teilnehmer nur Informationen über die eigene Auszahlung erhält.[463]

Der Einsatz eines Umrechungsfaktors zwischen dem Endvermögen im Experiment und den realen monetären Auszahlungen der Experiment-Teilnehmer ist in der vorliegenden Untersuchung wegen des begrenzten Forschungsbudgets unabdingbar.[464] Zur Gewährleistung eines realitätsnahen Framings und der angestrebten Relevanz der Ergebnisse für Anbieter von Kfz-Kaskoversicherungen ist es andererseits aber auch erforderlich, dass die zur Entscheidung stehenden Geldbeträge mehrere tausend Euro umfassen.

Diese Konstellation mit hohen monetären Beträgen im Experiment und einem Umrechnungsfaktor könnte einen Effekt auf die Wahrnehmung der Stimuli durch die Experiment-Teilnehmer ausüben.[465] In einer Untersuchung von Kachelmeier und Shehata (1992) zeigten sich allerdings keine systematischen Einflüsse durch eine solche Vorgehensweise.[466] Dabei wurden Sicherheitsäquivalente für zwei Gruppen kanadischer Studenten erhoben. Die erste Gruppe erhielt dabei „normalskalierte" Stimuli und finanzielle Anreize ohne einen Umrechnungsfaktor. Der zweiten Gruppe wurden dieselben Stimuli mit um den Faktor 100 „hochskalierten" Auszahlungen präsentiert und die finanziellen Anreize mit einem Umrechnungsfaktor von 100 : 1 ausbezahlt. Hierdurch ergaben sich zwar nominal größere Stimuli, aber effektiv dieselbe Anreizhöhe, was keine systematischen Unterschiede zwischen den beiden Gruppen verursachte.

Abschließend sollen noch einige Probleme diskutiert werden, die sich allgemein durch die Bereitstellung von Endowments (Anfangsausstattungen) ergeben können. Das Endowment in Höhe von 36.000 € für jeden Experiment-Teilnehmer stellt zunächst einmal ein Geschenk dieses Betrages dar. Im Wesentlichen besteht die Gefahr, dass sich Experiment-Teilnehmer aufgrund des Endowments anders verhalten als sie dies ohne Endowment tun würden.

---

[463] Vgl. auch Zuber (2005), S. 107 und Steul (2005), S. 87.

[464] Andere Autoren schlagen vor, das gesamte verfügbare Forschungsbudget per Zufallsmechanismus an einen bzw. wenige Probanden zu allozieren, um die Budgetrestriktionen zu erfüllen und die Chance auf einen hohen finanziellen Anreiz zu gewähren. Vgl. z. B. Bolle (1990), S. 157 f.; Schade/Kunreuther/Kaas (2002), S. 5 f. und Schade (2004) S. 569.

[465] Vgl. Stott (2006), S. 113 und Steul (2005), S. 88.

[466] Vgl. Kachelmeier/Shehata (1992), S. 1133 ff. und auch Stott (2006), S. 113.

Zu nennen ist hier erstens der sog. House-Money-Effekt, der besagt, dass sich Personen in Bezug auf geschenktes Geld anders verhalten als bei eigenem Geld.[467] Es kann sein, dass der geschenkte Betrag als Spielgeld angesehen wird und die Experiment-Teilnehmer daher wesentlich risikofreudiger entscheiden, als sie es in der Realität tun würden. Dies resultiert daraus, dass Verluste mental zunächst als Reduktion des geschenkten Betrages wahrgenommen werden, was weniger schmerzhaft erscheint als der Verlust von eigenem Geld.

Zu einem gegensätzlichen Resultat würde der sog. Endowment-Effekt bzw. Status-quo-Bias führen.[468] Hierbei verbuchen die Probanden das Endowment mental als eigenes Geld und bilden folglich einen neuen Referenzpunkt.[469] Aufgrund einer Verlustaversion der Probanden verursacht ein negatives Abweichen vom Status quo mentale Kosten und die Experiment-Teilnehmer sind deshalb bestrebt, den Status quo möglichst beizubehalten. Dieses Verhalten impliziert eine stärkere Risikoscheu der Experiment-Teilnehmer.[470]

Diese beiden möglicherweise eintretenden Effekte sind allerdings beim Einsatz von Endowments nicht grundsätzlich zu verhindern. Dennoch erscheint der Einsatz eines Endowments gerechtfertigt, da im vorliegenden Experiment die Verluste für die Experiment-Teilnehmer nur auf diesem Weg erlebbar gemacht werden können, die beispielsweise durch einen Totalschaden des Pkws entstehen. Die Problematik mit Endowments stellt sich generell bei der Realisierung von Verlusten in Experimenten.[471] Die einzige Handhabe, die genannten Effekte zu verhindern – nämlich die Probanden entsprechende Verluste aus dem eigenen Budget realisieren zu lassen –, erscheint nicht praktikabel. Zum einen ergeben sich in diesem Fall rechtliche Schwierigkeiten, da die Grenze zu Glücksspielen an dieser Stelle fließend ist.[472] Zum anderen dürfte dieser Ansatz wenig geeignet sein, da wohl kaum ein Proband zur Teilnahme

---

[467] Vgl. Thaler/Johnson (1990), S. 657; Battalio/Kagel/Jiranyakul (1990), S. 33 ff. und Krahnen/Rieck/Theissen (1997a), S. 17 f.

[468] Vgl. Kahneman/Knetsch/Thaler (1990); Kahneman/Knetsch/Thaler (1991); Samuelson/Zeckhauser (1988) und Smith (1994), S. 124.

[469] Vgl. Thaler (1980), S. 44; Kahneman/Knetsch/Thaler (1991), S. 194 ff. und Krahnen/Rieck/Theissen (1999), S. 36.

[470] Vgl. Krahnen/Rieck/Theissen (1999), S. 36 f.; Spann/Skiera (2003), S. 1317 und Weber (1993), S. 480 ff.

[471] Vgl. Etchart-Vincent (2004), S. 221 und auch Fennema/van Assen (1999), S. 284 und Camerer/Kunreuther (1989), S. 273 f.

[472] Vgl. Krahnen/Rieck/Theissen (1997a), S. 17 f.; Wahrenburg (1998), S. 215 und auch Murray (1972), S. 34.

an einem Experiment bereit sein dürfte, bei dem er monetäre Konsequenzen in Form von Verlusten aus eigener Tasche tragen muss.[473]

4.5 Durchführung der Untersuchung

Das Experiment zu Kfz-Kaskoversicherungsentscheidungen wurde im Zeitraum vom 25.04.2006 bis 31.05.2006 im PC-Pool der Johann Wolfgang Goethe-Universität in Frankfurt am Main durchgeführt. Insgesamt konnten für die Teilnahme 296 Experiment-Teilnehmer gewonnen werden. Wegen aufgetretener Netzwerkprobleme müssen jedoch 8 Teilnehmer ausgeschlossen werden, für die keine Daten erfasst werden konnten. Des Weiteren konnten 15 Datensätze nur unvollständig erfasst werden, sodass sich letztlich eine Stichprobe von 273 Probanden ergibt, die zur Auswertung zur Verfügung steht.

Das Experiment wurde computergestützt mittels des in Kapitel 4.2 beschriebenen Befragungstools in Anwesenheit eines Experiment-Leiters durchgeführt. Zunächst wurden die Experiment-Teilnehmer in einer kurzen Präsentation durch den Experiment-Leiter über wesentliche Aspekte des Experiments informiert. Dies umfasste Informationen zu den Produkteigenschaften der Kfz-Kaskoversicherung, zu der zugrunde liegenden Entscheidungssituation (Wert des zu versichernden Pkws, Höhe der liquiden Mittel, Eintrittswahrscheinlichkeiten der möglichen Umweltzustände), der Funktionsweise des Anreizmechanismus sowie zwei Beispiele zu den vorzunehmenden Lotterievergleichen. All diese Informationen sind im Befragungstool für die Experiment-Teilnehmer zusätzlich während des gesamten Experiments über eine Hilfefunktion abrufbar. Allerdings erscheint eine solche persönliche, verbale Information zu Beginn des Experiments sinnvoll, um den Experiment-Teilnehmern den Einstieg zu erleichtern, sie alle auf den gleichen Informationsstand zu versetzen und das Verständnis der durchzuführenden Aufgabenstellung zu erhöhen.

Zwei Gründe sprechen für eine computergestützte Durchführung des Experiments mit einem Experiment-Leiter im Vergleich zu einer rein selbständigen, webbasierten Vorgehensweise der Experiment-Teilnehmer: Erstens kann die Komplexität des Gesamtdesigns hinsichtlich der kognitiven Anforderungen, die an die Probanden gestellt werden, als hoch eingestuft werden.[474] Durch die Anwesenheit des Experiment-Leiters können ggf. auftretende Fragen „face

[473] Vgl. Spann/Skiera (2003), S. 1315 und Steul (2005), S. 89.

[474] Vgl. für diese Vorgehensweise auch Abdellaoui (2000), S. 1502 und Abdellaoui/Barrios/Wakker (2007), S. 364 bei der Erhebung von Funktionen der CPT. Abdellaoui/Vossmann/Weber (2005) führen sogar persönliche, computergestützte Interviews durch den Experiment-Leiter individuell mit jedem Probanden durch. Vgl. Abdellaoui/Vossmann/Weber (2005), S. 1388.

to face“ geklärt werden, was eine Erleichterung für die Probanden darstellt. Zweitens ist auch die Dauer des Experiments recht hoch. Die durchschnittliche Bearbeitungsdauer der Probanden betrug ca. 43 Minuten. Inklusive der Präsentation vor Beginn des Experiments betrug die durchschnittliche Dauer etwa eine Stunde.

5 Ergebnisse der empirischen Untersuchung zur Analyse von Kfz-Kaskoversicherungsentscheidungen

Ziel dieses Kapitels ist die Darstellung der Ergebnisse des in Kapitel 4 vorgestellten Experiments. Dazu wird zunächst auf die verwendete Stichprobe in der empirischen Untersuchung eingegangen (Kap. 5.1). Im Anschluss folgen die Untersuchungsergebnisse zu den drei eingesetzten Entscheidungsmodellen zur Analyse von Kfz-Kaskoversicherungsentscheidungen: Erwartungsnutzentheorie (Kap. 5.2), Cumulative Prospect Theorie (Kap. 5.3) und Conjoint Analyse (Kap. 5.4). Ein Vergleich der Prognosegüte der untersuchten Modelle in Bezug auf Kfz-Kaskoversicherungsentscheidungen wird in Kapitel 5.5 vorgenommen. Den letzten Teil des Kapitels bildet eine abschließende Diskussion der Ergebnisse der empirischen Untersuchung (Kap. 5.6).

5.1 Stichprobe der empirischen Untersuchung

Insgesamt werden 273 Experiment-Teilnehmer zur Auswertung herangezogen. Das durchschnittliche Alter dieser Stichprobe liegt bei 24,21 Jahren. Von den Probanden sind 153 (56,0 %) männlich und 120 (44,0 %) weiblich. Es handelt sich dabei überwiegend um Studierende der Wirtschaftswissenschaften, wobei auch einige andere Berufsgruppen unter den Experiment-Teilnehmern vertreten sind, wie aus Tabelle 14 entnommen werden kann.

Tabelle 14: Berufliche Position der Experiment-Teilnehmer

Berufliche Position	Anzahl	Prozent
Studierende – Wirtschaftswissenschaften	227	83,2 %
Studierende – sonstige Studienfächer	38	13,9 %
Angestellte	2	0,7 %
Selbständige	5	1,8 %
Sonstige	1	0,4 %
gesamt	273	100,0 %

Die Experiment-Teilnehmer haben für sich persönlich durchschnittlich 2,44 Versicherungsverträge abgeschlossen. Am häufigsten ist darunter die Kfz-Haftpflichtversicherung vertreten, gefolgt von der privaten Haftpflichtversicherung und der Kfz-Teilkaskoversicherung. Tabelle 15 gibt einen Überblick über die von den Experiment-Teilnehmern abgeschlossenen Versicherungsverträge sowie den Anteil an Personen der Gesamtstichprobe, die die jeweiligen Versicherungsverträge abgeschlossen haben:

Tabelle 15: Abgeschlossene Versicherungsverträge der Experiment-Teilnehmer

Versicherung	Anzahl	Prozent der Gesamtstichprobe
Kfz-Haftpflichtversicherung	126	46,2 %
Kfz-Teilkaskoversicherung	81	29,7 %
Kfz-Vollkaskoversicherung	44	16,1 %
Kfz-Insassen-Unfallschutzversicherung	12	4,4 %
Private Haftpflichtversicherung	98	35,9 %
Private Unfallversicherung	56	20,5 %
Hausratversicherung	48	17,6 %
Rechtschutzversicherung	30	11,0 %
Lebensversicherung	76	27,8 %
Rentenversicherung	65	23,8 %
Berufsunfähigkeitsversicherung	30	11,0 %

Das monatlich verfügbare Bruttoeinkommen der meisten Probanden (41,0 % der Stichprobe) liegt zwischen 200 € und 500 €. Weitere 26,0 % der Probanden der Stichprobe ordnen sich der Einkommensklasse von 500 € bis 800 € zu. Die überwiegende Mehrheit der Experiment-Teilnehmer (97,8 %) besitzt einen Führerschein. In Bezug auf Unfälle mit dem Pkw ergibt sich, dass 30,8 % der Experiment-Teilnehmer in der Vergangenheit bereits mindestens einen fremdverschuldeten Unfall hatten. Der Anteil an Personen, die in der Vergangenheit mindestens einen selbstverschuldeten Unfall hatten, ist mit 35,9 % der Stichprobe leicht höher.

5.2 Erwartungsnutzentheorie: Nutzenbewertung von Kfz-Kaskoversicherungen

In Kapitel 5.2 werden die Ergebnisse der Erwartungsnutzentheorie zur Analyse von Kfz-Kaskoversicherungsentscheidungen dargestellt. Nach der Präsentation der Ergebnisse auf individueller Ebene (Kap. 5.2.1) erfolgt anschließend die Darstellung auf Segmentebene (Kap. 5.2.2).

5.2.1 Ergebnisse auf individueller Ebene

Zur Analyse der von den Probanden getroffenen Kfz-Kaskoversicherungsentscheidungen mittels der Erwartungsnutzentheorie müssen zunächst die individuellen Nutzenfunktionen der Probanden geschätzt werden. Dazu wurde für jeden Probanden mit der Trade-Off-Methode eine Reihe von Stützpunkten erhoben (vgl. Kap. 4.3.3), aus denen die individuellen Nutzenfunktionen mittels einer nichtlinearen Regressionsanalyse[475] geschätzt wurden. Als Funktionsform wurde dazu eine Potenzfunktion (23) unterstellt. Diese Funktionsform wird sehr häufig bei der empirischen Erhebung von Nutzenfunktionen eingesetzt und hat zudem den Vorteil, dass sie flexibel ist, um alle möglichen Arten der Risikoeinstellung (Risikoaversion, Risikoneutralität, Risikofreude) eines Entscheidungsträgers nach der Erwartungsnutzentheorie abbilden zu können.[476] Dieser Umstand äußert sich in der Krümmung der Nutzenfunktion bzw. im Wert des Parameters α.

(23) $u(x) = x^{\alpha} \qquad \textit{für } x \geq 0$

wobei:

α: Gewichtungsparameter der Nutzenfunktion.

Die auf den 273 individuellen Parameterschätzungen basierenden mittleren Parameterwerte (aus Darstellungsgründen werden nur die mittleren Werte der individuellen Analysen präsentiert) sind in Tabelle 16 abgebildet.

Tabelle 16: Mittlere Parameter der Nutzenfunktion der Erwartungsnutzentheorie

	α
Mittelwert	0,748
Median	0,674
Standardabweichung	0,352

[475] Vgl. zur nichtlinearen Regressionsanalyse z. B. Bortz (2005), S. 196 ff.; Gujarati (2003), S. 563 ff. und Fahrmeir/Kaufmann/Kredler (1984), S. 145 ff. In der vorliegenden Untersuchung wurden diese Schätzungen mittels der Prozedur NLR mit der Software SPSS 12 durchgeführt.

[476] Vgl. Abdellaoui/Barrios/Wakker (2007), S. 362; Stott (2006), S. 106 f.; Etchart-Vincent (2004), S. 220; Abdellaoui/Vossmann/Weber (2005), S. 1391; Zank (2001), S. 67 f. und auch Stevens (1957).

Der Verlauf der Funktionsform der Median-Nutzenfunktion wird in Abbildung 23 veranschaulicht.[477] Der Funktionsverlauf ist konsistent mit der Annahme, dass Entscheidungsträger im Allgemeinen risikoavers sind, was bei der Erwartungsnutzentheorie unterstellt wird.[478]

Abbildung 23: Funktionsverlauf der Median-Nutzenfunktion der EUT

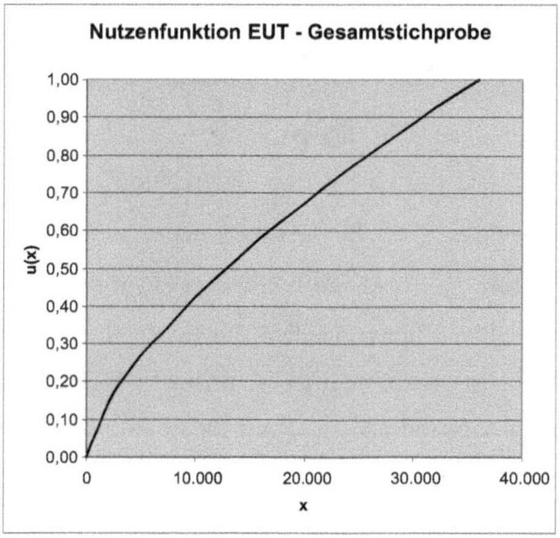

Zur Überprüfung der Reliabilität der von den Experiment-Teilnehmern erhobenen Indifferenzwerte, auf denen die Schätzung der individuellen Nutzenfunktionen beruht, wurde der Indifferenzwert x_2^+ am Ende des Experiments nochmals erhoben. Basierend auf den Indifferenzwerten der ersten und zweiten Erhebung kann eine Reliabilitätsprüfung durchgeführt werden, deren Ergebnisse Tabelle 17 zu entnehmen sind.[479]

477 Die Darstellung der Median-Funktionen erfolgt in Übereinstimmung mit anderen Untersuchungen aufgrund der größeren Robustheit gegenüber Ausreißern im Vergleich zu Mittelwert-Funktionen. Vgl. z. B. Fahrmeir et al. (1999), S. 51 ff.

478 Ein bestimmter Parameterwert α der Nutzenfunktion, der als Referenzwert bei der Erwartungsnutzentheorie herangezogen werden kann, existiert im Unterschied zur Cumulative Prospect Theorie in der Literatur nicht. Bei der Cumulative Prospect Theorie können die von Tversky/Kahneman (1992) geschätzten Funktionsparameter als Referenzparameter herangezogen werden. Vgl. Tversky/Kahneman (1992), S. 311 f.

479 Vgl. Abdellaoui/Vossmann/Weber (2005), S. 1389 f.; Etchart-Vincent (2004), S. 222 f.; Voßmann (2004), S. 36 f. und auch Peter (1979).

Tabelle 17: Reliabilität der individuellen Nutzenfunktionen

Indifferenzwert	x_2^+
Pearson-Korrelation	$0{,}283^{**}$
t-Test[a]: t-Wert	$t_{272} = 0{,}346^{ns}$

[a] t-Test für gepaarte Stichproben, zweiseitig; ** signifikant p = 0,01; ns = nicht signifikant

Die Ergebnisse der Reliabilitätsprüfung können als gemischt angesehen werden, insbesondere der Pearsonsche Korrelationskoeffizient verdeutlicht nur eine geringe Korrelation zwischen der ersten und zweiten Erhebung des Indifferenzwerts x_2^+.[480] Ein t-Test für gepaarte Stichproben (zweiseitig) kommt allerdings zu dem Ergebnis, dass sich die Werte der beiden Erhebungen des betrachteten Indifferenzwerts nicht signifikant unterscheiden. Ein Grund für die geringe Korrelation ist möglicherweise auch darin zu sehen, dass die Experiment-Teilnehmer nach einem bereits geleisteten hohen Befragungsaufwand nochmals mit für sie kognitiv sehr aufwändigen Fragen konfrontiert wurden und dementsprechend bei der Beantwortung nicht mehr so sorgfältig nachgedacht haben wie bei der ersten Erhebung.

Auf eine Darstellung der Präferenzrangfolge für die 11 durch die Experiment-Teilnehmer zu beurteilenden Kfz-Kaskoversicherungsalternativen wird hier verzichtet, da sich für jede Person individuell eine andere Rangfolge ergeben kann.[481]

5.2.2 Ergebnisse auf Segmentebene

Neben der Analyse der Ergebnisse auf individueller Ebene ist auch eine Analyse auf einem höheren Aggregationsniveau von Interesse. Dies dient insbesondere der Identifikation von Kundensegmenten, die sich hinsichtlich ihrer Präferenzstruktur unterscheiden, und zur Ableitung daraus resultierender Marketingimplikationen für die Anbieter von Kfz-Kaskoversicherungen. Im Rahmen der Erwartungsnutzentheorie wurden daher aufbauend auf den zuvor dargestellten individuellen Ergebnissen (vgl. Kap. 5.2.1) exogen drei Segmente gebildet. Die Einteilung der Segmente erfolgt dabei anhand der drei „natürlichen" Segmente, die sich mittels der Risikoeinstellung der Entscheidungsträger bilden lassen (Post-Hoc-

480 Vgl. Bühl/Zöfel (2000), S. 320. Für reliable Messungen sollte der Pearsonsche Korrelationskoeffizient mindestens 0,7 betragen. Vgl. Himme (2006), S. 386 und Nunnally/Bernstein (1994), S. 264 f.

481 Die mittleren Präferenzrangfolgen, die sich auf Segmentebene ergeben, werden in Kap. 5.2.2 diskutiert, die individuellen Präferenzrangfolgen werden im Rahmen der Analyse der Prognosegüte der untersuchten Entscheidungsmodelle (Kap. 5.5.1) herangezogen.

Blocking).[482] In Abhängigkeit des Parameters α der Nutzenfunktion ($\alpha < 1$, $\alpha = 1$, $\alpha > 1$) wurden somit drei Segmente (risikoaverse, risikoneutrale und risikofreudige Probanden) gebildet, die im Folgenden dargestellt werden.

Segment 1 „Die Risikoaversen"

Dieses Segment ist mit n = 203 Probanden (74,36 % der Stichprobe) das größte Segment. Dies erscheint im Hinblick auf die im Rahmen der EUT allgemein unterstellte Risikoaversion von Entscheidungsträgern vernünftig. Für die Probanden dieses Segments ergeben sich die in Tabelle 18 dargestellten mittleren Parameterwerte für die Nutzenfunktion:

Tabelle 18: Mittlere Parameter der Nutzenfunktion der Erwartungsnutzentheorie für Segment 1

	α
Mittelwert	0,603
Median	0,589
Standardabweichung	0,187

Der Funktionsverlauf der Median-Nutzenfunktion stellt somit eine konkave Nutzenfunktion dar, die in Abbildung 24 abgebildet ist:

Abbildung 24: Funktionsverlauf der Median-Nutzenfunktion der EUT für Segment 1

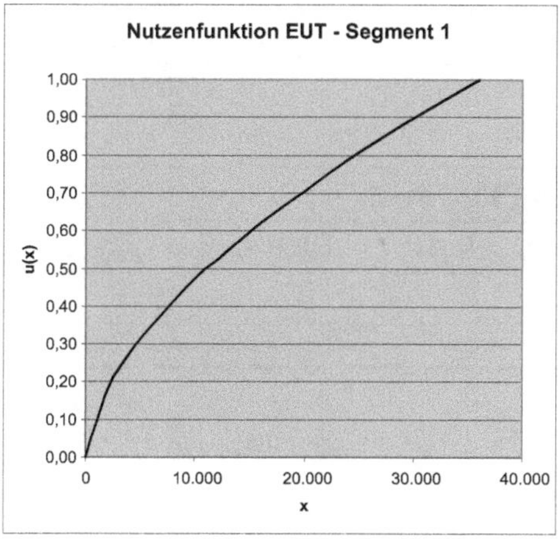

482 Vgl. Hüttner (1989), S. 131; Zuber (2005), S. 140; Bortz/Döring (1995), S. 500 f. und Hair et al. (2006), S. 403.

Die Probanden in diesem Segment sind überwiegend männlich (58,1 %) und haben insgesamt die höchste subjektive Wahrscheinlichkeitsschätzung (p_{VK} = 0,1001) innerhalb eines Jahres einen Vollkaskoschaden zu erleiden. Weiterhin stimmen 89,7 % der Probanden von Segment 1 der Aussage zu, dass sie bei ihren Versicherungsentscheidungen die Kosten der Versicherung mit der erwarteten Schadenshöhe verglichen haben, was dem höchsten Anteil unter allen drei Segmenten entspricht.[483] Des Weiteren äußern 70,9 % der Probanden des Segments Zustimmung zu der Aussage, dass sie beruhigter sind, wenn sie wissen, dass sie einen umfassenden Versicherungsschutz genießen.

Die Präferenzstruktur für die zur Wahl stehenden 11 Kfz-Kaskoversicherungsalternativen kann nun ermittelt werden, indem die Endvermögenszustände der jeweiligen Versicherungsalternativen in allen Umweltzuständen berechnet und mittels der Median-Nutzenfunktion (vgl. (23) und Tabelle 18) in Nutzenwerte transformiert werden. Zur Verdeutlichung der Vorgehensweise wird für die Kfz-Kaskoversicherungsalternative 4 – eine Teilkaskoversicherung mit einer Selbstbeteiligung von 300 € und einer Versicherungsprämie von 150 € (vgl. Tabelle 20) – die Berechnung des Erwartungsnutzens vorgenommen. Die Endvermögenszustände und Nutzenwerte dieser Alternative in den einzelnen Umweltzuständen sind in Tabelle 19 aufgeführt.

Tabelle 19: Endvermögenszustände und Nutzenwerte des Rechenbeispiels für Kfz-Kaskoversicherungsalternative 4 nach der EUT

Ergebnismatrix (Endvermögenszustände)[a]		
Nichtschaden $p_{NS} = 0{,}95$	Teilkaskoschaden $p_{TK} = 0{,}01$	Vollkaskoschaden $p_{VK} = 0{,}04$
35.850	35.550	5.850

Nutzenmatrix (in Nutzenwerte transformierte Endvermögenszustände)[b]		
Nichtschaden $p_{NS} = 0{,}95$	Teilkaskoschaden $p_{TK} = 0{,}01$	Vollkaskoschaden $p_{VK} = 0{,}04$
479,15	476,78	164,85

[a] das maximal erreichbare Endvermögen beträgt aufgrund des Endowments 36.000 €; [b] der exakte Median-Parameter ist $\alpha = 0{,}588533$

Auf Basis des Erwartungsnutzenkriteriums (1) kann dann der Erwartungsnutzen der Alternative berechnet werden und es ergibt sich (24):

483 Diese Aussage und nachfolgende Aussagen wurden auf einer 6er-Skala erhoben (6 – volle Zustimmung, …, 1 – volle Ablehnung). Für die Darstellung hier und im Folgenden wurde eine Aggregation vorgenommen (4-6 – Zustimmung, 1-3 – Ablehnung).

(24) $EU(a_4) = 0{,}95 \cdot 479{,}15 + 0{,}01 \cdot 476{,}78 + 0{,}04 \cdot 164{,}85 = 466{,}55$

Basierend auf der Median-Nutzenfunktion lässt sich für die Probanden von Segment 1 analog der zuvor skizzierten Vorgehensweise die nachfolgend abgebildete Präferenzstruktur für alle 11 zur Wahl stehenden Kfz-Kaskoversicherungsalternativen bestimmen:

Tabelle 20: Mittlere Präferenzstruktur der Probanden nach der EUT für Segment 1

Nr.	Deckung TK-Schäden	Deckung VK-Schäden	Selbstbeteiligung	Versicherungsprämie	EU	errechneter Rang
7	✓	✓	1.000 €	700 €	474,407	1
8	✓	✓	0 €	1.000 €	472,426	2
9	✓	✓	300 €	1.000 €	472,307	3
10	✓	✓	0 €	1.500 €	468,442	4
11	✓	✓	300 €	1.500 €	468,322	5
2	✓	–	300 €	100 €	466,960	6
3	✓	–	1.000 €	100 €	466,905	7
4	✓	–	300 €	150 €	466,550	8
5	✓	–	1.000 €	150 €	466,494	9
6	✓	–	0 €	300 €	465,340	10
1	–	–	0 €	0 €	464,674	11

Nichtwahl-Alternative Teilkaskoversicherung Vollkaskoversicherung

Wie aus Tabelle 20 ersichtlich, erhalten die Vollkasko-Alternativen die höchsten Ränge in der Präferenzrangfolge, gefolgt von den Teilkasko-Alternativen. Die Nichtwahl-Alternative (kein Abschluss einer Kfz-Kaskoversicherung) ist bei den Probanden des Segments 1 die am wenigsten präferierte Alternative. Die ermittelte Präferenzrangfolge erscheint im Hinblick auf die Beschreibung des Segments konsistent. Die durchgehend höchsten Präferenzen für Vollkaskoversicherungen sind zum einen damit erklärbar, dass sich viele Probanden bei einem umfassenden Versicherungsschutz, den Vollkaskoversicherungen im Vergleich zu Teilkaskoversicherungen oder der Nichtversicherung bieten, beruhigter fühlen. Zum anderen haben die Probanden des Segments die höchste subjektive Wahrscheinlichkeitsschätzung, einen Vollkaskoschaden innerhalb eines Jahres zu erleiden. Die höchste Präferenz für die Versicherungsalternative 7 kann mit dem hohen Anteil an Personen begründet werden, die versucht haben die Kosten der Versicherung und die erwartete Schadenshöhe miteinander abzuwägen.

Segment 2 „Die Risikoneutralen"

Das Segment 2 umfasst $n = 33$ Probanden (12,09 % der Stichprobe) und ist somit das kleinste der Segmente bei der Erwartungsnutzentheorie. Die mittleren Parameterwerte sind hierfür in Tabelle 21 dargestellt.

Tabelle 21: Mittlere Parameter der Nutzenfunktion der Erwartungsnutzentheorie für Segment 2

	α
Mittelwert	1,000
Median	1,000
Standardabweichung	0,000

Bemerkenswert hierbei ist, dass die Probanden des Segments 2 alle genau einen Parameterwert α = 1,000 der Nutzenfunktion aufweisen, d. h. keinerlei Standardabweichung besteht. Diese Tatsache ist damit zu begründen, dass die Probanden bei der Erhebung ihrer Nutzenfunktion gerechnet haben müssen. Eine lineare Nutzenfunktion kommt mittels der Trade-Off-Methode dann zustande, wenn die Differenzen zwischen zwei nachfolgenden Indifferenzwerten x_l^+ und x_{l+1}^+ für alle Lotterievergleiche $l \in L$ identisch ist.[484] Der Umstand dieser „exakten" Risikoneutralität kann damit begründet werden, dass sich die Stichprobe der Untersuchung hauptsächlich aus Studierenden der Wirtschaftswissenschaften zusammensetzt, die zu einem gewissen Grad mit den Konzepten der Statistik und Entscheidungstheorie vertraut sind und somit eine höhere Affinität zu einer solchen rechnerischen Herangehensweise besitzen dürften. Bei risikoneutralen Personen, die einen anderen beruflichen Status bzw. Bildungshintergrund besitzen, wäre dagegen eine nur in etwa lineare Nutzenfunktion mit einem Parameter α von ungefähr 1 mit einer Standardabweichung $\sigma > 0$ zu erwarten. Für die Probanden des Segments 2 ergibt sich somit allerdings eine exakt lineare Nutzenfunktion (vgl. Abbildung 25).

[484] Vgl. Wakker/Deneffe (1996), S. 1148; Abdellaoui (2000), S. 1505 f.; Abdellaoui/Vossmann/Weber (2005), S. 1390 und Bleichrodt/Pinto (2005), S. 543.

Abbildung 25: Funktionsverlauf der Median-Nutzenfunktion der EUT für Segment 2

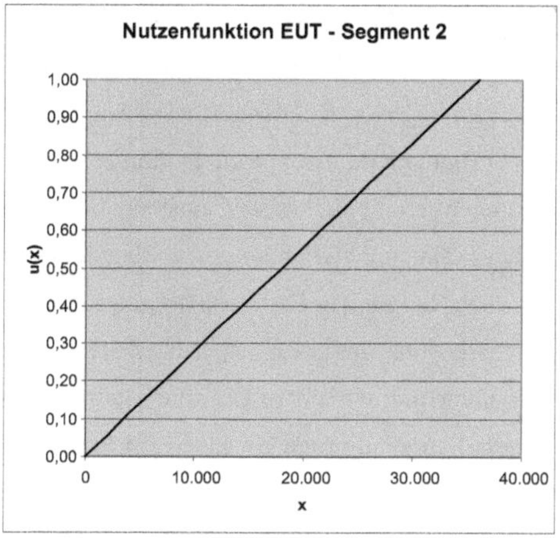

Dieses Segment besitzt den höchsten Anteil an männlichen Probanden unter allen Segmenten (60,6 %). Weiterhin zeichnen sich die Probanden des 2. Segments durch eine rechnerische Herangehensweise bei ihren Kfz-Kaskoversicherungsentscheidungen aus. 84,8 % der Probanden stimmen der Aussage zu, dass sie versucht haben, die Versicherungskosten mit der erwarteten Schadenshöhe zu vergleichen. Daneben stimmen 75,8 % der Probanden der Aussage zu, dass sie die Prämienersparnis durch eine Selbstbeteiligung mit der Höhe der Selbstbeteiligung verglichen haben. In Tabelle 22 ist nachfolgend die Präferenzrangfolge der Probanden von Segment 2 dargestellt, die wieder auf der Median-Nutzenfunktion beruht und sich wie zuvor dargestellt berechnen lässt.

Tabelle 22: Mittlere Präferenzstruktur der Probanden nach der EUT für Segment 2

Nr.	Deckung TK-Schäden	Deckung VK-Schäden	Selbstbeteiligung	Versicherungsprämie	EU	errechneter Rang
7	✓	✓	1.000 €	700 €	35250,000	1
8	✓	✓	0 €	1.000 €	35000,000	2
9	✓	✓	300 €	1.000 €	34985,000	3
2	✓	–	300 €	100 €	34697,000	4
3	✓	–	1.000 €	100 €	34690,000	5
4	✓	–	300 €	150 €	34647,000	6
5	✓	–	1.000 €	150 €	34640,000	7
1	–	–	0 €	0 €	34500,000	8
6	✓	–	0 €	300 €	34500,000	8
10	✓	✓	0 €	1.500 €	34500,000	8
11	✓	✓	300 €	1.500 €	34485,000	11

■ Nichtwahl-Alternative ▒ Teilkaskoversicherung □ Vollkaskoversicherung

In der Präferenzrangfolge ist kein eindeutiges Muster in Bezug auf Voll- oder Teilkaskoversicherungen erkennbar. Einen Erklärungsansatz bietet allerdings der Trade-Off zwischen Prämienhöhe und Selbstbeteiligung, was durch die eher rechnerische Herangehensweise der Probanden beim Treffen ihrer Entscheidungen in diesem Segment untermauert wird. Die jeweils teuersten Vollkasko-Alternativen und Teilkasko-Alternativen erscheinen in der Präferenzrangfolge ganz unten. Die Probanden sind somit eher bereit eine höhere Selbstbeteiligung zu akzeptieren, wenn sie dadurch in den Genuss einer Prämienreduktion kommen. Ebenfalls fällt auf, dass drei Versicherungsalternativen den gleichen Rang in der Präferenzrangfolge aufweisen. Dies resultiert daraus, dass diese Alternativen bedingt durch das experimentelle Design denselben Erwartungswert aufweisen, der bei Risikoneutralität ja dem Erwartungsnutzen entspricht. Auf die Kaufentscheidung hat diese Konstellation aufgrund der niedrigen Präferenzrangfolge aber keinen Einfluss.

Segment 3 „Die Risikofreudigen“

Segment 3 ist ebenfalls ein kleines Segment und setzt sich aus $n = 37$ Probanden (13,55 % der Stichprobe) zusammen. Die mittleren Parameterwerte der Nutzenfunktion der Probanden dieses Segments sind in Tabelle 23 abgebildet.

Tabelle 23: Mittlere Parameter der Nutzenfunktion der Erwartungsnutzentheorie für Segment 3

	α
Mittelwert	1,319
Median	1,171
Standardabweichung	0,476

Bei der Beurteilung der Werte fällt die hohe Standardabweichung von 0,476 auf. Eine nähere Analyse der Parameter der individuellen Nutzenfunktionen für die Mitglieder in Segment 3 zeigt, dass dieser hohe Wert auf fünf Probanden zurückzuführen ist, die sehr hohe Werte für den Parameter α aufweisen und folglich eine stark konvexe Nutzenfunktion haben, also sehr risikofreudig sind.[485] Für die Median-Nutzenfunktion in diesem Segment ergibt sich der in Abbildung 26 dargestellte schwach konvexe Verlauf.

[485] Die genannten fünf Experiment-Teilnehmer weisen Werte für α zwischen 1,941 und 3,055 auf. Die Standardabweichung ohne diese Personen beträgt nur 0,133.

Abbildung 26: Funktionsverlauf der Median-Nutzenfunktion der EUT für Segment 3

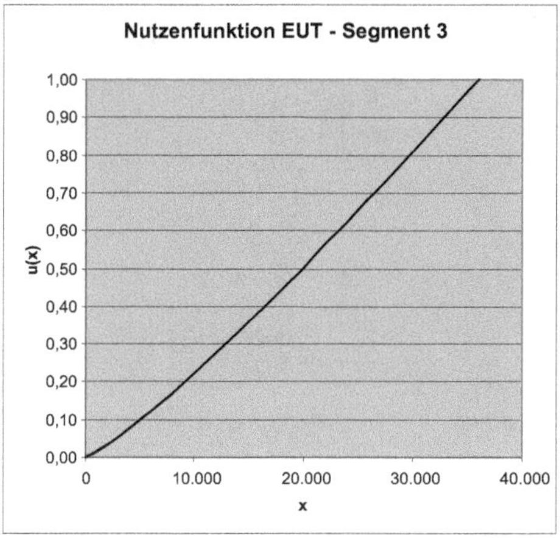

Die Probanden in diesem Segment sind überwiegend weiblich (59,9 %) und treffen ihre Kfz-Kaskoversicherungsentscheidungen von der Herangehensweise ebenfalls eher abwägend und rechnerisch. Segment 3 beinhaltet knapp vor Segment 2 den höchsten Anteil an Personen, die ihre Kenntnisse in Entscheidungstheorie und Statistik als gut einschätzen (73,0 %). Des Weiteren stimmen 78,4 % der Probanden des Segments der Aussage zu, dass sie bei ihren Entscheidungen versucht haben, die erwartete Schadenshöhe mit den Kosten der Kfz-Kaskoversicherungsalternativen abzuwägen. Darüber hinaus beinhaltet Segment 3 den höchsten Anteil an Personen unter allen Segmenten, die der Aussage zustimmen, dass sie die Prämienersparnis durch eine Selbstbeteiligung mit der Höhe der Selbstbeteiligung verglichen haben (86,5 %). Die mittels der Median-Nutzenfunktion der Personen des Segments 3 errechnete Präferenzrangfolge für die zur Auswahl stehenden Kfz-Kaskoversicherungsalternativen ist in Tabelle 24 ersichtlich.

Tabelle 24: Mittlere Präferenzstruktur der Probanden nach der EUT für Segment 3

Nr.	Deckung TK-Schäden	Deckung VK-Schäden	Selbst-beteiligung	Versicherungs-prämie	EU	errechneter Rang
7	✓	✓	1.000 €	700 €	210685,033	1
8	✓	✓	0 €	1.000 €	208935,917	2
9	✓	✓	300 €	1.000 €	208831,159	3
2	✓	–	300 €	100 €	207648,564	4
3	✓	–	1.000 €	100 €	207599,582	5
4	✓	–	300 €	150 €	207301,375	6
5	✓	–	1.000 €	150 €	207252,405	7
1	–	–	0 €	0 €	206469,900	8
6	✓	–	0 €	300 €	206281,404	9
10	✓	✓	0 €	1.500 €	205445,713	10
11	✓	✓	300 €	1.500 €	205341,214	11

Nichtwahl-Alternative   Teilkaskoversicherung   Vollkaskoversicherung

Auch in diesem Segment ist bezüglich der Präferenzrangfolge von Voll- und Teilkaskoversicherungen kein eindeutiges Muster erkennbar. Wie schon bei Segment 2 kann auch hier als Erklärung wieder der Trade-Off zwischen der Höhe der Versicherungsprämie und der Selbstbeteiligung angeführt werden. Die jeweils teuersten Vollkasko-Alternativen und Teilkasko-Alternativen erscheinen in der Präferenzrangfolge ganz unten und ab einer bestimmten Höhe der Versicherungskosten erbringt die Nichtversicherung den Probanden einen höheren erwarteten Nutzen als der Abschluss einer Kfz-Kaskoversicherung. Dies erscheint auch im Hinblick auf die eher abwägende und rechnerische Herangehensweise der Probanden beim Treffen der Kfz-Kaskoversicherungsentscheidungen konsistent.

Auffällig ist, dass die Präferenzrangfolge mit der von Segment 2 identisch ist, abgesehen davon, dass in Segment 3 keine „Ties" vorkommen (dies ist nicht verwunderlich, da der Erwartungswert nicht dem Erwartungsnutzen bei Risikofreude entspricht). Hinsichtlich der gleichen Präferenzstruktur sollte dies damit zusammenhängen, dass die Risikofreude der Probanden in Segment 3 im Mittel nur sehr schwach ausgeprägt ist (vgl. den nur schwach konvexen, fast linearen Verlauf der Median-Nutzenfunktion in Abbildung 26), der im Vergleich zur linearen Median-Nutzenfunktion in Segment 2 zu keiner wesentlichen Änderung der Präferenzstruktur führt. Insgesamt erscheinen sowohl die Präferenzstruktur als auch die Herangehensweise an die Entscheidungen bei den Probanden in den Segmenten 2 und 3 sehr ähnlich.

Zusammenfassend lässt sich für das vorangehende Kapitel festhalten, dass die Nutzenfunktionen der Erwartungsnutzentheorie sowohl auf individueller als auch auf Segmentebene geschätzt werden konnten. Diese Funktionen werden in Kapitel 5.5 zur Ermittlung der Prognosegüte der von den Experiment-Teilnehmern getroffenen Kfz-Kaskoversicherungsentscheidungen herangezogen. Im Rahmen der vorgenommenen Segmentierung wurden drei unterschiedliche Segmente gebildet, die sich hinsichtlich ihres Präferenz- und Entscheidungsverhaltens unterscheiden. In Tabelle 25 sind diese Segmente nochmals überblickartig dargestellt.

Tabelle 25: Überblick über die Segmente nach der Erwartungsnutzentheorie

	Segment 1 „Die Risikoaversen"	**Segment 2 „Die Risikoneutralen"**	**Segment 3 „Die Risikofreudigen"**
Segmentgröße	$n = 203$	$n = 33$	$n = 37$
Errechnete Präferenzrangfolge	VK ≻ TK ≻ NV	gemischt – VK ≻ TK ≻ NV ≻ TK ≻ VK	gemischt – VK ≻ TK ≻ NV ≻ TK ≻ VK
Charakteristika	▪ Überwiegend männlich ▪ Höchste Schätzung Schadeneintrittswahrscheinlichkeit für Vollkaskoschäden ▪ Wunsch nach umfassendem Schutz	▪ Überwiegend männlich ▪ Abwägender, rechnerischer Entscheidungsstil ▪ Vergleich Prämie/SB	▪ Überwiegend weiblich ▪ Abwägender, rechnerischer Entscheidungsstil ▪ Vergleich Prämie/SB

Mit: VK = Vollkaskoversicherungen; TK = Teilkaskoversicherungen; NV = Nichtversicherung; ≻ = präferiert

Das nachfolgende Kapitel beschäftigt sich mit dem zweiten betrachteten Entscheidungsmodell für Kfz-Kaskoversicherungsentscheidungen als Entscheidungen unter Unsicherheit, der Cumulative Prospect Theorie.

5.3 Cumulative Prospect Theorie: Gewichtung von Schadeneintrittswahrscheinlichkeiten

In diesem Abschnitt erfolgt die Darstellung der Ergebnisse zur Cumulative Prospect Theorie. Zunächst werden die Ergebnisse auf individueller Ebene erläutert (Kap. 5.3.1) und anschließend erfolgt wieder die Darstellung auf Segmentebene (Kap. 5.3.2).

5.3.1 Ergebnisse auf individueller Ebene

Zur Analyse der Kfz-Kaskoversicherungsentscheidungen der Probanden mit der Cumulative Prospect Theorie sind zunächst die beiden wesentlichen Elemente, die individuellen Wert- und Entscheidungsgewichtungsfunktionen der Probanden zu bestimmen. Zur Schätzung dieser Funktionen werden die Stützpunkte herangezogen, die für jeden Probanden individuell mit der Trade-Off-Methode für die Wertfunktion bzw. der Certainty-Equivalence-Methode für die Entscheidungsgewichtungsfunktionen erhoben wurden (vgl. zur Vorgehensweise Kap. 4.3.3). Dazu wurden zur Ermittlung der Funktionsverläufe und Schätzung der Parameter der Funktionen jeweils nichtlineare Regressionsanalysen individuell für jeden Probanden durchgeführt.

Für die Wertfunktion der Cumulative Prospect Theorie wurde die folgende Potenzfunktion (25) zugrunde gelegt, die bereits in vielen anderen Untersuchungen eingesetzt wurde:[486]

$$(25) \quad v(x) = \begin{cases} (x)^{\alpha} & falls\ x \geq 0 \\ -(-x)^{\beta} & falls\ x < 0 \end{cases}$$

wobei:

α: Gewichtungsparameter der Wertfunktion für Gewinne,

β: Gewichtungsparameter der Wertfunktion für Verluste.

Auf Basis der 273 individuellen Parameterschätzungen dieser Funktionsform ergeben sich die in Tabelle 26 abgebildeten Ergebnisse. Dabei fällt auf, dass die Parameterwerte im Gewinn- und Verlustbereich sehr ähnlich sind, die Standardabweichung der beiden Parameter α und β ist sogar identisch.

Tabelle 26: Mittlere Parameter der Wertfunktion der Cumulative Prospect Theorie

	α (Gewinnbereich)	**β (Verlustbereich)**
Mittelwert	0,748	0,732
Median	0,674	0,677
Standardabweichung	0,352	0,352

In Abbildung 27 ist der Funktionsverlauf, der sich aus den Median-Parametern für den Gewinnbereich der Wertfunktion $\alpha = 0{,}674$ und für den Verlustbereich $\beta = 0{,}677$ ergibt, grafisch dargestellt. Der positive Ast der Wertfunktion entspricht dabei der zuvor dargestellten EUT-Median-Nutzenfunktion.

486 Vgl. Abdellaoui/Vossmann/Weber (2005), S. 1391; Etchart-Vincent (2004), S. 220; Abdellaoui (2000), S. 1506; Bleichrodt/Pinto (2005), S. 546 f.; Bleichrodt/Pinto (2000), S. 1491; Wakker/Zank (2002), S. 1253 f. und Stott (2006), S. 105 f.

Abbildung 27: Funktionsverlauf der Median-Wertfunktion der CPT

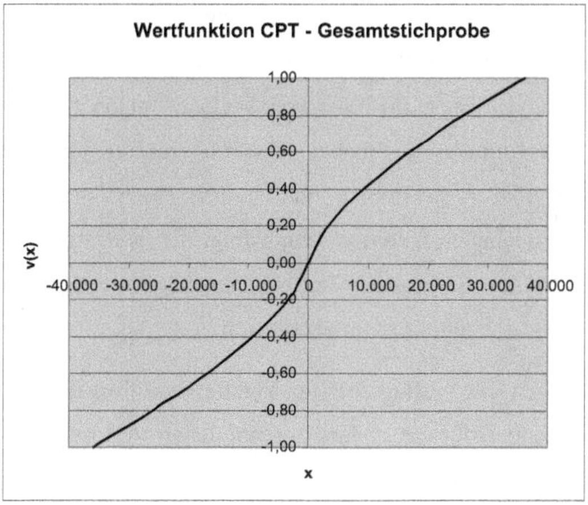

Auch hier wurden zur Überprüfung der Reliabilität zwei Indifferenzwerte (x_2^+ und x_2^-) von den Experiment-Teilnehmern am Ende des Experiments erneut erhoben. Die Resultate der Reliabilitätsprüfung sind aus Tabelle 27 ersichtlich.

Tabelle 27: Reliabilität der individuellen Wertfunktionen

Indifferenzwert	x_2^+	x_2^-
Pearson-Korrelation	$0{,}283^{**}$	$0{,}765^{**}$
t-Test[a]: t-Wert	$t_{272} = 0{,}346^{ns}$	$t_{272} = 0{,}537^{ns}$

[a] t-Test für gepaarte Stichproben, zweiseitig; ** signifikant p = 0,01; ns = nicht signifikant

Die Ergebnisse für den positiven Indifferenzwert x_2^+ entsprechen den schon im Rahmen der EUT dargestellten. Für den Verlustbereich der Wertfunktion erscheint die Reliabilität höher. Insbesondere der Pearsonsche Korrelationskoeffizient ist für den Indifferenzwert x_2^- deutlich höher. Der durchgeführte t-Test für gepaarte Stichproben (zweiseitig) führt jeweils zu dem Ergebnis, dass sich die Indifferenzwerte der ersten und zweiten Messung nicht signifikant voneinander unterscheiden, was für eine reliable Erhebung spricht.

Aus Abbildung 27 wird deutlich, dass die Funktion einen konkaven Verlauf im Gewinnbereich und einen konvexen Verlauf im Verlustbereich aufweist, was konsistent mit dem postulierten Funktionsverlauf der Cumulative Prospect Theorie ist (vgl. Kap. 3.2.2). Die Median-Wertfunktion besitzt allerdings im Gegensatz zu der von Tversky/Kahneman (1992) ermittelten Wertfunktion praktisch keine Verlustaversion, die sich durch einen steileren Verlauf der Wertfunktion im Verlustbereich äußert.[487] Dies ist sowohl visuell anhand der Abbildung als auch bei Betrachtung der Parameterwerte in Tabelle 26 erkennbar. Bei einer Schätzung der Wertfunktion nur mit den Parametern α und β muss im Falle von Verlustaversion folglich gelten: $\alpha > \beta$. In der Originalstudie zur Cumulative Prospect Theorie schätzen dagegen Tversky/Kahneman (1992) zusätzlich zu den Parametern α und β noch einen Parameter $\lambda = 2{,}25$ für Verlustaversion.[488] In der vorliegenden Untersuchung erfolgt die Schätzung der Wertfunktion in Übereinstimmung mit der überwiegenden Mehrzahl vergleichbarer Studien ohne den Parameter λ, um eine direkte Vergleichbarkeit zu gewährleisten.[489]

Ein möglicher Grund für das Nichtvorliegen von Verlustaversion könnte sein, dass die Anreizhöhe für die Probanden nicht ausreichend groß war, sodass die möglichen Verluste letztendlich nicht als „schmerzhafter" empfunden wurden als die Freude über einen Gewinn in gleicher Höhe.[490]

Ein weiteres Problem könnte in diesem Zusammenhang der Umstand sein, dass die Probanden aufgrund des Endowments keine „echten" Verluste realisieren konnten.[491] Diese Problematik stellt sich allerdings, wie bereits in Kapitel 4.4 erläutert, im Zusammenhang mit der Realisation von Verlusten in Experimenten aus rechtlichen Gründen sowie Praktikabilitätsaspekten immer.

Würde man anstatt der betrachteten Median-Parameter die Mittelwert-Parameter heranziehen, ergibt sich demnach eine marginale Verlustaversion mit $\alpha = 0{,}748 > \beta = 0{,}732$ (vgl. Tabelle 26).

---

487 Vgl. Kahneman/Tversky (1991), S. 1039 f.; Kahneman/Tversky (1982), S. 139; Steul (2003), S. 24; von Nitzsch (1998), S. 623; Theil (2002), S. 135 und Gierl/Helm/Stumpp (2001), S. 560.

488 Vgl. Tversky/Kahneman (1992), S. 311.

489 Zur Überprüfung wurde auch eine Schätzung der Wertfunktion inklusive des Parameters λ vorgenommen. Das Ergebnis ist vergleichbar, die Parameterwerte lauten $\alpha = 0{,}674$; $\beta = 0{,}700$ und $\lambda = 1{,}023$. Das bedeutet $\alpha < \beta$ und λ, der Parameter für Verlustaversion, ist nahezu eins, was ausdrückt, dass Verluste nicht „schmerzhafter" empfunden werden als die Freude über Gewinne gleicher Höhe.

490 Vgl. z. B. Bolle (1999), S. 157; Hertwig/Ortmann (2001), S. 417 f. und Holt/Laury (2002).

491 Die fehlende Verlustaversion würde dafür sprechen, dass der House-Money-Effekt zum Tragen kommt und sich die Probanden bzgl. des Endowments risikofreudiger verhalten. Vgl. z. B. Thaler/Johnson (1990), S. 657 und Spann/Skiera (2003), S. 1317. Als Gegenargument kann aufgeführt werden, dass die durchschnittliche Anzahl an erhobenen Stützpunkten im Gewinnbereich bei 6,65 liegt und im Verlustbereich dagegen bei 10,49. Daraus lässt sich schließen, dass Verluste zumindest etwas „schmerzhafter" empfunden wurden als die Freude über Gewinne gleicher Höhe.

Die in Tabelle 28 dargestellten Parameterwerte aus empirischen Untersuchungen, in denen auch die Wertfunktion der Cumulative Prospect Theorie geschätzt wurde, verdeutlichen, dass die in der vorliegenden Arbeit ermittelten Parameter durchaus in der Bandbreite dieser Werte liegen. Die Mittelwerte über die Median-Parameter aller aufgeführten Studien ergeben im Gewinnbereich $\alpha = 0{,}612$ und im Verlustbereich $\beta = 0{,}817$, was die grundsätzliche Vergleichbarkeit der Ergebnisse unterstreicht.[492] Andererseits zeigen die Studien für sich genommen eine starke Heterogenität der geschätzten Parameterwerte, die von stark gekrümmten bis hin zu nahezu linearen Wertfunktionen reichen. Dieser Aspekt stellt ein Indiz dafür dar, dass die Wertfunktion zunächst in jedem Fall auf individueller Ebene geschätzt werden sollte, wie in der vorliegenden Untersuchung geschehen. In Bezug auf das Nichtvorliegen von Verlustaversion gestaltet sich die Situation in den genannten Untersuchungen vergleichbar.[493]

[492] Die Studien von Tversky/Kahneman (1992) und Bleichrodt et al. (2007) finden bei der Mittelwertbildung im Verlustbereich keine Berücksichtigung, da sie zusätzlich den Parameter λ schätzen.

[493] Allein in der Untersuchung von Bleichrodt et al. (2007) besteht unter Berücksichtigung des Parameters λ Verlustaversion sowie in der Untersuchung von Abdellaoui/Bleichrodt/Paraschiv (2007) auf Ebene der Mittelwert-Parameter.

Tabelle 28: Parameterwerte der Wertfunktion der Cumulative Prospect Theorie in anderen empirischen Erhebungen[494]

	α (Gewinne)		β (Verluste)	
	Median	Mittelwert (SD)	Median	Mittelwert (SD)
Vorliegende Untersuchung (n = 273)	0,674	0,748 (0,352)	0,677	0,732 (0,352)
Abdellaoui/Vossmann/ Weber (2005) (n = 41)	0,91	0,91 (0,32)	0,96	1,08 (0,47)
Abdellaoui (2000) (n = 40)	0,89	-	0,92	-
Abdellaoui/Bleichrodt/ Paraschiv (2007) (n = 48)	0,717	0,859 (0,394)	0,725	0,798 (0,401)
Fennema/van Assen (1999) (n = 64)	0,389 0,210	-	0,837 0,338	-
Etchart-Vincent (2004) (n = 35)	Nicht erhoben		0,967 0,971	0,973 (0,022)[a] 0,929 (0,013)[a]
Tversky/Kahneman (1992)[b] (n = 25)	0,88	-	0,88	-
Camerer/Ho (1994)[c] (n = 125)	0,37	-	Nicht erhoben	
Gonzalez/Wu (1999) (n = 10)	0,49	0,52 (0,04)[a]	Nicht erhoben	
Wu/Gonzalez (1996) (n = 420)	0,50 0,48	0,66 (0,12)[a] 0,60 (0,16)[a]	Nicht erhoben	
Bleichrodt/Pinto (2000) (n = 51)	0,769	0,779 (0,018)[a]	Nicht erhoben	
Lopes/Oden (1999) (n = 80)	-	0,551	-	0,970
Bleichrodt/Pinto (2005) (n = 51)	0,72 0,77	0,74 (0,15) 0,81 (0,18)	Nicht erhoben	
Bleichrodt et al. (2007)[d] (n = 63 bzw. n = 46)	0,65-0,86	-	0,65-0,86	-
Stott (2006) (n = 96)	0,19	-	Nicht erhoben	

[a] Standardfehler; [b] zusätzlich Parameter $\lambda = 2,25$ für Verlustaversion; [c] ermittelt durch Reanalyse von Wu/Gonzalez (1996); [d] zusätzlich Parameter $\lambda = 1,53\text{-}2,13$ für Verlustaversion; SD = Standardabweichung

494 Vgl. Abdellaoui/Vossmann/Weber (2005), S. 1392; Abdellaoui (2000), S. 1506; Abdellaoui/Bleichrodt/Paraschiv (2007), S. 21; Fennema/van Assen (1999), S. 287; Etchart-Vincent (2004), S. 225; Tversky/Kahneman (1992), S. 311; Gonzalez/Wu (1999), S. 155 ff.; Wu/Gonzalez (1996), S. 1685 f.; Bleichrodt/Pinto (2000), S. 1492; Lopes/Oden (1999), S. 299; Bleichrodt/Pinto (2005), S. 246 f.; Bleichrodt et al. (2007), S. 476 f. und Stott (2006), S. 116.

Die Entscheidungsgewichtungsfunktionen der CPT für den Gewinn- und Verlustbereich wurden ebenfalls mit einer nichtlinearen Regressionsanalyse individuell für jeden Probanden geschätzt. Als Datenbasis dienen dabei die Stützpunkte (Sicherheitsäquivalente), die mittels der Certainty-Equivalence-Methode ermittelt wurden (vgl. zur Vorgehensweise Kap. 4.3.3). Dabei wurde der auch von Tversky und Kahneman (1992) verwendetet Funktionstyp (26) zugrunde gelegt:[495]

$$(26)\qquad w^{+}(p)=\frac{p^{\gamma}}{(p^{\gamma}+(1-p)^{\gamma})^{\frac{1}{\gamma}}}\qquad\qquad w^{-}(p)=\frac{p^{\delta}}{(p^{\delta}+(1-p)^{\delta})^{\frac{1}{\delta}}}$$

wobei:

γ: Gewichtungsparameter der Wahrscheinlichkeiten für Gewinne,

δ: Gewichtungsparameter der Wahrscheinlichkeiten für Verluste.

Hier ergeben sich basierend auf den individuellen Entscheidungsgewichtungsfunktionen der Probanden für Gewinne und für Verluste die in Tabelle 29 dargestellten mittleren Funktionsparameter.

Tabelle 29: Mittlere Parameter der Entscheidungsgewichtungsfunktionen der Cumulative Prospect Theorie

	γ (Gewinne)	**δ (Verluste)**
Mittelwert	0,764	0,692
Median	0,791	0,734
Standardabweichung	0,327	0,312

In Abbildung 28 sind die Median-Entscheidungsgewichtungsfunktionen für Gewinne mit dem Parameter γ = 0,791 und Verluste mit dem Parameter δ = 0,734 abgebildet. Die Abbildung verdeutlicht, dass grundsätzlich kleine Wahrscheinlichkeiten übergewichtet sowie mittlere und große Wahrscheinlichkeiten untergewichtet werden. Weiterhin weisen die Entscheidungsgewichtungsfunktionen, wie in der CPT angenommen, einen invers s-förmigen Verlauf auf.

[495] Vgl. Tversky/Kahneman (1992), S. 309 f.

Abbildung 28: Funktionsverlauf der Median-Entscheidungsgewichtungsfunktionen der CPT

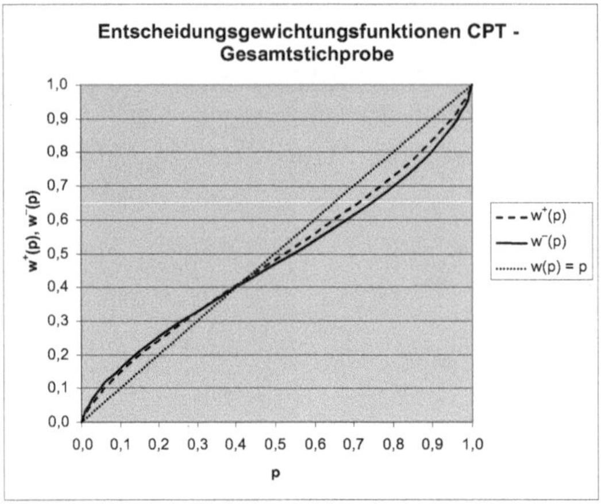

Im Rahmen der Erhebung der individuellen Sicherheitsäquivalente wurden von den Experiment-Teilnehmern am Ende des Experiments wiederum zwei Sicherheitsäquivalente (ce_2^+ und ce_2^-) erneut erhoben.[496] Dies dient wie zuvor erläutert zu Zwecken der Reliabilitätsprüfung, wie aus Tabelle 30 zu entnehmen ist.

Tabelle 30: Reliabilität der individuellen Entscheidungsgewichtungsfunktionen

Indifferenzwert	ce_2^+	ce_2^-
Pearson-Korrelation	$0{,}994^{**}$	$0{,}587^{**}$
t-Test[a]: t-Wert	$t_{272} = 0{,}228^{ns}$	$t_{272} = 0{,}303^{ns}$

[a] t-Test für gepaarte Stichproben, zweiseitig; ** signifikant p = 0,01; ns = nicht signifikant

Wie schon zuvor sind die Ergebnisse besonders hinsichtlich des Pearsonschen Korrelationskoeffizienten gemischt, wobei im Fall von Gewinnen eine sehr hohe Korrelation zwischen den beiden Erhebungen attestiert werden kann. Der durchgeführte t-Test für gepaarte Stichproben (zweiseitig) ergibt in beiden Fällen zudem keine signifikanten Unterschiede zwischen den beiden Erhebungen. Somit kann grundsätzlich von einer reliablen Erhebung der Entscheidungsgewichtungsfunktionen ausgegangen werden.

[496] Die Wahrscheinlichkeiten $p_l^{+(-)} \in \{0{,}05; 0{,}10; 0{,}25; 0{,}33; 0{,}50; 0{,}75; 0{,}90\}$ der mit den Sicherheitsäquivalenten korrespondierenden Lotterien variieren dabei je Proband hinsichtlich der Reihenfolge der Präsentation nach einem Zufallsmechanismus. Diese Variation erfolgte zur Vermeidung von Reihenfolgeeffekten bei der Erhebung.

Obschon der grundlegende Verlauf der ermittelten Entscheidungsgewichtungsfunktionen mit der invers s-förmigen Gestalt sowie der Übergewichtung kleiner und Untergewichtung mittlerer und großer Wahrscheinlichkeiten konsistent mit den von Tversky/Kahneman (1992) postulierten Entscheidungsgewichtungsfunktionen ist, ergeben sich auch Unterschiede. Der Verlauf der Entscheidungsgewichtungsfunktionen in Abbildung 28 unterscheidet sich dahingehend von denen der Originalstudie der CPT, dass in der vorliegenden Untersuchung die Gewichtung für Gewinne schwächer ausfällt als für Verluste (d. h. $\gamma = 0{,}791 > \delta = 0{,}734$).[497] Bei Tversky/Kahneman (1992) ist dies umgekehrt, was sich in den Parameterwerten $\gamma = 0{,}61 < \delta = 0{,}69$ ausdrückt.[498] Diese diskutieren den Tatbestand unterschiedlicher Funktionsverläufe für Gewinne und Verluste allerdings nicht weiter und merken nur lapidar an: „Figure 3 [median weighting functions for gains and losses] also shows that the weighting functions for gains and for losses are quite close, although the former is slightly more curved than the latter (i. e., $\gamma < \delta$).“[499]

Bevor der unterschiedliche Verlauf der Entscheidungsgewichtungsfunktionen noch eingehender diskutiert wird, werden in Tabelle 31 zunächst die Parameterwerte anderer empirischer Erhebungen zu den Entscheidungsgewichtungsfunktionen der Cumulative Prospect Theorie dargestellt. Hierbei wird deutlich, dass die ermittelten Median-Parameter in der Bandbreite der Ergebnisse dieser Untersuchungen liegen, wobei auch hier eine relativ starke Heterogenität zwischen den Parameterwerten feststellbar ist. Weiterhin fällt auf, dass nur eine sehr begrenzte Anzahl an Studien existiert, die die CPT vollständig parametrisch schätzen (d. h. für Gewinne und Verluste) und dass diese Studien im Allgemeinen auf kleinen bis sehr kleinen Stichproben beruhen.

Bemerkenswert ist zudem, dass bei zwei der aufgeführten Studien die Entscheidungsgewichtungsfunktion nicht invers s-förmig, sondern s-förmig verläuft, was in einer Untergewichtung kleiner sowie einer Übergewichtung mittlerer und großer Wahrscheinlichkeiten resultiert.[500] Dies zeigt sich in der Untersuchung von Birnbaum und Chavez (1997) an dem Parameter

---

[497] Je stärker sich die Parameter γ bzw. δ dem Wert eins annähern, desto schwächer fällt die Wahrscheinlichkeitsgewichtung aus und desto stärker nähert sich die Entscheidungsgewichtungsfunktion einer linearen Funktion an.

[498] Vgl. Tversky/Kahneman (1992), S. 312 f.

[499] Tversky/Kahneman (1992), S. 312, die Anmerkung in den eckigen Klammern ist im Original nicht enthalten.

[500] Vgl. Birnbaum/Chavez (1997), S. 186 ff. und Bleichrodt et al. (2007), S. 476 f. Vgl. auch Hey/Orme (1994), S. 1303 ff., die sowohl s-förmige als auch invers s-förmige Entscheidungsgewichtungsfunktionen schätzen.

$\gamma = 1{,}84$ bzw. $\gamma = 1{,}37$ bei Gewinnen sowie in der Studie von Bleichrodt et al. (2007) im Parameter $\delta = 1{,}20$ bei Verlusten. Insgesamt gesehen kann folglich nur gemischte Evidenz für den von Tversky und Kahneman postulierten Funktionsverlauf festgestellt werden.[501]

Tabelle 31: Parameterwerte der Entscheidungsgewichtungsfunktionen der Cumulative Prospect Theorie in anderen empirischen Erhebungen[502]

	γ(Gewinne)		δ(Verluste)	
	Median	Mittelwert (SD)	Median	Mittelwert (SD)
Vorliegende Untersuchung (n = 273)	0,791	0,764 (0,327)	0,734	0,692 (0,312)
Camerer/Ho (1994) (n = 125)	0,56	-	Nicht erhoben	
Abdellaoui (2000) (n = 40)	0,60	(0,027)[a]	0,70	(0,028)[a]
Lopes/Oden (1999) (n = 80)	0,699	-	0,993	-
Wu/Gonzalez (1996) (n = 420)	0,71	0,73 (0,10)[a]	Nicht erhoben	
Etchart-Vincent (2004) (n = 35)	Nicht erhoben		0,869 0,908	(0,040)[a] (0,062)[a]
Tversky/Kahneman (1992) (n = 25)	0,61	-	0,69	-
Bleichrodt/Pinto (2000) (n = 51)	0,674 0,713	(0,027)[a] (0,025)[a]	Nicht erhoben	
Birnbaum/Chavez (1997) (n = 100)	1,84 1,37	-	Nicht erhoben	
Stott (2006) (n = 96)	0,96	-	Nicht erhoben	
Bleichrodt et al. (2007) (n = 63 bzw. n = 46)	0,73-0,95	-	0,80-1,20	-

[a] Standardfehler; SD = Standardabweichung

Über alle Studien in der Tabelle kann wiederum der Mittelwert der dargestellten Median-Parameter gebildet werden, wodurch sich bei Gewinnen der mittlere Wert $\gamma = 0{,}868$ und bei Verlusten der mittlere Wert $\delta = 0{,}880$ ergibt. Verglichen mit der vorliegenden Untersuchung ist die Wahrscheinlichkeitsgewichtung bei diesen Werten generell schwächer ausgeprägt und

501 Vgl. dazu auch die Diskussion in Luce (1999), S. 86 ff.

502 Vgl. Camerer/Ho (1994), S. 188; Abdellaoui (2000), S. 1509; Lopes/Oden (1999), S. 299; Wu/Gonzalez (1996), S. 1685 f.; Etchart-Vincent (2004), S. 229; Tversky/Kahneman (1992), S. 312; Bleichrodt/Pinto (2000), S. 1494; Birnbaum/Chavez (1997), S. 186 ff.; Stott (2006), S. 116 und Bleichrodt et al. (2007), S. 476 f.

es besteht praktisch kein Unterschied in der Verlaufsform der beiden Entscheidungsgewichtungsfunktionen bei Gewinnen und Verlusten.

Zur bereits angesprochenen Tatsache der schwächeren Gewichtung von Wahrscheinlichkeiten bei Gewinnen im Vergleich zu Wahrscheinlichkeiten bei Verlusten in der vorliegenden Untersuchung sind mehrere Punkte anzumerken: Erstens ist die Stichprobengröße in der Originalstudie von Tversky/Kahneman (1992), aus der die Autoren die Funktionsverläufe bzw. Parameterwerte ableiten, mit n = 25 Probanden äußerst klein.[503] Auch Abdellaoui (2000), der fast identische Parameterwerte ermittelt, legt mit n = 40 Probanden eine wesentlich geringere Stichprobe zugrunde als die Stichprobe der vorliegenden Untersuchung mit n = 273.[504] Zweitens verwenden Tversky/Kahneman (1992) zur Schätzung der Entscheidungsgewichtungsfunktionen eine lineare Wertfunktion anstatt einer Potenzfunktion.[505] Dies steht allerdings in gewissem Widerspruch zur ihrer eigenen Theorie, die ja eine Potenzfunktion als Wertfunktion annimmt, zumal die Autoren sich wie folgt äußern: „Overall, it appears that the present data can be approximated by a two-part power [value] function. The smooth curves in figures 1 and 2 can be interpreted as weighting functions, assuming a linear value function."[506] Die Verwendung eines linearen Verlaufs der Wertfunktion anstatt einer Potenzfunktion kann natürlich Einfluss auf den Funktionsverlauf der Entscheidungsgewichtungsfunktionen haben.[507] Wenn der „wahre" Verlauf der Wertfunktion der Probanden nichtlinear ist, erscheint diese Vorgehensweise zudem methodisch nicht sauber. Drittens wurde von Wu/Zhang/Gonzalez (2004) in einer Reanalyse mit den Originaldaten von Tversky/Kahneman (1992) eine Zwei-Parameter-Spezifikation der Entscheidungsgewichtungsfunktionen geschätzt.[508] Der von den Autoren verwendete Funktionstyp für die Entscheidungsgewichtungsfunktionen für Gewinne bzw. Verluste ist in (27) dargestellt.

---

503 Vgl. Tversky/Kahneman (1992), S. 305.

504 Vgl. Abdellaoui (2000), S. 1502 ff.

505 Vgl. Tversky/Kahneman (1992), S. 309; Tversky/Fox (1995), S. 270 und Luce (1999), S. 93 f.

506 Tversky/Kahneman (1992), S. 309, die Anmerkung in den eckigen Klammern ist im Original nicht enthalten.

507 Beispielsweise beträgt der Wert eines Sicherheitsäquivalents von 500 €, welches in die Schätzung der Entscheidungsgewichtungsfunktion eingeht, bei einer Potenzfunktion mit $\alpha = 0,88$ $v(500) = 237,19$; bei $\alpha = 1,00$ dagegen $v(500) = 500$. Bei Verlusten ergibt sich analog bei $\beta = 0,88$ und $\lambda = 2,25$ $v(-500) = -533,67$ sowie bei $\beta = 1,00$ und $\lambda = 1,00$ $v(-500) = -500$.

508 Vgl. Wu/Zhang/Gonzalez (2004), S. 414 und zum verwendeten Funktionstyp auch Goldstein/Einhorn (1987), S. 248; Lattimore/Baker/Witte (1992), S. 380 ff.; Gonzalez/Wu (1999), S. 139 f.; Tversky/Fox (1995), S. 279; Stott (2006), S. 106 ff. und Birnbaum/McIntosh (1996), S. 104.

(27) $$w^+(p) = \frac{\theta^+ \cdot p^{\eta^+}}{\theta^+ \cdot p^{\eta^+} + (1-p)^{\eta^+}} \qquad w^-(p) = \frac{\theta^- \cdot p^{\eta^-}}{\theta^- \cdot p^{\eta^-} + (1-p)^{\eta^-}}$$

wobei:

$\theta^{+(-)}$: Steigungsparameter (attractiveness) der EGF für Gewinne (Verluste),

$\eta^{+(-)}$: Krümmungsparameter (discriminability) der EGF für Gewinne (Verluste).

Der Parameter $\theta^{+(-)}$ (attractiveness) kann dabei als situationsabhängige Risikoeinstellung interpretiert werden und spiegelt primär die Steigung der Funktion wider.[509] Der Parameter $\eta^{+(-)}$ (discriminability) kann als Sensitivität bei der Verarbeitung von Wahrscheinlichkeiten interpretiert werden und gibt primär die Krümmung an. Wu/Zhang/Gonzalez (2004) schätzen im Rahmen ihrer Reanalyse für Gewinne die Parameter $\theta^+ = 0{,}88$ und $\eta^+ = 0{,}67$ sowie für Verluste $\theta^- = 0{,}79$ und $\eta^- = 0{,}60$.[510] Bei der Schätzung der Entscheidungsgewichtungsfunktionen mit der Zwei-Parameter-Spezifikation ergeben sich in der vorliegenden Untersuchung für Gewinne die Parameter $\theta^+ = 1{,}047$ und $\eta^+ = 0{,}728$ sowie für Verluste $\theta^- = 1{,}000$ und $\eta^- = 0{,}618$. Dadurch wird deutlich, dass die Verhältnisse der Parameter ($\theta^+ > \theta^-$ und $\eta^+ > \eta^-$) identisch mit denen von Wu/Zhang/Gonzalez (2004) sind.[511]

Die aufgeführten Argumente verdeutlichen, dass die ermittelten Entscheidungsgewichtungsfunktionen zwar von denen der Originalstudie von Tversky/Kahneman (1992) abweichen, die Empirie allerdings auch einige Hinweise für andere als die dort postulierten Funktionsverläufe bietet.

Wie schon bei der EUT wird an dieser Stelle auf eine Darstellung der individuellen Präferenzrangfolgen für die zu beurteilenden Kfz-Kaskoversicherungsalternativen verzichtet, da sich für jede Person individuell eine andere Rangfolge ergeben kann.[512]

---

[509] Vgl. Schade (1999), S. 61 ff.; Gonzalez/Wu (1999), S. 136 ff.; Wu/Zhang/Gonzalez (2004), S. 414; Abdellaoui/Vossmann/Weber (2005), S. 1396 und Kilka/Weber (2001), S. 1717.

[510] Vgl. Wu/Zhang/Gonzalez (2004), S. 414.

[511] Auch der grafische Verlauf der jeweiligen Funktionen ist vergleichbar – in beiden Fällen (also auch bei den Originaldaten von Tversky/Kahneman (1992)) findet eine stärkere Gewichtung von Wahrscheinlichkeiten bei Verlusten im Vergleich zu Gewinnen statt. Vgl. dazu die Abbildungen der Funktionsverläufe sowie weitere Parameterwerte aus empirischen Studien, die eine Zwei-Parameter-Spezifikation der Entscheidungsgewichtungsfunktionen zugrunde legen, im Anhang D.

[512] Die mittleren Präferenzrangfolgen, die sich auf Segmentebene ergeben, werden in Kap. 5.3.2 diskutiert, die individuellen Präferenzrangfolgen werden im Rahmen der Analyse der Prognosegüte der untersuchten Entscheidungsmodelle (Kap. 5.5.1) herangezogen.

5.3.2 Ergebnisse auf Segmentebene

Neben der Analyse von Kfz-Kaskoversicherungsentscheidungen auf individueller Ebene für jeden einzelnen Entscheidungsträger ist es aus Marketinggesichtspunkten auch im Rahmen der Cumulative Prospect Theorie interessant zu prüfen, ob bestimmte Kundensegmente existieren, die sich hinsichtlich ihrer Präferenzstruktur und damit auch der Funktionsverläufe der CPT unterscheiden. Da im Rahmen der Cumulative Prospect Theorie keine so eindeutigen „natürlichen“ Segmente existieren wie zuvor bei der Erwartungsnutzentheorie (vgl. Kap. 5.2.2), wurde hier eine Segmentierung mittels der Clusteranalyse[513] vorgenommen.[514]

Ziel der Clusteranalyse ist es, Segmente von Konsumenten zu ermitteln, die in sich hinsichtlich ihrer Präferenzstruktur möglichst homogen sind.[515] Die Segmente untereinander sollen sich dabei möglichst stark unterscheiden, also eine hohe Heterogenität aufweisen. Zur Durchführung einer Clusteranalyse steht eine Vielzahl von Verfahren zur Verfügung, wobei grundsätzlich zwischen hierarchischen und partitionierenden Verfahren unterschieden werden kann.[516] Bei den hierarchischen, speziell den agglomerativen hierarchischen Verfahren bilden alle Objekte zunächst ein eigenes Cluster.[517] Der Fusionierungsalgorithmus fasst dann schrittweise die ähnlichsten Objekte bzw. Cluster zu neuen Clustern zusammen, bis schließlich im letzten Schritt alle Objekte in einem einzigen Cluster sind.[518]

Um bei der Diversität der verfügbaren Cluster-Algorithmen eine strukturiertere und transparentere Vorgehensweise zu erreichen, wird in der Literatur ein mehrstufiges Vorgehen durch

---

[513] Vgl. zur Clusteranalyse Backhaus et al. (2006), S. 489 ff.; Hair et al. (2006), S. 555 ff.; Lattin/Carroll/Green (2003), S. 264 ff.; Bacher (1996) und Punj/Steward (1983).

[514] Eine Segmentierung könnte auch dahingehend erfolgen, ob die Funktionsverläufe der Wert- und Entscheidungsgewichtungsfunktionen den von Tversky/Kahneman (1992) postulierten Funktionsverläufen entsprechen oder nicht. Vgl. Tversky/Kahneman (1992), S. 311 f. und Fußnote 493. In diesem Fall muss somit $\alpha > \beta$ und $\gamma < \delta$ gelten. 55 Probanden weisen nach diesem Segmentierungsansatz identische Funktionsverläufe mit denen von Tversky/Kahneman (1992) auf, bei 218 Probanden ergeben sich Unterschiede in den Funktionsverläufen. Aufgrund der schlechteren Interpretierbarkeit der Ergebnisse und einer schlechteren Prognosegüte hinsichtlich der gewählten Kfz-Kaskoversicherungsalternativen wird diese Vorgehensweise allerdings nicht weiter verfolgt.

[515] Vgl. Hair et al. (2006), S. 559; Everitt (1993), S. 6 f.; Punj/Stewart (1983), S. 136 f. und Cormack (1971), S. 329.

[516] Vgl. Aaker/Kumar/Day (1995), S. 610 f.; Jasny (1994), S. 108 und Green/Tull (1978), S. 445 f.

[517] Vgl. Backhaus et al. (2006), S. 511 ff.; Wedel/Kamakura (2000), S. 44 und Büschken/von Thaden (1999), S. 352.

[518] Daneben existieren auch noch divisive hierarchische Verfahren, die genau umgekehrt arbeiten, d. h., alle Objekte sind zunächst in einem Cluster und werden dann schrittweise in weitere Cluster unterteilt. Aufgrund der geringen Bedeutung in der Praxis werden diese Ansätze nicht weitergehend behandelt. Vgl. Backhaus et al. (2006), S. 511; Everitt (1993), S. 82 ff. und Büschken/von Thaden (1999), S. 352.

die aufeinander aufbauende Kombination mehrerer Cluster-Algorithmen vorgeschlagen.[519] Dabei wird empfohlen, nach einer Elimination von Ausreißerfällen zunächst die Anzahl der Cluster mit Hilfe eines agglomerativen hierarchischen Verfahrens zu bestimmen. Im Anschluss daran wird versucht, die vorgegebene Lösung mittels eines partitionierenden Verfahrens zu verbessern. Als Fusionierungsalgorithmen werden dabei das Single-Linkage-Verfahren zur Elimination von Ausreißern, das Ward-Verfahren zur Ermittlung der Clusterzahl sowie das K-Means-Verfahren zur Verbesserung der Clusterlösung vorgeschlagen. Diese Vorgehensweise zur Segmentierung, der in dieser Arbeit Rechnung getragen wird, ist in Abbildung 29 dargestellt.

Abbildung 29: Vorgehensweise beim mehrstufigen Segmentierungsprozess[520]

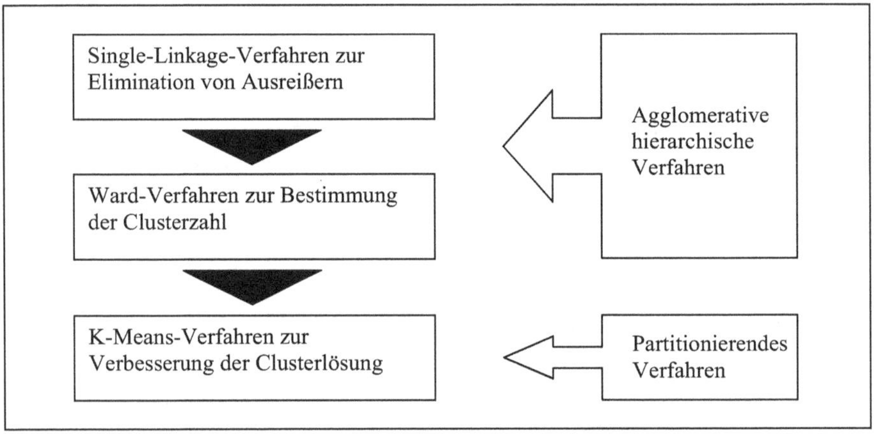

Als Variablen werden die individuell für jeden Probanden geschätzten Parameter der Wert- und Entscheidungsgewichtungsfunktionen (α, β, γ, δ) in die Clusteranalyse einbezogen.[521] Da es sich bei diesen Variablen allesamt um metrisch skalierte Variablen handelt, wird als Distanzmaß die Quadrierte Euklidische Distanz herangezogen.[522] Als Fusionierungsalgorithmus wurde wie erwähnt zunächst das zur Kettenbildung neigende Single-Linkage-Verfahren zur

[519] Vgl. Punj/Stewart (1983), S. 144 f.; Singh (1990), S. 74 ff.; Wedel/Kamakura (2000), S. 43; Clement (2000), S. 204 f.; Büschken/von Thaden (1999), S. 361 ff. und Clement/Thies (2006), S. 179.

[520] Vgl. ähnlich Clement (2000), S. 205 und Clement/Thies (2006), S. 180.

[521] Da die geschätzten Parameter auf monetären Lotterievergleichen mit einem eindeutigen Nullpunkt beruhen, ist eine weitere Normierung in diesem Fall nicht erforderlich.

[522] Vgl. Büschken/von Thaden (1999), S. 348 ff.; Bacher (1996), S. 221 ff. und Kaufmann/Pape (1984), S. 382 ff.

Elimination von Ausreißern eingesetzt.[523] Dabei wurden 11 Fälle als Ausreißer identifiziert und von der weiteren Analyse ausgeschlossen. Für die verbleibenden 262 Fälle wurde das Ward-Verfahren zur Bestimmung der Clusterzahl angewandt. Beim Ward-Verfahren werden die Cluster so gebildet, dass diejenigen Objekte bzw. Cluster zusammengefasst werden, die die Varianz in einem Cluster möglichst wenig erhöhen, sodass möglichst homogene Cluster entstehen.[524] Des Weiteren findet das Ward-Verfahren in vielen Fällen sehr gute Partitionen im Vergleich zu anderen Fusionierungsalgorithmen.[525] Auf Basis der Clusterzuordnung des Ward-Verfahrens wurde eine 3-Cluster-Lösung für die Segmentierung der Entscheidungsträger identifiziert. Als Entscheidungshilfe zur Bestimmung der Clusterzahl kann hierbei auch das Elbow-Kriterium herangezogen werden.[526] Dabei wird die Entwicklung des Heterogenitätsmaßes in Form der Fehlerquadratsumme der Anzahl der Cluster gegenübergestellt. Wenn die Fehlerquadratsumme zwischen zwei Fusionierungsschritten stark ansteigt, ist dies ein Hinweis darauf, die Zusammenfassung der Objekte zu Clustern abzubrechen. In Abbildung 30 ist ein Elbow zwar nicht eindeutig erkennbar, der Anstieg der Fehlerquadratsumme spricht aber zumindest nicht gegen eine 3-Cluster-Lösung.

Abbildung 30: Elbow-Kriterium zur Bestimmung der Clusterzahl bei der CPT

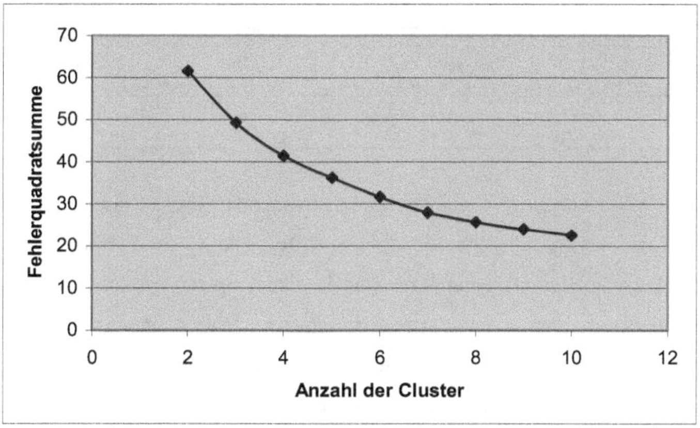

---

[523] Vgl. Backhaus et al. (2006), S. 520 und S. 529; Büschken/von Thaden (1999), S. 354; Gaul/Lutz/Aust (1994), S. 418 und Everitt (1993), S. 68 f. Punj/Stewart (1983) erachten die Elimination von bis zu 10 % der Objekte als Ausreißer als vertretbar, was in der vorliegenden Analyse deutlich unterschritten wird. Vgl. Punj/Stewart (1983), S. 143 f.

[524] Vgl. Ward (1963); Backhaus et al. (2006), S. 522 ff. und Büschken/von Thaden (1999), S. 358 ff.

[525] Vgl. Bergs (1981), S. 96 f.; Wedel/Kamakura (2000), S. 50 und Backhaus et al. (2006), S. 528.

[526] Vgl. Büschken/von Thaden (1999), S. 362 f.; Backhaus et al. (2006), S. 534 ff. und Petersohn (1997), S. 72 f.

Die hierarchischen Cluster-Algorithmen (Single-Linkage- und Ward-Verfahren) haben den Nachteil, dass ein einmal gebildetes Cluster während der Analyse nicht mehr aufgelöst werden kann bzw. einmal zugeordnete Objekte in späteren Fusionierungsschritten keinem anderen Cluster neu zugeordnet werden können.[527] Zur Optimierung der mit dem Ward-Verfahren ermittelten 3-Cluster-Lösung wurde daher abschließend das K-Means-Verfahren angewendet, das den partitionierenden Cluster-Algorithmen zuzurechnen ist.[528] Bei der Wahl nicht-zufälliger Startpositionen werden dem K-Means-Verfahren dabei sehr gute Ergebnisse zugeschrieben.[529] Als Startwerte für die Clusterzentren wurden daher die Mittelwerte der in die Analyse aufgenommenen Variablen für jedes der mit dem Ward-Verfahren identifizierten Cluster festgelegt.[530]

Zur Beurteilung der Homogenität der Cluster der so ermittelten 3-Cluster-Lösung können weiterhin die F-Werte herangezogen werden.[531] Die t-Werte liefern zusätzliche Anhaltspunkte zur Interpretation der Cluster (vgl. Tabelle 32).

Tabelle 32: F-Werte und t-Werte der 3-Cluster-Lösung bei der CPT

		α (WF Gewinne)	β (WF Verluste)	γ (EGF Gewinne)	δ (EGF Verluste)
Cluster 1	**F-Wert**	0,9788	**1,2372**	0,4004	0,3168
(*n* = 67)	**t-Wert**	0,4124	0,2579	-0,9935	-1,0919
Cluster 2	**F-Wert**	0,4487	0,6009	**1,1806**	0,8782
(*n* = 75)	**t-Wert**	0,8637	0,7667	0,8717	0,7795
Cluster 3	**F-Wert**	0,2075	0,3338	0,2023	0,4021
(*n* = 120)	**t-Wert**	-0,7701	-0,6232	0,0099	0,1225

Der F-Wert setzt dabei die Varianz einer Variablen im entsprechenden Cluster ins Verhältnis zur Varianz derselben Variablen in der Stichprobe.[532] Demzufolge sollte der F-Wert kleiner als eins sein, da andernfalls die Varianz einer Variablen in einem Cluster größer ist als die Varianz der entsprechenden Variablen in der gesamten Stichprobe. Daher kann ein Cluster als vollkommen homogen angesehen werden, wenn die F-Werte aller beinhalteten Variablen kleiner als eins sind. Wie aus Tabelle 32 zu ersehen ist, kann daher nur Cluster 3 als völlig

527 Vgl. Backhaus et al. (2006), S. 511; Sharma (1996), S. 211 und Petersohn (1997), S. 64.

528 Vgl. Büschken/von Thaden (1999), S. 363; Bacher (1996), S. 308 ff.; Singh (1990), S. 75 und MacQueen (1967).

529 Vgl. Punj/Stewart (1983), S. 138; Sharma (1996), S. 217 und auch Bacher (1996), S. 308 ff.

530 Vgl. Sharma (1996), S. 217; Wedel/Kamakura (2000), S. 54 und Severidt (2001a), S. 182.

531 Vgl. Backhaus et al. (2006), S. 545 f. und Clement (2000), S. 209 ff.

532 Vgl. Backhaus et al. (2006), S. 545.

homogen angesehen werden. Bei Cluster 1 hat der Parameter β einen F-Wert größer eins, bei Cluster 2 trifft dies auf den F-Wert des Parameters γ zu. Die betreffenden F-Werte übersteigen den Wert von eins allerdings nicht sehr stark und somit kann insgesamt von einer guten Homogenität der ermittelten Cluster gesprochen werden.

Die t-Werte setzen die Differenz aus dem Mittelwert einer Variablen in einem Cluster und dem Stichproben-Mittelwert dieser Variablen ins Verhältnis zur Standardabweichung der betreffenden Variablen in der Stichprobe.[533] Negative t-Werte zeigen dabei an, dass die betrachtete Variable im entsprechenden Cluster im Vergleich zur Stichprobe unterrepräsentiert ist, bei positiven t-Werten liegt eine Überrepräsentation der Variablen im Vergleich zur Stichprobe vor. Konkret bedeutet dies, dass die mittleren Parameterwerte der Wert- und Entscheidungsgewichtungsfunktionen eines Clusters bei einem positiven (negativen) t-Wert größer (kleiner) sind als die mittleren Parameterwerte in der Stichprobe.[534]

Zur Überprüfung der ermittelten 3-Cluster-Lösung wurde zusätzlich eine Diskriminanzanalyse mit der ermittelten Clusterzuordnung als abhängige Variable und den individuell geschätzten Parametern der Wert- und Entscheidungsgewichtungsfunktionen der CPT als unabhängige Variablen durchgeführt.[535] Bei einer trennscharfen Segmentierung sollte mit der Diskriminanzfunktion ein hoher Anteil der ursprünglichen Clusterzuordnung prognostizierbar sein. Dabei können 96,9 % der Fälle der ursprünglichen Clusterzuordnung korrekt klassifiziert werden, was auf eine hohe Trennschärfe der erhaltenen 3-Cluster-Lösung hindeutet.

Nachfolgend werden deshalb die Ergebnisse für die ermittelten drei Cluster dargestellt und inhaltlich hinsichtlich ihrer Struktur und Präferenzrangfolge interpretiert.

Cluster 1 „Die Vollabsicherer"

Das Cluster 1 umfasst $n = 67$ Probanden (25,57 % der Stichprobe). Tabelle 33 bietet einen Überblick über die mittleren Parameterwerte der Wertfunktion und Entscheidungsgewichtungsfunktionen der Probanden in diesem Cluster.

---

[533] Vgl. Backhaus et al. (2006), S. 545.

[534] Dabei ist zu beachten, dass 11 Ausreißerfälle eliminiert wurden und somit die mittleren Parameterwerte geringfügig von den in Tabelle 26 und Tabelle 29 dargestellten mittleren Parameterwerten abweichen.

[535] Vgl. Backhaus et al. (2006), S. 155 ff.; Janssen/Laatz (2005), S. 479 ff.; Musiol/Sladkowski (1999), S. 339 und Clement (2000), S. 212.

Tabelle 33: Mittlere Parameter der Wert- und Entscheidungsgewichtungsfunktionen der CPT für Cluster 1

	α WF (Gewinne)	β WF (Verluste)	γ EGF (Gewinne)	δ EGF (Verluste)
Mittelwert	0,823	0,771	0,446	0,387
Median	0,823	0,786	0,448	0,356
Standardabw.	0,265	0,302	0,199	0,151

Die Wertfunktion, die sich aus den Median-Parametern für den Gewinnbereich der Wertfunktion $\alpha = 0{,}823$ und für den Verlustbereich $\beta = 0{,}786$ ergibt, ist in Abbildung 31 dargestellt.

Abbildung 31: Funktionsverlauf der Median-Wertfunktion der CPT für Cluster 1

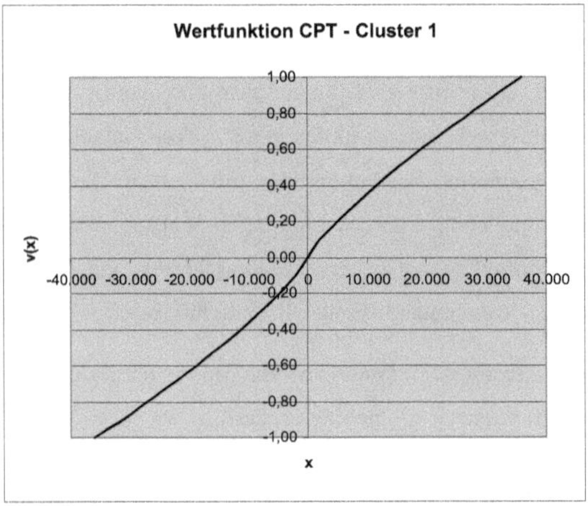

Die Wertfunktion weist einen konkaven Verlauf im Gewinnbereich sowie einen konvexen Verlauf im Verlustbereich auf. Des Weiteren ist eine leichte Verlustaversion der Probanden in Cluster 1 feststellbar, da die Wertfunktion im Verlustbereich geringfügig steiler als im Gewinnbereich verläuft ($\alpha > \beta$).

In Abbildung 32 sind die Median-Entscheidungsgewichtungsfunktionen für Gewinne und Verluste der Probanden aus Cluster 1 mit $\gamma = 0{,}448$ und $\delta = 0{,}356$ dargestellt.

Abbildung 32: Funktionsverlauf der Median-Entscheidungsgewichtungsfunktionen der CPT für Cluster 1

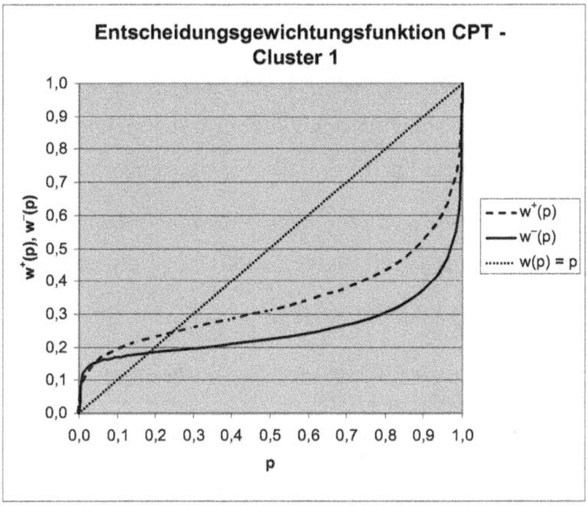

Die beiden Entscheidungsgewichtungsfunktionen weisen einen invers s-förmigen Verlauf auf, was grundsätzlich konsistent mit dem von Tversky/Kahneman (1992) ermittelten Funktionsverlauf ist.[536] Die Probanden gewichten somit kleine Wahrscheinlichkeiten über sowie mittlere und große Wahrscheinlichkeiten unter. Auffällig bei den dargestellten Median-Entscheidungsgewichtungsfunktionen aus Cluster 1 ist allerdings, dass die Probanden dieses Clusters eine allgemein sehr starke Entscheidungsgewichtung aufweisen. Dabei gestaltet sich die Untergewichtung mittlerer und großer Wahrscheinlichkeiten bei Verlusten noch extremer als bei Gewinnen. Kleine Wahrscheinlichkeiten werden dagegen bei Gewinnen etwas stärker übergewichtet als bei Verlusten.

Cluster 1 beinhaltet den höchsten Anteil an Personen unter allen Clustern, die einen eigenen Pkw besitzen (55,2 %). 56,7 % der Personen aus Cluster 1 geben an, dass sie gute Kenntnisse in Entscheidungstheorie und Statistik besitzen, was insgesamt den geringsten Anteil unter allen Clustern darstellt. Korrespondierend mit diesem Umstand weist das Cluster auch den höchsten Anteil an Personen unter allen Clustern auf, die der Aussage zustimmen, die Kfz-Kaskoversicherungsentscheidungen aus dem Bauch heraus getroffen zu haben (52,2 %). Weiterhin stimmen 83,6 % der Aussage zu, dass sie beruhigter sind, wenn sie wissen, dass sie einen umfassenden Versicherungsschutz genießen und gegen alle möglichen Risiken abgesichert sind. Dieser Anteil stellt ebenfalls den größten unter allen drei Clustern dar.

---

[536] Vgl. Tversky/Kahneman (1992), S. 309 ff.

Zur Ermittlung der Präferenzstruktur der Personen in Cluster 1 für die 11 verfügbaren Kfz-Kaskoversicherungsalternativen wird deren Gesamtwert nach Formel (6) ermittelt.[537] Analog zur EUT soll auch hier wieder für die Kfz-Kaskoversicherungsalternative 4 – eine Teilkasko-versicherung mit einer Selbstbeteiligung von 300 € und einer Versicherungsprämie von 150 € (vgl. Tabelle 35) – die Berechnung des Gesamtwerts nach der CPT demonstriert werden. In Tabelle 34 sind zunächst die anfallenden Zahlungen der Alternative in den einzelnen Umweltzuständen als Gewinne und Verluste dargestellt. Die erste Phase einer Entscheidung nach der CPT stellt die sog. Editing-Phase dar. Daher finden sich in der Tabelle auch die editierten und in aufsteigender Reihenfolge sortierten Gewinne und Verluste.[538]

Tabelle 34: Uneditierte und editierte Zahlungen und Werte des Rechenbeispiels für Kfz-Kaskoversicherungsalternative 4 nach der CPT

Zahlungen als Gewinne und Verluste vom Referenzpunkt (uneditiert)[a]			
Zahlung	Nichtschaden $p_{NS} = 0{,}95$	Teilkaskoschaden $p_{TK} = 0{,}01$	Vollkaskoschaden $p_{VK} = 0{,}04$
Schaden	0	-30.000	-30.000
Versicherungsleistung	0	30.000	0
Versicherungsprämie	-150	-150	-150
Selbstbeteiligung	0	-300	0

Editierte („combination")[b] und aufsteigend sortierte Gewinne und Verluste		
Zahlung	Umweltzustand 1 p_1	Umweltzustand 2 p_2
Schaden	$p_1 = 0{,}05$ -30.000	$p_2 = 0{,}95$ 0
Versicherungsleistung	$p_1 = 0{,}99$ 0	$p_2 = 0{,}01$ 30.000
Versicherungsprämie	$p_1 = 1{,}00$ -150	
Selbstbeteiligung	$p_1 = 0{,}01$ -300	$p_2 = 0{,}99$ 0

[a] Werte in €; [b] „combination" (Zusammenfassung identischer Zahlungen und Addition der entsprechenden Wahrscheinlichkeiten)

[537] Vgl. Kap. 3.2.2, S. 56.

[538] Als Editing-Operation kommt hier ausschließlich „combination" (Zusammenfassung identischer Zahlungen und Addition der entsprechenden Wahrscheinlichkeiten) zum Einsatz, da diese Operation sehr „natürlich" erscheint. Da hinsichtlich der Anwendung von Editing-Operationen bisher keine genauen Erkenntnisse vorliegen, finden andere Operationen hier keine Anwendung. Die Ergebnisse der Berechnungen bleiben im vorliegenden Fall allerdings unverändert, wenn „combination" nicht angewendet wird (also bei uneditierten Zahlungen im oberen Teil der Tabelle 34).

Die Zahlungen werden dabei mittels der Median-Wertfunktion für Cluster 1 (vgl. (25) und Tabelle 33) in Werte transformiert. Die Eintrittswahrscheinlichkeiten der Umweltzustände p_1 und p_2 werden über die Median-Entscheidungsgewichtungsfunktionen (vgl. (26) und Tabelle 33) in Entscheidungsgewichte transformiert. Die Transformation der Wahrscheinlichkeiten für Verluste erfolgt dabei wie in (7) dargestellt, die Transformation der Wahrscheinlichkeiten für Gewinne wie in (8).[539] Dabei werden für Gewinne dekumulative und für Verluste kumulative Wahrscheinlichkeiten zu Entscheidungsgewichten transformiert. Der Gesamtwert für die Kfz-Kaskoversicherungsalternative 4 für die Personen aus Cluster 1 errechnet sich schließlich nach (28) wie folgt:[540]

$$
\begin{aligned}
V_{CPT}(a_4) = {} & w^-(0{,}05)\cdot v(-30.000) + \left[w^-(0{,}05+0{,}95) - w^-(0{,}05)\right]\cdot v(0) + \\
& \left[w^+(0{,}99+0{,}01) - w^+(0{,}01)\right]\cdot v(0) + w^+(0{,}01)\cdot v(30.000) + \\
& w^-(1{,}00)\cdot v(-150) + \\
& w^-(0{,}01)\cdot v(-300) + \left[w^-(0{,}01+0{,}99) - w^-(0{,}01)\right]\cdot v(0) \\[6pt]
= {} & w^-(0{,}05)\cdot v(-30.000) + \left[w^-(1{,}00) - w^-(0{,}05)\right]\cdot v(0) + \\
& \left[w^+(1{,}00) - w^+(0{,}01)\right]\cdot v(0) + w^+(0{,}01)\cdot v(30.000) + \\
& w^-(1{,}00)\cdot v(-150) + \\
& w^-(0{,}01)\cdot v(-300) + \left[w^-(1{,}00) - w^-(0{,}01)\right]\cdot v(0) \\[6pt]
= {} & 0{,}1559\cdot(-3.304{,}47) + \left[1{,}0000 - 0{,}1559\right]\cdot 0{,}00 + \\
& \left[1{,}0000 - 0{,}0980\right]\cdot 0{,}00 + 0{,}0980\cdot 4.816{,}36 + \\
& 1{,}0000\cdot(-51{,}34) + \\
& 0{,}1189\cdot(-88{,}52) + \left[1{,}000 - 0{,}1189)\right]\cdot 0{,}00 \\[6pt]
= {} & -105{,}04
\end{aligned}
\tag{28}
$$

Analog dieser Vorgehensweise kann nach Formel (6) die Präferenzstruktur der Probanden in Cluster 1 hinsichtlich aller 11 verfügbaren Kfz-Kaskoversicherungsalternativen errechnet werden, die in Tabelle 35 dargestellt ist.

---

[539] Vgl. Kap. 3.2.2, S. 57.

[540] Der Unterschied im Ergebnis der Beispielrechnung zur Tabelle 35 beruht auf Rundungsdifferenzen. Die exakten Median-Parameter sind $\alpha = 0{,}822564$; $\beta = 0{,}786019$; $\gamma = 0{,}448483$ und $\delta = 0{,}356343$.

Tabelle 35: Mittlere Präferenzstruktur der Probanden nach der CPT für Cluster 1

Nr.	Deckung TK-Schäden	Deckung VK-Schäden	Selbst-beteiligung	Versicherungs-prämie	Gesamtwert	errechneter Rang
7	✓	✓	1.000 €	700 €	57,578	1
8	✓	✓	0 €	1.000 €	37,365	2
9	✓	✓	300 €	1.000 €	23,568	3
10	✓	✓	0 €	1.500 €	-48,237	4
11	✓	✓	300 €	1.500 €	-62,034	5
2	✓	–	300 €	100 €	-90,764	6
4	✓	–	300 €	150 €	-104,775	7
3	✓	–	1.000 €	100 €	-107,352	8
5	✓	–	1.000 €	150 €	-121,363	9
6	✓	–	0 €	300 €	-131,437	10
1	–	–	0 €	0 €	-515,021	11

Nichtwahl-Alternative Teilkaskoversicherung Vollkaskoversicherung

Die errechnete Präferenzrangfolge der Probanden zeigt eine eindeutige Präferenz hinsichtlich der Vollkasko-Alternativen an, die die höchsten Ränge in der Präferenzrangfolge belegen. Anschließend folgen die Teilkasko-Alternativen, die Nichtversicherung stellt für die Probanden aus Cluster 1 die schlechteste Alternative dar. Dieses Präferenzmuster erscheint im Hinblick auf die Struktur des Clusters konsistent. Insbesondere der hohe Anteil an Personen, die sich beruhigter fühlen, wenn sie einen umfassenden Versicherungsschutz genießen, spricht für die hohe Präferenz der Vollkaskoversicherungen, die ja im Vergleich zu den Teilkaskoversicherungen einen umfassenderen Versicherungsschutz bieten.

Cluster 2 „Die abwägenden, rationalen Entscheider"

Mit n = 75 Personen (28,63 % der Stichprobe) ist Cluster 2 von der Größe vergleichbar mit dem zuvor dargestellten Cluster 1. Die mittleren Parameterwerte für die Wert- und Entscheidungsgewichtungsfunktionen der Personen dieses Clusters sind in Tabelle 36 dargestellt:

Tabelle 36: Mittlere Parameter der Wert- und Entscheidungsgewichtungsfunktionen der CPT für Cluster 2

	α **WF (Gewinne)**	β **WF (Verluste)**	γ **EGF (Gewinne)**	δ **EGF (Verluste)**
Mittelwert	0,944	0,910	1,033	0,889
Median	1,000	1,000	0,979	0,882
Standardabw.	0,179	0,211	0,342	0,251

Basierend auf den Median-Werten $\alpha = 1{,}000$ und $\beta = 1{,}000$ ergibt sich in Cluster 2 eine lineare Wertfunktion, die in Abbildung 33 dargestellt ist. Dieser Verlauf stellt eine deutliche Abweichung des Funktionsverlaufs von dem von Tversky/Kahneman (1992) vorgeschlagenen, mit einer konkaven Gestalt im Gewinnbereich und einem konvexen Verlauf im Verlustbereich dar.[541] Dies verdeutlicht nochmals die Heterogenität der individuellen Funktionsverläufe der Probanden und letztlich das Erfordernis der Erfassung dieser Heterogenität mittels einer Erhebung individueller Funktionen.

Abbildung 33: Funktionsverlauf der Median-Wertfunktion der CPT für Cluster 2

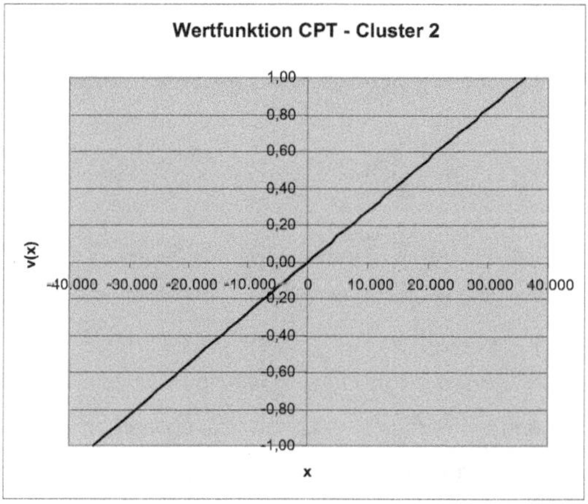

In Abbildung 34 sind die Median-Entscheidungsgewichtungsfunktionen der Personen aus Cluster 2 dargestellt, die auf den Parameterwerten $\gamma = 0{,}979$ für Gewinne und $\delta = 0{,}882$ für Verluste basieren.

541 Vgl. Tversky/Kahneman (1992), S. 302 f. und S. 309 ff. und Kahneman/Tversky (1979), S. 279.

Abbildung 34: Funktionsverlauf der Median-Entscheidungsgewichtungsfunktionen der CPT für Cluster 2

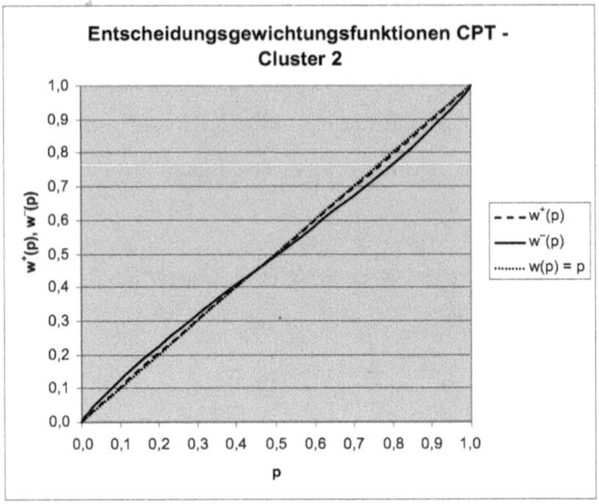

Auch hier fällt auf, dass die Funktionen in ihrem Verlauf sehr stark von dem von Tversky/Kahneman (1992) postulierten Funktionsverlauf abweichen.[542] Insgesamt findet bei den Probanden aus Cluster 2 fast überhaupt keine Entscheidungsgewichtung statt. Die Entscheidungsgewichtungsfunktion für Gewinne weist dabei einen annähernd linearen Verlauf auf. Bei Verlusten werden Wahrscheinlichkeiten bis etwa $p = 0{,}5$ minimal übergewichtet und Wahrscheinlichkeiten von $p > 0{,}5$ minimal untergewichtet.

Cluster 2 stellt sich bezüglich seiner Struktur folgendermaßen dar. Es umfasst den höchsten Anteil an Personen, die in der Vergangenheit keine Unfälle mit dem Pkw hatten. 74,7 % der Probanden geben an, in der Vergangenheit keine fremdverschuldeten Unfälle gehabt zu haben und bei 73,3 % der Probanden trifft dieser Umstand auch auf selbstverschuldete Unfälle zu. Daneben beinhaltet das Cluster den höchsten Anteil an Personen, die angeben, dass sie gute Kenntnisse in Entscheidungstheorie und Statistik besitzen (76,0 %). Weiterhin äußern 82,7 % der Probanden des Clusters Zustimmung zu der Aussage, dass sie bei der Beurteilung der Kfz-Kaskoversicherungsalternativen versucht haben, die Kosten der Versicherung mit der erwarteten Schadenshöhe abzuwägen. Ebenfalls 82,7 % der Personen haben bei ihrer Vorgehensweise die Prämienersparnis, die durch eine Selbstbeteiligung erzielt werden kann, mit der Höhe der Selbstbeteiligung verglichen. Die mittlere Präferenzrangfolge für die Personen aus Cluster 2 ist in Tabelle 37 abgebildet.

---

542 Vgl. Tversky/Kahneman (1992), S. 309 ff.

Tabelle 37: Mittlere Präferenzstruktur der Probanden nach der CPT für Cluster 2

Nr.	Deckung TK-Schäden	Deckung VK-Schäden	Selbst-beteiligung	Versicherungs-prämie	Gesamtwert	errechneter Rang
7	✓	✓	1.000 €	700 €	-1248,040	1
8	✓	✓	0 €	1.000 €	-1479,042	2
9	✓	✓	300 €	1.000 €	-1499,742	3
2	✓	–	300 €	100 €	-1844,845	4
3	✓	–	1.000 €	100 €	-1856,759	5
4	✓	–	300 €	150 €	-1894,845	6
5	✓	–	1.000 €	150 €	-1906,759	7
10	✓	✓	0 €	1.500 €	-1979,042	8
11	✓	✓	300 €	1.500 €	-1999,742	9
6	✓	–	0 €	300 €	-2039,739	10
1	–	–	0 €	0 €	-2069,935	11

Nichtwahl-Alternative   Teilkaskoversicherung   Vollkaskoversicherung

In der Rangreihung der Kfz-Kaskoversicherungsalternativen ergibt sich zunächst kein klares Muster hinsichtlich Vollkaskoversicherungen und Teilkaskoversicherungen. Die höchste Präferenz ergibt sich in diesem Cluster für Vollkasko-Alternativen gefolgt von einigen Teilkasko-Alternativen. Die jeweils teuersten dieser Alternativen, die demzufolge auch eine geringe bzw. keine Selbstbeteiligung aufweisen, stehen in der Präferenzrangfolge ganz unten. Eine Erklärung kann hier der subjektive Trade-Off zwischen der Höhe der Versicherungsprämie und der Selbstbeteiligung bieten. Dies erscheint konsistent mit der eher rechnerischen und abwägenden Herangehensweise der Probanden in diesem Cluster, die sich in den hohen Prozentzahlen an Personen äußert, die Versicherungskosten und erwartete Schadenshöhe sowie Prämienersparnis und Höhe der Selbstbeteiligung verglichen haben. Der hohe Anteil an Personen, die nach eigener Aussage gute Entscheidungstheorie- und Statistikkenntnisse besitzen, rundet dieses Bild ab.

Cluster 3 „Die bewussten Nichtversicherer"

Cluster 3 ist mit n = 120 Personen (45,80 % der Stichprobe) das größte der drei Cluster der CPT. Tabelle 38 gibt einen Überblick über die mittleren Parameterwerte der Wertfunktion und Entscheidungsgewichtungsfunktionen in diesem Cluster.

Tabelle 38: Mittlere Parameter der Wert- und Entscheidungsgewichtungsfunktionen der CPT für Cluster 3

	α WF (Gewinne)	β WF (Verluste)	γ EGF (Gewinne)	δ EGF (Verluste)
Mittelwert	0,507	0,532	0,762	0,713
Median	0,460	0,500	0,798	0,763
Standardabw.	0,122	0,157	0,142	0,170

Basierend auf den Parameterwerten α = 0,460 für den Gewinnbereich und β = 0,500 für den Verlustbereich ist die Median-Wertfunktion für die Probanden dieses Clusters in Abbildung 35 abgebildet. Die Parameter mit $\alpha < \beta$ verdeutlichen, dass für die Median-Wertfunktion keine Verlustaversion besteht (bei Verlustaversion müsste die Relation $\alpha > \beta$ gelten). Gewinne und Verluste werden aufgrund der ähnlichen Parameter stattdessen nahezu gleich beurteilt.

Abbildung 35: Funktionsverlauf der Median-Wertfunktion der CPT für Cluster 3

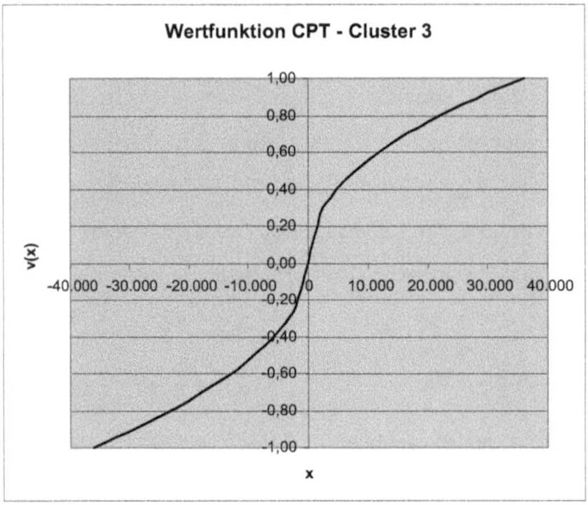

Der Funktionsverlauf, der sich konkav im Gewinnbereich sowie konvex im Verlustbereich darstellt, ist mit dem von Tversky/Kahneman (1992) vorgeschlagenen konsistent.[543] Im Gegensatz dazu kann den Probanden in Cluster 3 allerdings keine Verlustaversion attestiert werden, da der Verlauf der Wertfunktion im Verlustbereich nicht steiler ist als im Gewinnbereich.

[543] Vgl. Tversky/Kahneman (1992), S. 302 f. und S. 309 ff. und Kahneman/Tversky (1979), S. 279.

In Abbildung 36 ist die Median-Entscheidungsgewichtungsfunktion grafisch veranschaulicht, die sich aus den Parametern $\gamma = 0{,}798$ bei Gewinnen und $\delta = 0{,}763$ bei Verlusten herleitet.

Abbildung 36: Funktionsverlauf der Median-Entscheidungsgewichtungsfunktionen der CPT für Cluster 3

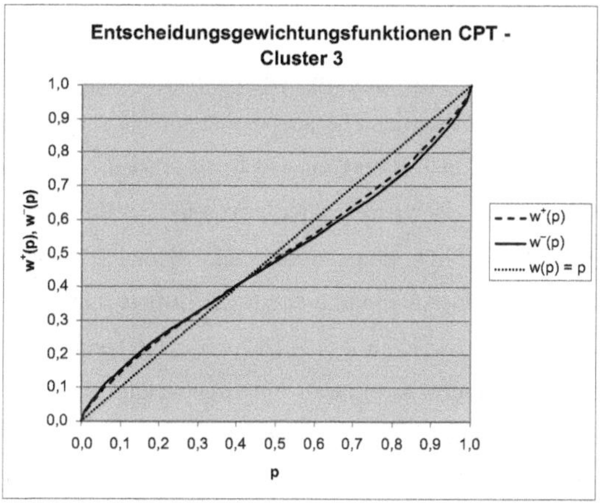

Grundsätzlich ist der invers s-förmige Funktionsverlauf der Entscheidungsgewichtungsfunktionen mit den Ergebnissen von Tversky/Kahneman (1992) übereinstimmend, indem kleine Wahrscheinlichkeiten übergewichtet sowie mittlere und große Wahrscheinlichkeiten untergewichtet werden.[544] Im Gegensatz zu den Entscheidungsgewichtungsfunktionen von Tversky/Kahneman (1992), die eine stärkere Entscheidungsgewichtung für Gewinne als Verluste feststellen, zeigt sich bei den Median-Funktionen in Abbildung 36 ein annähernd identischer Verlauf der beiden Entscheidungsgewichtungsfunktionen. In diesem Fall würde die Wahrscheinlichkeitsgewichtung eher der Rank Dependent Expected Utility Theorie entsprechen, die keine unterschiedliche Wahrscheinlichkeitstransformation für Gewinne und Verluste unterstellt, sondern ausschließlich eine rangplatzabhängige.[545] Zur Überprüfung der Mittelwertunterschiede der Entscheidungsgewichtungsfunktionen bei Gewinnen und Verlusten wurde daher ein t-Test bei gepaarten Stichproben (zweiseitig) durchgeführt, der zum Ergebnis

[544] Vgl. Tversky/Kahneman (1992), S. 312 f.

[545] Vgl. z. B. Quiggin (1982); Starmer (2000), S. 347 ff.; Starmer/Sugden (1989), S. 85 und Weber/Camerer (1987), S. 136 f.

hat, dass signifikante Mittelwertunterschiede der Entscheidungsgewichtungsfunktionen bei Gewinnen und Verlusten bestehen, was für die Cumulative Prospect Theorie spricht.[546]

Cluster 3 lässt sich folgendermaßen beschreiben: Mit 61,7 % weist das Cluster den höchsten Anteil an männlichen Personen unter allen drei Clustern auf. Personen, die einen eigenen Pkw besitzen, sind mit 43,3 % in diesem Cluster am wenigsten im Vergleich zu den beiden anderen Clustern vertreten. Des Weiteren weist Cluster 3 den geringsten Anteil an Personen auf, die der Aussage zustimmen, dass sie die Kfz-Kaskoversicherungsentscheidungen aus dem Bauch heraus getroffen haben (34,2 %). Dagegen beinhaltet Cluster 3 den höchsten Anteil an Personen, die vorgeben, dass sie die Kosten der Versicherungsalternativen mit der erwarteten Schadenshöhe verglichen haben (93,3 %). Schließlich stimmen auch 85,0 % der Probanden des Clusters der Aussage zu, dass sie die Prämienersparnis durch eine Selbstbeteiligung mit der Höhe der Selbstbeteiligung verglichen haben, was ebenso dem höchsten Anteil unter allen drei Clustern entspricht. Mit Hilfe der Median-Wert- und Entscheidungsgewichtungsfunktionen kann die mittlere Präferenzrangfolge hinsichtlich aller Versicherungsalternativen für die Probanden aus Cluster 3 errechnet werden, die in Tabelle 39 dargestellt ist.

Tabelle 39: Mittlere Präferenzstruktur der Probanden nach der CPT für Cluster 3

Nr.	Deckung TK-Schäden	Deckung VK-Schäden	Selbst-beteiligung	Versicherungs-prämie	Gesamtwert	errechneter Rang
1	–	–	0 €	0 €	-16,307	1
2	✓	–	300 €	100 €	-23,963	2
3	✓	–	1.000 €	100 €	-24,378	3
4	✓	–	300 €	150 €	-26,215	4
5	✓	–	1.000 €	150 €	-26,630	5
6	✓	–	0 €	300 €	-30,796	6
7	✓	✓	1.000 €	700 €	-35,878	7
8	✓	✓	0 €	1.000 €	-38,081	8
9	✓	✓	300 €	1.000 €	-39,710	9
10	✓	✓	0 €	1.500 €	-45,206	10
11	✓	✓	300 €	1.500 €	-46,835	11

Nichtwahl-Alternative   Teilkaskoversicherung   Vollkaskoversicherung

In der Präferenzrangfolge fällt auf, dass die Nichtwahl-Alternative (kein Abschluss einer Kfz-Kaskoversicherung) für die Probanden aus Cluster 3 den höchsten Gesamtwert aufweist. Für die weiteren Präferenzränge folgt die Reihenfolge einem klaren Muster in der Weise, dass die Teilkasko-Alternativen allesamt höher in der Präferenzrangfolge stehen als die Vollkasko-Alternativen. Der Umstand, dass die Nichtwahl-Alternative den Probanden den höchsten Ge-

[546] Es ergibt sich ein t-Wert von $t_{119} = 2,639$ mit einer Irrtumswahrscheinlichkeit p = 0,009. Die Nullhypothese H_0 (Differenz der Mittelwerte = 0) kann daher auf dem Signifikanzniveau von p = 0,01 abgelehnt werden. Vgl. Janssen/Laatz (2005), S. 337 ff. und Bortz (2005), S. 143 ff.

samtwert erbringt, kann mit dem Trade-Off zwischen den Versicherungskosten und dem subjektiv erwarteten Schaden begründet werden, den die Probanden kognitiv verarbeiten mussten. Dies wird auch durch die Struktur des Clusters 3 untermauert, aus der deutlich wird, dass die Probanden eine abwägende, eher rechnerische Herangehensweise bei dem Entscheidungsproblem zutage legen. Das Cluster weist, wie oben ersichtlich, einen relativ geringen Anteil an Personen auf, die eher intuitiv entschieden haben, sowie einen sehr hohen Prozentsatz an Personen, die solche Trade-Offs in ihr Entscheidungskalkül einbezogen haben. Der subjektiv erwartete Schaden wird dabei von den Probanden im Mittel offenbar als so gering eingeschätzt, dass die Versicherungskosten keiner der Kfz-Kaskoversicherungsalternativen gerechtfertigt erscheinen. Bezüglich der dargestellten Funktionsverläufe der CPT wird für die Probanden aus Cluster 3 die recht deutlich konvexe Wertfunktion (die ja Risikofreude im Verlustbereich impliziert) somit offensichtlich nicht von der relativ schwachen Übergewichtung kleiner Wahrscheinlichkeiten überkompensiert (vgl. Abbildung 35 und Abbildung 36). Daraus resultiert, dass alle Versicherungsalternativen unattraktiver sind als die Nichtversicherung.

Für das vorangehende Kapitel lässt sich das Fazit ziehen, dass die Wert- und Entscheidungsgewichtungsfunktionen der Cumulative Prospect Theorie auf individueller Ebene und auf Segmentebene geschätzt werden konnten. Diese Funktionen dienen weiterhin zur Ermittlung der Prognosegüte hinsichtlich der Kfz-Kaskoversicherungsentscheidungen der Experiment-Teilnehmer (vgl. Kapitel 5.5). Mittels einer Clusteranalyse wurden drei Cluster identifiziert, die in Tabelle 40 bezüglich ihrer Größe, anhand der mit den Funktionen errechneten Präferenzrangfolge und Charakteristika der Mitglieder zusammengefasst sind.

Tabelle 40: Überblick über die Cluster nach der Cumulative Prospect Theorie

	Cluster 1 **„Die Vollabsicherer"**	**Cluster 2** **„Die abwägenden, rationalen Entscheider"**	**Cluster 3** **„Die bewussten Nichtversicherer"**
Clustergröße	$n = 67$	$n = 75$	$n = 120$
Errechnete Präferenzrangfolge	VK ≻ TK ≻ NV	gemischt – VK ≻ TK ≻ VK ≻ TK ≻ NV	NV ≻ TK ≻ VK
Charakteristika	▪ Höchster Anteil an Pkw-Besitzern ▪ „Bauchentscheider" ▪ Wunsch nach umfassendem Schutz	▪ Geringste Zahl an Unfällen in der Vergangenheit ▪ Abwägender, rechnerischer Entscheidungsstil ▪ Vergleich Prämie/SB	▪ Überwiegend männlich ▪ Geringster Anteil an Pkw-Besitzern ▪ Abwägender, rechnerischer Entscheidungsstil

Mit: VK = Vollkaskoversicherungen; TK = Teilkaskoversicherungen; NV = Nichtversicherung; ≻ = präferiert

Im folgenden Kapitel werden die Ergebnisse zur Schätzung der Nutzenfunktionen mit der Conjoint Analyse, dem Entscheidungsmodell für Kfz-Kaskoversicherungsentscheidungen als multiattributive Entscheidungen, dargestellt.

5.4 Conjoint Analyse: Multiattributive Präferenzen für Kfz-Kaskoversicherungen

Kapitel 5.4 beinhaltet die Darstellung der Ergebnisse der Analyse von Kfz-Kaskoversicherungsentscheidungen mittels der Conjoint Analyse. Zunächst werden die Ergebnisse der Untersuchung auf individueller Ebene erläutert (Kap. 5.4.1). Im Anschluss werden die Ergebnisse der Untersuchung auf Segmentebene aufgezeigt (Kap. 5.4.2).

5.4.1 Ergebnisse auf individueller Ebene

Basierend auf den individuellen Rangreihungen der 11 Kfz-Kaskoversicherungsalternativen der Experiment-Teilnehmer wurden im Rahmen der Conjoint Analyse 273 individuelle Regressionsschätzungen zur Ermittlung der individuellen Nutzenparameter durchgeführt. Von den 11 Stimuli je Experiment-Teilnehmer wurden 8 zur Schätzung der Nutzenparameter herangezogen, die restlichen 3 dienen als Hold-Out-Stimuli zur Überprüfung der externen Validität. Aus den geschätzten Nutzenparametern können dann die 273 probandenindividuellen Nutzenfunktionen hergeleitet werden. Aus Darstellungsgründen sind in Tabelle 41 wiederum die mittleren Regressionskoeffizienten bzw. Nutzenparameter abgebildet.[547] Neben Gütekriterien für die interne Validität der Schätzung der mittleren Nutzenparameter mit einer gemeinsamen Conjoint Analyse sind daneben auch die Gütekriterien zur internen und externen Validität bezogen auf die 273 individuellen Conjoint Analysen dargestellt.

[547] Die mittleren Nutzenparameter erhält man durch Durchführung einer gemeinsamen Conjoint Analyse oder durch Mittelwertbildung der mittels individueller Conjoint Analysen geschätzten Nutzenparameter. Beide Vorgehensweisen führen zu identischen Nutzenparametern. Vgl. Backhaus et al. (2006), S. 599 ff.

Tabelle 41: Mittlere Regressionskoeffizienten bzw. Nutzenparameter nach der CA

Eigenschaft[a]	Regressions-koeffizient[b]	Standard-fehler	t-Wert	Signifikanz-wert
(Konstante)	2,212	0,153	14,443	0,000
Deckung TKS	5,341	0,241	22,196	0,000
Deckung VKS	6,752	0,276	24,456	0,000
SB	-0,003	0,000	-14,955	0,000
VP	-0,005	0,000	-18,109	0,000

Gütekriterien zur internen Validität (basierend auf der gemeinsamen Schätzung):

$R^2 = 0{,}423$ $R^2_{korr} = 0{,}422$

F-Wert = 399,350 Signifikanzwert: 0,000

Gütekriterien zur internen Validität (basierend auf den individuellen Schätzungen):

$R^2 = 0{,}964^c$ $R^2_{korr} = 0{,}913^c$

Face-Validität Deckung TKS: 244 Pbn. (89,4 %)

Face-Validität Deckung VKS: 242 Pbn. (88,6 %)

Face-Validität SB: 243 Pbn. (89,0 %)

Face-Validität VP: 247 Pbn. (90,5 %)

Anzahl richtig prognostizierter Ränge der Stimuli: 1432 (65,6 %)

Anzahl falsch prognostizierter Ränge der Stimuli: 752 (34,4 %)

Spearmans Rho: 0,958**

Kendalls Tau: 0,893**

Gütekriterien zur externen Validität (basierend auf den individuellen Schätzungen):

Anzahl richtig prognostizierter Ränge der Hold-Outs: 402 (49,1 %)

Anzahl falsch prognostizierter Ränge der Hold-Outs: 417 (50,9 %)

Spearmans Rho: 0,733**

Kendalls Tau: 0,844**

[a] Datenbasis: 2184 Präferenzaussagen ($n = 273 \cdot 8$ Stimuli); [b] nicht standardisiert; [c] basierend auf transformierten individuellen Bestimmtheitsmaßen mit Fischers Z-Transformation; Deckung TKS = Deckung von Teilkaskoschäden; Deckung VKS = Deckung von Vollkaskoschäden; SB = Selbstbeteiligung; VP = Versicherungsprämie; ** signifikant p = 0,01 (zweiseitig)

Zur Beurteilung der Schätzgüte des gemeinsamen Regressionsmodells kann das korrigierte Bestimmtheitsmaß R^2_{korr} herangezogen werden, welches 0,422 beträgt und für empirische Untersuchungen einen zufrieden stellenden Wert aufweist. Das Regressionsmodell ist mit einem F-Wert von 399,350 insgesamt hochsignifikant. Daneben sind die geschätzten Regressionsparameter der gemeinsamen Conjoint Analyse ebenso hochsignifikant (p = 0,000) und weisen alle die vermutete Einflussrichtung auf. Bezüglich der Face-Validität wird hier unterstellt, dass die Deckung von Teilkaskoschäden und die Deckung von Vollkaskoschäden einen positiven Nutzenbeitrag stiften sollten, Selbstbeteiligung und Versicherungsprämie dagegen einen negativen Nutzenbeitrag erbringen sollten.

In Bezug auf die hier interessierenden Ergebnisse auf individueller Ebene geben die Gütekriterien zur internen und externen Validität basierend auf den individuellen Schätzungen im zweiten Teil von Tabelle 41 Auskunft. Zunächst sei das mittlere korrigierte Bestimmtheitsmaß der 273 individuellen Regressionsschätzungen erwähnt. Dieser Wert beträgt 0,913 und wurde als Mittelwert aus den individuellen korrigierten Bestimmtheitsmaßen ermittelt, die zuvor mit Fischers Z-Transformation transformiert wurden.[548] Dieser sehr hohe Wert im Vergleich zum korrigierten Bestimmtheitsmaß der gemeinsamen Conjoint Analyse lässt sich damit erklären, dass die den Daten zugrunde liegende Varianz durch eine einzige Regressionsfunktion natürlich wesentlich schlechter abgebildet werden kann als durch 273 individuelle Regressionsfunktionen. Des Weiteren liegen bei den individuellen Schätzungen viel weniger Freiheitsgrade vor als bei der gemeinsamen Schätzung, was ebenfalls zu einem Anstieg des Bestimmtheitsmaßes führt.

Im Hinblick auf die Face-Validität der individuellen Nutzenparameter lässt sich sagen, dass diese in der überwiegenden Mehrzahl der Fälle gegeben ist. Auch hier wird, wie bereits erwähnt, ein positiver Nutzenbeitrag bei den Eigenschaften „Deckung von Teilkaskoschäden“ und „Deckung von Vollkaskoschäden“ unterstellt sowie ein negativer Nutzenbeitrag für die Eigenschaften „Selbstbeteiligung“ und „Versicherungsprämie“. Bei diesen Annahmen zeigt sich, dass die Face-Validität für die einzelnen Nutzenparameter jeweils bei ca. 90 % der Experiment-Teilnehmer gegeben ist. Auch die Werte von Kendalls Tau von 0,893 sowie der Spearmans Rho-Koeffizient mit 0,958 deuten auf eine hohe interne Validität der individuellen Nutzenparameter hin. Bezüglich der externen Validität werden durch die individuellen Nutzenfunktionen insgesamt 49,1 % der Hold-Out-Stimuli richtig prognostiziert, was sich in ebenfalls hohen Werten von Kendalls Tau (0,844) und Spearmans Rho (0,733) niederschlägt.[549] Somit kann insgesamt auch von einer hohen externen Validität gesprochen werden.

---

[548] Vgl. zu Fischers Z-Transformation z. B. Bortz (2005), S. 218 ff. und Jäger (1974).

[549] Andere Untersuchungen ermitteln zum Teil wesentlich niedrigere Werte für Kendalls Tau von 0,26 bis 0,37, allerdings für fünf bzw. sechs Hold-Out-Stimuli. Vgl. Akaah/Korgaonkar (1983), S. 192 und Hensel-Börner (2000), S. 157 f.

Die mittlere Nutzenfunktion, basierend auf der gemeinsamen Conjoint Analyse ist abschließend nochmals in (29) dargestellt:

$$\hat{u}(a_i) = 2{,}212 + 5{,}341 \cdot x_{i,Deckung\_TKS} + 6{,}752 \cdot x_{i,Deckung\_VKS} - 0{,}003 \cdot x_{i,SB} - 0{,}005 \cdot x_{i,VP} \qquad i \in I \tag{29}$$

wobei:

$\hat{u}(a_i)$: Geschätzter Nutzen des *i*-ten Stimulus a_i,

$x_{i,Deckung\_TKS}$: Dummy-Variable der Eigenschaft Deckung von Teilkaskoschäden beim *i*-ten Stimulus

mit: $x_{i,Deckung\_TKS} = \begin{cases} 1 & \text{wenn Deckung von Teilkaskoschäden} \\ 0 & \text{sonst,} \end{cases}$

$x_{i,Deckung\_VKS}$: Dummy-Variable der Eigenschaft Deckung von Vollkaskoschäden beim *i*-ten Stimulus

mit: $x_{i,Deckung\_VKS} = \begin{cases} 1 & \text{wenn Deckung von Vollkaskoschäden} \\ 0 & \text{sonst,} \end{cases}$

$x_{i,SB}$: Wert der Selbstbeteiligung beim *i*-ten Stimulus,

$x_{i,VP}$: Wert der Versicherungsprämie beim *i*-ten Stimulus,

I: Indexmenge der Stimuli.

In Tabelle 42 sind die Bedeutungsgewichte für die mittlere Nutzenfunktion der gemeinsamen Conjoint Analyse dargestellt. Sie errechnen sich nach Formel (18) und geben die Wichtigkeit der einzelnen Eigenschaften an.[550] Es wird deutlich, dass die Eigenschaft „Versicherungsprämie" im Mittel mit 33,20 % am bedeutendsten ist, gefolgt von der Eigenschaft „Deckung von Vollkaskoschäden" mit einem Bedeutungsgewicht von 29,89 %. Insgesamt fällt auf, dass die Bedeutungsgewichte für die mittlere Nutzenfunktion bei der gemeinsamen Conjoint Analyse abgesehen von der Eigenschaft „Selbstbeteiligung" relativ ausgeglichen sind.

Tabelle 42: Mittlere Nutzenparameter und Bedeutungsgewichte nach der CA

Eigenschaft	**Nutzenparameter**	**Bedeutungsgewicht**
Deckung TK-Schäden	5,341	23,64 %
Deckung VK-Schäden	6,752	29,89 %
Selbstbeteiligung	-0,003	13,28 %
Versicherungsprämie	-0,005	33,20 %

550 Vgl. Kap. 3.3, S. 79 f.

Auf eine Diskussion der Präferenzrangfolgen für die 11 verfügbaren Versicherungsalternativen wird aus Darstellungsgründen auch hier verzichtet, diese erfolgt im Rahmen der Ergebnisse auf Segmentebene in Kapitel 5.4.2.

5.4.2 Ergebnisse auf Segmentebene

Eine Betrachtung der individuellen Nutzenfunktionen für jeden einzelnen Probanden ist für Anbieter von Kfz-Kaskoversicherungen aufgrund der Heterogenität in den Präferenzen sehr unübersichtlich. Eine ausschließliche Verwendung der aggregierten (mittleren) Nutzenfunktion vernachlässigt dagegen vollständig die Heterogenität in den Präferenzen der Probanden. Aus diesem Grund wird mittels der so genannten Benefit-Segmentierung auf Basis der geschätzten Nutzenparameter versucht, die Präferenzen der Probanden auf Segmentebene zu erfassen.[551]

Hierbei wird eine sequenzielle Vorgehensweise der Benefit-Segmentierung durchgeführt, d. h., im ersten Schritt werden mit der Conjoint Analyse die individuellen Nutzenparameter für jeden Probanden geschätzt.[552] Im darauf folgenden Schritt werden mittels der Clusteranalyse homogene Segmente in Bezug auf die individuellen Nutzenparameter gebildet. Abschließend erfolgt eine segmentspezifische Schätzung der Nutzenfunktionen mit einer aggregierten Conjoint Analyse auf Segmentebene.

Die individuellen Teilnutzenwerte der einzelnen Probanden sind allerdings nicht direkt miteinander vergleichbar, da nicht davon ausgegangen werden kann, dass alle Probanden die Skaleneinheiten gleich interpretieren und denselben Nullpunkt verwenden.[553] Demzufolge müssen die individuellen Teilnutzenwerte zunächst normiert werden, bevor eine Clusteranalyse zur Identifikation von Kundensegmenten mit einer homogenen Präferenzstruktur eingesetzt werden kann.[554] Im Fall von Eigenschaften, denen das Vektor-Modell als Nutzenstrukturmodell zugrunde liegt (hier bei Selbstbeteiligung und Versicherungsprämie) wird lediglich ein Nutzenparameter geschätzt. Zur Ermittlung der Teilnutzenwerte für die einzelnen Eigenschaftsausprägungen werden bei diesen zunächst die Eigenschaftsausprägungen mit dem ge-

---

[551] Vgl. Green/Krieger (1991); Haley (1968); Hauser/Urban (1977), S. 603 ff.; Currim (1981) und Green/Wind/Jain (1972), S. 31 f.

[552] Vgl. DeSarbo/Oliver/Rangaswamy (1989), S. 709 f.; Kamakura (1988), S. 157; Steiner/Baumgartner (2004), S. 617 f.; Green/Helsen (1989), S. 346; Gaul/Lutz/Aust (1994), S. 417 f.; Aust (1996), S. 70 und Jasny (1994), S. 106 f.

[553] Vgl. Teichert (1999), S. 499; Backhaus et al. (2006), S. 580; Skiera/Gensler (2002b), S. 260 und Gutsche (1995), S. 133.

[554] Vgl. Teichert (1999), S. 499; Teichert (2001), S. 67 ff.; Baier/Säuberlich (1997), S. 956 und Green/Krieger (1985), S. 3 f.

schätzten Nutzenparameter multipliziert.[555] Eine Normierung der Teilnutzenwerte aller Eigenschaftsausprägungen kann dann dahingehend erfolgen, dass in einem ersten Schritt die Teilnutzenwerte für jede Eigenschaft um den Nullpunkt zentriert werden und dann die Summe der Absolutbeträge aller Teilnutzenwerte gleich eins gesetzt wird.[556] Diese Normierungsvorschrift ist in (30) dargestellt und für jeden individuellen Probanden durchzuführen:

$$\text{(30)} \quad \beta_{k,m}^{norm} = \frac{\beta_{k,m} - \overline{\beta}_k}{\sum_{k=1}^{K}\sum_{m=1}^{M}\left|\beta_{k,m} - \overline{\beta}_k\right|}$$

wobei:

$\beta_{k,m}^{norm}$:	Normierter Teilnutzenwert der *m*-ten Ausprägung der *k*-ten Eigenschaft,
$\beta_{k,m}$:	Geschätzter Teilnutzenwert der *m*-ten Ausprägung der *k*-ten Eigenschaft,
$\overline{\beta}_k$:	Mittlerer Teilnutzenwert der *k*-ten Eigenschaft,
K:	Indexmenge der Eigenschaften,
M:	Indexmenge der Eigenschaftsausprägungen.

Nach der vorgenommenen Normierung der Teilnutzenwerte für alle Eigenschaftsausprägungen erfolgt die Segmentierung mittels der Clusteranalyse in einem mehrstufigen Prozess analog der zuvor beschriebenen Vorgehensweise.[557]

Als Variablen werden die normierten individuellen Teilnutzenwerte in die Clusteranalyse einbezogen. Da die normierten Teilnutzenwerte metrisches Skalenniveau aufweisen, dient die Quadrierte Euklidische Distanz als Distanzmaß.[558] Mit dem Single-Linkage-Verfahren wurden 5 Ausreißerfälle identifiziert, die von der weiteren Analyse ausgeschlossen wurden. Auf die verbleibenden 268 Fälle wurde zur Bestimmung der Clusterzahl das Ward-Verfahren angewendet. Das Elbow-Kriterium (vgl. Abbildung 37), bei dem die Fehlerquadratsumme als Heterogenitätsmaß der Clusterzahl gegenübergestellt wird, spricht tendenziell für eine

---

[555] Vgl. Hair et al. (2006), S. 490.

[556] Vgl. Teichert (1999), S. 499; Teichert (2001), S. 67 f. sowie zu anderen Normierungsvorschriften Backhaus et al. (2006), S. 580 f. und Gutsche (1995), S. 133 ff.

[557] Vgl. zur Vorgehensweise beim mehrstufigen Segmentierungsprozess Kapitel 5.3.2.

[558] Vgl. Kaas/Schneider (2002), S. 39; Kaas/Schneider (2007), S. 514 und Backhaus et al. (2006), S. 502 ff.

3-Cluster-Lösung. Allerdings ist auch zwischen der Fusionierung von 5 Clustern zu 4 Clustern ein relativ starker Anstieg der Fehlerquadratsumme zu beobachten.[559]

Abbildung 37: Elbow-Kriterium zur Bestimmung der Clusterzahl bei der CA

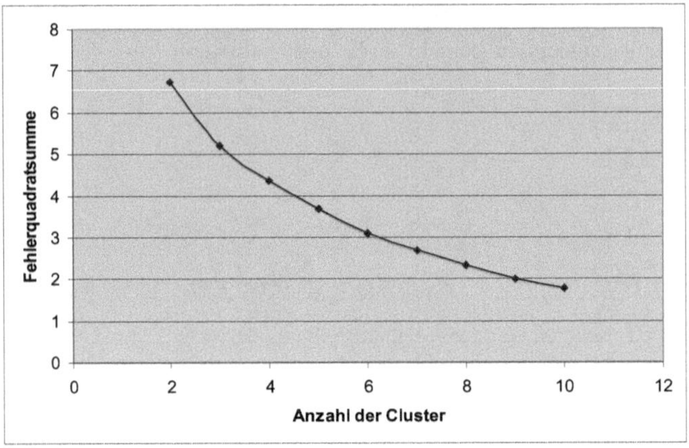

Zur Verbesserung der letzten Endes gewählten, mit dem Ward-Verfahren ermittelten 4-Cluster-Lösung, wurde schließlich das K-Means-Verfahren angewandt. Als Startwerte für die Clusterzentren dienten wiederum die Mittelwerte der normierten Teilnutzenwerte für jedes der initialen Cluster. Für die so mit dem K-Means-Verfahren ermittelten endgültigen Cluster ergeben sich die F-Werte und t-Werte, die in Tabelle 43 abgebildet sind.

[559] Aufgrund der höheren Homogenität der Cluster anhand der F-Werte und der besseren Interpretierbarkeit beschränkt sich die nachfolgende Darstellung auf die letztlich gewählte 4-Cluster-Lösung.

Tabelle 43: F-Werte und t-Werte der 4-Cluster-Lösung bei der CA

	Cluster 1 (*n* = 132)		Cluster 2 (*n* = 43)		Cluster 3 (*n* = 22)		Cluster 4 (*n* = 71)	
	F-Wert	t-Wert	F-Wert	t-Wert	F-Wert	t-Wert	F-Wert	t-Wert
Deck. TKS = 0	0,5112	0,2282	0,2861	-1,2879	**2,0253**	-0,7039	0,4715	0,5738
Deck. TKS = 1	0,5112	-0,2282	0,2861	1,2879	**2,0253**	0,7039	0,4715	-0,5738
Deck. VKS = 0	0,1735	-0,7443	0,1590	1,0326	**1,9994**	1,5857	0,2321	0,2671
Deck. VKS = 1	0,1735	0,7443	0,1590	-1,0326	**1,9994**	-1,5857	0,2321	-0,2671
SB 0 €	0,7658	-0,0613	0,9909	0,5995	**3,8598**	-0,2944	0,3483	-0,1578
SB 300 €	0,7658	-0,0613	0,9909	0,5995	**3,8598**	-0,2944	0,3483	-0,1578
SB 1.000 €	0,7658	0,0613	0,9909	-0,5995	**3,8598**	0,2944	0,3483	0,1578
VP 0 €	0,1883	0,0130	0,2307	0,1682	0,8637	-2,7682	0,0952	0,7318
VP 100 €	0,1883	0,0130	0,2307	0,1682	0,8637	-2,7682	0,0952	0,7318
VP 150 €	0,1883	0,0130	0,2307	0,1682	0,8637	-2,7682	0,0952	0,7318
VP 300 €	0,1883	0,0130	0,2307	0,1682	0,8637	-2,7682	0,0952	0,7318
VP 700 €	0,1883	-0,0130	0,2307	-0,1682	0,8637	2,7682	0,0952	-0,7318
VP 1.000 €	0,1883	-0,0130	0,2307	-0,1682	0,8637	2,7682	0,0952	-0,7318
VP 1.500 €	0,1883	-0,0130	0,2307	-0,1682	0,8637	2,7682	0,0952	-0,7318

Mit: Deck. TKS = Deckung von Teilkaskoschäden; Deck. VKS = Deckung von Vollkaskoschäden; SB = Selbstbeteiligung; VP = Versicherungsprämie; 0 = Schaden ist nicht gedeckt; 1 = Schaden ist gedeckt

Es zeigt sich, dass die F-Werte für alle Cluster außer Cluster 3 kleiner als eins sind, was gleichbedeutend mit einer geringeren Varianz der entsprechenden Variablen in den betreffenden Clustern im Vergleich zur Gesamtstichprobe ist. Cluster 1, 2 und 4 können somit als völlig homogen angesehen werden. Insgesamt kann die Homogenität der ermittelten 4-Cluster-Lösung als gut beurteilt werden, zumal es sich bei Cluster 3 um ein sehr kleines Cluster (*n* = 22) handelt.

Die t-Werte geben Auskunft darüber, ob die betreffenden Variablen in einem Cluster im Vergleich zur Stichprobe über- oder unterrepräsentiert sind. Positive (negative) t-Werte deuten darauf hin, dass die normierten Teilnutzenwerte in einem Cluster größer (kleiner) sind als die mittleren normierten Teilnutzenwerte in der Stichprobe.[560]

Abschließend wurde zur Überprüfung der ermittelten 4-Cluster-Lösung ferner eine Diskriminanzanalyse durchgeführt. Die ermittelte Clusterzuordnung dient dabei als abhängige Variable, die individuellen normierten Teilnutzenwerte der Probanden gehen als unabhängige Variablen in die Analyse ein. Liegt eine trennscharfe Segmentierung vor, sollte mit der Diskriminanzfunktion ein hoher Anteil der ursprünglichen Clusterzuordnung prognostizierbar sein. Dies ist hier der Fall – es können 94,4 % der Fälle der ursprünglichen Clusterzuordnung korrekt klassifiziert werden. Somit kann der ermittelten 4-Cluster-Lösung eine hohe Trennschärfe attestiert werden.

560 Auch hier ergeben sich aufgrund der Elimination von fünf Ausreißerfällen geringfügige Differenzen der Mittelwerte im Vergleich zu den Mittelwerten der Gesamtstichprobe (*n* = 273).

Für die einzelnen Cluster wurde sodann nochmals eine aggregierte Conjoint Analyse durchgeführt. Die Ergebnisse für die gefundenen vier Cluster werden im Weiteren in Bezug auf ihre Struktur dargestellt sowie im Hinblick auf die Präferenzrangfolge analysiert:

Cluster 1 „Die besorgten Vollabsicherer"

Bei Cluster 1 handelt es sich um das größte der vier ermittelten Cluster. Es umfasst insgesamt n = 132 Personen (49,25 % der Stichprobe). Um die mittlere Nutzenfunktion für die Probanden zu schätzen, wurde, wie bereits angesprochen, basierend auf den empirisch erhobenen Rängen für die 11 Kfz-Kaskoversicherungsalternativen nochmals eine gemeinsame Regressionsanalyse durchgeführt.[561] Wie zuvor werden hierbei je Proband 8 Kfz-Kaskoversicherungsalternativen zur Schätzung der Nutzenparameter herangezogen. Die bei jedem Probanden verbleibenden 3 Kfz-Kaskoversicherungsalternativen dienen als Hold-Out-Stimuli zur Beurteilung der externen Validität der Schätzung. Darüber ergeben sich die in Tabelle 44 abgebildeten Regressionskoeffizienten bzw. Nutzenparameter für die einzelnen Eigenschaftsausprägungen.

[561] Die Durchführung von n probandenindividuellen Regressionsanalysen und Bildung des arithmetischen Mittels über die n probandenindividuellen Nutzenparameter führt zum gleichen Ergebnis.

Tabelle 44: Mittlere Regressionskoeffizienten bzw. Nutzenparameter nach der CA der Probanden für Cluster 1

Eigenschaft[a]	**Regressions-koeffizient**[b]	**Standard-fehler**	**t-Wert**	**Signifikanz-wert**
(Konstante)	1,591	0,102	15,545	0,000
Deckung TKS	4,085	0,161	25,413	0,000
Deckung VKS	8,994	0,184	48,762	0,000
SB	-0,002	0,000	-18,664	0,000
VP	-0,004	0,000	-22,357	0,000

Gütekriterien zur internen Validität:

$R^2 = 0{,}885$ $R^2_{korr} = 0{,}885$

F-Wert = 2030,455 Signifikanzwert: 0,000

Anzahl richtig prognostizierter Ränge der Stimuli: 575 (54,5 %)

Anzahl falsch prognostizierter Ränge der Stimuli: 481 (45,5 %)

Spearmans Rho: 0,920**

Kendalls Tau: 0,832**

Gütekriterien zur externen Validität:

Anzahl richtig prognostizierter Ränge der Hold-Outs: 142 (35,9 %)

Anzahl falsch prognostizierter Ränge der Hold-Outs: 254 (64,1 %)

Spearmans Rho: 0,784**

Kendalls Tau: 0,681**

[a] Datenbasis: 1056 Präferenzaussagen ($n = 132 \cdot 8$ Stimuli); [b] nicht standardisiert; Deckung TKS = Deckung von Teilkaskoschäden; Deckung VKS = Deckung von Vollkaskoschäden; SB = Selbstbeteiligung; VP = Versicherungsprämie; ** signifikant p = 0,01 (zweiseitig)

Zur Beurteilung der internen Validität des geschätzten Regressionsmodells kann zunächst das korrigierte R^2 mit einem Wert von 0,885 zur Güte der Modellanpassung herangezogen werden. Dieser Wert ist als sehr hoch einzustufen. Das Modell ist mit einem F-Wert von 2030,455 insgesamt hochsignifikant. Die einzelnen Regressionskoeffizienten sind ebenfalls alle hochsignifikant (p = 0,000) und weisen alle die vermutete Richtung auf. Die Eigenschaften „Deckung von Teilkaskoschäden“ und „Deckung von Vollkaskoschäden“ erbringen beide einen positiven Nutzenbeitrag, „Selbstbeteiligung“ und „Versicherungsprämie“ wirken sich negativ auf den Gesamtnutzen einer Kfz-Kaskoversicherungsalternative aus. Somit ist auch die Face-Validität bei allen Nutzenparametern gegeben. Die Werte für Kendalls Tau (0,832) und Spearmans Rho (0,920) zur Überprüfung der internen Validität fallen ebenfalls sehr hoch aus. Auch die externe Validität kann mit einem Kendalls Tau von 0,681 bzw. Spearmans Rho von 0,784 in Bezug auf die Hold-Out-Stimuli als gut eingestuft werden. Als mittlere Nutzenfunktion ergibt sich aus den geschätzten Nutzenparametern für Cluster 1 somit die in (31) dargestellte Funktion:

$$\hat{u}(a_i) = 1{,}591 + 4{,}085 \cdot x_{i,Deckung\_TKS} + 8{,}994 \cdot x_{i,Deckung\_VKS} - 0{,}002 \cdot x_{i,SB} - 0{,}004 \cdot x_{i,VP} \qquad i \in I \tag{31}$$

Um Informationen über die Wichtigkeit der einzelnen Eigenschaften zu erhalten, können nach Formel (18) die Bedeutungsgewichte ermittelt werden (vgl. Tabelle 45). Die Eigenschaft „Deckung von Vollkaskoschäden" hat dabei für die Personen von Cluster 1 mit 42,67 % die höchste Bedeutung gefolgt von „Versicherungsprämie" mit 28,46 %.

Tabelle 45: Mittlere Nutzenparameter und Bedeutungsgewichte nach der CA der Probanden für Cluster 1

Eigenschaft	Nutzenparameter	Bedeutungsgewicht
Deckung TK-Schäden	4,085	19,38 %
Deckung VK-Schäden	8,994	42,67 %
Selbstbeteiligung	-0,002	9,49 %
Versicherungsprämie	-0,004	28,46 %

Nachfolgend werden die Probanden des Clusters 1 hinsichtlich ihrer Struktur beschrieben: Die Mehrheit der Probanden in diesem Cluster ist männlich (60,6 %). Mit durchschnittlich 1,07 Unfällen in der Vergangenheit pro Person, die durch Teil- oder Vollkaskoschäden verursacht sein konnten, erzielt das Cluster hier den höchsten Wert unter allen Clustern. 74,2 % der Probanden äußern sodann auch, dass sie sich beruhigter fühlen, wenn sie wissen, dass sie einen umfassenden Versicherungsschutz genießen und gegen alle möglichen Risiken versichert sind, auch wenn die fixen Versicherungskosten dadurch etwas höher sind. Daneben weist Cluster 1 mit 52,3 % der Personen auch den höchsten Anteil an High-Worriers unter allen Clustern auf. Ferner umfasst das Cluster den geringsten Anteil an Personen, die der Aussage zustimmen, dass sie die Kfz-Kaskoversicherungsentscheidungen aus dem Bauch heraus getroffen haben (34,8 %). Im Hinblick auf die Vorgehensweise bei den Entscheidungen stimmt ein hoher Prozentsatz der Probanden der Aussage zu, dass sie versucht haben, die Kosten der Versicherung mit der erwarteten Schadenshöhe zu vergleichen (87,1 %). Ein fast ebenso hoher Anteil (83,3 %) der Personen aus Cluster 1 stimmt daneben der Aussage zu, die Prämienersparnis durch eine Selbstbeteiligung mit der Höhe der Selbstbeteiligung verglichen zu haben.

Wie schon zuvor bei der EUT und der CPT soll nun beispielhaft die Berechnung des Nutzens für die Kfz-Kaskoversicherungsalternative 4 (Teilkaskoversicherung mit 300 € Selbstbeteiligung und 150 € Versicherungsprämie) verdeutlicht werden (vgl. Tabelle 46). Basierend auf der mittleren Nutzenfunktion des Clusters (31) ergibt sich der Gesamtnutzen nach (32) folgendermaßen:[562]

(32) $$\begin{aligned}\hat{u}(a_4) &= 1{,}591 + 4{,}085 \cdot 1 + 8{,}994 \cdot 0 - 0{,}002 \cdot 300 - 0{,}004 \cdot 150 \\ &= 4{,}476\end{aligned}$$

Analog lässt sich die mittlere Präferenzrangfolge der Probanden aus Cluster 1 für alle 11 zur Verfügung stehenden Kfz-Kaskoversicherungsalternativen berechnen (vgl. Tabelle 46).

Tabelle 46: Mittlere Präferenzstruktur der Probanden nach der CA für Cluster 1

Nr.	Deckung TK-Schäden	Deckung VK-Schäden	Selbst-beteiligung	Versicherungs-prämie	Nutzen	errechneter Rang
8	✓	✓	0 €	1.000 €	10,220	1
9	✓	✓	300 €	1.000 €	9,530	2
7	✓	✓	1.000 €	700 €	9,256	3
10	✓	✓	0 €	1.500 €	7,994	4
11	✓	✓	300 €	1.500 €	7,305	5
2	✓	–	300 €	100 €	4,542	6
6	✓	–	0 €	300 €	4,341	7
4	✓	–	300 €	150 €	4,319	8
3	✓	–	1.000 €	100 €	2,933	9
5	✓	–	1.000 €	150 €	2,710	10
1	–	–	0 €	0 €	1,591	11

■ Nichtwahl-Alternative ▒ Teilkaskoversicherung □ Vollkaskoversicherung

Hierbei ergibt sich, dass insgesamt Vollkaskoversicherungen am stärksten präferiert werden, gefolgt von den Teilkaskoversicherungen. Die Nichtwahl-Alternative (kein Abschluss einer Kfz-Kaskoversicherung) steht bei den Probanden des Clusters 1 ganz unten in der Präferenzrangfolge. Dieses Präferenzmuster erscheint konsistent mit der Struktur des Clusters im Hinblick darauf, dass durchschnittlich jeder Proband in der Vergangenheit bereits einen Teil- oder Vollkaskoschaden erlitten hat und ein hoher Anteil der Personen gefühlsmäßig zu einem umfassenden Versicherungsschutz tendiert. Der relativ hohe Anteil an High-Worriers rundet dieses Bild ab. Generell werden niedrige Selbstbeteiligungen in Cluster 1 höheren Selbstbeteiligungen vorgezogen, was aufgrund des negativen Nutzenbeitrags der Eigenschaft „Selbstbeteiligung" stimmig erscheint. Der hohe Rang für Alternative 7, die eine Selbstbeteiligung von 1.000 € aufweist, kann mit dem bewussten Abwägen der Personen zwischen der Prämiener-

[562] Die Differenz zum Nutzenwert in Tabelle 46 basiert auf Rundungsdifferenzen.

sparnis durch die Selbstbeteiligung und der Höhe der Selbstbeteiligung bzw. dem Risiko, diese Zusatzkosten tragen zu müssen, erklärt werden. Dies erscheint auch konsistent mit der eher rechnerischen, abwägenden Herangehensweise der Probanden bei ihren Entscheidungen, die sich auch in dem niedrigen Anteil an „Bauchentscheidern“ äußert.

Cluster 2 „Die preisbewussten Basisabsicherer“

Cluster 2 umfasst $n = 43$ Personen (16,04 %) der Stichprobe. Für die Probanden aus Cluster 2 wurden die mittleren Nutzenparameter ebenfalls über eine gemeinsame Regressionsanalyse ermittelt. Die Ergebnisse der Schätzung und verschiedene Gütekriterien sind in Tabelle 47 abgebildet.

Tabelle 47: Mittlere Regressionskoeffizienten bzw. Nutzenparameter nach der CA der Probanden für Cluster 2

Eigenschaft[a]	Regressions-koeffizient[b]	Standard-fehler	t-Wert	Signifikanz-wert
(Konstante)	1,186	0,309	3,844	0,000
Deckung TKS	9,850	0,485	20,323	0,000
Deckung VKS	1,381	0,556	2,483	0,013
SB	-0,005	0,000	-12,390	0,000
VP	-0,005	0,001	-8,591	0,000

Gütekriterien zur internen Validität:

$R^2 = 0{,}551$ $R^2_{korr} = 0{,}546$

F-Wert = 104,091 Signifikanzwert: 0,000

Anzahl richtig prognostizierter Ränge der Stimuli: 106 (30,8 %)

Anzahl falsch prognostizierter Ränge der Stimuli: 238 (69,2 %)

Spearmans Rho: 0,738**

Kendalls Tau: 0,605**

Gütekriterien zur externen Validität:

Anzahl richtig prognostizierter Ränge der Hold-Outs: 26 (20,2 %)

Anzahl falsch prognostizierter Ränge der Hold-Outs: 103 (79,8 %)

Spearmans Rho: 0,490**

Kendalls Tau: 0,370**

[a] Datenbasis: 344 Präferenzaussagen ($n = 43 \cdot 8$ Stimuli); [b] nicht standardisiert; Deckung TKS = Deckung von Teilkaskoschäden; Deckung VKS = Deckung von Vollkaskoschäden; SB = Selbstbeteiligung; VP = Versicherungsprämie; ** signifikant p = 0,01 (zweiseitig)

Als Maß für die Güte der Modellanpassung dient das korrigierte R^2 mit einem Wert von 0,546. Das Modell als Ganzes ist mit einem F-Wert von 104,091 hochsignifikant von null verschieden (p = 0,000) und auch die einzelnen Regressionskoeffizienten weisen alle einen hochsignifikanten Einfluss auf. In Bezug auf die Face-Validität zeigen alle geschätzten Nutzenparameter den erwarteten Wirkungszusammenhang. Die Eigenschaften „Deckung von Teilkaskoschäden" sowie „Deckung von Vollkaskoschäden" liefern einen positiven Nutzenbeitrag zum Gesamtnutzen einer Kfz-Kaskoversicherungsalternative und die Eigenschaft „Selbstbeteiligung" wie auch die Eigenschaft „Versicherungsprämie" liefern einen negativen Nutzenbeitrag. Zusammen mit den Rangkorrelationskoeffizienten zwischen der empirischen Rangfolge der Stimuli und der errechneten Rangfolge ergibt sich mit Kendalls Tau von 0,605 und Spearmans Rho von 0,738 für Cluster 2 ebenfalls eine hohe interne Validität. Bezüglich der externen Validität, ausgedrückt durch Kendalls Tau und Spearmans Rho für die Hold-Outs, mit Werten von 0,370 bzw. 0,490 ergibt sich für dieses Cluster allerdings die niedrigste externe Validität im Vergleich zu den anderen Clustern.

Mittels der geschätzten Nutzenparameter lässt sich die mittlere Nutzenfunktion des Clusters 2 in (33) darstellen:

$$\begin{aligned}\hat{u}(a_i) = 1{,}186 + 9{,}850 \cdot x_{i,Deckung\_TKS} + 1{,}381 \cdot x_{i,Deckung\_VKS} - 0{,}005 \cdot x_{i,SB} \\ - 0{,}005 \cdot x_{i,VP}\end{aligned} \qquad i \in I \tag{33}$$

Für die einzelnen Eigenschaften wurden auch für die Probanden des Clusters 2 nach Formel (18) die Bedeutungsgewichte berechnet. Wie aus Tabelle 48 ersichtlich, ist die Eigenschaft „Deckung von Teilkaskoschäden" mit 41,51 % die wichtigste Eigenschaft, gefolgt von der Eigenschaft „Versicherungsprämie" mit 31,60 %. Auffällig im Vergleich zu den anderen Clustern ist hier auch die mit 21,07 % hohe Bedeutung der Eigenschaft „Selbstbeteiligung.

Tabelle 48: Mittlere Nutzenparameter und Bedeutungsgewichte nach der CA der Probanden für Cluster 2

Eigenschaft	**Nutzenparameter**	**Bedeutungsgewicht**
Deckung TK-Schäden	9,850	41,51 %
Deckung VK-Schäden	1,381	5,82 %
Selbstbeteiligung	-0,005	21,07 %
Versicherungsprämie	-0,005	31,60 %

Die Probanden des Clusters 2 lassen sich unter anderem dadurch charakterisieren, dass mit 74,4 % viele Personen der Aussage zustimmen, dass es ihnen wichtig ist zu wissen, dass außer der festen Versicherungsprämie keine weiteren Kosten durch eine Kfz-Kaskoversicherung anfallen. Dies stellt unter allen Clustern den höchsten Wert dar. Des Weiteren stimmen 83,7 % der Mitglieder der Aussage zu, dass sie bei der Beurteilung der verfügbaren Kfz-Kaskoversicherungsalternativen versucht haben, die Versicherungskosten mit der erwarteten Schadenshöhe zu vergleichen. Das Cluster weist mit 53,3 % der Personen den zweithöchsten Anteil an Low-Worriers unter allen Clustern auf. Daneben haben die Probanden des Clusters 2 die niedrigste Versicherungsquote unter allen Clustern. Die Gesamtzahl der abgeschlossenen Versicherungen liegt hier bei durchschnittlich 1,72 je Person.

Die mittlere Präferenzrangfolge für Cluster 2 lässt sich auch hier dadurch ermitteln, indem die Eigenschaftsausprägungen der verschiedenen Kfz-Kaskoversicherungsalternativen in die mittlere Nutzenfunktion (33) eingesetzt werden. Die Ergebnisse sind in Tabelle 49 dargestellt:

Tabelle 49: Mittlere Präferenzstruktur der Probanden nach der CA für Cluster 2

Nr.	Deckung TK-Schäden	Deckung VK-Schäden	Selbstbeteiligung	Versicherungsprämie	Nutzen	errechneter Rang
6	✓	–	0 €	300 €	9,489	1
2	✓	–	300 €	100 €	9,141	2
4	✓	–	300 €	150 €	8,883	3
8	✓	✓	0 €	1.000 €	7,261	4
3	✓	–	1.000 €	100 €	5,920	5
9	✓	✓	300 €	1.000 €	5,881	6
5	✓	–	1.000 €	150 €	5,662	7
10	✓	✓	0 €	1.500 €	4,683	8
7	✓	✓	1.000 €	700 €	4,207	9
11	✓	✓	300 €	1.500 €	3,302	10
1	–	–	0 €	0 €	1,186	11

■ Nichtwahl-Alternative ▒ Teilkaskoversicherung □ Vollkaskoversicherung

Im Cluster 2 werden insgesamt Teilkasko-Alternativen am stärksten präferiert. Dies erscheint konsistent mit der hohen Bedeutung der Eigenschaft „Deckung von Teilkaskoschäden", die in diesem Cluster ein Bedeutungsgewicht von 41,51 % aufweist. Als weitere Indikatoren können der hohe Anteil an Low-Worriers, also Personen, die sich tendenziell weniger Sorgen machen, sowie die eher geringe Versicherungsquote in diesem Cluster angesehen werden. Der Umstand, dass für die Vollkasko-Alternative 8 eine so hohe Präferenz besteht, lässt sich damit begründen, dass diese Alternative keine Selbstbeteiligung beinhaltet. Aufgrund des negativen Nutzenbeitrags der Eigenschaft „Selbstbeteiligung" und der mit 21,07 % verhältnismäßig hohen Bedeutung dieser Eigenschaft wird diese Alternative somit den beiden Teilkasko-Alternativen mit jeweils 1.000 € Selbstbeteiligung vorgezogen. Die Tatsache, dass ein hoher

Prozentsatz der Personen äußert, dass es ihnen wichtig ist zu wissen, dass außer der festen Versicherungsprämie keine weiteren Kosten anfallen, unterstreicht diese Präferenzfolge.

Cluster 3 „Die intuitiven und inkonsistenten Entscheider"

Cluster 3 ist das kleinste unter den ermittelten vier Clustern. Es umfasst lediglich $n = 22$ Personen (8,21 % der Stichprobe). Wie zuvor wurden für die Probanden von Cluster 3 die mittleren Nutzenparameter über eine gemeinsame Regressionsanalyse geschätzt. Die Ergebnisse sind in Tabelle 50 abgebildet.

Tabelle 50: *Mittlere Regressionskoeffizienten bzw. Nutzenparameter nach der CA der Probanden für Cluster 3*

Eigenschaft[a]	Regressions-koeffizient[b]	Standard-fehler	t-Wert	Signifikanz-wert
(Konstante)	1,500	0,536	2,799	0,006
Deckung TKS	4,126	0,842	4,901	0,000
Deckung VKS	-1,103	0,966	-1,142	0,255
SB	-0,001	0,001	-1,444	0,151
VP	0,003	0,001	2,811	0,006

Gütekriterien zur internen Validität:

$R^2 = 0{,}397$ $R^2_{korr} = 0{,}383$

F-Wert = 28,107 Signifikanzwert: 0,000

Anzahl richtig prognostizierter Ränge der Stimuli: 50 (28,4 %)

Anzahl falsch prognostizierter Ränge der Stimuli: 126 (71,6 %)

Spearmans Rho: 0,707**

Kendalls Tau: 0,577**

Gütekriterien zur externen Validität:

Anzahl richtig prognostizierter Ränge der Hold-Outs: 20 (30,3 %)

Anzahl falsch prognostizierter Ränge der Hold-Outs: 46 (69,7 %)

Spearmans Rho: 0,580*

Kendalls Tau: 0,462**

[a] Datenbasis: 176 Präferenzaussagen ($n = 22 \cdot 8$ Stimuli); [b] nicht standardisiert; Deckung TKS = Deckung von Teilkaskoschäden; Deckung VKS = Deckung von Vollkaskoschäden; SB = Selbstbeteiligung; VP = Versicherungsprämie; ** signifikant p = 0,01 (zweiseitig); * signifikant p = 0,05 (zweiseitig)

Die Güte der Modellanpassung kann wieder anhand des korrigierten R^2 beurteilt werden, welches hier einen Wert von 0,383 aufweist. Mit einem F-Wert von 28,107 ist das Modell insgesamt hochsignifikant von null verschieden (p = 0,000). Die Prüfung der t-Werte für die Regressionskoeffizienten ergibt allerdings, dass nur die Eigenschaften „Deckung von Teilkaskoschäden“ und „Versicherungsprämie“ einen hochsignifikanten Einfluss besitzen (p = 0,000 bzw. 0,006). Die Eigenschaften „Deckung von Vollkaskoschäden“ sowie „Selbstbeteiligung“ besitzen beide keinen signifikanten Einfluss (p = 0,255 bzw. p = 0,151). In Bezug auf die Face-Validität weisen die Parameterwerte der Eigenschaften „Deckung von Teilkaskoschäden“ sowie „Selbstbeteiligung“ das erwartete Vorzeichen auf. Die Wirkungsrichtung der beiden anderen Regressionskoeffizienten erscheint erklärungsbedürftig, da die Eigenschaft „Deckung von Vollkaskoschäden“ zunächst intuitiv keinen negativen Nutzenbeitrag erwarten lassen würde. Dasselbe gilt für einen positiven Nutzenbeitrag der Eigenschaft „Versicherungsprämie“. Die Ergebnisse zur Face-Validität können damit erst einmal als gemischt eingestuft werden. Ein weitergehender Erklärungsansatz wird im Rahmen der Beschreibung des Clusters skizziert. Die Rangkorrelationskoeffizienten hinsichtlich der internen Validität weisen mit Kendalls Tau von 0,577 und Spearmans Rho von 0,707 zufrieden stellende Werte auf. Bezüglich der Hold-Out-Stimuli fallen diese Werte mit 0,462 bzw. 0,580 etwas niedriger aus.

Aus den dargestellten Ergebnissen der Regressionsschätzung ergibt sich damit die in (34) abgebildete mittlere Nutzenfunktion für Cluster 3.

$$\begin{aligned}(34)\quad \hat{u}(a_i) = 1{,}500 + 4{,}126 \cdot x_{i,Deckung\_TKS} - 1{,}103 \cdot x_{i,Deckung\_VKS} - 0{,}001 \cdot x_{i,SB} \\ + 0{,}003 \cdot x_{i,VP} \qquad i \in I\end{aligned}$$

Die Berechnung der Bedeutungsgewichte für Cluster 3 ergibt nach Formel (18), dass die Eigenschaft „Versicherungsprämie“ mit 41,94 % die höchste Bedeutung aufweist, gefolgt von der Eigenschaft „Deckung von Teilkaskoschäden“ mit 38,46 % (vgl. Tabelle 52).

Tabelle 51: Mittlere Nutzenparameter und Bedeutungsgewichte nach der CA der Probanden für Cluster 3

Eigenschaft	**Nutzenparameter**	**Bedeutungsgewicht**
Deckung TK-Schäden	4,126	38,46 %
Deckung VK-Schäden	-1,381	10,28 %
Selbstbeteiligung	-0,001	9,32 %
Versicherungsprämie	0,003	41,94 %

Cluster 3 weist mit 63,6 % der Probanden den höchsten Anteil an weiblichen Probanden unter allen Clustern auf. Die Mehrheit dieser Personen entscheidet offenbar eher intuitiv anstatt einer mehr rechnerischen Herangehensweise bei ihren Versicherungsentscheidungen zu folgen. So stimmen auch 68,2 % der Personen der Aussage zu, dass sie ihre Kfz-Kaskoversicherungsentscheidungen aus dem Bauch heraus getroffen haben. Auch die Einschätzung der subjektiven Wahrscheinlichkeiten, innerhalb eines Jahres einen Teilkaskoschaden bzw. einen Vollkaskoschaden zu erleiden, ist in Cluster 3 am höchsten. Die mittlere Wahrscheinlichkeitsschätzung für Teilkaskoschäden beträgt hier 0,2076. Bei Vollkaskoschäden haben die Probanden eine mittlere subjektive Wahrscheinlichkeitsschätzung von 0,1496. Auf der anderen Seite ist Cluster 3 dasjenige, das die geringste mittlere Anzahl von Unfällen aufweist (0,77), die durch Teilkaskoschäden respektive Vollkaskoschäden verursacht wurden. Mit 54,4 % der Personen weist das Cluster daneben den höchsten Anteil an Low-Worriers unter allen Clustern auf, also Personen, die sich tendenziell weniger Sorgen machen. Gleichzeitig ist die Versicherungsquote dieser Personen aber die höchste in allen Clustern. Durchschnittlich haben die Probanden des Clusters 2,64 Versicherungsverträge abgeschlossen. Ferner stimmen 68,2 % der Probanden der Aussage zu, dass es ihnen wichtig ist zu wissen, dass neben der festen Versicherungsprämie keine weiteren Zusatzkosten für sie entstehen.

Die mittlere Präferenzrangfolge für die Personen aus Cluster 3 ergibt sich wie in Tabelle 52 abgebildet durch Berechnung mit der mittleren Nutzenfunktion (34) des Clusters.

Tabelle 52: Mittlere Präferenzstruktur der Probanden nach der CA für Cluster 3

Nr.	Deckung TK-Schäden	Deckung VK-Schäden	Selbstbeteiligung	Versicherungsprämie	Nutzen	errechneter Rang
10	✓	✓	0 €	1.500 €	8,918	1
11	✓	✓	300 €	1.500 €	8,639	2
8	✓	✓	0 €	1.000 €	7,453	3
9	✓	✓	300 €	1.000 €	7,174	4
6	✓	–	0 €	300 €	6,505	5
4	✓	–	300 €	150 €	5,786	6
7	✓	✓	1.000 €	700 €	5,643	7
2	✓	–	300 €	100 €	5,640	8
5	✓	–	1.000 €	150 €	5,135	9
3	✓	–	1.000 €	100 €	4,988	10
1	–	–	0 €	0 €	1,500	11

■ Nichtwahl-Alternative ▒ Teilkaskoversicherung □ Vollkaskoversicherung

Bei der mittleren Präferenzrangfolge ergibt sich, dass insgesamt Vollkaskoversicherungen am stärksten präferiert werden. Dies ist allerdings wohl nicht primär auf die Eigenschaft „Deckung von Vollkaskoschäden“ zurückzuführen, die ja in diesem Cluster einen negativen Nutzenbeitrag zum Gesamtnutzen einer Kfz-Kaskoversicherungsalternative leistet (vgl. Tabelle

50), sondern eher auf die höheren Versicherungsprämien der Vollkasko-Alternativen, die Personen in diesem Cluster einen positiven Nutzenbeitrag stiften.

Ein möglicher Erklärungsansatz für diese zunächst intuitiv nicht schlüssigen Nutzenbeziehungen hinsichtlich der Eigenschaften „Deckung von Vollkaskoschäden“ und „Versicherungsprämie“ kann in dem Trade-Off zwischen Versicherungsprämie und Selbstbeteiligung liegen. Mit einer höheren Selbstbeteiligung geht ja eine niedrigere Versicherungsprämie einher und vice versa. Die Probanden in Cluster 3 besitzen eine Präferenz für gar keine bzw. geringe Selbstbeteiligungen, was sich auch im negativen Nutzenparameter dieser Eigenschaft widerspiegelt. Die Tatsache, dass keine Selbstbeteiligung gezahlt werden muss, führt somit zu einem höheren Gesamtnutzen solcher Versicherungsalternativen, was aber zwangsweise auch mit einer höheren Versicherungsprämie einhergeht. Dies ist auch konsistent damit, dass 68,2 % der Probanden der Aussage zustimmen, dass es ihnen wichtig ist zu wissen, dass außer der festen Versicherungsprämie keine weiteren Kosten anfallen, was im Falle einer Selbstbeteiligung nicht gewährleistet ist. Auch die hohen subjektiven Wahrscheinlichkeitsschätzungen, innerhalb eines Jahres einen Teil- oder Vollkaskoschaden zu erleiden, können dazu führen, dass die Probanden ein subjektiv hohes Risiko empfinden, eine solche Selbstbeteiligung zahlen zu müssen, und aus diesem Grunde Selbstbeteiligungen ablehnend gegenüberstehen. Aus dem Zusammenwirken dieser Aspekte könnte bei den Probanden daraus eine Präferenz für höherpreisige Alternativen resultieren und sich demnach eine positive Nutzenbeziehung bei der Eigenschaft „Versicherungsprämie“ ergeben.

Einen weiteren möglichen Erklärungsansatz für die erwähnten, zunächst nicht intuitiven Nutzenbeziehungen kann die Behavioral-Pricing-Forschung liefern.[563] Innerhalb dieser Forschungsrichtung wird unter anderem auch der Einfluss des Preises als Indikator für die Produktqualität untersucht.[564] Verschiedene Studien finden einen positiven Zusammenhang zwischen dem Preis eines Produkts und der wahrgenommenen Qualität dahingehend, dass Konsumenten hohe (niedrige) Preise als Indikator für hohe (minderwertige) Qualität interpretieren.[565] Gegebenenfalls kommen bei den Probanden aus Cluster 3 ebenfalls solche Mechanismen zum Einsatz. Allerdings muss auch konstatiert werden, dass hinsichtlich der Eigenschaf-

---

563 Vgl. zur Behavioral-Pricing-Forschung z. B. Homburg/Koschate (2005a) und Homburg/Koschate (2005b).

564 Vgl. Homburg/Koschate (2005a), S. 401 f.; Imkamp (2003); Völckner (2006b) und Völckner/Hofmann (2007).

565 Vgl. Rao/Monroe (1989), S. 355 f.; Lichtenstein/Burton (1989), S. 430 ff. und Dodds/Monroe/Grewal (1991), S. 308 ff.

ten, die den Stimuli der Conjoint Analyse zugrunde liegen, an sich keine Qualitätsunsicherheiten bestehen. Möglicherweise assoziieren die Probanden allerdings bei einem höheren Preis eine höhere Qualität hinsichtlich anderer Eigenschaften, die zwar nicht explizit in den Stimuli beinhaltet waren, aber dennoch im Rahmen von Kfz-Kaskoversicherungen von Bedeutung sein können (z. B. unbürokratische Abwicklung von Schadensfällen, hohe Servicequalität, gute Erreichbarkeit des Versicherers über verschiedene Kanäle usw.) und messen somit der Eigenschaft „Versicherungsprämie" eine positive Nutzenbeziehung zu.

Insgesamt betrachtet erscheint die Präferenzstruktur der Personen in diesem kleinen Cluster allerdings nicht so stringent wie in den übrigen drei Clustern. Es muss indes auch angemerkt werden, dass zumindest der Nutzenparameter der erklärungsbedürftigen Eigenschaft „Deckung von Vollkaskoschäden" keinen signifikanten Einfluss aufweist (vgl. Tabelle 50).

Cluster 4 „Die rationalen Optimierer"

Cluster 4 umfasst $n = 71$ Probanden (26,49 % der Stichprobe) und ist damit das zweitgrößte der vier Cluster. Aus Tabelle 53 sind die Ergebnisse der Regressionsschätzung ersichtlich, die mit den Präferenzdaten aller im Cluster beinhalteten Personen durchgeführt wurde.

Tabelle 53: Mittlere Regressionskoeffizienten bzw. Nutzenparameter nach der CA der Probanden für Cluster 4

Eigenschaft[a]	Regressions-koeffizient[b]	Standard-fehler	t-Wert	Signifikanz-wert
(Konstante)	3,831	0,305	12,577	0,000
Deckung TKS	5,811	0,478	12,144	0,000
Deckung VKS	8,882	0,549	16,178	0,000
SB	-0,003	0,000	-8,924	0,000
VP	-0,010	0,001	-17,443	0,000

Gütekriterien zur internen Validität:

$R^2 = 0{,}391$ $R^2_{korr} = 0{,}386$

F-Wert = 90,287 Signifikanzwert: 0,000

Anzahl richtig prognostizierter Ränge der Stimuli: 89 (15,7 %)

Anzahl falsch prognostizierter Ränge der Stimuli: 479 (84,3 %)

Spearmans Rho: 0,611**

Kendalls Tau: 0,482**

Gütekriterien zur externen Validität:

Anzahl richtig prognostizierter Ränge der Hold-Outs: 53 (75,1 %)

Anzahl falsch prognostizierter Ränge der Hold-Outs: 160 (24,9 %)

Spearmans Rho: 0,720**

Kendalls Tau: 0,604**

[a] Datenbasis: 568 Präferenzaussagen (n = 71 · 8 Stimuli); [b] nicht standardisiert; Deckung TKS = Deckung von Teilkaskoschäden; Deckung VKS = Deckung von Vollkaskoschäden; SB = Selbstbeteiligung; VP = Versicherungsprämie; ** signifikant p = 0,01 (zweiseitig)

Zur Beurteilung der Anpassungsgüte des Modells wird das korrigierte Bestimmtheitsmaß herangezogen, welches hier 0,386 beträgt. Das Regressionsmodell als Ganzes ist mit einem F-Wert von 90,287 hochsignifikant (p = 0,000). Die einzelnen Regressionskoeffizienten bzw. Nutzenparameter sind ebenfalls alle hochsignifikant (p = 0,000) und weisen auch die erwartete Wirkungsrichtung auf. Die Eigenschaften „Deckung von Teilkaskoschäden" und „Deckung von Vollkaskoschäden" leisten beide einen positiven Nutzenbeitrag. Die Eigenschaften „Selbstbeteiligung" und „Versicherungsprämie" weisen negative Regressionskoeffizienten auf und mindern somit den Gesamtnutzen einer Kfz-Kaskoversicherungsalternative. Vor diesem Hintergrund ist die Face-Validität des Modells gegeben. Die Werte für Kendalls Tau bzw. Spearmans Rho für die Korrelation zwischen empirischer und errechneter Rangfolge der Stimuli betragen 0,482 bzw. 0,611. In Bezug auf die Hold-Out-Stimuli liegen die entsprechenden Rangkorrelationskoeffizienten mit 0,604 respektive 0,720 sogar noch darüber. Insgesamt gesehen kann somit eine gute interne und externe Validität der Schätzung der Nutzenparameter in Cluster 4 attestiert werden.

Auch hier lässt sich wiederum im Anschluss an die Parameterschätzung die mittlere Nutzenfunktion des Clusters aufstellen, die in Formel (35) abgebildet ist.

$$\hat{u}(a_i) = 3{,}831 + 5{,}811 \cdot x_{i,Deckung\_TKS} + 8{,}882 \cdot x_{i,Deckung\_VKS} - 0{,}003 \cdot x_{i,SB} - 0{,}010 \cdot x_{i,VP} \qquad i \in I \tag{35}$$

Zur Ermittlung der Wichtigkeiten der einzelnen Eigenschaften können ebenfalls wieder die Bedeutungsgewichte herangezogen werden, die sich nach Formel (18) berechnen und in Tabelle 54 dargestellt sind.

Tabelle 54: Mittlere Nutzenparameter und Bedeutungsgewichte nach der CA der Probanden für Cluster 4

Eigenschaft	Nutzenparameter	Bedeutungsgewicht
Deckung TK-Schäden	5,811	17,77 %
Deckung VK-Schäden	8,882	27,17 %
Selbstbeteiligung	-0,003	9,18 %
Versicherungsprämie	-0,010	45,88 %

Es zeigt sich, dass in Cluster 4 der Eigenschaft „Versicherungsprämie" mit 45,88 % die größte Bedeutung zukommt, gefolgt von der Eigenschaft „Deckung von Vollkaskoschäden" mit einem Bedeutungsgewicht von 27,17 %.

Nachfolgend wird Cluster 4 hinsichtlich seiner Struktur beschrieben: Insgesamt legen die Probanden dieses Clusters einen eher rechnerischen, rationalen Entscheidungsstil bei ihren Kfz-Kaskoversicherungsentscheidungen zutage. So geben 70,4 % der Probanden an, gute Kenntnisse in Entscheidungstheorie und Statistik zu besitzen. Weiterhin lehnen 62,0 % die Aussage ab, die Kfz-Kaskoversicherungsentscheidungen intuitiv aus dem Bauch heraus getroffen zu haben. In Bezug auf ihre Vorgehensweise stimmen 91,5 % der Aussage zu, die Kosten der Versicherungen mit der erwarteten Schadenshöhe verglichen zu haben, was dem höchsten Wert in allen vier Clustern entspricht. Ebenso stimmen 91,5 % der Probanden der Aussage zu, die Prämienersparnis, die aus einer Selbstbeteiligung resultiert, mit der Höhe der Selbstbeteiligung verglichen zu haben. Auch dieser Anteil entspricht dem höchsten Wert unter allen Clustern. In Bezug auf die Schätzung subjektiver Wahrscheinlichkeiten, innerhalb eines Jahres einen Teilkaskoschaden bzw. einen Vollkaskoschaden zu erleiden, weisen die Mitglieder in Cluster 4 im Mittel mit Werten von 0,1211 bzw. 0,0823 die niedrigsten Schätzungen unter allen Clustern auf. Mit Hilfe der mittleren Nutzenfunktion (35) des Clusters 4 kann die mittlere Präferenzrangfolge der Probanden errechnet werden (vgl. Tabelle 55).

Tabelle 55: Mittlere Präferenzstruktur der Probanden nach der CA für Cluster 4

Nr.	Deckung TK-Schäden	Deckung VK-Schäden	Selbst-beteiligung	Versicherungs-prämie	Nutzen	errechneter Rang
8	✓	✓	0 €	1.000 €	8,188	1
7	✓	✓	1.000 €	700 €	8,018	2
2	✓	–	300 €	100 €	7,627	3
9	✓	✓	300 €	1.000 €	7,207	4
4	✓	–	300 €	150 €	7,110	5
6	✓	–	0 €	300 €	6,541	6
3	✓	–	1.000 €	100 €	5,337	7
5	✓	–	1.000 €	150 €	4,820	8
1	–	–	0 €	0 €	3,831	9
10	✓	✓	0 €	1.500 €	3,020	10
11	✓	✓	300 €	1.500 €	2,039	11

Nichtwahl-Alternative   Teilkaskoversicherung   Vollkaskoversicherung

Hinsichtlich der Präferenz für Vollkaskoversicherungen und Teilkaskoversicherungen ist zunächst kein eindeutiges Muster erkennbar. Es zeigt sich allerdings, dass mit den Alternativen 8 und 7 insgesamt Vollkasko-Alternativen vorgezogen werden, die einen umfassenden Schutz bieten, aber dabei möglichst kostengünstig sind. Die gemischte Präferenzrangfolge zwischen Vollkasko-Alternativen und Teilkasko-Alternativen lässt sich mit dem bewussten Abwägen der Probanden zwischen Kosten und Nutzen der jeweiligen Alternativen begründen. Dies erscheint konsistent mit der Charakteristik des Clusters und dem sehr hohen Anteil an Personen, die angeben, relevante Größen wie Versicherungskosten und erwartete Schadenshöhe sowie Prämienersparnis und Höhe der Selbstbeteiligung durch bewusstes Abwägen in ihre Entscheidungen einbezogen zu haben. Darüber lässt sich auch begründen, dass die Nichtwahl-Alternative (kein Abschluss einer Kfz-Kaskoversicherung) den Probanden einen höheren Nutzen erbringt als die teuersten Vollkaskoversicherungen.

Als Fazit lässt sich aus dem vorherigen Kapitel festhalten, dass die Nutzenfunktionen der Conjoint Analyse für die Experiment-Teilnehmer auf individueller Ebene geschätzt werden konnten. Des Weiteren wurde eine Clusteranalyse durchgeführt, mit der vier Cluster ermittelt wurden, für die nochmals die mittlere Nutzenfunktion mit einer gemeinsamen Conjoint Analyse geschätzt wurde. Tabelle 56 fasst die ermittelten Cluster überblickartig zusammen.

Tabelle 56: Überblick über die Cluster nach der Conjoint Analyse

	Clustergröße	Errechnete Präferenzrangfolge	Charakteristika
Cluster 1 **„Die besorgten Vollabsicherer"**	$n = 132$	VK ≻ TK ≻ NV	▪ Überwiegend männlich ▪ Höchste Zahl an Unfällen in der Vergangenheit ▪ Wunsch nach umfassendem Schutz
Custer 2 **„Die preisbewussten Basisabsicherer"**	$n = 43$	gemischt – TK ≻ VK ≻ TK ≻ VK ≻ TK ≻ VK ≻ NV	▪ Keine weiteren Kosten außer Prämie erwünscht (keine SB) ▪ Zweithöchster Anteil an Low-Worriers ▪ Geringste Versicherungsquote
Cluster 3 **„Die intuitiven und inkonsistenten Entscheider"**	$n = 22$	gemischt – VK ≻ TK ≻ VK ≻ TK ≻ NV	▪ Überwiegend weiblich ▪ „Bauchentscheider" ▪ Höchste Schätzung Schadeneintrittswahrscheinlichkeit ▪ Höchste Versicherungsquote
Cluster 4 **„Die rationalen Optimierer"**	$n = 71$	gemischt – VK ≻ TK ≻ VK ≻ TK ≻ NV ≻ VK	▪ Abwägender, rechnerischer Entscheidungsstil ▪ Vergleich Prämie/SB ▪ Niedrigste Schätzung Schadeneintrittswahrscheinlichkeit

Mit: VK = Vollkaskoversicherungen; TK = Teilkaskoversicherungen; NV = Nichtversicherung; ≻ = präferiert

Im nachfolgenden Kapitel 5.5 wird die Prognosegüte der drei untersuchten Entscheidungsmodelle verglichen. Die hier dargestellten Nutzenfunktionen der Conjoint Analyse auf individueller Ebene und Segmentebene dienen dabei zur Ermittlung der Prognosegüte der Conjoint Analyse hinsichtlich der Kfz-Kaskoversicherungsentscheidungen der Experiment-Teilnehmer.

5.5 Vergleich der Prognosegüte der untersuchten Entscheidungsmodelle

In den Kapiteln 5.2 bis 5.4 wurden die Ergebnisse der drei untersuchten Entscheidungsmodelle in Bezug auf die getroffenen Kfz-Kaskoversicherungsentscheidungen auf individueller Ebene und auf Segmentebene dargestellt und die sich mittels der Entscheidungsmodelle ergebenden Präferenzrangfolgen diskutiert. In diesem Kapitel werden nun die Ergebnisse der Entscheidungsmodelle hinsichtlich ihrer Prognosegüte analysiert. Zunächst erfolgt dabei eine Betrachtung auf individueller Ebene (Kap. 5.5.1) und anschließend auf der Basis der zuvor gebildeten Kundensegmente bei den einzelnen Entscheidungsmodellen (Kap. 5.5.2).

5.5.1 Prognosegüte auf individueller Ebene

Eine Zielsetzung der vorliegenden Arbeit ist die Analyse der von den Experiment-Teilnehmern getroffenen Kfz-Kaskoversicherungsentscheidungen mit unterschiedlichen Entscheidungsmodellen und der Vergleich der Prognosegüte der untersuchten Entscheidungsmodelle. Aussagen zur Prognosegüte lassen sich treffen, indem der empirisch erhobene Rang der gekauften Alternative bzw. die empirisch erhobene Präferenzrangfolge mit dem geschätzten Rang der gekauften Alternative bzw. der geschätzten Präferenzrangfolge der Entscheidungsmodelle verglichen wird.[566] Zunächst werden auf der Ebene der individuell geschätzten Entscheidungsmodelle für jeden Experiment-Teilnehmer einige Kennzahlen zur Prognosegüte der Modelle hinsichtlich der vom jeweiligen Experiment-Teilnehmer tatsächlich gekauften und damit entscheidungswirksamen Kfz-Kaskoversicherungsalternative dargestellt (vgl. Tabelle 57).

Tabelle 57: Prognosegüte der untersuchten Entscheidungsmodelle auf individueller Ebene hinsichtlich der gekauften Kfz-Kaskoversicherungsalternative

Kriterium[a]	**Erwartungsnutzen-theorie**	**Cumulative Prospect Theorie**	**Conjoint Analyse**
Richtig prognostizierte gekaufte Alternativen	77 (28,21 %)	51 (18,68 %)	212 (77,66 %)
Falsch prognostizierte gekaufte Alternativen	196 (71,79 %)	222 (81,32 %)	61 (22,34 %)
Richtig prognostizierte gekaufte Alternativen bei einem Zufallsprozess	≈ 25 (9,09 %)		

[a] Datenbasis: 273 Rangwerte der tatsächlich gekauften Alternative

Als Erstes fällt auf, dass die untersuchten Entscheidungsmodelle in Bezug auf die Prognosegüte alle deutlich besser abschneiden als für den Fall, dass ein reiner Zufallsprozess unterstellt wird. Bei Zugrundelegung eines Zufallsmodells besteht für alle 11 verfügbaren Kfz-Kaskoversicherungsalternativen dieselbe Wahrscheinlichkeit, dass sie die tatsächlich gekaufte Alternative darstellen. Demgemäß ergibt sich ein Zufallswert von 1/11 bzw. 9,09 %, dass die von einem Experiment-Teilnehmer gekaufte Versicherungsalternative durch das Zufallsmodell richtig prognostiziert wird. Bezogen auf die Stichprobe von 273 Experiment-Teilnehmern würden demnach unter der Zufallsbedingung ungefähr 25 der tatsächlich gekauften Alternativen richtig prognostiziert. Dies verdeutlicht, dass prinzipiell durch Einsatz jedes der darge-

[566] Je ein Rechenbeispiel zur Berechnung der Präferenzrangfolge mit der EUT, der CPT und der CA findet sich in Kapitel 5.2.2, Kapitel 5.3.2 sowie Kapitel 5.4.2.

stellten Modelle aus der Perspektive des Marktforschers wertvolle Einblicke in das Präferenz- und Entscheidungsverhalten von Konsumenten von Kfz-Kaskoversicherungen gewonnen werden können. Die einzelnen Modelle weisen allerdings in Bezug auf die Prognosegüte substanzielle Unterschiede auf.

Im Hinblick auf die Prognose der tatsächlich gekauften Kfz-Kaskoversicherungsalternativen schneidet die Conjoint Analyse eindeutig am besten ab. Mit ihr kann für insgesamt 212 Experiment-Teilnehmer die gekaufte Kfz-Kaskoversicherungsalternative richtig prognostiziert werden, was einer richtigen Prognose in 77,66 % der Fälle entspricht. Die Erwartungsnutzentheorie schneidet mit einer Anzahl von 77 (28,21 %) richtig prognostizierten gekauften Kfz-Kaskoversicherungsalternativen schon deutlich schlechter ab als die Conjoint Analyse. Die Cumulative Prospect Theorie schließlich prognostiziert die tatsächlich gekaufte Kfz-Kaskoversicherungsalternative von allen untersuchten Entscheidungsmodellen am schlechtesten – hiermit können lediglich 51 (18,68 %) der Kaufentscheidungen richtig prognostiziert werden. Allerdings sei auch angemerkt, dass dieser Wert immerhin noch doppelt so hoch ist wie bei einem Zufallsprozess.

Aus Sicht des Marktforschers respektive des Anbieters von Kfz-Kaskoversicherungen ist natürlich nicht allein die Prognosegüte in Bezug auf die tatsächlich gekaufte Alternative interessant. Sofern die Daten wie hier verfügbar sind, ist auch die Prognosegüte hinsichtlich der Präferenzrangfolge aller zur Auswahl stehenden Kfz-Kaskoversicherungsalternativen von Interesse. Diese Informationen bieten Hinweise darauf, wie gut sich die Prognosegüte der Modelle hinsichtlich der gesamten Präferenzstruktur darstellt. Daher sind in Tabelle 58 verschiedene Kennzahlen zur Prognosegüte bezüglich der richtig prognostizierten Ränge der Alternativen insgesamt abgebildet.

Tabelle 58: Prognosegüte der untersuchten Entscheidungsmodelle auf individueller Ebene hinsichtlich der Kfz-Kaskoversicherungsalternativen insgesamt

Kriterium[a]	**Erwartungsnutzen-theorie**	**Cumulative Prospect Theorie**	**Conjoint Analyse**
Richtig prognostizierte Ränge der Alternativen insgesamt	680 (22,64 %)	506 (16,85 %)	1834 (61,07 %)
Falsch prognostizierte Ränge der Alternativen insgesamt	2323 (77,36 %)	2497 (83,15 %)	1169 (38,93 %)
Spearman Rangkorrelation empirische vs. errechnete Ränge	0,509*	-0,130*	0,584*

[a] Datenbasis: 3003 Rangwerte (n = 273 · 11 Stimuli); * signifikant p = 0,01 (zweiseitig)

Im Vergleich zur oben beschriebenen Prognosegüte bezüglich der tatsächlich gekauften Kfz-Kaskoversicherungsalternative ergibt sich hier kein grundsätzlich anderes Bild. Die Stichprobengröße beträgt in diesem Fall n = 3003, da von jedem der 273 Probanden 11 Ränge vergeben werden. Am besten schneidet auch hier die Conjoint Analyse mit 1834 bzw. 61,07 % richtig prognostizierten Rängen der Alternativen insgesamt ab. Mit der Erwartungsnutzentheorie können 680 (22,64 %) der Ränge der Alternativen insgesamt richtig prognostiziert werden, die Cumulative Prospect Theorie schneidet mit 506 bzw. 16,85 % richtig prognostizierten Rängen wiederum am schlechtesten ab. Dies wird auch an den mitabgebildeten Spearman Rangkorrelationskoeffizienten zwischen den empirisch erhobenen und den mit den jeweiligen Entscheidungsmodellen errechneten Rangfolgen deutlich. Im Falle der Cumulative Prospect Theorie liegt hierbei sogar eine signifikante schwach negative Korrelation vor.

Führt man sich die Informationen aus Tabelle 57 und Tabelle 58 insgesamt vor Augen, erscheint das relativ schlechte Abschneiden der Cumulative Prospect Theorie hinsichtlich der Prognosegüte im Vergleich zu den anderen Modellen zunächst erstaunlich. Dies ist gerade auch vor dem Hintergrund zu bewerten, dass es sich bei der Cumulative Prospect Theorie um eine deskriptive Entscheidungstheorie handelt, die mit dem Ziel entwickelt wurde, von Entscheidungsträgern empirisch beobachtetes Entscheidungsverhalten besser abbilden zu können. Aus Sicht der deskriptiven Entscheidungstheorien wurden der normativen Erwartungsnutzentheorie insbesondere die schlechte Fähigkeit zur Abbildung von realem Entscheidungsverhalten und die geringe empirische Validität immer wieder zur Last gelegt.[567] In der vorliegenden Untersuchung gestaltet sich allerdings die Erwartungsnutzentheorie gerade in Bezug auf die Prognose des realen (empirischen) Entscheidungsverhaltens der Experiment-Teilnehmer als vorteilhafter gegenüber der Cumulative Prospect Theorie. Dies relativiert (zumindest im vorliegenden Kontext) das Bild der deskriptiven Adäquanz der Cumulative Prospect Theorie.

Eine eindeutige Begründung für diesen Sachverhalt zu finden erweist sich als diffizil, da in der Cumulative Prospect Theorie verschiedene Faktoren zusammenwirken, die das Entscheidungsverhalten determinieren und letztlich die Prognosegüte des Modells beeinflussen. Diese Faktoren können insbesondere im Bereich von Versicherungsentscheidungen antagonistisch wirken. Wie bereits in Kapitel 3.2.2 angesprochen, impliziert eine konvexe Wertfunktion im Verlustbereich risikofreudiges Verhalten, was unvereinbar mit dem Kauf von Versicherungen ist. Allein durch die Übergewichtung kleiner Wahrscheinlichkeiten werden Versicherungskäufe erklärbar. Wie stark diese gegensätzlichen Effekte wirken und ob eine Überkompensation der Wertfunktion stattfindet, hängt dann im konkreten Einzelfall von den entsprechenden Funktionsverläufen sowie den spezifischen Entscheidungsalternativen ab. Trotz dieser Schwierigkeiten sollen nachfolgend einige Erklärungsversuche für die relativ schlechte Prognosegüte der CPT unternommen werden.

Eine mögliche Begründung könnte darin liegen, dass sich die Stichprobe der vorliegenden Untersuchung größtenteils aus Studierenden der Wirtschaftswissenschaften zusammensetzt. Dieser Personenkreis ist im Vergleich zu anderen Bevölkerungsgruppen möglicherweise „rationaler", was tendenziell eher für die Erwartungsnutzentheorie und gegen die Cumulative Prospect Theorie spricht. Studierende der Wirtschaftswissenschaften genießen eine Ausbildung in Statistik und Entscheidungstheorie, worin auch speziell die Erwartungsnutzentheorie behandelt wird.[568] Nach eigener Aussage schätzen 67,0 % der Experiment-Teilnehmer ihre Kenntnisse in Entscheidungstheorie und Statistik als gut ein. Weitere Indikatoren sind die hohen Prozentzahlen an Personen in der Gesamtstichprobe, die angeben, dass sie bei ihren Versicherungsentscheidungen die erwartete Schadenshöhe mit den Versicherungskosten abgewogen (87,5 %) sowie einen Vergleich zwischen der Prämienersparnis durch eine Selbstbeteiligung und der Höhe der Selbstbeteiligung vorgenommen haben (83,9 %). Zusammen könnte dies dazu führen, dass die Personen der vorliegenden Stichprobe stärker theoriekon-

---

567 Vgl. Luce/von Winterfeldt (1989), S. 263 f.; von Winterfeldt (1989), S. 499; Camerer (1998), S. 163 ff. und Fischer (1989), S. 489 f.

568 Generalisierungen der Erwartungsnutzentheorie und deskriptive Entscheidungstheorien (wie die CPT) werden dagegen in Einführungsveranstaltungen zur Entscheidungstheorie selten behandelt.

form mit der EUT handeln und entscheiden und diesem Entscheidungsmodell demgemäß eine höhere Prognosegüte zukommt.

Ein weiterer möglicher Ansatz könnte in den zur Wahl stehenden Versicherungsalternativen selbst bzw. der Entscheidungssituation begründet liegen. Als Schadeneintrittswahrscheinlichkeiten wurden hier im Falle eines Totalschadens durch einen Teilkaskoschaden $p_{TK} = 0{,}01$ und im Fall eines Totalschadens durch einen Vollkaskoschaden $p_{VK} = 0{,}04$ zugrunde gelegt (vgl. Kap. 4.3.2.2 zur Herleitung dieser Wahrscheinlichkeiten). Möglicherweise sind diese Eintrittswahrscheinlichkeiten zu hoch in dem Sinne, dass die Übergewichtung durch die Entscheidungsgewichtungsfunktion nicht stark genug zum Tragen kommt, um den Verlauf der Wertfunktion überzukompensieren. Dieser Umstand könnte sich natürlich negativ auf die Prognosegüte der CPT auswirken, hängt allerdings im Einzelfall wieder von den konkreten Funktionsverläufen auf individueller Ebene ab.

Auswirkungen auf die niedrigere Prognosegüte der CPT im Vergleich zur EUT könnte auch das unterschiedliche Framing bei der Erhebung der Wert- und Entscheidungsgewichtungsfunktionen und den Kfz-Kaskoversicherungsentscheidungen haben. Erstere wurde im Rahmen von abstrakten Lotterievergleichen vorgenommen, wohingegen die Entscheidungsalternativen einen realistischen Versicherungskontext darstellen.[569] Allerdings erscheint eine Erhebung von Wert- und Entscheidungsgewichtungsfunktionen unter einem ebenso realistischen Framing zumindest mit den hier verwendeten Methoden nur sehr schwer bis gar nicht durchführbar. Die Experiment-Teilnehmer unterliegen bei der Erhebung der EUT-Nutzenfunktion natürlich derselben Problematik. Dennoch könnten sich im Modellrahmen der Erwartungsnutzentheorie aufgrund der Endvermögensbetrachtung und des untransformierten Einbezugs von Wahrscheinlichkeiten mögliche Framing-Effekte dieser Art schwächer auswirken und so zu einer zumindest etwas höheren Prognosegüte führen.

Letztlich kann auch nicht ausgeschlossen werden, dass Messfehler bei der Erhebung der Funktionen der Entscheidungsmodelle für die schlechtere Prognosegüte der CPT mitverantwortlich sind.[570] Diese schlagen im Rahmen der CPT tendenziell stärker durch, da dieses Modell im Vergleich zur EUT weniger „sparsam" ist und mehr Parameter geschätzt werden müs-

[569] In der Literatur finden sich Hinweise auf das Vorliegen solcher Kontexteffekte im Bereich von Versicherungsentscheidungen. Vgl. Schoemaker/Kunreuther (1979), S. 610 ff.; Schoemaker (1980), S. 76 ff. und S. 109 ff. und Hershey/Schoemaker/Kunreuther (1982), S. 949 ff.

[570] Vgl. z. B. Krzysztofowicz/Duckstein (1980).

sen. Einen Indikator hierfür könnten die gemischten Ergebnisse hinsichtlich der Reliabilität darstellen (vgl. Kap. 5.3.1).

Eine mögliche Ursache könnte auch darin liegen, dass die in der vorliegenden Untersuchung geschätzten Funktionsparameter der Wert- und Entscheidungsgewichtungsfunktionen von denen in der Ursprungsstudie zur Cumulative Prospect Theorie von Tversky und Kahneman (1992) abweichen.[571] Insbesondere der bereits in Kapitel 5.3.1 diskutierte Unterschied im Hinblick auf die Entscheidungsgewichtungsfunktionen bei Gewinnen vs. Verlusten könnte hier gegebenenfalls eine Rolle spielen. Aus diesem Grund soll in Tabelle 59 abschließend die „Prognosefähigkeit" der Cumulative Prospect Theorie bei der Verwendung der Originalparameter der Wert- und Entscheidungsgewichtungsfunktionen skizziert werden.[572]

Tabelle 59: Prognosefähigkeit der Cumulative Prospect Theorie auf individueller Ebene bei Parametern der WF und EGF der Studie von Tversky/Kahneman (1992)

Kriterium	**Cumulative Prospect Theorie**
Richtig prognostizierte gekaufte Alternativen[a]	36 (13,19 %)
Falsch prognostizierte gekaufte Alternativen[a]	237 (86,81 %)
Richtig prognostizierte Ränge der Alternativen insgesamt[b]	219 (7,29 %)
Falsch prognostizierte Ränge der Alternativen insgesamt[b]	2784 (92,71 %)
Spearman Rangkorrelation empirische vs. errechnete Ränge[b]	0,124*

[a] Datenbasis: 273 Rangwerte der tatsächlich gekauften Alternative; [b] Datenbasis: 3003 Rangwerte ($n = 273 \cdot 11$ Stimuli); * signifikant p = 0,01 (zweiseitig)

Beim Vergleich der Ergebnisse zur „Prognosefähigkeit" der Cumulative Prospect Theorie mit den Ergebnissen basierend auf den individuell geschätzten Wert- und Entscheidungsgewichtungsfunktionen aus Tabelle 57 und Tabelle 58 fällt auf, dass bei Annahme der Originalparameter die Prognosegüte nochmals deutlich sinkt. Bei den richtig prognostizierten tatsächlich gekauften Alternativen ist ein Absinken der Prognosegüte von 18,68 % auf 13,19 % zu verzeichnen, bei den insgesamt richtig prognostizierten Rängen von 16,85 % auf nur noch 7,29 %. Dies erscheint insofern einleuchtend, da bei Annahme der Originalparameter jegliche Heterogenität in den Funktionsverläufen der Experiment-Teilnehmer vernachlässigt wird, die

[571] Vgl. Tversky/Kahneman (1992), S. 311 f.

[572] Hierbei werden für die Wertfunktion die Parameter $\alpha = 0{,}88$; $\beta = 0{,}88$ und $\lambda = 2{,}25$ sowie für die Entscheidungsgewichtungsfunktionen $\gamma = 0{,}61$ und $\delta = 0{,}69$ verwendet. Vgl. Tversky/Kahneman (1992), S. 311 f.

de facto ja zweifelsohne vorliegt. Die Ergebnisse verdeutlichen aber auch, dass die in der vorliegenden Untersuchung teilweise abweichenden Funktionsverläufe als Ursache für die relativ geringe Prognosegüte der Cumulative Prospect Theorie wohl ausgeschlossen werden können.

5.5.2 Prognosegüte auf Segmentebene

In diesem Kapitel wird auf die Prognosegüte der untersuchten Entscheidungsmodelle auf Segmentebene eingegangen. Dabei werden die in Kapitel 5.2.2 für die EUT, Kapitel 5.3.2 für die CPT und Kapitel 5.4.2 für die CA identifizierten Kundensegmente herangezogen, für die jeweils die Prognosegüte überprüft wird. Zur Analyse werden die mittleren Funktionen (EUT-Nutzenfunktion, CPT-Wertfunktion und CPT-Entscheidungsgewichtungsfunktionen sowie CA-Nutzenfunktion) eingesetzt, die sich für die jeweiligen Segmente ergeben.[573] Über diese mittleren Funktionen kann, wie bereits erläutert, wiederum die Präferenzrangfolge berechnet werden, aus deren Vergleich mit den empirischen Präferenzrangfolgen der Experiment-Teilnehmer Aussagen zur Prognosegüte abgeleitet werden können.

Zunächst erfolgt eine Überprüfung der Prognosegüte für die Erwartungsnutzentheorie. In Kapitel 5.2.2 wurden anhand der Funktionsverläufe der Nutzenfunktion (konkav, linear, konvex) drei Segmente gebildet, für die in Tabelle 60 verschiedene Kennzahlen zur Prognosegüte zusammengestellt sind.

---

[573] Im Fall der Erwartungsnutzentheorie bzw. Cumulative Prospect Theorie handelt es sich um die Median-Funktionen. Bei der Conjoint Analyse werden die mittleren Nutzenfunktionen eingesetzt, die sich in den einzelnen Clustern durch eine gemeinsame Regressionsanalyse ergeben.

Tabelle 60: Prognosegüte der Erwartungsnutzentheorie auf Segmentebene

Kriterium	Segment 1 (n = 203)[c]	Segment 2 (n = 33)[d]	Segment 3 (n = 37)[e]
Richtig prognostizierte gekaufte Alternativen[a]	60 (29,56 %)	8 (24,24 %)	9 (24,32 %)
Falsch prognostizierte gekaufte Alternativen[a]	143 (70,44 %)	25 (75,76 %)	28 (75,68 %)
Richtig prognostizierte Ränge der Alternativen insgesamt[b]	637 (28,53 %)	44 (12,12 %)	48 (11,79 %)
Falsch prognostizierte Ränge der Alternativen insgesamt[b]	1596 (71,47 %)	319 (87,88 %)	359 (88,21 %)
Spearman Rangkorrelation empirische vs. errechnete Ränge[b]	0,516*	0,367*	0,333*

[a] Datenbasis: 273 Rangwerte der tatsächlich gekauften Alternative – in den Segmenten entspricht die Datenbasis der Anzahl n; [b] Datenbasis: 3003 Rangwerte (n = 273 · 11 Stimuli) – in den Segmenten entspricht die Datenbasis der Anzahl n · 11 Stimuli; [c] „Die Risikoaversen"; [d] „Die Risikoneutralen"; [e] „Die Risikofreudigen"; * signifikant p = 0,01 (zweiseitig)

Beim Blick in die Tabelle fällt auf, dass die Prognosegüte der Erwartungsnutzentheorie bezüglich der tatsächlich gekauften Alternative für alle drei Kundensegmente wesentlich besser ausfällt als bei Zugrundelegung eines Zufallsmodells. Wie oben dargestellt, würden darüber 9,09 % der Kaufentscheidungen richtig prognostiziert. Des Weiteren weist die Erwartungsnutzentheorie für Segment 1 „Die Risikoaversen" mit 29,56 % richtig prognostizierten Kaufentscheidungen die beste Prognosegüte der drei Segmente auf. In den Segmenten 2 „Die Risikoneutralen" und 3 „Die Risikofreudigen" ist die Prognosegüte bezüglich der tatsächlichen Kaufentscheidungen vergleichbar und etwas niedriger als in Segment 1.

Erwähnenswert ist auch die Tatsache, dass mit der Erwartungsnutzentheorie in Segment 1 (mit der Segment-Nutzenfunktion) eine höhere Prognosegüte zu verzeichnen ist als bei Zugrundelegung der individuellen Nutzenfunktionen je Experiment-Teilnehmer (29,56 % richtig prognostizierte Käufe vs. 28,21 % richtig prognostizierte Käufe, vgl. auch Tabelle 57). Derselbe Umstand trifft auch auf die Prognosegüte hinsichtlich der Präferenzrangfolge für alle Kfz-Kaskoversicherungsalternativen zu (28,53 % richtige Ränge in Segment 1 vs. 22,64 % richtige Ränge bei individuellen Nutzenfunktionen). Dieser zunächst auffällige Aspekt ist allerdings darauf zurückzuführen, dass die Mitglieder der verschiedenen Segmente auch hinsichtlich ihrer individuellen Nutzenfunktionen eine unterschiedlich hohe Prognosegüte aufweisen, wie sich bei näherer Analyse zeigt. Die mit den Segmentgrößen gewichtete, durchschnittliche Prognosegüte der tatsächlich gekauften Alternativen beträgt hier ebenfalls 28,21 %. Bei den Rängen insgesamt können allerdings über die Segment-Nutzenfunktionen durchschnittlich (d. h. mit den Segmentgrößen gewichtet) 24,28 % richtig prognostiziert werden, was bedeutet, dass bei einigen Experiment-Teilnehmern mit der mittleren Nutzenfunktion eine höhere Prognosegüte erzielt wird als mit ihrer individuellen Nutzenfunktion. Möglicherweise resultiert dies unter anderem aus den gemischten Ergebnissen hinsichtlich der Reliabilität bei der Erhebung der individuellen EUT-Nutzenfunktionen (vgl. hierzu Kap. 5.2.1), worauf insbesondere der niedrige Pearsonsche Korrelationskoeffizient bei der Reliabilitätsprüfung hindeutet.

Informationen zur Prognosegüte der Cumulative Prospect Theorie auf Segmentebene sind in Tabelle 61 dargestellt. Die Segmente wurden in Kapitel 5.3.2 auf Basis der geschätzten Funktionsparameter der individuellen Wert- und Entscheidungsgewichtungsfunktionen der Experiment-Teilnehmer mittels Clusteranalyse identifiziert.

Hierbei fällt auf, dass sowohl die Prognosegüte hinsichtlich der tatsächlich gekauften Kfz-Kaskoversicherungsalternative als auch die der insgesamt richtig prognostizierten Ränge starken Unterschieden in den einzelnen Clustern unterliegen. Am auffälligsten an den dargestellten Werten ist, dass in Cluster 3 „Die bewussten Nichtversicherer“ im Hinblick auf die tatsächlich gekaufte Kfz-Kaskoversicherungsalternative die Prognosegüte schlechter ausfällt als bei Verwendung eines Zufallsmodells. Die Cumulative Prospect Theorie ist für die Experiment-Teilnehmer aus Cluster 3 lediglich in der Lage, 5,83 % der tatsächlich gekauften Kfz-Versicherungsalternativen richtig zu prognostizieren. Demgegenüber könnten bei einem Zufallsmodell 9,09 % der Kfz-Versicherungskäufe richtig prognostiziert werden.

Tabelle 61: Prognosegüte der Cumulative Prospect Theorie auf Segmentebene

Kriterium	**Cluster 1 (n = 67)[c]**	**Cluster 2 (n = 75)[d]**	**Cluster 3 (n = 120)[e]**
Richtig prognostizierte gekaufte Alternativen[a]	16 (23,88 %)	23 (30,67 %)	7 (5,83 %)
Falsch prognostizierte gekaufte Alternativen[a]	51 (76,12 %)	52 (69,33 %)	113 (94,17 %)
Richtig prognostizierte Ränge der Alternativen insgesamt[b]	214 (29,04 %)	171 (20,73 %)	110 (8,33 %)
Falsch prognostizierte Ränge der Alternativen insgesamt[b]	523 (70,96 %)	654 (79,27 %)	1210 (91,67 %)
Spearman Rangkorrelation empirische vs. errechnete Ränge[b]	0,538*	0,483*	-0,335*

[a] Datenbasis: 262 Rangwerte der tatsächlich gekauften Alternative (in der Clusteranalyse wurden 11 Ausreißerfälle ausgeschlossen) – in den Segmenten entspricht die Datenbasis der Anzahl n; [b] Datenbasis: 2882 Rangwerte ($n = 262 \cdot 11$ Stimuli) – in den Segmenten entspricht die Datenbasis der Anzahl $n \cdot 11$ Stimuli; [c] „Die Vollabsicherer"; [d] „Die abwägenden, rationalen Entscheider"; [e] „Die bewussten Nichtversicherer"; * signifikant p = 0,01 (zweiseitig)

Anhand der Wertfunktion und der Entscheidungsgewichtungsfunktionen auf Segmentebene wird für dieses Cluster prognostiziert, dass die Experiment-Teilnehmer die Nichtwahl-Alternative am stärksten präferieren (vgl. Tabelle 39) – also keine Kfz-Kaskoversicherung abschließen.[574] Dies trifft allerdings nur auf 7 von 120 Experiment-Teilnehmern dieses Clusters zu, die tatsächlich keine Versicherung im Experiment abgeschlossen haben. Offenbar fällt für die restlichen 113 Experiment-Teilnehmer mit den Median-Funktionen die Wahrscheinlichkeitsgewichtung, insbesondere die Übergewichtung kleiner Wahrscheinlichkeiten nicht stark genug aus (vgl. Abbildung 36), um die relativ starke Risikofreude im Verlustbereich der Wertfunktion (vgl. Abbildung 35) überzukompensieren, damit der Kauf einer Kfz-Kaskoversicherung mit der CPT prognostiziert würde, der de facto bei diesen Personen erfolgte.[575] Der Vergleich zu den anderen beiden Clustern der CPT zeigt auch, dass das insgesamt relativ schlechte Abschneiden der CPT offensichtlich primär auf die schlechte Prognosegüte im mit 120 Probanden größten Cluster 3 zurückzuführen ist. Die vergleichsweise hohe Prognosegüte in Cluster 2 hinsichtlich der gekauften Alternative kann als weiterer Hinweis

[574] Die Tabelle mit der Präferenzrangfolge für Cluster 3 findet sich in Kap. 5.3.2, S. 178.

[575] Die Abbildungen der Median-WF und Median-EGF finden sich in Kap. 5.3.2, S. 176 f.

auf das schon zuvor angesprochene Argument dienen, dass sich die studentischen Experiment-Teilnehmer möglicherweise „rationaler“ verhalten als andere Personenkreise. Die Median-Wertfunktion (vgl. Abbildung 33) ist für diese Personen linear, die Median-Entscheidungsgewichtungsfunktion (vgl. Abbildung 34) verläuft ebenfalls nahezu linear.[576] Somit ist das Entscheidungsverhalten der Personen aus Cluster 2 annähernd konform mit der Erwartungsnutzentheorie bei Risikoneutralität.

Die mit den Segmentgrößen gewichtete, durchschnittliche Prognosegüte auf Segmentebene der tatsächlich gekauften Alternativen beträgt für die Cluster der Cumulative Prospect Theorie 17,58 %, bei den Rängen insgesamt 17,18 %.

Abschließend wird die Prognosegüte für die vier Cluster der Conjoint Analyse aus Kapitel 5.4.2 analysiert. Auch in diesem Fall gilt, dass die Prognosegüte bezüglich der tatsächlichen Kaufentscheidungen deutlich über den Werten eines Zufallsmodells liegt, womit 9,09 % der Entscheidungen richtig prognostiziert würden (vgl. Tabelle 62).

Tabelle 62: Prognosegüte der Conjoint Analyse auf Segmentebene

Kriterium	**Cluster 1 (*n* = 132)[c]**	**Cluster 2 (*n* = 43)[d]**	**Cluster 3 (*n* = 22)[e]**	**Cluster 4 (*n* = 71)[f]**
Richtig prognostizierte gekaufte Alternativen[a]	77 (58,33 %)	8 (18,60 %)	8 (36,36 %)	20 (28,17 %)
Falsch prognostizierte gekaufte Alternativen[a]	55 (41,67 %)	35 (81,40 %)	14 (63,64 %)	51 (71,83 %)
Richtig prognostizierte Ränge der Alternativen insgesamt[b]	717 (49,38 %)	132 (27,91 %)	70 (28,93 %)	142 (18,18 %)
Falsch prognostizierte Ränge der Alternativen insgesamt[b]	735 (50,62 %)	341 (72,09 %)	172 (71,07 %)	639 (81,82 %)
Spearman Rangkorrelation empirische vs. errechnete Ränge[b]	0,919*	0,767*	0,512*	0,626*

[a] Datenbasis: 268 Rangwerte der tatsächlich gekauften Alternative (in der Clusteranalyse wurden 5 Ausreißerfälle ausgeschlossen) – in den Segmenten entspricht die Datenbasis der Anzahl *n*; [b] Datenbasis: 2948 Rangwerte (*n* = 268 · 11 Stimuli) – in den Segmenten entspricht die Datenbasis der Anzahl *n* · 11 Stimuli; [c] „Die besorgten Vollabsicherer“; [d] „Die preisbewussten Basisabsicherer“; [e] „Die intuitiven und inkonsistenten Entscheider“; [f] „Die rationalen Optimierer“; * signifikant p = 0,01 (zweiseitig)

[576] Die Abbildungen der Median-WF und Median-EGF finden sich in Kap. 5.3.2, S. 173 f.

Auch bei der Conjoint Analyse bestehen in den einzelnen Clustern hinsichtlich der Prognosegüte der tatsächlichen Kaufentscheidung wesentliche Unterschiede. In Cluster 1 „Die besorgten Vollabsicherer“ ist die Prognosegüte mit 58,33 % richtig prognostizierten Kfz-Versicherungskaufentscheidungen am höchsten. Die niedrigste Prognosegüte weist für die tatsächlichen Versicherungskäufe Cluster 2 „Die preisbewussten Basisabsicherer“ mit 18,60 % auf – ein Wert, der allerdings immer noch doppelt so hoch ist wie bei einem Zufallsmodell. Ein analoges Bild ergibt sich bezüglich der Prognosegüte für die Ränge der Alternativen insgesamt. Auch hier weist Cluster 1 mit 49,38 % richtig prognostizierten Rängen die höchste Prognosegüte auf. Bei diesem Kriterium bildet Cluster 4 „Die rationalen Optimierer“ mit 18,18 % richtig prognostizierten Rängen das Schlusslicht.

Die durchschnittliche Prognosegüte auf Segmentebene für die Conjoint Analyse beträgt 42,16 % bei den tatsächlichen Versicherungskäufen respektive 35,99 % im Hinblick auf die Ränge der Kfz-Kaskoversicherungsalternativen insgesamt. Dies stellt im Vergleich zur Conjoint Analyse mit individuellen Nutzenfunktionen, wo die entsprechenden Werte 77,66 % respektive 61,07 % betragen, doch eine deutliche Verschlechterung dar. Auch in diesem Fall zeigt sich somit, dass durch die Vernachlässigung von Heterogenität in den Nutzenfunktionen über die Segmentierung Informationen verloren gehen, was zur Verschlechterung der Prognosegüte gegenüber den individuellen Nutzenfunktionen führt.

Zusammenfassend lässt sich damit feststellen, dass sowohl auf der Basis individuell geschätzter Funktionen als auch auf Basis der ermittelten Segment-Funktionen die Conjoint Analyse jeweils die höchste Prognosegüte aufweist. Die Erwartungsnutzentheorie liegt diesbezüglich an zweiter Stelle und die Cumulative Prospect Theorie schneidet insgesamt am schlechtesten ab.

5.6 Abschließende Diskussion der Ergebnisse der Untersuchung

Die zuvor dargestellten Ergebnisse der experimentellen Untersuchung zeigen, dass jedes der betrachteten Entscheidungsmodelle (EUT, CPT und CA) für sich gesehen einen Beitrag zur Erklärung des Präferenz- und Entscheidungsverhaltens der Experiment-Teilnehmer und zur Prognose der getroffenen Kfz-Kaskoversicherungsentscheidungen leisten kann.

Im Rahmen der Erwartungsnutzentheorie konnten die drei Segmente „Die Risikoaversen“, „Die Risikoneutralen“ und „Die Risikofreudigen“ gebildet werden. Die Experiment-Teilnehmer von Segment 1 sind überwiegend männlich, besitzen die höchste subjektive Wahrscheinlichkeitsschätzung innerhalb eines Jahres einen Vollkaskoschaden zu erleiden und fühlen sich beruhigter, wenn sie einen umfassenden Versicherungsschutz genießen. Dementsprechend ziehen sie Vollkaskoversicherungen den Teilkaskoversicherungen vor und diese wiederum der Nichtversicherung. Die Mitglieder des Segments 2 sind ebenfalls überwiegend männlich und zeichnen sich durch eine eher rechnerische Herangehensweise an die Entscheidungen aus. Personen aus Segment 3 sind überwiegend weiblich und legen ebenfalls einen abwägenden, eher rechnerischen Entscheidungsstil zutage. Hinsichtlich der Präferenzstruktur ergeben sich bei den Segmenten 2 und 3 keine Unterschiede, was darauf zurückgeführt werden konnte, dass die Risikofreude der Probanden in Segment 3 nur sehr schwach ausgeprägt ist. Die Präferenzstruktur zeichnet sich durch ein gemischtes Muster aus Vollkasko-Alternativen und Teilkasko-Alternativen aus, was mit dem Trade-Off zwischen Prämienhöhe und Selbstbeteiligung sowie der rechnerischen Herangehensweise begründbar ist. In Bezug auf die Prognosegüte liegt die Erwartungsnutzentheorie sowohl auf individueller Ebene als auch auf Segmentebene im Mittelfeld zwischen Cumulative Prospect Theorie und Conjoint Analyse.

Mit der Cumulative Prospect Theorie konnten die Experiment-Teilnehmer ebenfalls in drei Cluster – „Die Vollabsicherer", „Die abwägenden, rationalen Entscheider" und „Die bewussten Nichtversicherer" – unterteilt werden. Cluster 1 beinhaltet den höchsten Anteil an Pkw-Besitzern. Außerdem entscheiden diese Personen eher aus dem Bauch heraus und fühlen sich bei einem umfassenden Versicherungsschutz beruhigter. Dies spiegelt sich auch in der Präferenzstruktur wider, indem Vollkaskoversicherungen klar Teilkaskoversicherungen und diese der Nichtversicherung vorgezogen werden. Personen aus Cluster 2 sind dadurch charakterisiert, dass sie von allen Experiment-Teilnehmern die wenigsten (fremd- und/oder selbstverschuldeten) Unfälle in der Vergangenheit hatten. Des Weiteren legen diese Probanden ihren Entscheidungen eine eher quantitative Vorgehensweise zugrunde. Die Präferenzstruktur bietet sodann auch kein klares Bild hinsichtlich der Präferenz von Vollkasko- und Teilkaskoversicherungen, was mit dem Trade-Off zwischen Prämie und Selbstbeteiligung sowie dem Abwägen zwischen diesen Größen erklärt werden kann. Cluster 3 weist den höchsten Anteil an männlichen Personen auf, des Weiteren den geringsten Anteil an Pkw-Besitzern. Der Entscheidungsstil dieser Personen ist eher quantitativer Art. Die Präferenzstruktur verdeutlicht, dass die Nichtwahl-Alternative (kein Abschluss einer Kfz-Kaskoversicherung), gefolgt von Teilkasko-Alternativen und Vollkasko-Alternativen nach den Median-Funktionen der CPT in diesem Cluster präferiert wird. Dies konnte anhand der schwach ausgeprägten Wahrscheinlichkeitsgewichtung begründet werden, die offenbar nicht in der Lage ist, die Risikofreude im Verlustbereich, die die Wertfunktion impliziert, überzukompensieren. Hinsichtlich der Prognosegüte schneidet die Cumulative Prospect Theorie von allen drei Modellen auf individueller Ebene und auf Segmentebene am schlechtesten ab. Auf individueller Ebene ist die Prognosegüte hinsichtlich der tatsächlich gekauften Versicherungsalternative allerdings immer noch doppelt so hoch wie bei einem Zufallsmodell. Auf Segmentebene erscheint primär die schlechte Prognosegüte im großen Cluster 3 für das schlechte Abschneiden der CPT verantwortlich.

Das dritte untersuchte Entscheidungsmodell stellt die Conjoint Analyse dar, mit der insgesamt vier Cluster – „Die besorgten Vollabsicherer“, „Die preisbewussten Basisabsicherer“, „Die intuitiven und inkonsistenten Entscheider“ sowie „Die rationalen Optimierer“ – gebildet werden konnten. Cluster 1 umfasst mehrheitlich männliche Personen, die daneben den höchsten Anteil an fremd- bzw. selbstverschuldeten Unfällen in der Vergangenheit aufweisen und sich mehrheitlich beruhigter fühlen, wenn sie einen umfassenden Versicherungsschutz genießen. Die Präferenzrangfolge in diesem Cluster zeigt dementsprechend auch die höchste Präferenz für Vollkaskoversicherungen, gefolgt von Teilkaskoversicherungen und der Nichtversicherung. In Cluster 2 legt die Mehrzahl der Personen Wert darauf, dass neben der festen Versicherungsprämie keine weiteren Kosten mehr anfallen oder mit anderen Worten dass die Versicherungsalternativen möglichst keine Selbstbeteiligung beinhalten. Des Weiteren enthält das Cluster den zweithöchsten Anteil an Low-Worriers und die geringste Versicherungsquote unter allen Clustern. In der Präferenzrangfolge stehen demnach auch Teilkaskoversicherungen und Alternativen mit einer niedrigen Selbstbeteiligung ganz oben. Das sehr kleine Cluster 3 umfasst mehrheitlich weibliche Probanden, die ihre Entscheidungen offenbar eher intuitiv treffen.[577] Weiterhin bestehen hier die höchsten subjektiven Wahrscheinlichkeitsschätzungen innerhalb eines Jahres einen Teilkaskoschaden oder einen Vollkaskoschaden zu erleiden. Darüber hinaus weist das Cluster die höchste Versicherungsquote auf. In der Präferenzstruktur stehen Vollkaskoversicherungen ganz oben, obgleich das Präferenzmuster im Hinblick auf die Charakteristika nicht ganz so stringent erscheint wie in den übrigen Clustern. Die Personen aus Cluster 4 legen einen eher rechnerischen Entscheidungsstil zutage, geben mehrheitlich an die Prämienersparnis mit der Höhe der Selbstbeteiligung verglichen zu haben und besitzen die niedrigsten Schätzungen der Wahrscheinlichkeiten für Teil- bzw. Vollkaskoschäden. Die Präferenzstruktur in diesem Cluster weist ein gemischtes Bild auf, was mit der rechnerischen Herangehensweise und dem bewussten Abwägen von Kosten und Nutzen der je-

[577] Dabei sei angemerkt, dass es sich um einen anderen Personenkreis handelt als bei EUT-Segment 3, bei dem die überwiegend weiblichen Experiment-Teilnehmer einen eher abwägenden, rechnerischen Entscheidungsstil zutage legen. Lediglich eine Experiment-Teilnehmerin wurde sowohl EUT-Segment 3 als auch CA-Cluster 3 zugeordnet.

weiligen Alternativen begründet werden kann. Im Hinblick auf die Prognosegüte schneidet die Conjoint Analyse von allen untersuchten Modellen am besten ab, und das sowohl auf individueller als auch auf Segmentebene. Hinsichtlich der tatsächlichen Versicherungskäufe ist die Prognosegüte dabei deutlich besser als bei einem Zufallsmodell. Mit der CA sind 77,66 % richtig prognostizierte Kaufalternativen erzielbar (individuelle Ebene) bzw. 42,16 % (Durchschnitt auf Segmentebene) im Vergleich zu 9,09 % bei einem Zufallsmodell.

Die einzelnen Modelle können somit für sich gesehen alle einen Beitrag zum Verständnis von Kfz-Kaskoversicherungsentscheidungen leisten, kommen auf der Ebene der einzelnen Experiment-Teilnehmer aber teilweise zugleich zu inkongruenten Ergebnissen. Die Modelle beleuchten allerdings schwerpunktmäßig auch unterschiedliche Aspekte derselben Medaille. Während die EUT und die CPT monetäre Größen und Unsicherheitsaspekte der Kfz-Kaskoversicherungsentscheidungen in den Vordergrund stellen, berücksichtigt die CA primär die Produktattribute der Alternativen und klammert Unsicherheitsaspekte aus bzw. berücksichtigt diese nur implizit.

Andererseits kann auch nicht davon ausgegangen werden, dass gerade im Bereich von äußerst komplexen Entscheidungen, wie sie Versicherungsentscheidungen darstellen, ein einziges Modell existiert, das das Entscheidungsverhalten in all seinen Aspekten abbilden kann bzw. unterschiedliche Modelle zu völlig kongruenten Aussagen kommen. Bleichrodt et al. (2007) merken in diesem Zusammenhang passend an: „It may be too optimistic to assume that one single model could explain all data. After all, any theory is necessarily incomplete and restricted in its scope.“[578]

Welche Schlüsse können nun grundsätzlich aus den Ergebnissen der empirischen Erhebung gezogen werden, bzw. welches Modell besitzt die höchste Eignung im hier dargestellten Anwendungskontext? Beurteilt man die untersuchten Entscheidungsmodelle zusammenfassend im Hinblick auf die damit ermittelten Präferenzstrukturen, die erzielte Prognosegüte und auch Anwendungsaspekte, so erscheint die Conjoint Analyse offenbar am geeignetsten zur Erklärung des Entscheidungsverhaltens und der Präferenzstrukturen sowie der Prognose von Kfz-Kaskoversicherungsentscheidungen.[579]

Mit der Conjoint Analyse konnten, wie bereits erwähnt, vier unterschiedliche Kundensegmente identifiziert werden. Dieses Modell erbringt sowohl auf Ebene der individuellen Nutzen-

---

[578] Bleichrodt et al. (2007), S. 479.

[579] Vgl. zu einer ähnlichen Einschätzung im Rahmen der Kapitalanlageberatung Zuber/Guthier (2003), S. 379 f.

funktionen als auch auf Segmentebene die höchste Prognosegüte im Blick auf die tatsächlich gekaufte Versicherungsalternative und auch die richtig prognostizierten Ränge insgesamt. Auch unter dem Gesichtspunkt der Anwendbarkeit und des praktischen Einsatzes zu Marktforschungszwecken bei Versicherungsanbietern und zur Entscheidungsunterstützung von Versicherungsnehmern erscheint dieses Modell am besten geeignet.

In Bezug auf die Herangehensweise der Experiment-Teilnehmer bedeutet dies aber auch, dass sich diese offenbar stärker an einem multiattributiven Entscheidungsmodell orientieren und ihre Kaufentscheidungen primär an den Produkteigenschaften ausrichten. Die Unsicherheitsaspekte, die der Entscheidungssituation innewohnen und die über die entsprechenden Eintrittswahrscheinlichkeiten angegeben waren, können dabei eher nur implizit in die Urteile eingegangen sein, da sie keine explizite Produkteigenschaft im Rahmen der Conjoint Analyse darstellen. Im Gegensatz dazu spiegeln sich diese Unsicherheitsaspekte bei der Erwartungsnutzentheorie und der Cumulative Prospect Theorie direkt in der Modellformulierung wider. Möglicherweise kommen bei vielen Experiment-Teilnehmern aufgrund der sehr komplexen Entscheidungssituation vereinfachende Entscheidungsheuristiken[580] zum Tragen, die bestimmte Aspekte (hier speziell die vorliegende Risikosituation) bei der Entscheidung ausblenden bzw. nur zu einer impliziten Berücksichtigung dergleichen führen. Insbesondere mit zunehmender Komplexität der Entscheidungssituation bzw. der Entscheidungsalternativen konnte demnach in Studien die verstärkte Anwendung von Entscheidungsheuristiken festgestellt werden.[581]

---

580 Vgl. für einen Überblick über verschiedene Entscheidungsheuristiken z. B. Payne/Bettman/Johnson (1993), S. 20 ff. und Schneider (2005), S. 35 ff.

581 Vgl. Narasimhan/Vickery (1988), S. 881; Slovic/Lichtenstein (1971); Payne/Bettman/Johnson (1993), S. 34 und Schneider (2005), S. 43.

6 Zusammenfassung, Implikationen und weiterer Forschungsbedarf

Kapitel 6 nimmt eine Zusammenfassung der Untersuchung vor, beleuchtet Implikationen, die aus der Untersuchung abgeleitet werden können, und gibt einen Ausblick auf weitere Forschungsfragen. Zunächst erfolgen eine Zusammenfassung der Ergebnisse der Arbeit sowie die Ableitung von Implikationen für das Marketing von Kfz-Kaskoversicherungen (Kap. 6.1). Zum Abschluss der Arbeit erfolgt ein Ausblick auf zukünftigen Forschungsbedarf und weitere interessante Fragestellungen im Bereich der Versicherungsentscheidungen (Kap. 6.2).

6.1 Zusammenfassung der Ergebnisse und Implikationen für das Marketing von Kfz-Kaskoversicherungen

An dieser Stelle werden wichtige Ergebnisse der Untersuchung zu den in Kapitel 1.2 formulierten Zielsetzungen der Arbeit zusammengefasst:

1. **Analyse von Kfz-Kaskoversicherungsentscheidungen mit verschiedenen Entscheidungsmodellen und Vergleich der Prognosegüte der Entscheidungsmodelle hinsichtlich der getroffenen Entscheidungen**

In der vorliegenden Untersuchung konnte aufgezeigt werden, dass Kfz-Kaskoversicherungen als Entscheidungen unter Unsicherheit oder als multiattributive Entscheidungen aufgefasst werden können. Hierzu wurden mit der Erwartungsnutzentheorie, der Cumulative Prospect Theorie und der Conjoint Analyse drei grundsätzlich geeignete Entscheidungsmodelle vorgestellt. Im Rahmen einer experimentellen Untersuchung wurden die Experiment-Teilnehmer mit einer risikobehafteten Entscheidungssituation konfrontiert, in der sie Kfz-Kaskoversicherungsentscheidungen treffen mussten, die an einen, zumindest im weiteren Sinne, anreizkompatiblen Mechanismus gekoppelt waren. Daneben wurden in der Untersuchung die Bestandteile (Funktionen) der untersuchten Entscheidungsmodelle individuell erhoben und die Modelle geschätzt. Die Datenerhebung erfolgte dabei computergestützt mittels eines eigens für diesen Zweck entwickelten und auf die speziellen Bedürfnisse der Untersuchung zugeschnittenen Befragungstools.

Auf Basis der Entscheidungsmodelle konnte die Präferenzstruktur der Experiment-Teilnehmer berechnet werden, aus der im Vergleich zu der empirisch erhobenen Rangreihe der verfügbaren Versicherungsalternativen Aussagen zur Prognosegüte der Entscheidungsmodelle abgeleitet werden konnten. Hierbei zeigte sich, dass bezüglich der tatsächlich gekauften Versicherungsalternative und auch der Ränge für alle Versicherungsalternativen die Prognosegüte aller Entscheidungsmodelle besser war als bei einem Zufallsmodell. Insgesamt erzielte die Conjoint Analyse mit Abstand die höchste Prognosegüte, gefolgt von der Erwartungsnutzentheorie. Die Cumulative Prospect Theorie wies in der Untersuchung die schlechteste Prognosegüte auf.

2. Ermittlung von Kundensegmenten, die eine unterschiedliche Präferenzstruktur hinsichtlich des Entscheidungsverhaltens bei Kfz-Kaskoversicherungen aufweisen

Basierend auf den individuell geschätzten Entscheidungsmodellen konnte eine Segmentierung der Experiment-Teilnehmer anhand ihrer Präferenzstruktur vorgenommen werden. Im Rahmen der Erwartungsnutzentheorie konnten anhand des Verlaufs der individuellen Nutzenfunktionen drei exogene Segmente – „Die Risikoaversen", „Die Risikoneutralen" und „Die Risikofreudigen" – gebildet werden (Post-Hoc-Blocking). Bei der Cumulative Prospect Theorie erfolgte die Bildung von Segmenten mittels einer Clusteranalyse auf Basis der individuellen Wert- und Entscheidungsgewichtungsfunktionen. Hier ergaben sich ebenfalls drei Cluster: „Die Vollabsicherer", „Die abwägenden, rationalen Entscheider" und „Die bewussten Nichtversicherer". Auch bei der Conjoint Analyse wurde die Segmentierung mit einer Clusteranalyse anhand der individuellen, normierten Teilnutzenwerte vorgenommen. Als Ergebnis ergab sich eine 4-Cluster-Lösung: „Die besorgten Vollabsicherer", „Die preisbewussten Basisabsicherer", „Die intuitiven und inkonsistenten Entscheider" sowie „Die rationalen Optimierer".

Somit konnte gezeigt werden, dass eine präferenzhomogene Segmentierung der Experiment-Teilnehmer für die einzelnen Entscheidungsmodelle möglich ist und diese Segmente anhand weiterer soziodemographischer und psychographischer Variablen charakterisierbar sind.

3. Empirische Erhebung der Elemente der Erwartungsnutzentheorie und der Cumulative Prospect Theorie und Vergleich der Ergebnisse mit Studien in der Literatur

In der vorliegenden Untersuchung konnten ebenfalls die empirische Erhebung der Funktionen der Erwartungsnutzentheorie und der Cumulative Prospect Theorie sowie die parametrische Schätzung dieser Funktionen auf individueller Ebene demonstriert werden. Dazu wurde nach einer Diskussion der Vor- und Nachteile verschiedener möglicher Methoden die Erhebung der Funktionen mittels der Trade-Off-Methode bzw. der Certainty-Equivalence-Methode durchgeführt. Die Ergebnisse der Parameterschätzungen zeigen sowohl im Rahmen der EUT als auch der CPT eine recht starke intersubjektive Heterogenität, die das Erfordernis einer individuellen Erhebung dieser Funktionen verdeutlichen.

Die Median-Nutzenfunktion der Erwartungsnutzentheorie zeigte sich mit einem konkaven (risikoaversen) Verlauf konsistent mit einer weithin akzeptierten Annahme in diesem Bereich.

Im Rahmen der Cumulative Prospect Theorie konnte mit der vorliegenden Untersuchung, die im Gegensatz zu den meisten Vergleichsstudien auf einer relativ großen Stichprobe basiert und das Modell vollständig schätzt, gezeigt werden, dass die Ergebnisse grundsätzlich konsistent mit bisherigen Studien sind. Der Vergleich mit den bisher vorliegenden Studien zeigte auch dort eine relativ starke Heterogenität hinsichtlich der Funktionsparameter. Die Median-Wertfunktion in der vorliegenden Untersuchung weist im Einklang mit der Originalstudie von Tversky und Kahneman (1992) einen konkaven Verlauf im Gewinnbereich und einen konvexen Verlauf im Verlustbereich auf. Allerdings konnte letztlich keine Verlustaversion festgestellt werden, was auch den Ergebnissen anderer Untersuchungen entspricht. Ein Grund für die fehlende Verlustaversion könnte sein, dass die Anreizhöhe für die Probanden möglicherweise nicht hoch genug war, um die Verluste als „schmerzhaft" zu empfinden. Weiterhin wurde die Problematik des Endowments diskutiert, durch das letztlich keine „echten" Verluste realisiert werden konnten.

Die Median-Entscheidungsgewichtungsfunktionen zeigten einen invers s-förmigen Verlauf, der eine Übergewichtung kleiner Wahrscheinlichkeiten sowie eine Untergewichtung mittlerer und großer Wahrscheinlichkeiten impliziert. Dieser Verlauf stimmt grundsätzlich mit dem in der Originalstudie von Tversky und Kahneman (1992) überein. Im Unterschied dazu zeigte der Funktionsverlauf in der vorliegenden Untersuchung allerdings eine schwächere Entscheidungsgewichtung für Gewinne als für Verluste. Ein Blick auf vergleichbare Studien zeigte, dass diesbezüglich eine starke Heterogenität hinsichtlich der Funktionsparameter festgestellt werden konnte; einige Autoren ermittelten sogar einen grundlegend anderen, s-förmigen Funktionsverlauf. Der Aspekt der Unterschiede in den Entscheidungsgewichtungsfunktionen wurde auch im Hinblick auf die Originalstudie kritisch diskutiert. Dabei wurden die Funktionsverläufe der Entscheidungsgewichtungsfunktionen auch mit einer Zwei-Parameter-Spezifikation geschätzt. Es zeigte sich, dass diese Funktionsverläufe konsistent mit den Entscheidungsgewichtungsfunktionen sind, die auf den Originaldaten von Tversky und Kahneman basieren und ebenfalls auf einer Zwei-Parameter-Spezifikation beruhen.

4. Entwicklung eines Befragungstools zur Datenerhebung

Die Komplexität der vorliegenden Untersuchung und das Nichtvorhandensein standardisierter Softwarelösungen insbesondere zur Erhebung der Funktionen der EUT und der CPT begründeten das Erfordernis der Programmierung einer eigenen webbasierten Software. Nach einer

Spezifikation der spezifischen Anforderungen an das Befragungstool konnte die Realisierung anhand verschiedener für die Untersuchung relevanter Problemstellungen gezeigt werden. In der empirischen Untersuchung erwies sich das Befragungstool als zuverlässig und erfüllte alle gestellten Anforderungen. Weiterhin konnte demonstriert werden, dass die Implementierung des Befragungstools vollständig über weit verbreitete Open-Source-Produkte erfolgen kann. Somit ist auch eine kostengünstige Umsetzung, Anpassung und Übertragung auf andere Fragestellungen und Produktbereiche gewährleistet.

5. Ableitung von Implikationen für das Marketing von Kfz-Kaskoversicherungen für Versicherungsunternehmen und mögliche Übertragung der Erkenntnisse auf andere Versicherungsprodukte

Das letzte Ziel der Arbeit umfasst die Ableitung von Implikationen für das Marketing für Kfz-Kaskoversicherungen. Vorweg muss angemerkt werden, dass die hier genannten Implikationen auf den Ergebnissen eines Laborexperiments basieren. Eine Ableitung konkreter Handlungsempfehlungen für Anbieter von Kfz-Kaskoversicherungen kann nur anhand der tatsächlichen Kundenpräferenzen erfolgen und sollte auf die realen Kunden bzw. (potenziellen) Versicherungsnehmer abgestimmt werden. Dennoch sind auch die hier herangezogenen Studierenden (potenzielle) Kunden von Kfz-Kaskoversicherungen und es lassen sich im Rahmen der vorliegenden Untersuchung einige grundlegende Implikationen für das Marketing ziehen, wobei hier primär die Bereiche der Produkt- und Preispolitik angesprochen werden sollen.

Zunächst einmal ermöglicht die dargestellte Methodik die Erfassung der Kundenpräferenzen für Kfz-Kaskoversicherungen und damit eine konsequente Ausrichtung der Anbieter von Kfz-Kaskoversicherungen an den Kundenbedürfnissen. Das gezielte Anbieten von Produkten, die sich an den Kundenpräferenzen orientieren, kann zudem positive Effekte auf die Kundenzufriedenheit und die Kundenbindung mit sich bringen. Wie gezeigt werden konnte, lassen sich im Bereich von Kfz-Kaskoversicherungen verschiedene Kundensegmente identifizieren, die anhand ihrer unterschiedlichen Präferenzstrukturen hinsichtlich der untersuchten Produkteigenschaften „Deckung von Teilkaskoschäden“, „Deckung von Vollkaskoschäden“, „Selbstbeteiligung“ und „Versicherungsprämie“ gebildet wurden. Einschränkend muss angemerkt werden, dass verschiedene aus Sicht des Marketings interessante Produkteigenschaften wie z. B. Service, Vertriebsweg und Marke im Rahmen der Untersuchung nicht berücksichtigt werden konnten.[582] Die ermittelten Segmente sind anhand weiterer soziodemographischer und psychographischer Variablen charakterisierbar und können die Grundlage für eine stärkere Ausrichtung der Marketingaktivitäten auf die Bedürfnisse der Kunden bieten.

Die in der vorliegenden Untersuchung eingesetzte Methodik und Vorgehensweise sollte sich daneben auch auf weitere, komplexere Produkte im Bereich der Personenversicherung (z. B. die private Krankenversicherung sowie Lebens- und Rentenversicherungen) übertragen lassen, um auch hier bessere Einblicke in die Kundenbedürfnisse und Präferenzstruktur zu erhalten.

Ein weiterer interessanter Aspekt, auch im Hinblick auf die gerade angesprochenen komplexeren Versicherungsprodukte, ist die Einbindung der hier behandelten Entscheidungsmodelle im Rahmen von Entscheidungsunterstützungssystemen durch Versicherungsanbieter. Vorstellbar erscheint beispielsweise eine präferenzbasierte Entscheidungsunterstützung von (potenziellen) Versicherungsnehmern im Rahmen der Conjoint Analyse.[583] Für die Kunden von Versicherungen hätten solche Systeme den Vorteil, dass sie dadurch unabhängiger vom Außendienst („Versicherungsvertretern") wären, die ihnen im Zweifel eher das „Produkt mit dem höchsten Provisionssatz verkaufen wollen" anstatt sich an den Kundenpräferenzen zu orientieren.[584] Weiterhin würden sich über solche Systeme Möglichkeiten für eine verstärkte Kundeninteraktion bieten.[585] Für Versicherungsanbieter würde sich über solche Systeme zum einen unkompliziert und „nebenbei" Marktforschung betreiben lassen. Die anschließende präferenzbasierte Segmentierung der Konsumenten sowie deren Beschreibung anhand soziodemographischer und psychographischer Daten stellt zudem einen guten Ansatzpunkt zur gezielten Ausrichtung der Kommunikationspolitik dar. Andererseits könnten positive Auswirkungen auf die wahrgenommene Sachkompetenz und Kundenorientierung des Versicherungsunternehmens entstehen.

Eine stärker wahrgenommene Kundenorientierung kann sich wiederum positiv auf die Kundenwahrnehmung und Kundenzufriedenheit auswirken. Dies ermöglicht über das wichtige

---

[582] Dies ist einerseits in der ohnehin schon sehr hohen Komplexität für die Experiment-Teilnehmer begründet. Andererseits können solche nicht-monetären Eigenschaften mit der EUT und CPT nicht ohne weiteres erfasst werden. Vgl. auch Kap. 4.3.2.1.

[583] Vgl. für solche Ansätze bei Investmentfonds Kaas/Schneider (2007); Schneider (2005); Kaas/Schneider/Zuber (2002), S. 661 ff. und Zuber/Guthier (2003), S. 376 f.

[584] Vgl. auch Diacon/Watkins (1995), S. 236 und S. 256 ff. und Nickel-Waninger (1987), S. 245 f.

[585] Vgl. auch Köhne (2002), S. 17; Theil (1996), S. 156 f.; Grabosch (2004) und Bauer/Sauer/Brugger (2002), S. 330.

„Einstiegsprodukt" der Kfz-Versicherung hinaus weitere Cross-Selling-Aktivitäten und kann damit zu Wettbewerbsvorteilen gegenüber Mitanbietern sowie zur Generierung langfristiger, werthaltiger Kundenbeziehungen führen.[586]

Im Bereich der Produktpolitik bieten sich über die Erfassung der Kundenpräferenzen mit den hier dargestellten Entscheidungsmodellen weiterhin Möglichkeiten bei der Produktgestaltung im Rahmen der Erweiterung bestehender Produkte oder auch der Neuproduktentwicklung. Im Kontext der Kfz-Kaskoversicherung könnte im Rahmen der Conjoint Analyse überprüft werden, ob bzw. für welche Kundengruppen die Entwicklung umfassender Kfz-Versicherungen sinnvoll ist, die neben reinen Versicherungsleistungen (wie die Kfz-Haftpflicht-, Kfz-Kaskoversicherung und Kfz-Insassen-Unfallschutzversicherung) auch weitere Pkw-bezogene Serviceleistungen (z. B. Reifen- und Ölwechsel, Inspektionen sowie Reparaturen von Verschleißteilen etc.) umfassen und zu einem festen „Bündelpreis" angeboten werden könnten. Die Integration solcher so genannter Assistance-Leistungen in Versicherungsprodukte wird zudem zurzeit in der Versicherungspraxis intensiv diskutiert.[587]

Im Bereich der Preispolitik lässt sich nach Schätzung der hier vorgestellten Entscheidungsmodelle durch Anbieter von Kfz-Kaskoversicherungen für (potenzielle) Versicherungsnehmer das anhand der individuellen Präferenzfunktionen optimale Verhältnis aus Selbstbeteiligung und Versicherungsprämie bestimmen. Auf dieser Basis könnten für Versicherungsnehmer Produkte angeboten werden, die für diese den höchsten individuellen Nutzen aufweisen. Allerdings können preispolitische Entscheidungen gerade im Versicherungsbereich nicht isoliert betrachtet werden, da Preise (Versicherungsprämien) immer an Risikoaspekte des zugrunde liegenden Risikopools gekoppelt sind.[588] Unter der Restriktion, dass unter Risikogesichtspunkten marktfähige Prämien angeboten werden, besteht diese Option gleichwohl. Dies würde es beispielsweise auch ermöglichen, (potenziellen) Versicherungsnehmern individuelle Prämien-Selbstbeteiligungs-Kombinationen anzubieten. Aus Sicht von Versicherungsunternehmen könnte dies den Vorteil bieten, dass im Vergleich zu „Standard-Selbstbehalten" (die bei allen Anbietern mehr oder minder gleich sind) die Markttransparenz vermindert würde. Darüber bieten sich gegebenenfalls preispolitische Spielräume und Möglichkeiten zu einer,

---

[586] Vgl. Schäfer (2000), S. 92 ff.; Trumpfheller (2003), S. 844 ff. und Trumpfheller (2005), S. 528 ff. und auch Rust/Zahorik (1993); Fischer/Herrmann/Huber (2001) und Rust/Lemon/Zeithaml (2004), S. 112.

[587] Vgl. z. B. Gohr (2006), S. 50 f.; o. V. (2006) und Knospe (2006), S. 16.

[588] Vgl. z. B. Williams/Smith/Young (1995), S. 331 ff.; Zweifel/Eisen (2003), S. 229 ff.; Farny (1995a), S. 44 ff. und S. 598 ff. und Diacon/Watkins (1995), S. 253 f.

über Risikoaspekte hinausgehenden, Preisdifferenzierung sowie einer stärkeren Abschöpfung der Konsumentenrente seitens der Versicherungsunternehmen.[589]

6.2 Weiterer Forschungsbedarf

Die vorliegende Untersuchung konnte zwar einige Fragen in Teilbereichen der Versicherungsentscheidungen klären. Dennoch verbleiben bei diesen komplexen Entscheidungen viele weitere Fragen unbeantwortet und es besteht weder ein umfassendes Verständnis, wie solche Entscheidungen getroffen werden, noch welche Einflussfaktoren in diesem Bereich für Konsumenten tatsächlich relevant und entscheidungsdeterminierend sind. Oder um es treffend mit den Worten von Slovic et al. (1977) auszudrücken: „Although the foregoing results appear to tell a coherent story, the surface of understanding the insurance decision process has just been scratched."[590] Insofern besteht hinsichtlich verschiedener Aspekte noch weiterer, zukünftiger Forschungsbedarf bei Versicherungsentscheidungen.

Ein interessanter Aspekt für weitere Forschung wäre, zu prüfen, ob die Untersuchung (oder Teilaspekte davon) in einem Feldexperiment wiederholt werden kann. Dies dürfte sich zwar aufgrund der hohen Komplexität und des nicht unerheblichen Zeitbedarfs schwierig gestalten. Insbesondere im Rahmen der Conjoint Analyse erscheint dies dennoch durchaus vorstellbar. Hierbei wäre die Kooperation mit einem Anbieter von Kfz-Kaskoversicherungen wünschenswert, sodass gegebenenfalls weniger Abstriche insbesondere im Bezug auf Aspekte der Tarifierung gemacht werden müssen (vgl. auch Kap. 2.1 und Kap. 4.3.2.2), die sich in der Versicherungspraxis sehr komplex gestaltet. Weiterhin bestünde hier der Vorteil, dass potenziell das gesamte Spektrum an relevanten Bevölkerungsgruppen als Stichprobe zur Verfügung steht.

In der vorliegenden Untersuchung wurde eine Risikosituation betrachtet, d. h., die Eintrittswahrscheinlichkeiten der einzelnen Umweltzustände waren den Experiment-Teilnehmern gegeben. Dies stellt eine vereinfachende Annahme dar; in der Realität besitzen Versicherungsnehmer nur unscharfe bis gar keine Vorstellungen über die Schadeneintrittswahrschein-

---

[589] Vgl. zu unterschiedlichen Gestaltungsformen der Preisdifferenzierung Skiera (2001); Skiera (1999); Tellis (1986); Simon (1992), S. 42 ff. und S. 381 ff. und Diller (2000), S. 286 ff.

[590] Slovic et al. (1977), S. 256.

lichkeiten des zu versichernden Objekts.[591] Von Interesse ist diesbezüglich die Frage, welche Entscheidungsmodelle unter den realistischeren Annahmen von Ambiguität oder gar völliger Ungewissheit zum Einsatz kommen können respektive wie in solchen Situationen die Prognosegüte der betrachteten Modelle ist.[592] Zwei der hier untersuchten Modelle, die Cumulative Prospect Theorie und die Conjoint Analyse, könnten grundsätzlich auch in Situationen unter Ambiguität oder Ungewissheit angewendet werden.[593] Erstere ermöglicht den expliziten Einbezug dieser Unsicherheitssituationen, Letztere wie bereits erwähnt nur eine implizite Berücksichtigung.

Da es sich bei Kfz-Kaskoversicherungen noch um relativ standardisierte Versicherungsprodukte mit vergleichsweise geringer Komplexität handelt, stellt sich ebenfalls die Frage, inwieweit sich die eingesetzte Methodik und Vorgehensweise auch auf andere, komplexere Versicherungsprodukte übertragen lässt und ob hier ähnliche Ergebnisse zustande kommen. Insbesondere erscheinen im Bereich der Personenversicherung die Produkte der privaten Krankenversicherung sowie Lebens- und Rentenversicherungen interessant, die durch eine wesentlich höhere Komplexität und geringere Standardisierung gekennzeichnet sind.

Wenige Erkenntnisse bestehen bisher auch darüber, wie Personen Versicherungsportfolio-Entscheidungen treffen. Mit anderen Worten: Mit welchen Entscheidungsmodellen lässt sich die Allokation eines Budgets durch Versicherungsnehmer auf ein Bündel verschiedener Schutzmaßnahmen (z. B. verschiedene Schaden- und Unfallversicherungen sowie Personenversicherungen, aber auch Maßnahmen zur Eigenvorsorge und Selbsttragung von Risiken wie

---

591 Vgl. auch Fox/Tversky (1998), S. 880; Hogarth/Kunreuther (1989), S. 5; Hogarth/Kunreuther (1985), S. 390 und Camerer/Weber (1992), S. 355. Vgl. zu den unterschiedlichen Informationsniveaus von Entscheidungssituationen Hogarth/Kunreuther (1995), S. 16 f.; Zweifel/Eisen (2003), S. 1 f.; Einhorn/Hogarth (1985), S. 434 ff.; Einhorn/Hogarth (1986), S. S227 ff.; Gärdenfors/Sahlin (1982), S. 361 f. und Ellsberg (1961), S. 643 ff.

592 Vgl. für Studien, die sich mit Aspekten der Versicherungsentscheidung bei diesen niedrigeren (realistischeren) Informationsniveaus befassen, Schade/Kunreuther/Kaas (2002); Schade (1999); Hogarth/Kunreuther (1985); Hogarth/Kunreuther (1989); Camerer/Kunreuther (1989); Kunreuther et al. (1995); Kunreuther/Hogarth/Meszaros (1993); Cabantous (2007) und Hogarth/Kunreuther (1995).

593 Vgl. auch Tversky/Kahneman (1992), S. 299 ff.; Tversky/Fox (1995); Fox/Tversky (1998); Kilka (1998), S. 55 ff. und Abdellaoui/Vossmann/Weber (2005), S. 1384 ff.

Sparen) erklären und prognostizieren.[594] Daneben sind intertemporale Effekte in diesem Problemkontext relevant und bisher wenig erforscht.[595]

Auch Fragestellungen, die stärker methodischer Art sind, erscheinen für den weiteren Forschungsprozess lohnend. Der Prospect Theorie bzw. Cumulative Prospect Theorie kommt mittlerweile in verschiedenen Bereichen der Wirtschaftswissenschaften, beispielsweise in der Behavioral Finance oder im Marketing (z. B. in der Preispolitik), große Bedeutung zu. Allerdings wird in diesen Ansätzen meist nur qualitativ argumentiert und man verlässt sich auf allgemein akzeptierte mittlere Funktionsverläufe, ohne die zugrunde liegenden Funktionen wirklich zu erheben. Dies hängt sicherlich auch mit dem hohen Erhebungsaufwand und der Komplexität bei der Erhebung zusammen. Allerdings hat die vorliegende Arbeit neben der aufwändigen Erhebung auch verdeutlicht, dass eine starke Heterogenität hinsichtlich der Funktionsverläufe besteht. Dies macht eine individuelle Erhebung unumgänglich, wenn fundierte Aussagen mit der CPT getroffen werden sollen. In diesem Problembereich stellt sich die Frage, ob und mit welchen Methoden die Funktionen der CPT leichter und kognitiv weniger aufwändig erhoben werden können. Interessant wäre es auch zu prüfen, ob die Funktionsverläufe möglicherweise von bestimmten Persönlichkeitseigenschaften der Entscheider abhängig sind. Sollte dies der Fall sein, könnte idealerweise eine ausreichende Approximation der Funktionsverläufe auf Segmentebene durch Erfassung der betreffenden Persönlichkeitsvariablen geschehen.

Im Bereich der CPT sind ferner weitere Studien wünschenswert, die zum einen eine vollständige Schätzung des Modells vornehmen. Wie aufgezeigt werden konnte, existieren bisher nur wenige Studien, die oftmals nur Teilsaspekte des Modells schätzen, und das zumeist auf Basis geringer Stichprobengrößen. Hinsichtlich der Ergebnisse veranschaulichen diese Studien eine recht hohe Heterogenität. Weitere Untersuchungen sind hier erforderlich, um mehr Klarheit in Bezug auf die bisherigen Resultate zu erhalten. Zum anderen sollten weitere Untersuchungen zur empirischen Validität der Cumulative Prospect Theorie und deren Prognosegüte mit anderen Produkten durchgeführt werden. Vorstellbar erscheinen hier z. B. Studien zum Präferenz- und Entscheidungsverhalten bei anderen Versicherungsprodukten und Finanzdienstleistungen. Aber auch Aspekte, die in der Preispolitik von Unternehmen relevant sind, wie beispielsweise

---

[594] Vgl. zu den unterschiedlichen Schutzmaßnahmen bzw. Möglichkeiten zur Risikotragung z. B. Rejda (2003), S. 11 ff.; Trieschmann/Hoyt/Sommer (2005), S. 75 ff. und Williams/Smith/Young (1995), S. 181 ff.

[595] Vgl. zu intertemporalem Entscheidungsverhalten bspw. Jungermann/Pfister/Fischer (2005), S. 82 ff.; Eisenführ/Weber (2003), S. 291 ff.; Dyckhoff (1988) und Harvey (1986).

Fragen der Bündelung bzw. Entbündelung von Produkten oder auch der günstigen Darstellung von Versicherungstarifen, könnten hier untersucht und quantitativ auf Basis konkreter Funktionsverläufe analysiert werden. Erste Ansätze zu Letzterem finden sich bereits in der Literatur,[596] wobei auch hier eine tiefer gehende Analyse unumgänglich erscheint.

Die zuvor skizzierten Ansatzpunkte verdeutlichen, dass über die vorliegende Untersuchung hinaus im Bereich der Versicherungsentscheidungen noch viele weitere interessante Fragestellungen für die zukünftige Forschung existieren.

---

[596] Vgl. Johnson et al. (1993), S. 42 ff. und Bittner (2005) für die Analyse von Versicherungstarifen mit Selbstbeteiligung vs. jährlichem Schadenfreiheitsrabatt mit der Prospect Theorie. Vgl. allgemein zum Einfluss solcher Framing-Effekte auf Entscheidungen Tversky/Kahneman (1981); Tversky/Kahneman (1986); Thaler (1985); van Schie/van der Pligt (1990) und Stocké (1998).

7 Anhang

A: Screenshots des Befragungstools

Abbildung 38: Screenshot – Startseite

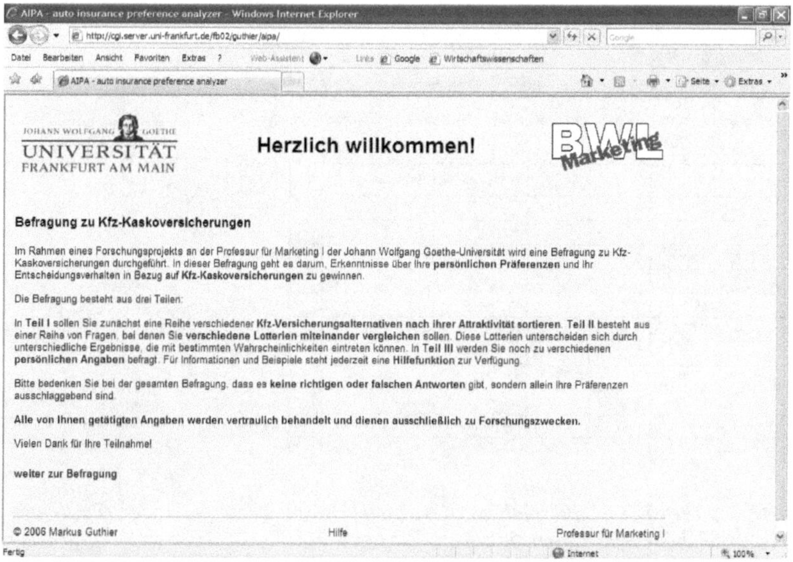

Abbildung 39: Screenshot – Erläuterung der Entscheidungssituation

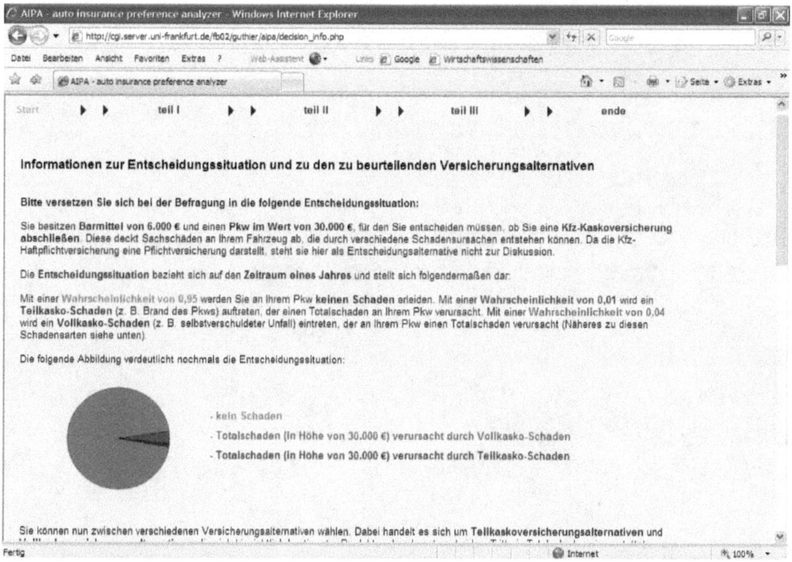

Abbildung 40: Screenshot – Treffen der Kfz-Kaskoversicherungsentscheidungen

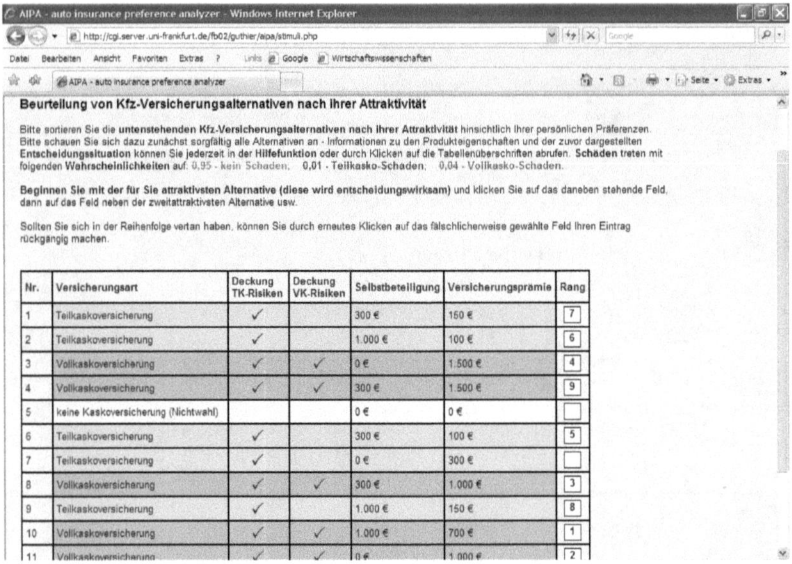

Abbildung 41: Screenshot – Beispiel zu den Lotterievergleichen nach der Trade-Off-Methode bei Gewinnen

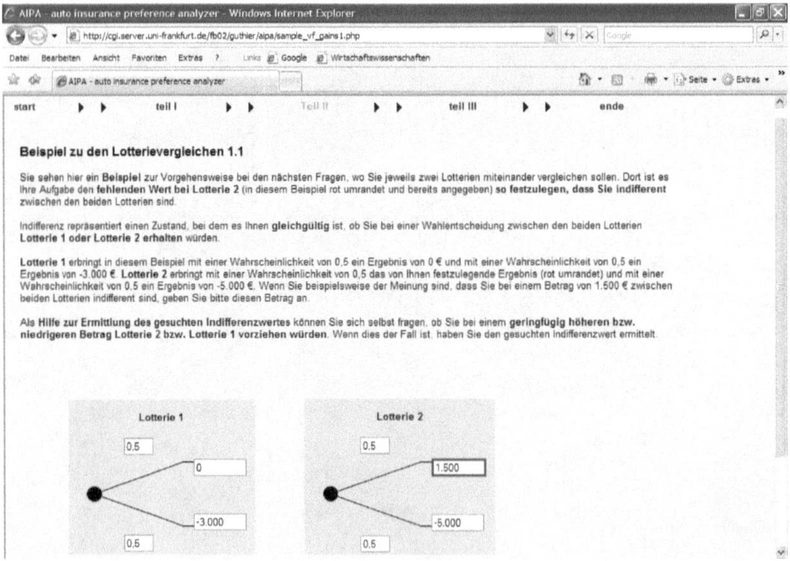

Abbildung 42: Screenshot – Lotterievergleiche nach der Trade-Off-Methode bei Gewinnen

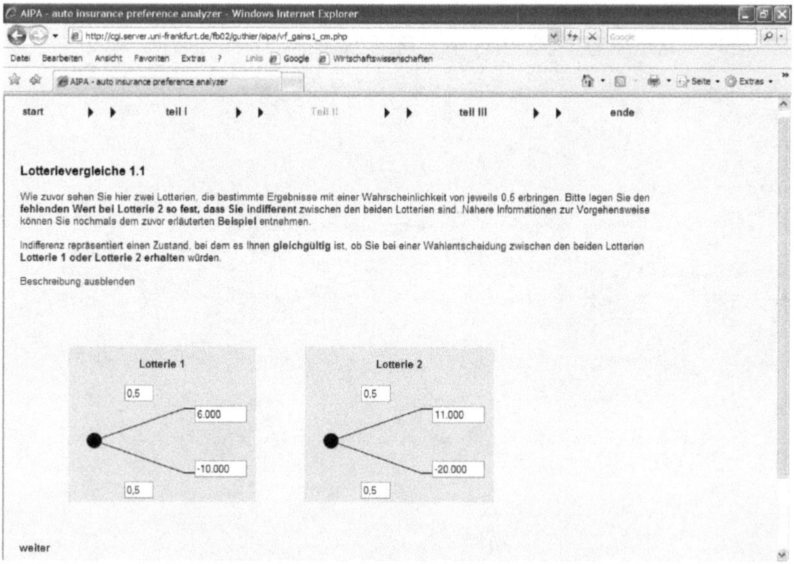

Abbildung 43: Screenshot – Auswahlentscheidungen bei den Lotterievergleichen nach der Trade-Off-Methode bei Gewinnen

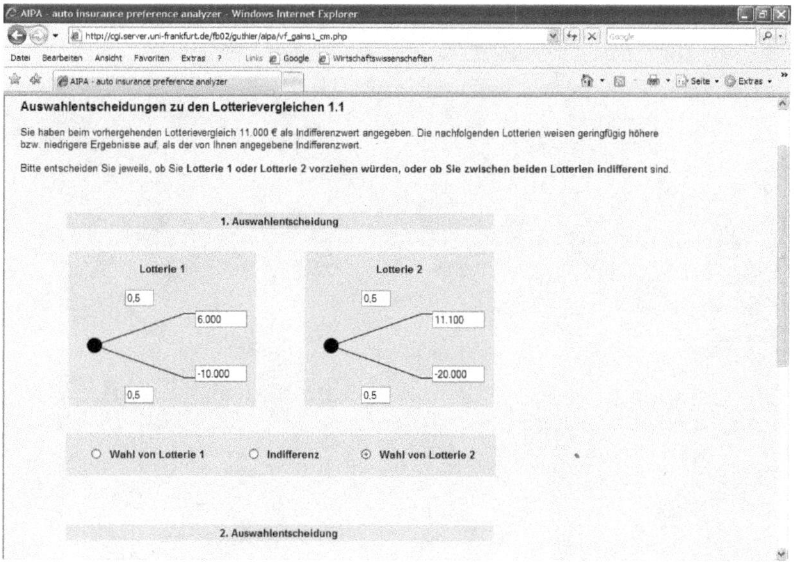

Abbildung 44: Screenshot – Beispiel zu den Lotterievergleichen nach der Trade-Off-Methode bei Verlusten

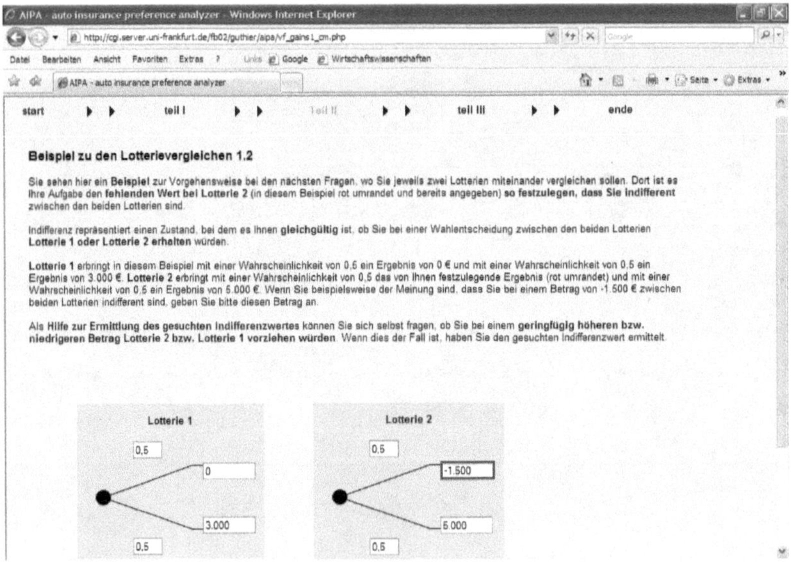

Abbildung 45: Screenshot – Lotterievergleiche nach der Trade-Off-Methode bei Verlusten

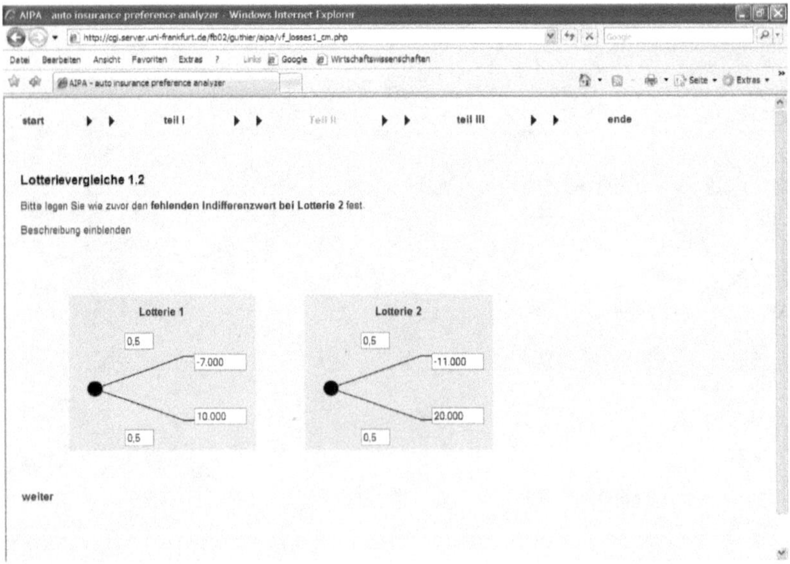

Abbildung 46: Screenshot – Auswahlentscheidungen bei den Lotterievergleichen nach der Trade-Off-Methode bei Verlusten

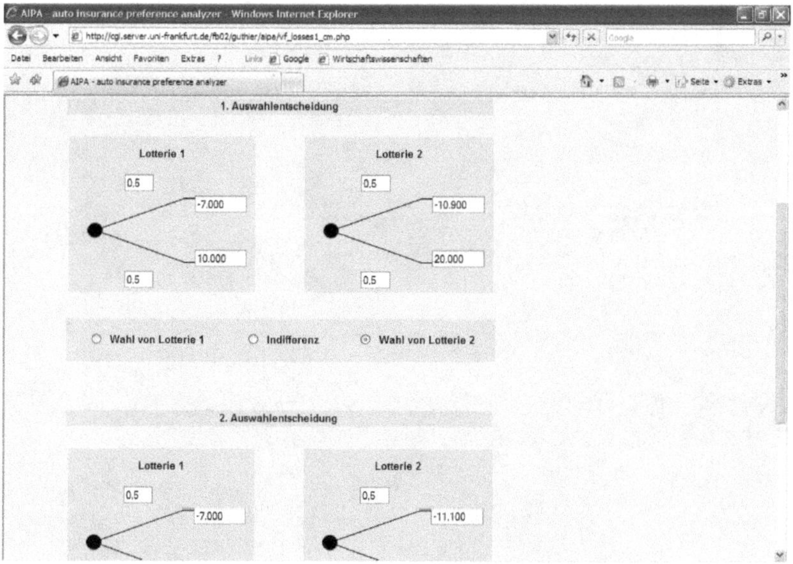

Abbildung 47: Screenshot – Beispiel zu den Lotterievergleichen nach der Certainty-Equivalence-Methode bei Gewinnen

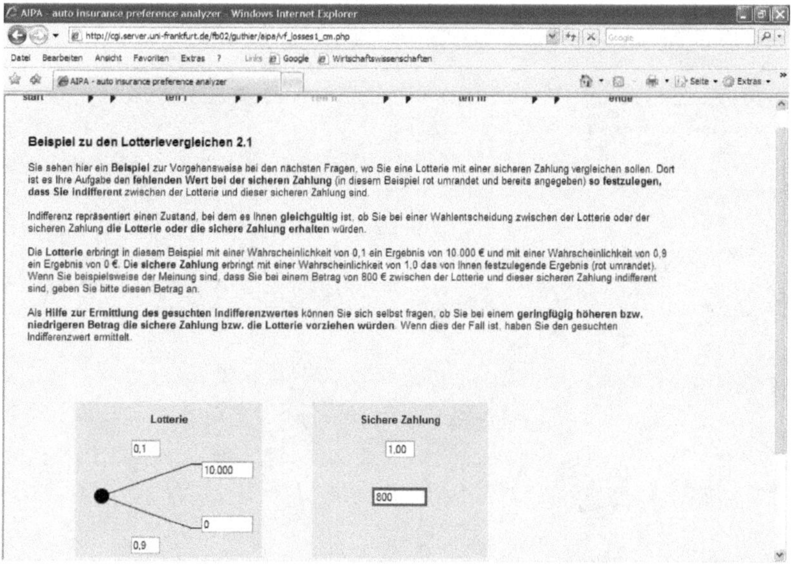

Abbildung 48: Screenshot – Lotterievergleiche nach der Certainty-Equivalence-Methode bei Gewinnen

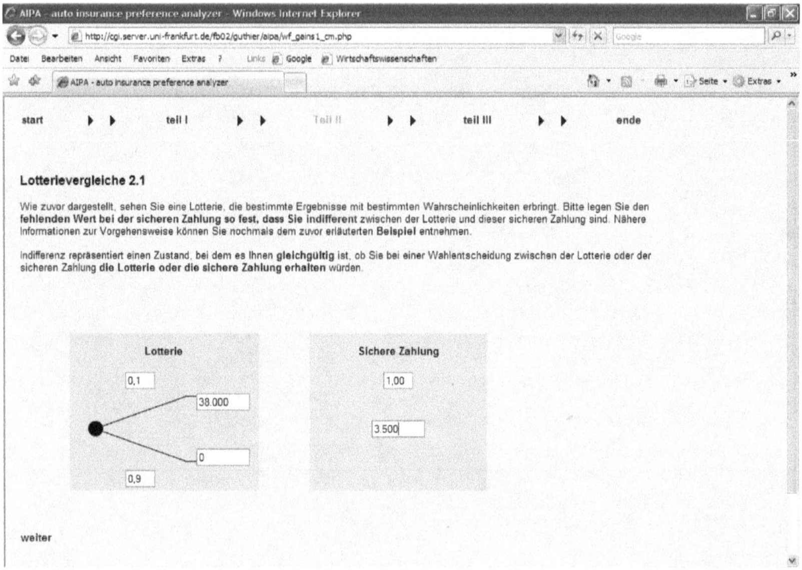

Abbildung 49: Screenshot – Auswahlentscheidungen bei den Lotterievergleichen nach der Certainty-Equivalence-Methode bei Gewinnen

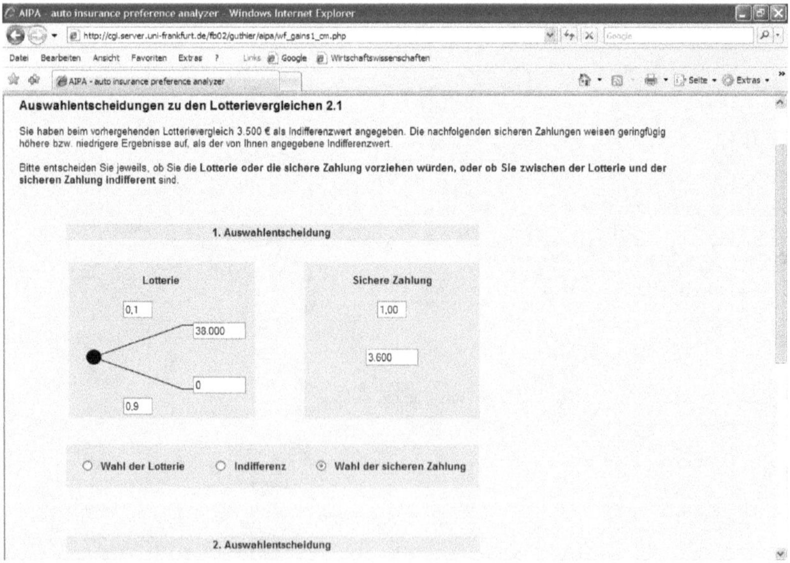

Abbildung 50: Screenshot – Beispiel zu den Lotterievergleichen nach der Certainty-Equivalence-Methode bei Verlusten

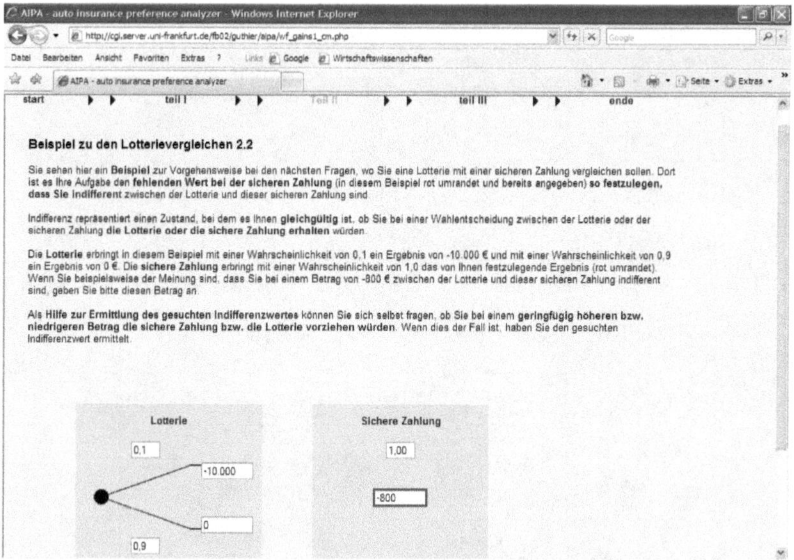

Abbildung 51: Screenshot – Lotterievergleiche nach der Certainty-Equivalence-Methode bei Verlusten

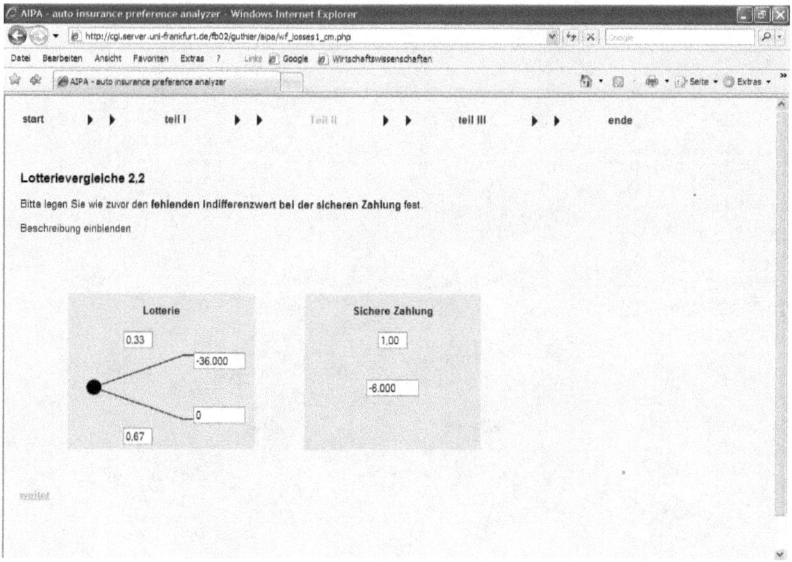

Abbildung 52: Screenshot – Auswahlentscheidungen bei den Lotterievergleichen nach der Certainty-Equivalence-Methode bei Verlusten

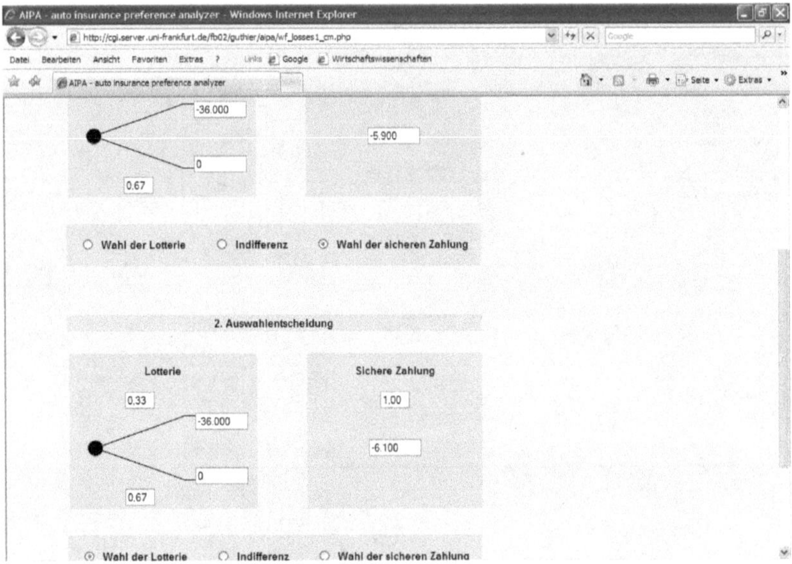

Abbildung 53: Screenshot – Worry Domains Questionnaire (Short Form)

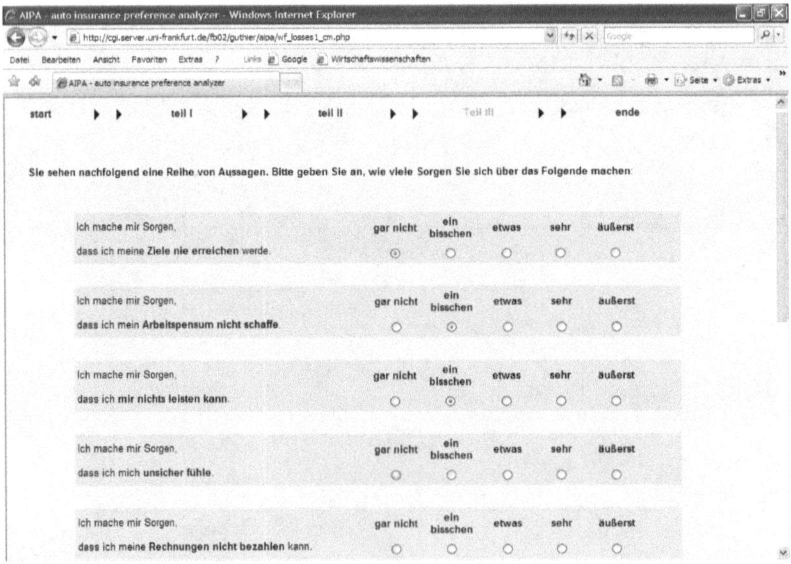

Abbildung 54: Screenshot – Soziodemographische und psychographische Fragen

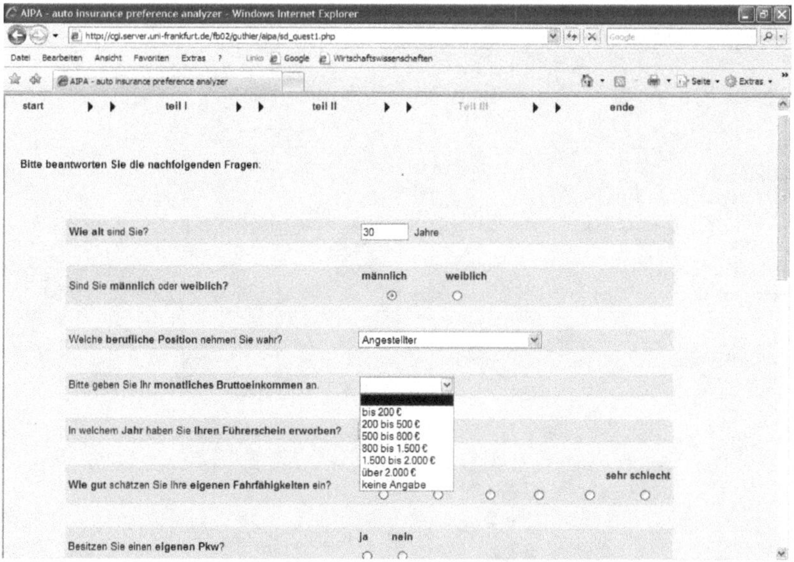

Abbildung 55: Screenshot – Fragen zur Herangehensweise und zum Entscheidungsstil

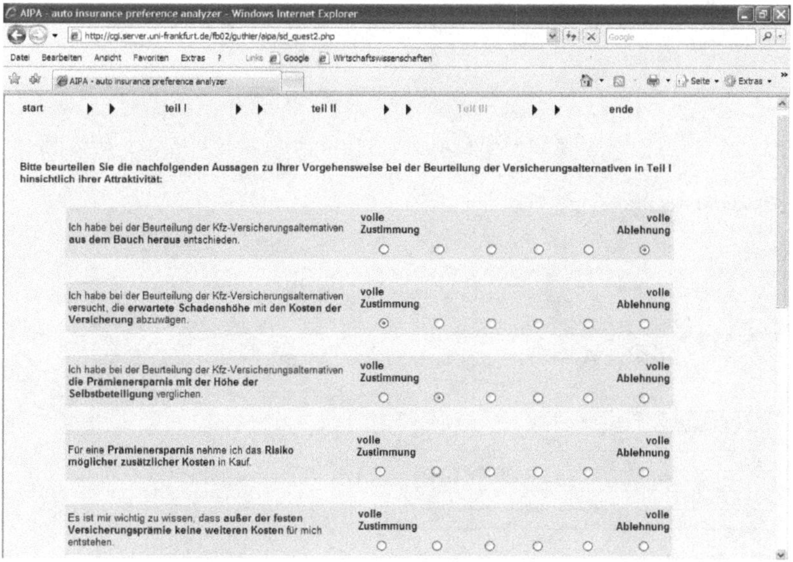

Abbildung 56: Screenshot – Reliabilitätsprüfung

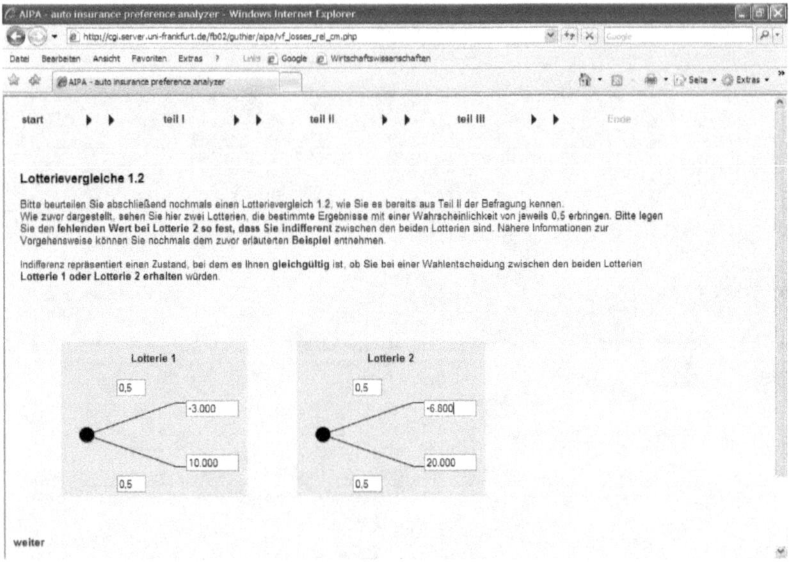

Abbildung 57: Screenshot – Berechnung der Höhe der finanziellen Anreize und Vergütung für die Experiment-Teilnehmer

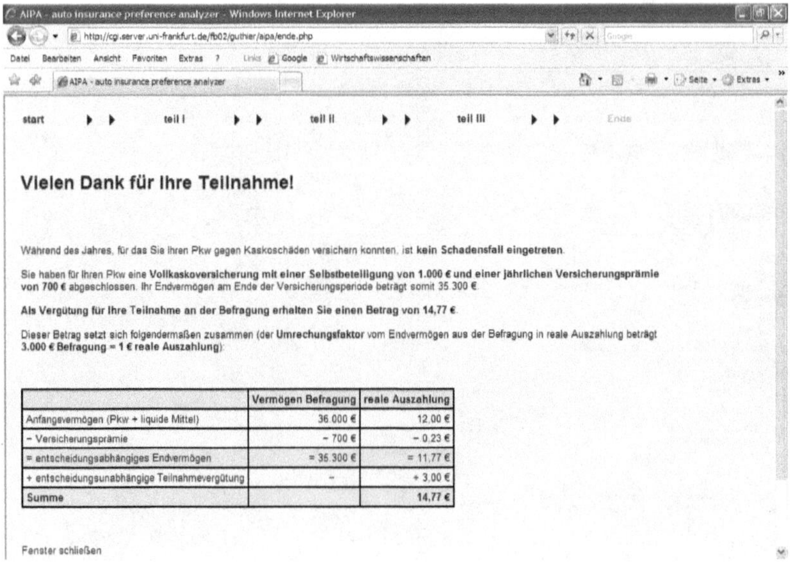

	Vermögen Befragung	reale Auszahlung
Anfangsvermögen (Pkw + liquide Mittel)	36.000 €	12,00 €
− Versicherungsprämie	− 700 €	− 0,23 €
= entscheidungsabhängiges Endvermögen	= 35.300 €	= 11,77 €
+ entscheidungsunabhängige Teilnahmevergütung	–	+ 3,00 €
Summe		14,77 €

B: Generierung des experimentellen Designs

Tabelle 63: Vollständiges experimentelles Design

Nr.	Deckung TKS	Deckung VKS	SB	VP
1	0	0	0	0
2	0	0	300	0
3	0	0	1000	0
4	0	0	0	100
5	0	0	300	100
6	0	0	1000	100
7	0	0	0	150
8	0	0	300	150
9	0	0	1000	150
10	0	0	0	300
11	0	0	300	300
12	0	0	1000	300
13	0	0	0	700
14	0	0	300	700
15	0	0	1000	700
16	0	0	0	1000
17	0	0	300	1000
18	0	0	1000	1000
19	0	0	0	1500
20	0	0	300	1500
21	0	0	1000	1500
22	1	0	0	0
23	1	0	300	0
24	1	0	1000	0
25	1	0	0	100
26	1	0	300	100
27	1	0	1000	100
28	1	0	0	150
29	1	0	300	150
30	1	0	1000	150
31	1	0	0	300
32	1	0	300	300
33	1	0	1000	300
34	1	0	0	700
35	1	0	300	700
36	1	0	1000	700
37	1	0	0	1000
38	1	0	300	1000
39	1	0	1000	1000
40	1	0	0	1500
41	1	0	300	1500
42	1	0	1000	1500
43	0	1	0	0
44	0	1	300	0
45	0	1	1000	0
46	0	1	0	100
47	0	1	300	100
48	0	1	1000	100
49	0	1	0	150

50	0	1	300	150
51	0	1	1000	150
52	0	1	0	300
53	0	1	300	300
54	0	1	1000	300
55	0	1	0	700
56	0	1	300	700
57	0	1	1000	700
58	0	1	0	1000
59	0	1	300	1000
60	0	1	1000	1000
61	0	1	0	1500
62	0	1	300	1500
63	0	1	1000	1500
64	1	1	0	0
65	1	1	300	0
66	1	1	1000	0
67	1	1	0	100
68	1	1	300	100
69	1	1	1000	100
70	1	1	0	150
71	1	1	300	150
72	1	1	1000	150
73	1	1	0	300
74	1	1	300	300
75	1	1	1000	300
76	1	1	0	700
77	1	1	300	700
78	1	1	1000	700
79	1	1	0	1000
80	1	1	300	1000
81	1	1	1000	1000
82	1	1	0	1500
83	1	1	300	1500
84	1	1	1000	1500

Mit: TKS = Teilkaskoschäden; VKS = Vollkaskoschäden; SB = Selbstbeteiligung in €; VP = Versicherungsprämie in €; 0 = Schaden ist nicht gedeckt; 1 = Schaden ist gedeckt; SB und VP in €

Nichtwahl-Alternative — nicht sinnvolle, unrealistische Alternative

Grundsätzlich mögl. TK-Versicherung — Grundsätzlich mögl. VK-Versicherung

Tabelle 64: Grundsätzlich realistische Stimuli unter Beachtung der Restriktionen

Nr.	Deckung TKS	Deckung VKS	SB	VP
1	0	0	0	0
2	1	0	0	100
3	1	0	300	100
4	1	0	1000	100
5	1	0	0	150
6	1	0	300	150
7	1	0	1000	150
8	1	0	0	300
9	1	0	300	300
10	1	0	1000	300
11	1	1	0	700
12	1	1	300	700
13	1	1	1000	700
14	1	1	0	1000
15	1	1	300	1000
16	1	1	1000	1000
17	1	1	0	1500
18	1	1	300	1500
19	1	1	1000	1500

Mit: TKS = Teilkaskoschäden; VKS = Vollkaskoschäden; SB = Selbstbeteiligung in €; VP = Versicherungsprämie in €; 0 = Schaden ist nicht gedeckt, 1 = Schaden ist gedeckt

Nichtwahl-Alternative TK-Versicherung VK-Versicherung

C: Soziodemographische und psychographische Fragen

Sie sehen nachfolgend eine Reihe von Aussagen. Bitte geben Sie durch ein Kreuz in der entsprechenden Spalte an, wie viele Sorgen Sie sich über das Folgende machen:

Ich mache mir Sorgen, ...	**gar nicht**	**ein bisschen**	**etwas**	**sehr**	**äußerst**
dass ich meine **Ziele nie erreichen** werde					
dass ich mein **Arbeitspensum nicht schaffe**					
dass ich **mir nichts leisten kann**					
dass ich mich **unsicher fühle**					
dass ich meine **Rechnungen nicht bezahlen kann**					
dass ich **Arbeit liegen lasse**					
dass ich **nicht genügend Zuversicht** habe					
dass ich **unattraktiv** bin					
dass ich **gute Freunde verliere**					
dass ich **nicht viel erreicht** habe					

Wie alt sind Sie?

[   ] Jahre

Sind Sie **männlich** oder **weiblich**?

männlich **weiblich**

Welche **berufliche Position** nehmen Sie wahr?

Student Wirtschaftswissenschaften

Student Sonstiges

Auszubildender

Angestellter

Selbständiger

Beamter

Arbeiter

Sonstiges

Bitte geben Sie Ihr **monatliches Bruttoeinkommen** an.

bis 200 €

200 bis 500 €

500 bis 800 €

800 bis 1.500 €

1.500 bis 2.000 €

über 2.000 €

keine Angabe

In welchem **Jahr** haben Sie **Ihren Führerschein erworben**?

Wie gut schätzen Sie Ihre **eigenen Fahrfähigkeiten** ein?

sehr gut **sehr schlecht**

Besitzen Sie einen **eigenen Pkw**?

ja **nein**

Wie wichtig ist Ihnen Ihr **Pkw** aus emotionaler Sicht?

sehr wichtig **sehr unwichtig**

Wie viele **fremdverschuldete Unfälle** hatten Sie bereits in der Vergangenheit?

Wie viele **selbstverschuldete Unfälle** hatten Sie bereits in der Vergangenheit?

In welchem **Jahr hatten Sie den letzen Unfall**?

Wie hoch schätzen Sie für sich persönlich die **Wahrscheinlichkeit ein, während des Zeitraums eines Jahres einen Teilkasko-Schaden** zu erleiden?
(Bitte geben Sie Ihre Schätzung als Dezimalzahl ein.)

Wie hoch schätzen Sie für sich persönlich die **Wahrscheinlichkeit ein, während des Zeitraums eines Jahres einen Vollkasko-Schaden** zu erleiden?
(Bitte geben Sie Ihre Schätzung als Dezimalzahl ein.)

Welche der folgenden **Versicherungen haben Sie persönlich abgeschlossen**? (Mehrfachantworten sind möglich.)

Kfz-Haftpflichtversicherung

Kfz-Teilkaskoversicherung

Kfz-Vollkaskoversicherung

Kfz-Insassen-Unfallschutzversicherung

private Haftpflichtversicherung

private Unfallversicherung

Hausratversicherung

Rechtschutzversicherung

Lebensversicherung

Rentenversicherung

Berufsunfähigkeitsversicherung

Wie gut schätzen Sie Ihre **Kenntnisse in Entscheidungstheorie und Statistik** ein?

sehr gut **sehr schlecht**

Bitte beurteilen Sie die nachfolgenden Aussagen zu Ihrer Vorgehensweise bei der Beurteilung der Versicherungsalternativen in Teil I hinsichtlich ihrer Attraktivität:

Ich habe bei der Beurteilung der Kfz-Versicherungsalternativen **aus dem Bauch heraus** entschieden.

volle Zustimmung **volle Ablehnung**

Ich habe bei der Beurteilung der Kfz-Versicherungsalternativen versucht, die **erwartete Schadenshöhe** mit den **Kosten der Versicherung** abzuwägen.

volle Zustimmung **volle Ablehnung**

Ich habe bei der Beurteilung der Kfz-Versicherungsalternativen **die Prämienersparnis mit der Höhe der Selbstbeteiligung** verglichen.

volle Zustimmung **volle Ablehnung**

Für eine **Prämienersparnis** nehme ich das **Risiko möglicher zusätzlicher Kosten** in Kauf.

volle Zustimmung **volle Ablehnung**

Es ist mir wichtig zu wissen, dass **außer der festen Versicherungsprämie keine weiteren Kosten** für mich entstehen.

volle Zustimmung **volle Ablehnung**

Ich kann **ruhiger schlafen**, wenn ich weiß, dass ich **gegen alle möglichen Risiken abgesichert** bin, auch wenn meine fixen Kosten dadurch etwas höher sind.

volle Zustimmung **volle Ablehnung**

Bitte beurteilen Sie die folgenden Fragen zur Schwierigkeit der Lotterievergleiche:

Wie schwierig fanden Sie die Aufgabe, jeweils **zwei Lotterien** miteinander **zu vergleichen**, sodass bei Ihnen Indifferenz vorliegt?

sehr einfach **sehr schwierig**

Wie schwierig fanden Sie die Aufgabe, jeweils **eine Lotterie mit einer sicheren Zahlung zu vergleichen**, sodass bei Ihnen Indifferenz vorliegt?

sehr einfach **sehr schwierig**

Bitte beurteilen Sie abschließend noch zwei Aussagen zu Ihrer allgemeinen Vorgehensweise:

Ich habe bei den zu treffenden Entscheidungen **intensiv nachgedacht und mir Mühe gegeben.**

volle Zustimmung **volle Ablehnung**

Ich habe mich **in die Entscheidungssituation hineinversetzt** und so **entschieden, wie ich in der Realität** in so einer Situation auch entscheiden würde.

volle Zustimmung **volle Ablehnung**

D: Entscheidungsgewichtungsfunktionen der Cumulative Prospect Theorie nach der Zwei-Parameter-Spezifikation

Abbildung 58: Funktionsverlauf der Median-Entscheidungsgewichtungsfunktionen der CPT der vorliegenden Untersuchung nach der Zwei-Parameter-Spezifikation

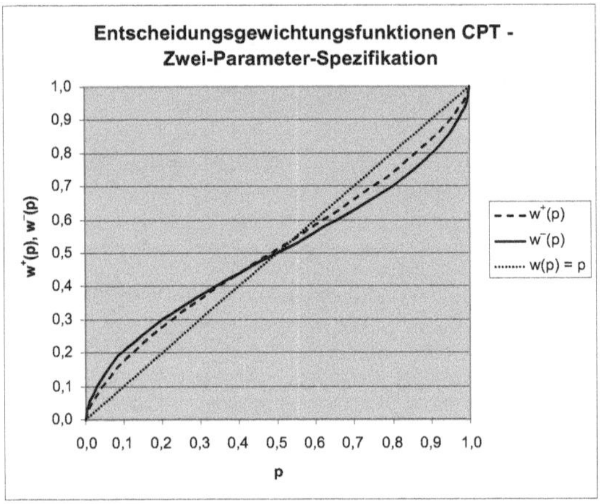

Abbildung 59: Funktionsverlauf der Median-Entscheidungsgewichtungsfunktionen der CPT von Wu/Zhang/Gonzalez (2004) nach der Zwei-Parameter-Spezifikation[597]

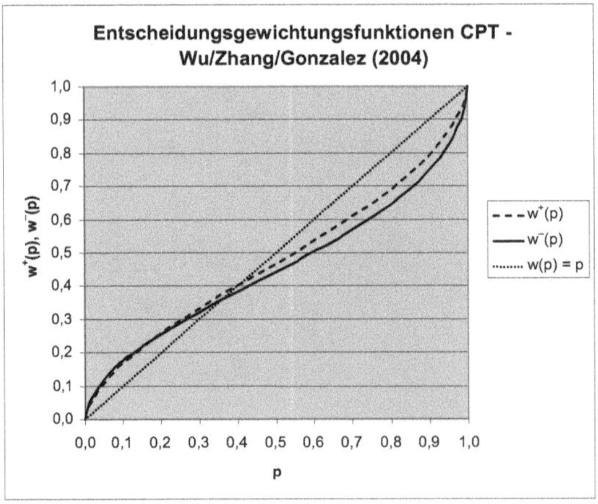

[597] Es handelt sich um eine Reanalyse der Originaldaten von Tversky/Kahneman (1992). Vgl. zur Funktionsform und den zugrunde liegenden Parameterwerten Wu/Zhang/Gonzalez (2004), S. 414.

Tabelle 65: *Parameterwerte der Zwei-Parameter-Spezifikation der EGF der CPT für Gewinne in anderen empirischen Untersuchungen*[598]

	η^+ (Gewinne)		θ^+ (Gewinne)	
	Median	Mittelwert (SD)	Median	Mittelwert (SD)
Vorliegende Untersuchung (*n* = 273)	0,728	0,673 (0,568)	1,047	5,932 (74,373)[b]
Abdellaoui (2000) (*n* = 40)	0,60	(0,050)[a]	0,65	(0,054)[a]
Abdellaoui/Vossmann/ Weber (2005) (*n* = 41)	0,832	(0,04)[a]	0,975	(0,04)[a]
Wu/Gonzalez (1996) (*n* = 420)	0,68	-	0,84	-
Gonzalez/Wu (1999) (*n* = 10)	0,44	0,47 (0,01)[a]	0,77	0,87 (0,10)[a]
Wu/ZhangGonzalez (2004)[c] (*n* = 25)	0,67	-	0,88	-
Bleichrodt/Pinto (2000) (*n* = 51)	0,550 0,573	(0,036)[a] (0,041)[a]	0,816 1,127	(0,035)[a] (0,093)[a]
Stott (2006) (*n* = 96)	0,96	-	1,40	-
Bleichrodt/Doctor/Stolk (2005) (*n* = 65 bzw. 179)	0,68 0,56	0,69 0,61	0,59 0,63	0,69 0,73
Birnbaum/Chavez (1997) (*n* = 100)	1,59 1,41	-	0,31 0,29	-

[a] Standardfehler; [b] die hohe Standardabweichung beruht auf 5 Personen, bei denen der Wert θ^+ extrem hoch ist, bei Ausschluss dieser Personen ergibt sich eine Standardabweichung von 1,023, der Mittelwert beträgt dann 1,323 und der Median 1,010; [c] Reanalyse der Daten von Tversky/Kahneman (1992)

598 Vgl. Abdellaoui (2000), S. 1509; Abdellaoui/Vossmann/Weber (2005), S. 1398; Wu/Gonzalez (1996), S. 1686; Gonzalez/Wu (1999), S. 157; Wu/Zhang/Gonzalez (2004), S. 414; Bleichrodt/Pinto (2000), S. 1494; Stott (2006), S. 116; Bleichrodt/Doctor/Stolk (2005), S. 670 und Birnbaum/Chavez (1997), S. 186.

Tabelle 66: Parameterwerte der Zwei-Parameter-Spezifikation der EGF der CPT für Verluste in anderen empirischen Untersuchungen[599]

	η^- (Verluste)		θ^- (Verluste)	
	Median	Mittelwert (SD)	Median	Mittelwert (SD)
Vorliegende Untersuchung $n = 273$	0,618	0,599 (0,537)	1,000	1,247 (1,228)
Abdellaoui (2000) ($n = 40$)	0,65	(0,049)[a]	0,84	(0,054)[a]
Abdellaoui/Vossmann/ Weber (2005) ($n = 41$)	0,842	(0,03)[a]	1,345	(0,03)[a]
Wu/ZhangGonzalez (2004)[b] ($n = 25$)	0,60	-	0,79	-
Etchart-Vincent (2004) ($n = 35$)	0,836 0,853	(0,049)[a] (0,040)[a]	1,020 1,179	(0,052)[a] (0,049)[a]

[a] Standardfehler; [b] Reanalyse der Daten von Tversky/Kahneman (1992)

599 Vgl. Abdellaoui (2000), S. 1509; Abdellaoui/Vossmann/Weber (2005), S. 1398; Wu/Zhang/Gonzalez (2004), S. 414 und Etchart-Vincent (2004), S. 229.

Literaturverzeichnis

Aaker, D. A./Kumar, V./Day, G. S. (1995): Marketing Research, 5th edition, New York et al.

Abdellaoui, M. (2000): Parameter-Free Elicitation of Utility and Probability Weighting Functions, in: Management Science, Vol. 46, No. 11, pp. 1497-1512.

Abdellaoui, M./Barrios, C./Wakker, P. P. (2007): Reconciling introspective utility with revealed preference: Experimental arguments based on prospect theory, in: Journal of Econometrics, Vol. 138, No. 1, pp. 356-378.

Abdellaoui, M./Bleichrodt, H./Paraschiv, C. (2007): Loss Aversion under Prospect Theory: A Parameter-Free Measurement, in: Management Science, forthcoming.

Abdellaoui, M./Vossmann, F./Weber, M. (2005): Choice-Based Elicitation and Decomposition of Decision Weights for Gains and Losses under Uncertainty, in: Management Science, Vol. 51, No. 9, pp. 1384-1399.

Addelman, S. (1962a): Orthogonal Main-Effect Plans for Asymmetrical Factorial Experiments, in: Technometrics, Vol. 4, No. 1, pp. 21-46.

Addelman, S. (1962b): Symmetrical and Asymmetrical Fractional Factorial Plans, in: Technometrics, Vol. 4, No. 1, pp. 47-58.

Ahlbrecht, M./Weber, M. (1997): An Empirical Study on Intertemporal Decision Making Under Risk, in: Management Science, Vol. 43, No. 6, pp. 813-826.

Akaah, I. P./Korgaonkar, P. K. (1983): An Empirical Comparison of the Predictive Validity of Self-Explicated, Huber-Hybrid, Traditional Conjoint, and Hybrid Conjoint Models, in: Journal of Marketing Research, Vol. 20, No. 2, pp. 187-197.

Albaum, G. (1989): New Books in Review: Bridger Version 1.0 & Simgraf Version 1.0, in: Journal of Marketing Research, Vol. 26, No. 4, pp. 486-488.

Albers, S./Skiera, B. (1999): Regressionsanalyse, in: Herrmann, A./Homburg, C. (Hrsg.): Marktforschung: Methoden, Anwendungen, Praxisbeispiele, Wiesbaden, S. 203-236.

Albrecht, P./Maurer, R. (2000): Zur Bedeutung einer Ausfallbedrohtheit von Versicherungskontrakten – ein Beitrag zur Behavioral Insurance, in: Zeitschrift für die gesamte Versicherungswissenschaft, Jg. 89, Nr. 1, S. 339-356.

Alchian, A. A./Woodward, S. (1988): The Firm Is Dead; Long Live The Firm: A Review of Oliver E. Williamson's The Economic Institutions of Capitalism, in: Journal of Economic Literature, Vol. 26, No. 1, pp. 65-79.

Allais, M. (1953): Le Comportement de l'Homme Rationnel devant le Risque: Critique des Postulats et Axiomes de l'Ecole Americaine, in: Econometrica, Vol. 21, No. 4, pp. 503-546.

Allenby, G. M./Ginter, J. L. (1995): Using Extremes to Design Products and Segment Markets, in: Journal of Marketing Research, Vol. 32, No. 4, pp. 392-403.

Allenby, G. M./Rossi, P. E. (1999): Marketing models of consumer heterogeneity, in: Journal of Econometrics, Vol. 89, No. 1-2, pp. 57-78.

Anderhub, V./Müller, R./Schmidt, C. (2001): Design and evaluation of an economic experiment via the Internet, in: Journal of Economic Behavior and Organization, Vol. 46, No. 2, pp. 227-247.

Arrow, K. J. (1963): Uncertainty and the Welfare Economics of Medical Care, in: American Economic Review, Vol. 53, No. 5, pp. 941-973.

Arrow, K. J. (1982): Risk Perception in Psychology and Economics, in: Economic Inquiry, Vol. 20, No. 1, pp. 1-9.

Asmus, W. (1989): Kraftfahrtversicherung, 4. Aufl., Wiesbaden.

Atkinson, A. C./Donev, A. N. (1992): Optimum Experimental Designs, Oxford et al.

Aust, E. (1996): Simultane Conjointanalyse, Benefitsegmentierung, Produktlinien- und Preisgestaltung, Frankfurt am Main et al.

Bacher, J. (1996): Clusteranalyse: Anwendungsorientierte Einführung, 2. Aufl., München, Wien.

Backhaus, K./Erichson, B./Plinke, W./Weiber, R. (2006): Multivariate Analysemethoden: Eine anwendungsorientierte Einführung, 11. Aufl., Berlin, Heidelberg, New York.

Baier, D./Säuberlich, F. (1997): Kundennutzenschätzung mittels individueller Hybrid-Conjointanalyse, in: Zeitschrift für betriebswirtschaftliche Forschung, Jg. 49, Nr. 11, S. 951-972.

Balderjahn, I. (1991): Ein Verfahren zur empirischen Bestimmung von Preisresponsefunktionen, in: Marketing ZFP, Jg. 13, Nr. 1, S. 33-42.

Balderjahn, I. (1993): Marktreaktionen von Konsumenten: Ein theoretisch-methodisches Konzept zur Analyse der Wirkung marketingpolitischer Instrumente, Berlin.

Balderjahn, I. (1994): Der Einsatz der Conjoint-Analyse zur empirischen Bestimmung von Preisresponsefunktionen, in: Marketing ZFP, Jg. 16, Nr. 1, S. 12-20.

Bamberg, G./Coenenberg, A. G. (2004): Betriebswirtschaftliche Entscheidungslehre, 12. Aufl., München.

Baron, J./Hershey, J. C./Kunreuther, H. (2000): Determinants of Priority for Risk Reduction: The Role of Worry, in: Risk Analysis, Vol. 20, No. 4, pp. 413-427.

Barrett, C. R./Pattanaik, P. K. (1985): On Vague Preferences, in: Enderle, G. (Hrsg.): Ethik und Wirtschaftswissenschaft, Berlin.

Basu, A. K./Hastak, M. (1990): Multiattribute Judgements Under Uncertainty: A Conjoint Measurement Approach, in: Advances in Consumer Research, Vol. 17, No. 1, pp. 554-562.

Basu, K. (1984): Fuzzy Revealed Preference Theory, in: Journal of Economic Theory, Vol. 32, No. 2, pp. 212-227.

Battalio, R. C./Kagel, J. H./Jiranyakul, K. (1990): Testing Between Alternative Models of Choice Under Uncertainty: Some Initial Results, in: Journal of Risk and Uncertainty, Vol. 3, No. 1, pp. 25-50.

Bauer, H. H./Herrmann, A./Mengen, A. (1996): Eine Methode zur gewinnmaximalen Produktgestaltung auf der Basis des Conjoint Measurement, in: Bauer, H. H./Dichtl, E./Herrmann, A. (Hrsg.): Automobilmarktforschung: Nutzenorientierung von Pkw-Herstellern, München, S. 79-92.

Bauer, H. H./Huber, F./Schaul, T. (1998): Value-Added-Services im Bankbereich. Erfolgsgrößen zur nutzenmaximalen Gestaltung einer Kreditkarte, Arbeitspaper W015, Institut für Marktorientierte Unternehmensführung, Universität Mannheim, Mannheim.

Bauer, H. H./Sauer, N. E./Brugger, N. (2002): Die Akzeptanz von Versicherungsdienstleistungen im Internet – Eine theoretische und empirische Analyse, in: Zeitschrift für die gesamte Versicherungswissenschaft, Jg. 91, Nr. 3, S. 329-363.

Bayoumi, A. M./Redelmeier, D. A. (2002): Decision Analysis with Cumulative Prospect Theory, in: Medical Decision Making, Vol. 20, No. 4, pp. 404-412.

Beattie, J./Loomes, G. (1997): The Impact of Incentives Upon Risky Choice Experiments, in: Journal of Risk and Uncertainty, Vol. 14, No. 2, pp. 155-168.

Beck, D. (1982): Zum Verhalten von Studenten bei Kraftfahrtversicherungsentscheidungen – Eine Pilotstudie, in: Zeitschrift für die gesamte Versicherungswissenschaft, Jg. 71, Nr. 3/4, S. 539-573.

Becker, G. M./DeGroot, M. H./Marschak, J. (1964): Measuring Utility by a Single-Response Sequential Method, in: Behavioral Science, Vol. 9, No. 3, pp. 226-232.

Bell, D. E./Fishburn, P. C. (2000): Utility Functions for Wealth, in: Journal of Risk and Uncertainty, Vol. 20, No. 5, pp. 5-44.

Bellmann, R. E./Zadeh, L. A. (1970): Decision-Making in a Fuzzy Environment, in: Management Science, Vol. 17, No. 4, pp. B-141-B-164.

Bergs, S. (1981): Optimalität bei Clusteranalysen: Experimente zur Bewertung numerischer Klassifikationsverfahren, Münster.

Bernheim, A. (1998): Challenges in Insurance Markets, in: Geneva Papers on Risk and Insurance: Issues and Practice, Vol. 89, Special 25th Anniversary Issue, Part II, pp. 479-489.

Bernoulli, D. (1738): Specimen Theoriae Novae de Mensura Sortis, Comentarii Academiae Scientiarum Imperialis Petropolitanae 5, S. 175-192, Deutsche Übersetzung von Kruschwitz, L./Kruschwitz, P. (1996), in: Die Betriebswirtschaft, Jg. 56, Nr. 6, S. 733-742.

Birnbaum, M. H. (2001): Introduction in Behavioral Research on the Internet, Upper Saddle River.

Birnbaum, M. H. (2004): Tests of rank-dependent utility and cumulative prospect theory in gambles represented by natural frequencies: Effects of format, event framing, and branch splitting, in: Organizational Behavior and Human Decision Processes, Vol. 95, No. 1, pp. 40-65.

Birnbaum, M. H./Chavez, A. (1997): Tests of Theories of Decision Making: Violations of Branch Independence and Distribution Independence, in: Organizational Behavior and Human Decision Processes, Vol. 71, No. 2, pp. 161-194.

Birnbaum, M. H./McIntosh, W. R. (1996): Violations of Branch Independence in Choices between Gambles, in: Organizational Behavior and Human Decision Processes, Vol. 67, No. 1, pp. 91-110.

Bittermann, L./Grunewald, S. (2006): Der deutsche Kfz-Versicherungsmarkt im Überblick: Die Entwicklung von 2002 bis 2004, in: Versicherungswirtschaft, Jg. 61, Nr. 5, S. 364-367.

Bittner, C. (2005): Mental Accounting und Hedonic Framing bei Versicherungen, unveröffentlichte Diplomarbeit an der Professur für Marketing I, Johann Wolfgang Goethe-Universität, Frankfurt am Main.

Bitz, M. (1981): Entscheidungstheorie, München.

Bitz, M. (1984): Zur Diskussion um die präferenztheoretischen Implikationen des Bernoulli-Prinzips, in: Zeitschrift für Betriebswirtschaft, Jg. 54, Nr. 11, S. 1077-1089.

Bitz, M. (1998): Bernoulli-Prinzip und Risikoeinstellung, in: Zeitschrift für betriebswirtschaftliche Forschung, Jg. 50, Nr. 10, S. 916-932.

Blavatskyy, P. (2006): Error Propagation in the Elicitation of Utility and Probability Weighting Functions, in: Theory and Decision, Vol. 60, No. 2-3, pp. 315-334.

Bleichrodt, H./Abellan-Perpiñan, J. M./Pinto-Prades, J. L./Mendez-Martinez, I. (2007): Resolving Inconsistencies in Utility Measurement Under Risk: Tests of Generalizations of Expected Utility, in: Management Science, Vol. 53, No. 3, pp. 469-482.

Bleichrodt, H./Doctor, J./Stolk, E. (2005): A nonparametric elicitation of the equity-efficiency trade-off in cost-utility analysis, in: Journal of Health Economics, Vol. 24, No. 4, pp. 655-678.

Bleichrodt, H./Eeckhoudt, L. (2006): Willingness to pay for reductions in health risks when probabilities are distorted, in: Health Economics, Vol. 15, No. 2, pp. 211-214.

Bleichrodt, H./Pinto, J. L. (2000): A Parameter-Free Elicitation of Probability Weighting Function in Medical Decision Analysis, in: Management Science, Vol. 46, No. 11, pp. 1485-1496.

Bleichrodt, H./Pinto, J. L. (2005): The Validity of Qalys Under Non-expected Utility, in: Economic Journal, Vol. 115, No. 503, pp. 533-550.

Bleichrodt, H./Pinto, J. L./Wakker, P. P. (2001): Making Descriptive Use of Prospect Theory to Improve the Prescriptive Use of Expected Utility, in: Management Science, Vol. 47, No. 11, pp. 1498-1514.

Bodily, S. E. (1985): Modern Decision Making: A Guide to Modeling with Decision Support Systems, New York et al.

Böcker, F. (1986): Präferenzforschung als Mittel marktorientierter Unternehmensführung, in: Zeitschrift für betriebswirtschaftliche Forschung, Jg. 38, Nr. 7/8, S. 543-574.

Boecker, F./Schweikl, H. (1988): Better preference prediction with individualized sets of relevant attributes, in: International Journal of Research in Marketing, Vol. 5, No. 1, pp. 15-24.

Böhme, S./Schmies, C. (1995): Produktkonzepte testen: Neue Wege der Conjoint Analyse, in: Planung & Analyse, Jg. 22, Nr. 1, S. 59-61.

Bolle, F. (1990): High Reward Experiments without High Expenditure for the Experimenter?, in: Journal of Economic Psychology, Vol. 11, No. 2, pp. 157-167.

Bornträger, A. (2004): MySQL 4 – echt einfach, Poing.

Bortz, J. (2005): Statistik für Human- und Sozialwissenschaftler, 6. Aufl., Heidelberg.

Bortz, J./Döring, N. (1995): Forschungsmethoden und Evaluation, 2. Aufl., Berlin, Heidelberg, New York.

Bostic, R./Herrnstein, R. J./Luce, R. D. (1990): The effect on the preference-reversal phenomenon of using choice indifferences, in: Journal of Economic Behavior and Organization, Vol. 13, No. 2, pp. 193-212.

Box, G. E. P./Hunter, W. G./Hunter, J. S. (1978): Statistics for Experimenters: An Introduction to Design, Data Analysis, and Model Building, New York et al.

Breuer, W./Gürtler, M. (2006): Kumulative Prospect Theory, Working Paper Bfw50V1/06 – Arbeitspapiere der Betrieblichen Finanzwirtschaft, Department of Finance, RWTH Aachen, Aachen.

Broll, U./Milde, H. (1999): Risikomanagement im Vergleich: Versicherung, Diversifikation und Hedging (Teil 1), in: Wirtschaftswissenschaftliches Studium, Jg. 28, Nr. 10, S. 516-520.

Bronstein, I. N./Semendjajew, K. A./Musiol, G./Mühlig, H. (2001): Taschenbuch der Mathematik, 5. Aufl., Frankfurt am Main.

Briys, E./Loubergé, H. (1985): On the Theory of Rational Insurance Purchasing: A Note, in: Journal of Finance, Vol. 40, No. 2, pp. 577-581.

Brunswik, E. (1955): Representative Design and Probabilistic Theory in a Functional Psychology, in: Psychological Review, Vol. 62, No. 3, pp. 193-217.

Bühl, A./Zöfel, P. (2000): SPSS Version 10: Einführung in die moderne Datenanalyse unter Windows, 7. Aufl., München et al.

Bültel, D./Wiese, H. (2001): Die Nachfrage nach Versicherungsleistungen, in: Das Wirtschaftsstudium, Jg. 30, Nr. 8-9, S. 1190-1194.

Büschken, J./von Thaden, C. (1999): Clusteranalyse, in: Herrmann, A./Homburg, C. (Hrsg.): Marktforschung: Methoden, Anwendungen, Praxisbeispiele, Wiesbaden, S. 339-380.

Burns, P. (1985): Experience and Decision Making: A Comparison of Students and Businessman in a Simulated Progressive Auction, in: Smith, V. L. (ed.): Research in Experimental Economics, Vol. 3, Greenwich, pp. 139-157.

Cabantous, L. (2007): Ambiguity Aversion in the Field of Insurance: Insurers' Attitude to Imprecise and Conflicting Probability Estimates, in: Theory and Decision, Vol. 62, No. 3, pp. 219-240.

Camerer, C. (1995): Individual Decision Making, in: Kagel, J. H./Roth, A. E. (eds.): The Handbook of Experimental Economics, Princeton, pp. 587-703.

Camerer, C. (1996): Rules for Experimenting in Psychology and Economics, and Why They Differ, in: Albers, W./Güth, W./Hammerstein, P./Moldovanu, B./van Damme, E. (eds.): Understanding strategic interaction: Essays in honour of Reinhard Selten, Berlin et al., pp. 313-327.

Camerer, C. (1998): Bounded Rationality in Individual Decision Making, in: Experimental Economics, Vol. 1, No. 2, pp. 163-183.

Camerer, C. F./Ho, T.-H. (1994): Violations of the Betweenness Axiom and Nonlinearity in Probability, in: Journal of Risk and Uncertainty, Vol. 8, No. 2, pp. 167-196.

Camerer, C. F./Hogarth, R. M. (1999): The Effects of Financial Incentives in Experiments: A Review and Capital-Labor-Production Framework, in: Journal of Risk and Uncertainty, Vol. 19, No. 1-3, pp. 7-42.

Camerer, C./Kunreuther, H. (1989): Experimental Markets for Insurance, in: Journal of Risk and Uncertainty, Vol. 2, No. 3, pp. 265-300.

Camerer, C./Weber, M. (1992): Recent Developments in Modeling Preferences: Uncertainty and Ambiguity, in: Journal of Risk and Uncertainty, Vol. 5, No. 4, pp. 325-370.

Campbell, D. T./Stanley, J. C. (1966): Experimental and Quasi-Experimental Designs for Research, Boston.

Carmone, F. J./Green, P. E./Jain, A. K. (1978): Robustness of Conjoint Analysis: Some Monté Carlo Results, in: Journal of Marketing Research, Vol. 15, No. 2, pp. 300-303.

Carrol, J. D./Green, P. E. (1995): Psychometric Methods in Marketing: Part I, Conjoint Analysis, in: Journal of Marketing Research, Vol. 32, No. 4, pp. 385-391.

Carson, R. T./Louviere, J. J./Anderson, D. A./Arabie, P./Bunch, D. S./Hensher, D. A./Johnson, R. M./Kuhfeld, W. F./Steinberg, D./Swait, J./Timmermans, H./Wiley, J. B. (1994): Experimental Analysis of Choice, in: Marketing Letters, Vol. 5, No. 4, pp. 351-368.

Casey, J. T./Delquié, P. (1995): Stated vs Implicit Willingness to Pay Under Risk, in: Organizational Behavior and Human Decision Processes, Vol. 61, No. 2, pp. 123-137.

Cattin, P./Bliemel, F. (1978): Metric vs. Nonmetric Procedures for Multiattribute Modeling: Some Simulation Results, in: Decision Sciences, Vol. 9, pp. 472-480.

Cattin, P./Punj, G. (1984): Factors Influencing the Selection of Preference Model Form for Continuous Utility Functions in Conjoint Analysis, in: Marketing Science, Vol. 3, No. 1, pp. 73-82.

Cattin, P./Wittink, D. R. (1976): A Monte Carlo Study of Metric and Nonmetric Estimation Methods for Multiattribute Models, Research Paper No. 341, Graduate School of Business, Stanford University, Stanford.

Cattin, P./Wittink, D. R. (1978): On The Use of Ordinary Least Squares Regression With Paired Comparisons and Rank Order Data, Research Paper No. 324 (revised), Graduate School of Business, Stanford University, Stanford.

Cattin, P./Wittink, D. R. (1982): Commercial Use of Conjoint Analysis: A Survey, in: Journal of Marketing, Vol. 53, No. 3, pp. 91-96.

Chakraborty, G./Ettenson, R./Gaeth, G. (1994): How Consumers Choose Health Insurance: analyzing employees' selection process in a Multiplan environment identifies the tradeoffs consumers make and the benefits that affect their decision making, in: Journal of Health Care Marketing, Vol. 14, No. 1, pp. 21-33.

Chateauneuf, A./Wakker, P. (1999): An Axiomatization of Cumulative Prospect Theory for Decision under Risk, in: Journal of Risk and Uncertainty, Vol. 18, No. 2, pp. 137-145.

Choi, S.-Y./Stahl, D. O./Whinston, A. B. (1997): The Economics of Electronic Commerce, Indianapolis.

Christmann, A. (2004): An approach to model complex high-dimensional insurance data, in: Allgemeines Statistisches Archiv, Vol. 88, No. 4, pp. 375-396.

Churchill, G. A. (1999): Marketing Research: Methodological Foundations, 7th edition, Fort Worth et al.

Clement, M. (2000): Interaktives Fernsehen: Analyse und Prognose seiner Nutzung, Wiesbaden.

Clement, M./Thies, S. (2006): Fuzzy Clustering mit Hilfe von Mixture Models, in: Albers, S./Klapper, D./Konradt, U./Walter, A./Wolf, J. (Hrsg.): Methodik der empirischen Forschung, Wiesbaden, S. 169-186.

Conlisk, J. (1989): Three Variants of the Allais Example, in: American Economic Review, Vol. 79, No. 3, pp. 392-407.

Cormack, R. M. (1971): A Review of Classification, in: Journal of the Royal Statistical Society, Series A (General), Vol. 134, No. 3, pp. 321-367.

Cox, J. C./Smith, V. L./Walker, J. M. (1985): Expected Revenue in Discriminative and Uniform Price Sealed-Bid Auctions, in: Research in Experimental Economics, Vol. 3, pp. 183-232.

Cunningham, W. H./Anderson, W. T./Murphy, J. H. (1974): Are Students Real People?, in: Journal of Business, Vol. 47, No. 3, pp. 399-409.

Currim, I. S. (1981): Using Segmentation Approaches for Better Prediction and Understanding from Consumer Mode Choice Models, in: Journal of Marketing Research, Vol. 18, No. 3, pp. 301-309.

Currim, I. S./Sarin, R. K. (1989): Prospect versus Utility, in: Management Science, Vol. 35, No. 1, pp. 22-41.

Currim, I. S./Weinberg, C. B./Wittink, D. R. (1981): The Design of Subscription Programs for a Performing Arts Series, in: Journal of Consumer Research, Vol. 8, No. 1, pp. 67-75.

Daniels, R. L./Keller, L. R. (1992): Choice-Based Assessment of Utility Functions, in: Organizational Behavior and Human Decision Processes, Vol. 52, No. 3, pp. 524-543.

Darmon, R. Y./Rouziès, D. (1994): Reliability and internal validity of conjoint estimated utility functions under error-free versus error-full conditions, in: International Journal of Research in Marketing, Vol. 11, No. 5, pp. 465-476.

Davis, D. D./Holt, C. A. (1993): Experimental Economics, Princeton.

Delisle, E. (1981): Marketing in der Versicherungswirtschaft, 2. Aufl., Karlsruhe.

Dequié, P./de Neufville, R. (1991): Response Modes and Inconsistencies in Preference Assessments, in: Chikán, A. (ed.): Progress in Decision, Utility, and Risk Theory, Dordrecht et al., pp. 145-153.

DeSarbo, W. S./Mahajan, V./Steckel, J. H. (1985): On the Creation of Feasible Conjoint Analysis Experimental Designs, Working Paper, Marketing Department, Columbia University Graduate School of Business, New York.

DeSarbo, W. S./Oliver, R. L./Rangaswamy, A. (1989): A Simulated Annealing Methodology for Clusterwise Linear Regression, in: Psychometrika, Vol. 54, No. 4, pp. 707-736.

DeSarbo, W. S./Ramaswamy, V./Cohen, S. H. (1995): Market Segmentation with Choice-Based Conjoint Analysis, in: Marketing Letters, Vol. 6, No. 2, pp. 137-147.

Diacon, S./Watkins, T. (1995): Insurance marketing, in: Ennew, C./Watkins, T./Wright, M. (eds.): Marketing Financial Services, 2nd edition, Oxford et al., pp. 236-261.

Diller, H. (2000): Preispolitik, 3. Aufl., Stuttgart, Berlin, Köln.

Dodds, W. B./Monroe, K. B./Grewal, D. (1991): Effects of Price, Brand, and Store Information on Buyers' Product Evaluations, in: Journal of Marketing Research, Vol. 28, No. 3, pp. 307-319.

Donkers, B./Melenberg, B./van Soest, A. (2001): Estimating Risk Attitudes using Lotteries: A Large Sample Approach, in: Journal of Risk and Uncertainty, Vol. 22, No. 2, pp. 165-195.

Dubois, D./Prade, H. (1980): Fuzzy Sets and Systems: Theory and Applications, New York.

Dyckhoff, H. (1988): Zeitpräferenz, in: Zeitschrift für betriebswirtschaftliche Forschung, Jg. 40, Nr. 11, S. 989-1008.

Dyer, J. S./Sarin, R. K. (1979): Measurable Multiattribute Value Functions, in: Operations Research, Vol. 27, No. 4, pp. 810-822.

Einhorn, H. J./Hogarth, R. M. (1985): Ambiguity and Uncertainty in Probabilistic Inference, in: Psychological Review, Vol. 92, No. 4, pp. 433-460.

Einhorn, H. J./Hogarth, R. M. (1986): Decision Making under Ambiguity, in: Journal of Business, Vol. 59, No. 4, Part 2, pp. S225-S250.

Eisenführ, F./Weber, M. (2003): Rationales Entscheiden, 4. Aufl., Berlin, Heidelberg, New York.

Eisner, R./Strotz, R. H. (1961): Flight Insurance and the Theory of Choice, in: Journal of Political Economy, Vol. 69, No. 4, pp. 355-368.

Ellsberg, D. (1961): Risk, ambiguity and the Savage axioms, in: Quarterly Journal of Economics, Vol. 75, No. 4, pp. 643-669.

Elrod, T./Louviere, J. J./Davey, K. S. (1992): An empirical Comparison of Ratings-Based and Choice-Based Conjoint Models, in: Journal of Marketing Research, Vol. 29, No. 3, pp. 368-377.

Enis, B. M./Cox, K. K./Stafford, J. E. (1972): Students as Subjects in Consumer Behavior Experiments, in: Journal of Marketing Research, Vol. 9, No. 1, pp. 72-74.

Epple, M. H. (1990): Conjoint Measurement: Neue Wege zur Ergründung von Kaufentscheidungen im Finanzmarkt, in: Bank-Archiv, Jg. 38, Nr. 3, S. 173-181.

Erdönmez, M./Nutzenadel, C. (2007): Die Preisfestsetzung besser organisieren, in: Versicherungswirtschaft, Jg. 62, Nr. 2, S. 105-107.

Etchart-Vincent, N. (2004): Is Probability Weighting Sensitive to the Magnitude of Consequences? An Experimental Investigation on Losses, in: Journal of Risk and Uncertainty, Vol. 29, No. 3, pp. 217-235.

Everitt, B. S. (1993): Cluster Analysis, 3rd edition, London, Melbourne, Auckland.

Fahrmeir, L./Kaufmann, H./Kredler, C. (1984): Regressionsanalyse, in: Fahrmeir, L./Hamerle, A. (Hrsg.): Multivariate statistische Verfahren, Berlin, New York, S. 83-153.

Fahrmeir, L./Künstler, R./Pigeot, I./Tutz, G. (1999): Statistik: Der Weg zur Datenanalyse, 2. Aufl., Berlin et al.

Farny, D. (1995a): Versicherungsbetriebslehre, 2. Aufl., Karlsruhe.

Farny, D. (1995b): Die Gestaltung von Versicherungsprodukten im Marketing von Versicherungsunternehmen, in: Zeitschrift für die gesamte Versicherungswissenschaft, Jg. 84, Nr. 1/2, S. 79-102.

Farquhar, P. H. (1984): Utility Assessment Methods, in: Management Science, Vol. 30, No. 11, pp. 1283-1300.

Farquhar, P. H./Keller, L. R. (1989): Preference intensity measurement, in: Annals of Operations Research, Vol. 19, No. 1, pp. 205-217.

Farquhar, P. H./Nakamura, Y. (1987): Constant Exchange Risk Properties, in: Operations Research, Vol. 35, No. 2, pp. 206-214.

Farquhar, P. H./Nakamura, Y. (1988): Utility Assessment Procedures for Polynomial-Exponential Functions, in: Naval Research Logistics, Vol. 35, No. 6, pp. 597-613.

Felten, C. (2002): Prospect Theorie und Marketing: Der ausstehende Wandel in der Erklärung und Beschreibung von Konsumentenverhalten unter Unsicherheit, in: Zeitschrift für Betriebswirtschaft, Jg. 72, Ergänzungsheft 1/2002, S. 67-85.

Fennema, H./van Assen, M. (1999): Measuring the Utility of Losses by Means of the Trade-off Method, in: Journal of Risk and Uncertainty, Vol. 17, No. 3, pp. 277-295.

Fennema, H./Wakker, P. (1997): Original and Cumulative Prospect Theory: A Discussion of Empirical Differences, in: Journal of Behavioral Decision Making, Vol. 10, No. 1, pp. 53-64.

Ferner, J. (2004): PHP 5 Referenz, Düsseldorf.

Fischer G. W. (1976): Multidimensional Utility Models for Risky and Riskless Choice, in: Organizational Behavior and Human Performance, Vol. 17, No. 1, pp. 127-146.

Fischer G. W. (1989): Prescriptive Decision Science: Problems and Opportunities, in: Annals of Operations Research, Vol. 19, No. 1, pp. 489-497.

Fischer, J. (2001): Individualisierte Präferenzanalyse: Entwicklung und empirische Prüfung einer vollkommen individualisierten Conjoint Analyse, Wiesbaden.

Fischer, M./Herrmann, A./Huber, F. (2001): Return on Customer Satisfaction, Wie rentabel sind Maßnahmen zur Steigerung der Kundenzufriedenheit, in: Zeitschrift für Betriebswirtschaft, Jg. 71, Nr. 10, S. 1161-1190.

Fishburn, P. C. (1967): Methods of Estimating Additive Utilities, in: Management Science, Vol. 13, No. 7, Series A, Sciences, pp. 435-453.

Fishburn, P. C. (1989): Foundations of Decision Analysis: Along the Way, in: Management Science, Vol. 35, No. 4, pp. 387-405.

Fox, C. R./Tversky, A. (1998): A Belief-Based Account of Decision under Uncertainty, in: Management Science, Vol. 44, No. 7, pp. 879-895.

Franke, J. (2004): Dynamische Webseiten mit PHP 5 – echt einfach, Poing.

Frey, B. S./Eichenberger, R. (1989): Zur Bedeutung entscheidungstheoretischer Anomalien für die Ökonomik, in: Jahrbücher für Nationalökonomie und Statistik, Jg. 206, Nr. 2, S. 81-101.

Friedman, D./Sunder, S. (1994): Experimental Methods: A Primer for Economists, Cambridge.

Friedman, M./Savage, L. J. (1952): The Expected-Utility Hypothesis and the Measurability of Utility, in: Journal of Political Economy, Vol. 60, No. 6, pp. 463-474.

Gärdenfors, P./Sahlin, N.-E. (1982): Unreliable probabilities, risk taking, and decision making, in: Synthese, Vol. 53, No. 3, pp. 361-386.

Gaul, W./Lutz, U./Aust, E. (1994): Goodwill towards Domestic Products as Segmentation Criterion: An Empirical Study within the Scope of Research on Country-of-Origin Effects, in: Bock, H.-H./Lenski, W./Richter, M. M. (eds.): Information Systems and Data Analysis – Prospects – Foundations – Applications: Proceedings of the 17th Annual Conference of the Gesellschaft für Klassifikation e. V. University of Kaiserslautern, March 3-5, 1993, Berlin, Heidelberg, pp. 415-424.

GDV – Gesamtverband der Deutschen Versicherungswirtschaft e. V. (2005): Jahrbuch 2005 – Die deutsche Versicherungswirtschaft.

GDV – Gesamtverband der Deutschen Versicherungswirtschaft e. V. (2006a): Jahrbuch 2006 – Die deutsche Versicherungswirtschaft.

GDV – Gesamtverband der Deutschen Versicherungswirtschaft e. V. (2006b): Statistisches Taschenbuch der Versicherungswirtschaft 2006.

Gensler, S. (2003): Heterogenität in der Präferenzanalyse: Ein Vergleich von hierarchischen Bayes-Modellen und Finite-Mixture-Modellen, Wiesbaden.

Gensler, S. (2006a): Ermittlung der Präferenzen für Produkteigenschaften mit Hilfe der Choice-Based Conjoint Analyse (Teil I), in: Wirtschaftswissenschaftliches Studium, Jg. 35, Nr. 5, S. 254-258.

Gensler, S. (2006b): Ermittlung der Präferenzen für Produkteigenschaften mit Hilfe der Choice-Based Conjoint Analyse (Teil II), in: Wirtschaftswissenschaftliches Studium, Jg. 35, Nr. 6, S. 316-319.

Gerke, W./Pfeufer-Kinnel, G. (1996): Preispolitische Strategien im Privatgiroverkehr, in: Betriebswirtschaftliche Blätter, Jg. 45, Nr. 11, S. 543-547.

Gierl, H./Helm, R./Stumpp, S. (2001): Wertfunktionen der Prospect-Theorie, Produktpräferenzen und Folgerungen für das Marketing, in: Zeitschrift für betriebswirtschaftliche Forschung, Jg. 53, Nr. 9, S. 559-588.

Gierl, H./Stich, A. (1992): Marktsegmentierung für Kreditkarten, in: Die Bank, Jg. 32, Nr. 7, S. 398-402.

Gilboa, I. (1987): Expected Utility with Purely Subjective Non-Additive Probabilities, in: Journal of Mathematical Economics, Vol. 16, No. 1, pp. 65-88.

Gohr, S. (2006): Kundenservice wird zum Topthema – Versicherer erwachen aus dem Dornröschenschlaf, in: Direkt Marketing, Jg. 42, Nr. 2, S. 48-52.

Goldberg, J./von Nitzsch, R. (1999): Behavioral Finance: Gewinnen mit Kompetenz, München.

Goldberg, S. M./Green, P. E./Wind, Y. (1984): Conjoint Analysis of Price Premiums for Hotel Amenities, in: Journal of Business, Vol. 57, No. 1, pp. S111-S132.

Goldstein, W. M./Einhorn, H. J. (1987): Expression Theory and the Preference Reversal Phenomena, in: Psychological Review, Vol. 94, No. 2, pp. 236-254.

Gonzalez, R./Wu, G. (1999): On the Shape of Probability Weighting Function, in: Cognitive Psychology, Vol. 38, No. 1, pp. 129-166.

Gonzalez, R./Wu, G. (2003): Composition Rules in Original and Cumulative Prospect Theory, Working Paper, University of Michigan / University of Chicago.

Gottwald, R. (1990): Entscheidung unter Unsicherheit: Informationsdefizite und unklare Präferenzen, Wiesbaden.

Grabosch, U. (2004): Mass Customization in der privaten Krankenversicherung, Karlsruhe.

Green, P. E. (1974): On the Design of Choice Experiments Involving Multifactor Alternatives, in: Journal of Consumer Research, Vol. 1, No. 2, pp. 61-68.

Green, P. E./Carroll, J. D./Carmone, F. J. (1978): Some New Types of Fractional Factorial Designs for Marketing Experiments, in: Research in Marketing, Vol. 1, pp. 99-122.

Green, P. E./Helsen, K. (1989): Cross-Validation Assessment of Alternatives to Individual-Level Conjoint Analysis: A Case Study, in: Journal of Marketing Research, Vol. 26, No. 3, pp. 346-350.

Green, P. E./Helsen, K./Shandler, B. (1988): Conjoint Internal Validity Under Alternative Profile Presentations, in: Journal of Consumer Research, Vol. 15, No. 3, pp. 392-397.

Green, P. E./Helsen, K./Shandler, B. (1989): Correlated Price in Conjoint Analysis: An Empirical Comparison of Part-Worth Estimation Models, in: Proceedings of the 1989 AMA Summer Educators' Conference, American Marketing Association, Chicago.

Green, P. E./Krieger, A. M. (1985): Models and Heuristics for Product Line Selection, in: Marketing Science, Vol. 4, No. 1, pp. 1-19.

Green, P. E./Krieger, A. M. (1991): Segmenting Markets With Conjoint Analysis, in: Journal of Marketing, Vol. 55, No. 4, pp. 20-31.

Green, P. E./Krieger, A. M./Agarwal, M. K. (1991): Adaptive Conjoint Analysis: Some Caveats and Suggestions, in: Journal of Marketing Research, Vol. 28, No. 2, pp. 215-222.

Green, P. E./Krieger, A. M./Wind, Y. (2001): Thirty Years of Conjoint Analysis: Reflections and Prospects, in: Interfaces, Vol. 31, No. 3, Part 2, pp. S56-S73.

Green, P. E./Rao, V. (1971): Conjoint Measurement for Quantifying Judgmental Data, in: Journal of Marketing Research, Vol. 8, No. 3, pp. 355-363.

Green, P. E./Srinivasan, V. (1978): Conjoint Analysis in Consumer Research: Issues and Outlook, in: Journal of Consumer Research, Vol. 5, No. 2, pp. 103-123.

Green, P. E./Srinivasan, V. (1990): Conjoint Analysis in Marketing: New Developments with Implications for Research and Practice, in: Journal of Marketing, Vol. 54, No. 4, pp. 3-19.

Green, P. E./Tull, D. S. (1978): Research for Marketing Decisions, 4th edition, Englewood Cliffs.

Green, P. E./Wind, Y./Jain, A. K. (1972): Benefit Bundle Analysis, in: Journal of Advertising Research, Vol. 12, No. 2, pp. 31-36.

Greenwald, A. G. (1976): Within-Subjects-Designs: To Use or Not To Use, in: Psychological Bulletin, Vol. 83, No. 2, pp. 314-320.

Grob, K. (1967): Die Selbstbeteiligung des Versicherten im Schadenfall, Wesen und Bedeutung im Rahmen der Privatversicherung, Zürich.

Günnewig, M. (1998): Unternehmenspolitik des „Rosinenpickens" im Privatkundengeschäft eines Versicherungsunternehmens, Lohmar, Köln.

Gujarati, D. N. (2003): Basic Econometrics, 4th edition, Boston et al.

Gustafsson, A./Herrrmann, S./Huber, F. (2001): Conjoint Analysis as an Instrument of Market Research Practice, in: Gustafsson, A./Herrmann, A./Huber, F. (eds.): Conjoint Measurement: Methods and Applications, 2nd edition, Berlin, Heidelberg, New York, pp. 5-46.

Guthier, M. (2004): Präferenzmessung bei intrinsischer Unschärfe – Ein Beispiel aus der Kapitalanlageberatung –, unveröffentlichte Diplomarbeit an der Professur für Marketing I, Johann Wolfgang Goethe-Universität, Frankfurt am Main.

Gutsche, J. (1995): Produktpräferenzanalyse: Ein modelltheoretisches und methodisches Konzept zur Marktsimulation mittels Präferenzerfassungsmodellen, Berlin.

Hagerty, M. R. (1986): The Cost of Simplifying Preference Models, in: Marketing Science, Vol. 5, No. 4, pp. 298-319.

Hahn, C. (1997): Conjoint- und Discrete Choice-Analyse als Verfahren zur Abbildung von Präferenzstrukturen und Produktwahlentscheidungen: Ein theoretischer und computergestützter empirischer Vergleich, Münster.

Hair, J. F./Black, W. C./Babin, B. J./Anderson, R. E./Tatham, R. L. (2006): Multivariate Data Analysis, 6th edition, Upper Saddle River.

Haley, R. I. (1968): Benefit Segmentation: A Decision-oriented Research-Tool, in: Journal of Marketing, Vol. 32, No. 3, pp. 30-35.

Hanson, W. (2000): Principles of Internet Marketing, Cincinnati et al.

Harrington, S. E./Niehaus, G. R. (2004): Risk Management and Insurance, 2nd edition, Boston et al.

Harrison, G. W. (1994): Expected Utility Theory and the Experimentalists, in: Empirical Economics, Vol. 19, No. 2, pp. 223-253.

Harsha, P. D./Knapp, M. C. (1990): The Use of Within- and Between-Subjects Experimental Designs in Behavioral Accounting Research: A Methodological Note, in: Behavioral Research in Accounting, Vol. 2, pp. 50-62.

Hartmann, A./Sattler, H. (2002): Commercial Use of Conjoint Analysis in Germany, Austria, and Switzerland, Research Papers on Marketing and Retailing, No. 006, University of Hamburg, Hamburg.

Harvey, C. M. (1986): Value functions for Infinite-Period Planning, in: Management Science, Vol. 32, No. 9, pp. 1123-1139.

Haug, S. (1998): Anomalien in der Entscheidungstheorie. Empirische Evidenz und Konsequenzen, in: Druwe, U./Kunz, V. (Hrsg.): Anomalien in Handlungs- und Entscheidungstheorien, Opladen, S. 126-160.

Hauser, J. R./Urban, G. L. (1977): A Normative Methodology for Modeling Consumer Response to Innovation, in: Operations Research, Vol. 25, No. 4, pp. 579-619.

Hauser, J. R./Urban, G. L. (1979): Assessment of Attribute Importances and Consumer Utility Functions: Von Neumann-Morgenstern Theory Applied to Consumer Behavior, in: Journal of Consumer Research, Vol. 5, No. 4, pp. 251-262.

Hein, J. A. (2002): Präferenzmessung von Anlegern: Verfahren der Entscheidungsunterstützung im Portfolio Management und in der Anlageberatung, Frankfurt am Main.

Heinlin, I. (1993): Individuelle Zahlungsbereitschaft für Versicherungsschutz und Messung der Risikoeinstellung bei der Versicherungsentscheidung: Eine entscheidungstheoretische Analyse, Frankfurt am Main et al.

Held, G. (1990): Mein privater Versicherungsratgeber, 2. Aufl., Freiburg im Breisgau.

Hensel-Börner, S. (2000): Validität computergestützter hybrider Conjoint-Analysen, Wiesbaden.

Herrmann, A./Jungmann, F. (1997): Nutzenorientierte Konzeption eines Privatgirokontos, in: Die Bank, Jg. 37, Nr. 6, S. 378-381.

Herrmann, A./Schmidt-Gallas, D./Huber, F. (2001): Adaptive Conjoint Analysis: Understanding the Methodology and Assessing Reliability and Validity, in: Gustafsson, A./Herrmann, A./Huber, F. (eds.): Conjoint Measurement: Methods and Applications, 2nd edition, Berlin, Heidelberg, New York, pp. 279-304.

Hershey, J. C./Kunreuther, H. C./Schoemaker, P. J. H. (1982): Sources of Bias in Assessment Procedures for Utility Functions, in: Management Science, Vol. 28, No. 8, pp. 936-954.

Hershey, J. C./Schoemaker, P. J. H. (1980): Risk Taking and Problem Context in the Domain of Losses: An Expected Utility Analysis, in: Journal of Risk and Insurance, Vol. 47, No. 1, pp. 111-132.

Hershey, J. C./Schoemaker, P. J. H. (1985): Probability versus Certainty Equivalence Methods in Utility Measurement: Are They Equivalent?, in: Management Science, Vol. 31, No. 10, pp. 1213-1231.

Herstein, I. N./Milnor, J. (1953): An Axiomatic Approach to Measurable Utility, in: Econometrica, Vol. 21, No. 2, pp. 291-297.

Hertwig, R./Ortmann, A. (2001): Experimental practices in economics: A methodological challenge for psychologists?, in: Behavioral and Brain Sciences, Vol. 24, No. 3, pp. 383-451.

Hertwig, R./Ortmann, A. (2003): Economists' and Psychologists' Experimental Practices: How They Differ, Why They Differ, and How They Could Converge, in: Brocas, I./Carrillo, J. D. (eds.): The Psychology of Economic Decisions, Volume 1: Rationality and Well-Being, Oxford et al., pp. 253-272.

Hey, J. D. (ed.) (1994): Experimental Economics, Heidelberg.

Hey, J. D. (1999): Estimating (Risk) Preference Functionals Using Experimental Methods, in: Luini, L. (ed.): Uncertain Decisions: Bridging Theory and Experiments, Boston et al., pp. 109-128.

Hey, J. D./Orme, C. (1994): Investigating Generalizations of Expected Utility Theory Using Experimental Data, in: Econometrica, Vol. 62, No. 6, pp. 1291-1326.

Himme, A. (2006): Gütekriterien der Messung: Reliabilität, Validität und Generalisierbarkeit, in: Albers, S./Klapper, D./Konradt, U./Walter, A./Wolf, J. (Hrsg.): Methodik der empirischen Forschung, Wiesbaden, S. 383-400.

Hogarth, R. M./Kunreuther, H. (1985): Ambiguity and Insurance Decisions, in: American Economic Review, Vol. 75, No. 2, pp. 386-390.

Hogarth, R. M./Kunreuther, H. (1989): Risk, Ambiguity, and Insurance, in: Journal of Risk and Uncertainty, Vol. 2, No. 1, pp. 5-35.

Hogarth, R. M./Kunreuther, H. (1995): Decision Making under Ignorance: Arguing with Yourself, in: Journal of Risk and Uncertainty, Vol. 10, No. 1, pp. 15-36.

Holland, C. W./Cravens, D. W. (1973): Fractional Factorial Experimental Designs in Marketing Research, in: Journal of Marketing Research, Vol. 10, No. 3, pp. 270-276.

Holt, C. A./Laury, S. K. (2002): Risk Aversion and Incentive Effects, in: American Economic Review, Vol. 92, No. 5, pp. 1644-1655.

Homburg, C./Koschate, N. (2005a): Behavioral Pricing-Forschung im Überblick – Teil 1: Grundlagen, Preisinformationsaufnahme und Preisinformationsbeurteilung, in: Zeitschrift für Betriebswirtschaft, Jg. 75, Nr. 4, S. 383-423.

Homburg, C./Koschate, N. (2005b): Behavioral Pricing-Forschung im Überblick – Teil 2: Preisinformationsspeicherung, weitere Themenfelder und zukünftige Forschungsrichtungen, in: Zeitschrift für Betriebswirtschaft, Jg. 75, Nr. 5, S. 501-524.

Hoppe, G./Brüggemann, T./Schwarze, J. (2002): E-Commerce und LAMP-Architektur, in: Das Wirtschaftsstudium, Jg. 31, Nr. 11, S. 1426-1433.

Huber, J. (1997): What We Have Learned from 20 Years of Conjoint Research: When to Use Self-Explicated, Graded Pairs, Full Profiles or Choice Experiments, Sawtooth Software Research Paper Series, Sequim.

Huber, J./Hansen, D. (1986): Testing the Impact of Dimensional Complexity and Affective Differences of Paired Concepts in Adaptive Conjoint Analysis, in: Advances in Consumer Research, Vol. 14, No. 1, pp. 159-163.

Huber, J./McCann, J. (1982): The Impact of Inferential Beliefs on Product Evaluations, in: Journal of Marketing Research, Vol. 19, No. 3, pp. 324-333.

Hüttner, M. (1989): Grundzüge der Marktforschung, 4. Aufl., Berlin, New York.

Hull, J./Moore, P. G./Thomas, H. (1973): Utility and its Measurement, in: Journal of the Royal Statistical Society Series A (General), Vol. 136, No. 2, pp. 226-247.

Imkamp, H. (2003): Der Preis – ein schlechter Qualitätsindikator? Ältere Befunde aus heutiger Sicht neu bewertet, in: Die Betriebswirtschaft, Jg. 63, Nr. 4, S. 378-384.

Irwin, J. R./McClelland, G. H./Schulze, W. D. (1992): Hypothetical and Real Consequences in Experimental Auctions for Insurance Against Low-Probability Risks, in: Journal of Behavioral Decision Making, Vol. 5, No. 2, pp. 109-116.

Jacoby, J./Speller, D. E./Kohn, C. A. (1974): Brand Choice Behavior as a Function of Information Load, in: Journal of Marketing Research, Vol. 11, No. 1, pp. 63-69.

Jäger, R. (1974): Methoden zur Mittelung von Korrelationen, in: Psychologische Beiträge, Jg. 16, S. 417-427.

Jain, A. K./Acito, F./Malhotra, N. K./Mahajan, V. (1979): A Comparison of the Internal Validity of Alternative Parameter Estimation Methods in Decompositional Multiattribute Preference Models, in: Journal of Marketing Research, Vol. 16, No. 3, pp. 313-322.

Janssen, J./Laatz, W. (2005): Statistische Datenanalyse mit SPSS für Windows, 5. Aufl., Berlin, Heidelberg, New York.

Jasny, R. (1994): Marktsimulationen mit Hilfe von Präferenzdaten zur kundenorientierten Planung von Vermögensanlageprodukten, München.

Johnson, E. J./Hershey, J./Meszaros, J./Kunreuther, H. (1993): Framing, Probability Distortions, and Insurance Decisions, in: Journal of Risk and Uncertainty, Vol. 7, No. 1, pp. 35-51.

Johnson, E. J./Meyer, R. J./Ghose, S. (1989): When Choice Models Fail: Compensatory Models in Negatively Correlated Environments, in: Journal of Marketing Research, Vol. 26, No. 3, pp. 255-270.

Johnson, E. J./Schkade, D. A. (1989): Bias in Utility Assessments: Further Evidence and Explanations, in: Management Science, Vol. 35, No. 4, pp. 406-424.

Johnson, R. M. (1974): Trade-Off Analysis of Consumer Values, in: Journal of Marketing Research, Vol. 11, No. 2, pp. 121-127.

Johnson, R. M. (1987): Adaptive Conjoint Analysis, in: Sawtooth Software, Inc. (ed.): Proceedings of the Sawtooth Software Conference on Perceptual Mapping, Conjoint Analysis, and Computer Interviewing, Ketchum, pp. 253-265.

Johnson, R. M./Orme, B. K. (1996): How Many Questions Should You Ask in Choice-Based Conjoint Studies?, Sawtooth Software Research Paper Series, Sequim.

Joskow, P. L. (1973): Cartels, Competition and Regulation in the Property-Liability Insurance Industry, in: Bell Journal of Economics and Management Science, Vol. 4, No. 2, pp. 375-427.

Jungermann, H./Pfister, H.-R./Fischer, K. (2005): Die Psychologie der Entscheidung: Eine Einführung, 2. Aufl., München, Heidelberg.

Kaas, K. P. (1980): Thurstone's „Law of Comparative Judgment", in: Wirtschaftswissenschaftliches Studium, Jg. 9, Nr. 5, S. 233-235.

Kaas, K. P. (1987): Nachfragemodelle im Marketing – Ein kritischer Vergleich, in: Marketing ZFP, Jg. 9, Nr. 4, S. 229-236.

Kaas, K. P. (1995): Marketing zwischen Markt und Hierarchie, in: Zeitschrift für betriebswirtschaftliche Forschung, Sonderheft Nr. 35, S. 19-42.

Kaas, K. P./Ruprecht, H. (2003): Sind Vickrey Auktion und der BDM-Mechanismus wirklich anreizkompatibel? – Empirische Befunde und optimale Bietstrategien bei unsicheren Zahlungsbereitschaften, Arbeitspapier Nr. 11 der Professur für Marketing I, Johann Wolfgang Goethe-Universität Frankfurt, Frankfurt am Main.

Kaas, K. P./Ruprecht, H. (2006): Are Vickrey Auction and BDM Mechanism really incentive compatible? Empirical results and optimal bidding strategies in case of uncertain willingness-to-pay, in: Schmalenbach Business Review, Vol. 58, No. 1, pp. 37-55.

Kaas, K. P./Schneider, T. (2002): Ermittlung von Kundenpräferenzen bei Investmentfonds mit Conjoint-Measurement, in: Jahrbuch der Absatz- und Verbrauchsforschung, Jg. 48, Nr. 1, S. 28-46.

Kaas, K. P./Schneider, T. (2007): Ein präferenzbasiertes Recommender-System für Investmentfonds, in: Bayón, T./Herrmann, A./Huber, F. (Hrsg.): Vielfalt und Einheit in der Marketingwissenschaft: Ein Spannungsverhältnis, Wiesbaden, S. 499-522.

Kaas, K. P./Schneider, T./Zuber, M. (2002): Ansätze einer Online-Beratung für Kapitalanleger, in: Bruhn, M./Stauss, B. (Hrsg.): Jahrbuch Dienstleistungsmanagement 2002 – Electronic Services, Wiesbaden, S. 639-668.

Kaas, K. P./Severidt, K. (2002): Neue Preismodelle in der Kapitalanlageberatung der Banken?, in: Zeitschrift für Betriebswirtschaft, Jg. 72, Nr. 6, S. 619-640.

Kachelmeier, S. J./Shehata, M. (1992): Examining Risk Preferences Under High Monetary Incentives: Experimental Evidence from People's Republic of China, in: American Economic Review, Vol. 82, No. 5, pp. 1120-1141.

Kagel, J. H./Roth, A. E. (eds.) (1995): The Handbook of Experimental Economics, Princeton.

Kahneman, D./Knetsch, J. L./Thaler, R. H. (1990): Experimental Tests of the Endowment Effect and the Coase Theorem, in: Journal of Political Economy, Vol. 98, No. 6, pp. 1325-1348.

Kahneman, D./Knetsch, J. L./Thaler, R. H. (1991): Anomalies: The Endowment Effect, Loss Aversion, and Status Quo Bias, in: Journal of Economic Perspectives, Vol. 5, No. 1, pp. 193-206.

Kahneman, D./Slovic, P./Tversky, A. (eds.) (1982): Judgment under uncertainty: Heuristics and biases, Cambridge.

Kahneman, D./Tversky, A. (1979): Prospect Theory: An Analysis of Decision under Risk, in: Econometrica, Vol. 47, No. 2, pp. 263-292.

Kahneman, D./Tversky, A. (1982): The Psychology of Preferences, in: Scientific American, Vol. 246, pp. 136-142.

Kahneman, D./Tversky, A. (1984): Choices, Values, Frames, in: American Psychologist, Vol. 39, No. 4, pp. 341-350.

Kahneman, D./Tversky, A. (1991): Loss Aversion in Riskless Choice: A Reference-Dependent Model, in: Quarterly Journal of Economics, Vol. 106, No. 4, pp. 1039-1061.

Kamakura, W. A. (1988): A Least Squares Procedure for Benefit Segmentation with Conjoint Experiments, in: Journal of Marketing Research, Vol. 25, No. 2, pp. 157-167.

Kamakura, W. A./Russell, G. J. (1989): A Probabilistic Choice Model for Market Segmentation and Elasticity Structure, in: Journal of Marketing Research, Vol. 26, No. 4, pp. 379-390.

Kara, A./Kaynak, E./Kucukemiroglu, O. (1994): Credit Card Development Strategies for the Youth Market: The Use of Conjoint Analysis, in: International Journal of Bank Marketing, Vol. 12, No. 6, pp. 30-36.

Karten, W. (1976): Bewertung in Versicherungsfällen – Aspekte von Versicherungswert und Schaden als Grundlage von Versicherungsentscheidungen, in: Baumann, H./Schirmer, H./Schmidt, R. (Hrsg.): Festschrift für Karl Sieg, Karlsruhe, S. 241-261.

Karten, W. (1995): Versicherungsproduktgestaltung – ökonomische Grundlagen, in: Zeitschrift für die gesamte Versicherungswissenschaft, Jg. 85, Nr.1/2, S. 57-77.

Kaufmann, H./Pape, H. (1984): Clusteranalyse, in: Fahrmeir, L./Hamerle, A. (Hrsg.): Multivariate statistische Verfahren, Berlin, New York, S. 371-472.

Kaya, M. (2006): Verfahren der Datenerhebung, in: Albers, S./Klapper, D./Konradt, U./Walter, A./Wolf, J. (Hrsg.): Methodik der empirischen Forschung, Wiesbaden, S. 55-72.

Keeney, R. L./Raiffa, H. (1976): Decisions with Multiple Objectives: Preferences and Value Tradeoffs, New York et al.

Kellenbenz, P. (2005): Kfz-Versicherung: Frühzeitig auf Trends einstellen, in: Versicherungsmagazin, Jg. 52, Nr. 10, S. 46-47.

Keller, L. R. (1992): Properties of Utility Theories and Related Empirical Phenomena, in: Edwards, W. (ed.): Utility Theories: Measurement and Applications, Boston, Dordrecht, London, pp. 3-23.

KfzPflVV – Kraftfahrzeug-Pflichtversicherungsverordnung (1994), in: Feyock, H./Jacobsen, P./Lemor, U. D. (2002): Kraftfahrtversicherung: Mit Pflichtversicherungsgesetz, Pflichtversicherungsverordnung und den Allgemeinen Bedingungen für die Kraftfahrtversicherung (AKB), Ausländer-Pflichtversicherungsgesetz und Ausland-Schadensersatz, 2. Aufl., München.

Kilka, M. (1998): Internationale Diversifikation von Aktienportfolios: Home Bias in Kurserwartungen und Präferenzen, Frankfurt am Main.

Kilka, M./Weber, M. (2001): What Determines the Shape of the Probability Weighting Function Under Uncertainty?, in: Management Science, Vol. 47, No. 12, pp. 1712-1726.

Kimbrough, S. O./Weber, M. (1994): An empirical comparison of utility assessment programs, in: European Journal of Operational Research, Vol. 75, No. 3, pp. 617-633.

Kleindorfer, P. R./Kunreuther, H. C./Schoemaker, P. J. H. (1993): Decision Sciences: An integrative perspective, Cambridge.

Knospe, J. (2006a): Kfz-Versicherung: Preiskampf um Marktanteile, in: Versicherungsmagazin, Jg. 53, Nr. 9, S. 14-21.

Knospe, J. (2006b): Kfz-Versicherung: Ungebremst in den Schlamassel, in: Versicherungswirtschaft, Jg. 71, Nr. 17, S. 1402-1405.

Köbberling, V./Wakker, P. P. (2004): A Simple Tool for Qualitatively Testing, Quantitatively Measuring, and Normatively Justifying Savage's Subjective Expected Utility, in: Journal of Risk and Uncertainty, Vol. 28, No. 2, pp. 135-145.

Köhne, T. (2002): Online-Insurance – Internetvertrieb von Versicherungsdienstleistungen im Zuge der Virtualisierung einer Branche, in: Köhne, T./Wagner, F./Koch, G. (Hrsg.): Arbeitspapier Nr. 1 – Leipziger Arbeitspapiere zur Versicherungswissenschaft, Leipzig.

König, W./Rommelfanger, H./Ohse, D./Wendt, O./Hofmann, M./Schwind, M./Schäfer, K./Kuhnle, H./Pfeifer, A. (2003): Taschenbuch der Wirtschaftsinformatik und Wirtschaftsmathematik, 2. Aufl., Frankfurt am Main.

Krahnen, J. P./Rieck, C./Theissen, E. (1997a): Messung individueller Risikoeinstellungen, Center for Financial Studies Working Paper, Nr. 1997/03, Frankfurt am Main.

Krahnen, J. P./Rieck, C./Theissen, E. (1997b): Inferring risk attitudes from certainty equivalents: Some lessons from an experimental study, in: Journal of Economic Psychology, Vol. 18, No. 5, pp. 469-486.

Krahnen, J. P./Rieck, C./Theissen, E. (1999): Designing an Experimental Stock Market, in: Bühler, W./Hax, H./Schmidt, R. (eds.): Empirical Research on the German Capital Market, Heidelberg, pp. 27-54.

Kraus, J. H. (2004): Preissetzung im Aktienfondsgeschäft: Eine empirische Analyse des Kauf- und Preisverhaltens privater Fondsinvestoren mit Hilfe der Conjoint-Analyse, Hamburg.

Krause, J. (2004): PHP 5 Grundlagen und Profiwissen: Webserver-Programmierung unter Windows und Linux, München, Wien.

Krieger, A. M./Green, P. E. (1991): Designing Pareto Optimal Stimuli for Multiattribute Choice Experiments, in: Marketing Letters, Vol. 2, No. 4, pp. 337-348.

Kroeber-Riel, W./Weinberg, P. (2003): Konsumentenverhalten, 8. Aufl., München.

Kroll, Y./Levy, H. (1992): Further Tests of the Separation Theorem and the Capital Asset Pricing Model, in: American Economic Review, Vol. 82, No. 3, pp. 664-670.

Kroll, Y./Levy, H./Rapoport, A. (1988a): Experimental Tests of the Mean-Variance Model for Portfolio Selection, in: Organizational Behavior and Human Decision Processes, Vol. 42, No. 3, pp. 388-410.

Kroll, Y./Levy, H./Rapoport, A. (1988b): Experimental Tests of the Separation Theorem and the Capital Asset Pricing Model, in: American Economic Review, Vol. 78, No. 3, pp. 500-519.

Kromschröder, B. (1994): Zum Stand und zur Entwicklung der Versicherungsentscheidungstheorie, in: Hesberg, D./Nell, M./Schott, W. (Hrsg.): Risiko, Versicherung, Markt: Festschrift für Walter Karten zur Vollendung des 60. Lebensjahres, Karlsruhe, S. 69-94.

Kruse, J. B./Thompson, M. A. (2003): Valuing low probability risk: survey and experimental evidence, in: Journal of Economic Behavior and Organization, Vol. 50, No. 4, pp. 495-505.

Kruskal, J. B. (1965): Analysis of Factorial Experiments by Estimating Monotone Transformations of the Data, in: Journal of the Royal Statistical Society, Series B (Methodological), Vol. 27, No. 2, pp. 251-263.

Krzysztofowicz, R. /Duckstein, L. (1980): Assessment Errors in Multiattribute Utility Functions, in: Organizational Behavior and Human Performance, Vol. 26, No. 3, pp. 326-348.

Kuhfeld, W. F. (1997): Efficient Experimental Design Using Computerized Searches, Sawtooth Software Research Paper Series, Sequim.

Kuhfeld, W. F./Tobias, R. D./Garratt, M. (1994): Efficient Experimental Design with Marketing Applications, in: Journal of Marketing Research, Vol. 31, No. 4, pp. 545-557.

Kunreuther, H. (1976): Limited Knowledge and Insurance Protection, in: Public Policy, Vol. 24, No. 2, pp. 227-261.

Kunreuther, H./Ginsberg, R./Miller, L./Sagi, P./Slovic, P./Borkan, B./Katz, N. (1978): Disaster Insurance Protection: Public Policy Lessons, New York et al.

Kunreuther, H./Hogarth, R./Meszaros, J. (1993): Insurer Ambiguity and Market Failure, in: Journal of Risk and Uncertainty, Vol. 7, No. 1, pp. 71-87.

Kunreuther, H./Meszaros, J./Hogarth, R. M./Spranca, M. (1995): Ambiguity and Underwriter Decision Processes, in: Journal of Economic Behavior and Organization, Vol. 26, No. 3, pp. 337-352.

Kunreuther, H./Meyer, R./Zeckhauser, R./Slovic, P./Schwartz, B./Schade, C./Luce, M. F./Lippman, S./Krantz, D./Kahn, B./Hogarth, R. (2002): High Stakes Decision Making: Normative, Descriptive and Prescriptive Considerations, in: Marketing Letters, Vol. 13, No. 3, pp. 259-268.

Kunreuther, H./Novemsky, N./Kahneman, D. (2001): Making Low Probabilities Useful, in: Journal of Risk and Uncertainty, Vol. 23, No. 2, pp. 103-120.

Kunreuther, H./Pauly, M. (2004): Neglecting Disaster: Why People Don't Insure Against Large Losses?, in: Journal of Risk and Uncertainty, Vol. 28, No. 1, pp. 5-21.

Kunreuther, H./Slovic, P. (1978): Economics, Psychology, and Protective Behavior, in: American Economic Review, Vol. 68, No. 2, pp. 64-69.

Kurtenbach, W. W./Kühlmann, K./Käßer-Pawelka, G. (1992): Versicherungsmarketing: Eine praxisorientierte Einführung in das Marketing für Versicherungen und ergänzende Finanzdienstleistungen, 3. Aufl., Frankfurt am Main.

Laibson, D./Zeckhauser, R. (1998): Amos Tversky and the Ascent of Behavioral Economics, in: Journal of Risk and Uncertainty, Vol. 16, No. 1, pp. 7-47.

Lancaster, K. J. (1966): A New Approach to Consumer Theory, in: Journal Political Economy, Vol. 74, No. 2, pp. 132-157.

Lattimore, P. K./Baker, J. R./Witte, A. D. (1992): The influence of probability on risky choice: A parametric examination, in: Journal of Economic Behavior, Vol. 17, No. 3, pp. 377-400.

Lattin, J. M./Carroll, J. D./Green, P. E. (2003): Analyzing Multivariate Data, Pacific Grove.

Laux, H. (2005): Entscheidungstheorie, 6. Aufl., Berlin, Heidelberg, New York.

Lehmann, D. R./Gupta, S./Steckel, J. H. (1998): Marketing Research, Reading et al.

Leigh, T. W./MacKay, D. B./Summers, J. O. (1984): Reliability and Validity of Conjoint Analysis and Self-Explicated Weights: A Comparison, in: Journal of Marketing Research, Vol. 21, No. 4, pp. 456-462.

Lenk, P. J./DeSarbo, W. S./Green, P. E./Young, M. R. (1996): Hierarchical Bayes Conjoint Analysis: Recovery of Partworth Heterogeneity from Reduced Experimental Designs, in: Marketing Science, Vol. 15, No. 2, pp. 173-191.

Levin, I. P./Louviere, J. J./Schepanski, A. A./Norman, K. L. (1983): External Validity Tests of Laboratory Studies of Information Integration, in: Organizational Behavior and Human Performance, Vol. 31, No. 2, pp. 173-193.

Levy, M./Levy, H. (2002): Prospect Theory: Much Ado About Nothing?, in: Management Science, Vol. 48, No. 10, pp. 1334-1349.

Lichtenstein, D. R./Burton, S. (1989): The Relationship Between Perceived and Objective Price-Quality, in: Journal of Marketing Research, Vol. 26, No. 4, pp. 429-443.

Liebert, R. M./Morris, L. W. (1967): Cognitive and Emotional Components of Test Anxiety: A Distinction and some Initial Data, in: Psychological Reports, Vol. 20, No. 3, pp. 975-978.

Lippe, S. (1984): Mathematische Grundlagen von Prämienprinzipien, in: Zeitschrift für die gesamte Versicherungswissenschaft, Jg. 73, Nr. 1/2, S. 134-156.

Lopes, L. L./Oden, G. C. (1999): The Role of Aspiration Level in Risky Choice: A Comparison of Cumulative Prospect Theory and SP/A Theory, in: Journal of Mathematical Psychology, Vol. 43, No. 2, pp. 286-313.

Louviere, J. J. (1984): Hierarchical Information Integration: A New Method for the Design and Analysis of Complex Multiattribute Judgment Problems, in: Advances in Consumer Research, Vol. 11, No. 1, pp. 148-155.

Louviere, J. J. (1988): Analyzing Decision Making: Metric Conjoint Analysis, Sage University Paper Series on quantitative Applications in the Social Sciences, No. 07-067, Newbury Park, London, New Delhi.

Louviere, J. J. (1994): Conjoint Analysis, in: Bagozzi, R. P. (ed.): Advanced Methods of Marketing Research, Cambridge, Oxford, pp. 223-259.

Louviere, J. J./Gaeth, G. J. (1987): Decomposing the Determinants of Retail Facility Choice Using the Method of Hierarchical Information Integration: A Supermarket Illustration, in: Journal of Retailing, Vol. 63, No. 1, pp. 25-48.

Louviere, J. J./Gaeth, G. J. (1988): A Comparison of Rating and Choice Tasks, in: Sawtooth Software, Inc. (ed.): Sawtooth Software Conference on Perceptual Mapping, Conjoint Analysis, and Computer Interviewing, Ketchum, pp. 59-73.

Louviere, J. J./Hensher, D. A. (1983): Using Discrete Choice Models with Experimental Design Data to Forecast Consumer Demand for a Unique Cultural Event, in: Journal of Consumer Research, Vol. 10, No. 3, pp. 348-361.

Louviere, J. J./Hensher, D. A./Swait, J. D. (2000): Stated Choice Methods: Analysis and Application, Cambridge.

Louviere, J. J./Woodworth, G. (1983): Design and Analysis of Simulated Consumer Choice or Allocation Experiments: An Approach Based on Aggregate Data, in: Journal of Marketing Research, Vol. 20, No. 4, pp. 350-367.

Luce, R. D. (1988): Rank-Dependent, Subjective Expected-Utility Representation, in: Journal of Risk and Uncertainty, Vol. 1, No. 3, pp. 305-332.

Luce, R. D. (1999): Utility of Gains and Losses: Measurement-Theoretical and Experimental Approaches, Mahwah, London.

Luce, R. D./Fishburn, P. C. (1991): Rank- and Sign-Dependent Linear Models for Finite First-Order Gambles, in: Journal of Risk and Uncertainty, Vol. 4, No. 1, pp. 29-59.

Luce, R. D./Tukey, J. W. (1964): Simultaneous Conjoint Measurement: A New Type of Fundamental Measurement, in: Journal of Mathematical Psychology, Vol. 1, No. 1, pp. 1-17.

Luce, R. D./von Winterfeldt, D. (1989): What Common Ground Exists for Descriptive, Prescriptive, and Normative Utility Theories?, in: Management Science, Vol. 40, No. 2, pp. 263-279.

Machina, M. J. (1987): Choice Under Uncertainty: Problems Solved and Unsolved, in: Journal of Economic Perspectives, Vol. 1, No. 1, pp. 121-154.

Machina, M. J. (2007): Non-Expected Utility Theory, in: Durlauf, S. N./Blume, L. E. (eds.): The New Palgrave Dicionary of Economics, 2nd edition, Macmillan, Basingstoke, New York, pp. 1-16, forthcoming.

MacLeod, A. K./Williams, J. M. G./Bekerian, D. A. (1991): Worry Is Reasonable: The Role of Explanations in Pessimism About Future Personal Events, in: Journal of Abnormal Psychology, Vol. 100, No. 4, pp. 478-486.

MacQueen, J. B. (1967): Some Methods for Classification and Analysis of Multivariate Observations, in: Lecam, L. M./Neyman, J. (eds.): Proceedings of the 5th Berkeley Symposium on Mathematical Statistics and Probability, Berkeley, Vol. 1, pp. 281-297.

Mahajan, V./Green, P. E./Goldberg, S. M. (1982): A Conjoint Model for Measuring Self- and Cross-Price/Demand Relationships, in: Journal of Marketing Research, Vol. 19, No. 3, pp. 334-342.

Malhotra, N. K./Jain, A. K. (1982): A Conjoint Analysis Approach to Health Care Marketing and Planning, in: Journal of Health Care Marketing, Vol. 2, No. 2, pp. 35-44.

Markowitz, H. (1952): The Utility of Wealth, in: Journal of Political Economy, Vol. 60, No. 2, pp. 151-158.

McAfee, R. P./McMillan, J. (1987): Auctions and Bidding, in: Journal of Economic Literature, Vol. 25, No. 2, pp. 699-738.

McClelland, G. H./Schulze, W. D./Coursey, D. L. (1993): Insurance for Low-Probability Hazards: A Bimodal response to Unlikely Events, in: Journal of Risk and Uncertainty, Vol. 7, No. 1, pp. 95-116.

McCord, M./de Neufville, R. (1986): "Lotterie Equivalents": Reduction of the Certainty Effect Problem in Utility Assessment, in: Management Science, Vol. 32, No. 1, pp. 56-60.

McFadden, D. (1974): Conditional Logit Analysis of Qualitative Choice Behavior, in: Zarembka, B. (ed.): Frontiers in Econometrics, New York, pp. 105-142.

Mehlau, J. I./Wimmer, A. (2002): Produktmodelle im Finanzdienstleistungssektor – Entwicklung eines objektorientierten Meta-Modells, Regensburger Diskussionspapiere zur Wirtschaftswissenschaft Nr. 371, Regensburg.

Miyamoto, J. M. (1987): Constraints on the Representation of Gambles in Prospect Theory, in: Journal of Mathematical Psychology, Vol. 31, No. 4, pp. 410-418.

Moore, W. L./Holbrook, M. B. (1990): Conjoint Analysis on Objects with Environmentally Correlated Attributes: The Questionable Importance of Representative Design, in: Journal of Consumer Research, Vol. 16, No. 4, pp. 490-497.

Mossin, J. (1968): Aspects of Rational Insurance Purchasing, in: Journal of Political Economy, Vol. 76, No. 4, Part 1, pp. 553-568.

Mosteller, F./Nogee, P. (1951): An Experimental Measurement of Utility, in: Journal of Political Economy, Vol. 59, No. 5, pp. 371-404.

Müller-Hagedorn, L./Sewing, E./Toporowski, W. (1993): Zur Validität von Conjoint-Analysen, in: Zeitschrift für betriebswirtschaftliche Forschung, Jg. 45, Nr. 2, S. 123-148.

Müller-Peters, H./Quinke, R./Ley, M. (1999): Kundenzufriedenheit und Kundenbindung bei Versicherern: Ein Beispiel für die Umsetzung psychologischer Forschung in das betriebliche Qualitätsmanagement, in: Fischer, L./Kutsch, T./Stephan, E. (Hrsg.): Finanzpsychologie, München, Wien, S. 365-386.

Murray, M. L. (1971): A Deductible Selection Model. Development and Application, in: Journal of Risk and Insurance, Vol. 38, No. 3, pp. 423-436.

Murray, M. L. (1972): Empirical Utility Functions and Insurance Consumption Decisions, in: Journal of Risk and Insurance, Vol. 39, No. 1, pp. 31-41.

Musiol, G./Sladkowski, A. (1999): Explorative Lösungsansätze zur Beurteilung des Leistungsspektrums von Versandhandelsbetrieben auf Basis von Conjoint- und Clusteranalysen, in: Marketing ZFP, Jg. 21, Nr. 4, S. 329-341.

Narasimhan, R./Vickery, S. K. (1988): An Experimental Evaluation of Articulation of Preferences in Multiple Criterion Decision Making (MCDM) Methods, in: Decision Sciences, Vol. 19, No. 4, pp. 880-888.

Natter, M./Feurstein, M. (2002): Real world performance of choice-based conjoint models, in: European Journal of Operational Research, Vol. 137, No. 2, pp. 448-458.

Neilson, W./Stowe, J. (2002): A Further Examination of Cumulative Prospect Theory Parameterizations, in: Journal of Risk and Uncertainty, Vol. 24, No. 1, pp. 31-46.

Neter, J./Williams, C. A. (1971): Acceptability of Three Normative Methods in Insurance Decision Making, in: Journal of Risk and Insurance, Vol. 38, No. 3, pp. 385-408.

Neter, J./Williams, C. A./Whitmore, G. A. (1968): Comparison of Independent and Joint Decision-Making for Two Insurance Decisions, in: Journal of Risk and Insurance, Vol. 35, No. 1, pp. 87-105.

Nickel-Waninger, H. (1987): Versicherungsmarketing auf der Grundlage des Marketing von Informationsprodukten, Karlsruhe.

Nielsen, J./Loranger, H. (2006): Web Usability, München.

Nitschke, T./Völckner, F. (2006): Präferenzmessung bei unsicheren Produkteigenschaften: Risikoberücksichtigung bei Ergebnissen aus Conjoint-Analysen, in: Zeitschrift für betriebswirtschaftliche Forschung, Jg. 58, Nr. 9, S. 743-770.

Nunnally, J. C./Bernstein, I. H. (1993): Psychometric Theory, 3rd edition, New York et al.

Oehler, A. (1992): „Anomalien", „Irrationalitäten" oder „Biases" der Erwartungsnutzentheorie und ihre Relevanz für Finanzmärkte, in: Zeitschrift für Bankrecht und Bankwirtschaft, Jg. 4, Nr. 2, S. 97-124.

Officer, R. R./Halter, A. N. (1968): Utility Analysis in a Practical Setting, in: American Journal of Agricultural Economics, Vol. 50, No. 2, pp. 257-277.

Olge, S. R. (1986): Conjoint Models Cannot Live on Trade-Offs Alone, in Marketing News, Vol. 20, No. 19, pp. 22.

Oppewal, H./Louviere, J. J./Timmermans, H. (1994): Modeling Hierarchical Conjoint Processes with Integrated Choice Experiments, in: Journal of Marketing Research, Vol. 31, No. 1, pp. 92-105.

Orme, B. (2003): Which Conjoint Method Should I Use?, Sawtooth Software Research Paper Series, Sequim.

Ott, N. (2001): Unsicherheit, Unschärfe und rationales Entscheiden: Die Anwendung von Fuzzy-Methoden in der Entscheidungstheorie, Heidelberg.

o. V. (2000): Versicherungs-Hopping wird immer beliebter, http://www.mummert-consulting.de/press/archiv/002407.html (2006-05-31).

o. V. (2006): Versicherungskunden mögen Assistance-Leistungen, in: Versicherungswirtschaft, Jg. 61, Nr. 22, S. 1830.

Pany, K./Reckers, P. M. J. (1987): Within- Vs. Between-Subjects Experimental Designs: A Study of Demand Effects, in: Auditing: A Journal of Practice & Theory, Vol. 7, No. 1, pp. 39-53.

Parker, B. R./Srinivasan, V. (1976): A Consumer Preference Approach to the Planning of Rural Primary Health-Care Facilities, in: Operations Research, Vol. 24, No. 5, pp. 991-1025.

Pashigian, B. P./Schkade, L. L./Menefee, G. H. (1966): The Selection of an Optimal Deductible for a Given Insurance Policy, in: Journal of Business, Vol. 39, No. 1, Part 1, pp. 35-44.

Patterson, A. (1991): Vermögensstrukturberatung durch Finanzdienstleister: Eine konkurrenzbezogene Analyse, Kiel.

Payne, J. W./Bettman, J. R./Johnson, E. J. (1993): The Adaptive Decision Maker, New York.

Pennings, J. M. E./Smidts, A. (2000): Assessing the Construct Validity of Risk Attitude, in: Management Science, Vol. 46, No. 10, pp. 1337-1348.

Pennings, J. M. E./Smidts, A. (2003): The Shape of Utility Functions and Organizational Behavior, in: Management Science, Vol. 49, No. 9, pp. 1251-1263.

Perrey, J. (1996): Erhebungsdesign-Effekte bei der Conjoint-Analyse, in: Marketing ZFP, Jg. 18, Nr. 2, S. 105-116.

Peter, J. P. (1979): Reliability: A Review of Psychometric Basics and Recent Marketing Practices, in: Journal of Marketing Research, Vol. 16, No. 1, pp. 6-17.

Peter, J. P. (1981): Construct Validity: A Review of Basic Issues and Marketing Practices, in: Journal of Marketing Research, Vol. 18, No. 2, pp. 133-145.

Petersohn, H. (1997): Vergleich von multivariaten statistischen Analyseverfahren und Künstlichen Neuronalen Netzen zur Klassifikation bei Entscheidungsproblemen in der Wirtschaft, Frankfurt am Main.

Peterson, R. A. (2001): On the Use of College Students in Social Science Research: Insights from a Second-Order Meta-Analysis, in: Journal of Consumer Research, Vol. 28, No. 3, pp. 450-461.

PflVG – Pflichtversicherungsgesetz (1994), in: Feyock, H./Jacobsen, P./Lemor, U. D. (2002): Kraftfahrtversicherung: Mit Pflichtversicherungsgesetz, Pflichtversicherungsverordnung und den Allgemeinen Bedingungen für die Kraftfahrtversicherung (AKB), Ausländer-Pflichtversicherungsgesetz und Ausland-Schadensersatz, 2. Aufl., München.

Pinto-Prades, J. L./Abellán-Perpiñán, J. M. (2005): Measuring the health of populations: the veil of ignorance approach, in: Health Economics, Vol. 14, No. 1, pp. 69-82.

Pommerehne, W. W./Schneider, F./Zweifel, P. (1982): Economic Theory of Choice and the Preference Reversal Phenomenon: A Reexamination, in: American Economic Review, Vol. 72, No. 3, pp. 569-574.

Pullman, M. E./Dodson, K. J./Moore, W. L. (1999): A Comparison of Conjoint Methods When There Are Many Attributes, in: Marketing Letters, Vol. 10, No. 2, pp. 125-138.

Punj, G./Stewart, D. W. (1983): Cluster Analysis in Marketing Research: Review and Suggestions for Application, in: Journal of Marketing Research, Vol. 20, No. 2, pp. 134-148.

Quiggin, J. (1982): A Theory of Anticipated Utility, in: Journal of Economic Behavior and Organization, Vol. 3, No. 4, pp. 323-343.

Rack, O./Christophersen, T. (2006): Experimente, in: Albers, S./Klapper, D./Konradt, U./Walter, A./Wolf, J. (Hrsg.): Methodik der empirischen Forschung, Wiesbaden, S. 19-36.

Raiffa, H. (1973): Einführung in die Entscheidungstheorie, München.

Rao, A. R./Monroe, K. B. (1989): The Effect of Price, Brand Name, and Store Name on Buyers' Perceptions of Product Quality: An Integrative Review, in: Journal of Marketing Research, Vol. 26, No. 3, pp. 351-357.

Reagan, R. T./Mosteller, F./Youtz, C. (1989): Quantitative Meanings of Verbal Probability Expressions, in: Journal of Applied Psychology, Vol. 74, No. 3, pp. 433-442.

Reibstein, D./Bateson, J. E. G./Boulding, W. (1988): Conjoint Analysis Reliability: Empirical Findings, in: Marketing Science, Vol. 7, No. 3, pp. 271-286.

Reiners, W. (1996): Multiattributive Präferenzstrukturmodellierung durch die Conjoint Analyse: Diskussion der Verfahrensmöglichkeiten und Optimierung von Paarvergleichsaufgaben bei der adaptiven Conjoint Analyse, Münster.

Reips, U.-D. (2003): Web-Experimente – Eckpfeiler der Online-Forschung, in: Theobald, A./Dreyer, M./Starsetzki, T. (Hrsg.) (2003): Online-Marktforschung: Theoretische Grundlagen und praktische Erfahrungen, 2. Aufl., Wiesbaden, S. 73-89.

Reisinger, H. (1996): Goodness-of-Fit-Maße in linearen Regressions- und Logit-Modellen: Theorie und Anwendung in der empirischen Marktforschung, Frankfurt am Main.

Rejda, G. E. (2003): Principles of Risk Management and Insurance, 8th edition, Boston et al., pp. 2-14.

Riege, J. (1990): Das Versicherungsprodukt, in: Zeitschrift für die gesamte Versicherungswissenschaft, Jg. 79, Nr. 3, S. 403-470.

Rommelfanger, H. (1994): Fuzzy Decision Support-Systeme – Entscheiden bei Unschärfe, 2. Aufl., Berlin, et al.

Rommelfanger, H./Eickemeier, S. (2002): Entscheidungstheorie: Klassische Konzepte und Fuzzy-Erweiterungen, Berlin, Heidelberg, New York.

Rosko, M. D./DeVita, M./McKenna, W. F./Walker, L. R. (1985): Strategic Marketing Applications of Conjoint Analysis: An HMO Perspective, in: Journal of Health Care Marketing, Vol. 5, No. 4, pp. 27-38.

Rossi, P. E./Gilula, Z./Allenby, G. M. (2001): Overcoming Scale Usage Heterogeneity: A Bayesian Hierarchical Approach, in: Journal of the American Statistical Association, Vol. 96, No. 453, pp. 20-31.

Ruprecht, H. (2005): Anreizkompatible Verfahren zur Erhebung von Zahlungsbereitschaften, Frankfurt am Main.

Rust, R. T./Lemon, K. N./Zeithaml, V. A. (2004): Return on Marketing: Using Customer Equity to Focus Marketing Strategy, in: Journal of Marketing, Vol. 68, No. 1, pp. 109-127.

Rust, R. T./Zahorik, A. J. (1993): Customer Satisfaction, Customer Retention, and Market Share, in: Journal of Retailing, Vol. 69, No. 2, pp. 193-215.

Saaty, T. L. (1980): The Analytic Hierarchy Process, New York et al.

Safizadeh, M. H. (1989): The Internal Validity of the Trade-Off Method of Conjoint Analysis, in: Decision Sciences, Vol. 20, No. 3, pp. 451-461.

Samuelson, W./Zeckhauser, R. (1988): Status Quo Bias in Decision Making, in: Journal of Risk and Uncertainty, Vol. 1, No. 1, pp. 7-59.

Sattler, H./Gedenk, K./Hensel-Börner, S. (2002): Bandbreiten-Effekte bei multiattributiven Entscheidungen: Ein empirischer Vergleich von Verfahren zur Bestimmung von Eigenschaftsgewichten, in: Zeitschrift für Betriebswirtschaft, Jg. 72, Nr. 9, S. 953-977.

Sattler, H./Nitschke, T. (2003): Ein empirischer Vergleich von Instrumenten zur Erhebung von Zahlungsbereitschaften, in: Zeitschrift für betriebswirtschaftliche Forschung, Jg. 55, Nr. 6, S. 364-381.

Sawtooth Software, Inc. (2002): Conjoint Value Analysis (CVA): A Full Profile Conjoint Analysis System From Sawtooth Software – Version 3, Sawtooth Technical Paper Series, Sequim.

Sawtooth Software, Inc. (2005): The CBC/HB System for Hierarchical Bayes Estimation Version 4 Technical Paper, Sawtooth Technical Paper Series, Sequim.

Schade, C. (1999): Konsumentenentscheidungen bei Versicherungen – Experimentelle Ergebnisse zu ausgewählten Marketingproblemen, unveröffentlichte Habilitationsschrift.

Schade, C. (2000): Nachfrage nach Versicherungen: (auch) ein Wahrnehmungsphänomen?, in: Woratschek, H. (Hrsg.): Neue Aspekte des Dienstleistungsmarketing: Konzepte für Forschung und Praxis, Wiesbaden, S. 83-100.

Schade, C. (2004): Ökonomische Laborexperimente und Konsumentenverhalten, in: Gröppel-Klein, A. (Hrsg.): Konsumentenverhaltensforschung im 21. Jahrhundert: Festschrift für Prof. Dr. Peter Weinberg zum 65. Geburtstag, Wiesbaden, S. 565-584.

Schade, C. (2005): Dynamics, Experimental Economics, and Entrepreneurship, in: Journal of Technology Transfer, Vol. 30, No. 4, pp. 409-431.

Schade, C./Kunreuther, H. (2002): Worry and the Illusion of Safety: Evidence from a Real-Objects Experiment, Discussion Paper No. 25, SFB 373, Humboldt-Universität zu Berlin / Wharton Risk Center Working Paper No. 02-09-HK, Wharton School, University of Pennsylvania.

Schade, C./Kunreuther, H./Kaas, K. P. (2002): Low-Probability Insurance Decisions: The Role of Concern, Discussion Paper No. 23, SFB 373, Humboldt-Universität zu Berlin / Wharton Risk Center Working Paper No. 02-10-HK, Wharton School, University of Pennsylvania.

Schäfer, H. (2000): Kundenbindung in der Versicherungswirtschaft – neo-institutionenökonomische Analyse und marketingpolitische Ansatzpunkte, in: Zeitschrift für die gesamte Versicherungswissenschaft, Jg. 89, Nr. 1, S. 88-120.

Schanz, G. (1976): Versicherung und Öffentlichkeit – terrae incognitae: Beziehungen voller Mißverständnisse – Beide Seiten wissen zu wenig voneinander, in: Versicherungswirtschaft, Jg. 31, Nr. 7, S. 400-404.

Schlesinger, H. (1994): Zur Theorie der Versicherungsnachfrage, in: Zeitschrift für die gesamte Versicherungswissenschaft, Jg. 83, Nr. 3/4, S. 113-135.

Schmeidler, D. (1989): Subjective Probability and Expected Utility without Additivity, in: Econometrica, Vol. 57, No. 3, pp. 571-587.

Schmidt, R. (2006): Präferenzbasierte Segmentierung von Fondskäufern: Verbesserung der Kundenorientierung im Fondsvertrieb, Wiesbaden.

Schmidt, W. C. (1997): World-Wide Web survey research: Benefits, potential problems, and solutions, in: Behavior Research Methods, Instruments, & Computers, Vol. 29, No. 2, pp. 274-279.

Schmidt-Kasparek, U. (2006): Autoversicherung: Angst vor dem Big Bang?, in: Versicherungswirtschaft, Jg. 61, Nr. 22, S. 1903-1904.

Schneeweiß, C. (1991): Planung 1: Systemanalytische und entscheidungstheoretisch Grundlagen, Berlin et al.

Schneider, T. (2005): Preference-Based-Recommender-Systeme: Individuelle neuronale Präferenzmodellierung am Beispiel von Investmentfonds, Wiesbaden.

Schoemaker, P. J. H. (1980): Experiments on Decisions under Risk: The Expected Utility Hypothesis, Boston, The Hague, London.

Schoemaker, P. J. H. (1982): The Expected Utility Model: Its Variants, Purposes, Evidence and Limitations, in: Journal of Economic Literature, Vol. 20, No. 2, pp. 529-563.

Schoemaker, P. J. H./Hershey, J. C. (1992): Utility Measurement: Signal, Noise, and Bias, in: Organizational Behavior and Human Decision Processes, Vol. 52, No. 3, pp. 397-424.

Schoemaker, P. J. H./Kunreuther, H. C. (1979): An Experimental Study of Insurance Decisions, in: Journal of Risk and Insurance, Vol. 46, No. 4, pp. 603-618.

Schubert, B. (1991): Entwicklung von Konzepten für Produktinnovationen mittels Conjointanalyse, Stuttgart.

Schweikl, H. (1985): Computergestützte Präferenzanalyse mit individuell wichtigen Produktmerkmalen, Berlin.

Seidl, C. (2002): Preference Reversal, in: Journal of Economic Surveys, Vol. 16, No. 5, pp. 621-655.

Segal, U. (1988): Probabilistic Insurance and Anticipated Utility, in: Journal of Risk and Insurance, Vol. 55, No. 2, pp. 287-297.

Severidt, K. (2001a): Beratungshonorare in Banken: Wettbewerbsbedingungen und Kundenpräferenzen, Wiesbaden.

Severidt, K. (2001b): Preisgestaltung für die Anlageberatung: Die Präferenzen der Kunden, in: Jahrbuch der Absatz- und Verbrauchsforschung, Jg. 47, Nr. 1, S. 92-111.

Shanteau, J. (1992): Decision Making Under Risk: Applications to Insurance Purchasing, in: Advances in Consumer Research, Vol. 19, No. 1, pp. 177-181.

Sharma, S. (1996): Applied Multivariate Techniques, New York et al.

Sherrick, B. J./Barry, P. J./Schnitkey, G. D./Ellinger, P. N./Wansink, B. (2003): Farmers' Preferences for Crop Insurance Attributes, in: Review of Agricultural Economics, Vol. 25, No. 2, pp. 415-429.

Simon, H. (1992): Preismanagement: Analyse – Strategie – Umsetzung, 2. Aufl., Wiesbaden.

Simon, H. A. (1955): A Behavioral Model of Rational Choice, in: The Quarterly Journal of Economics, Vol. 69, No. 1, pp. 99-118.

Simon, H. A. (1959): Theories of Decision-Making in Economics and Behavioral Science, in: American Economic Review, Vol. 49, No. 3, pp. 253-283.

Singh, J. (1990): A Typology of Customer Dissatisfaction Response Styles, in: Journal of Retailing, Vol. 66, No. 1, pp. 57-99.

Skiera, B. (1999): Mengenbezogene Preisdifferenzierung bei Dienstleistungen, Wiesbaden.

Skiera, B. (2001): Preisdifferenzierung, in: Albers, S./Clement, M./Peters, K./Skiera, B. (Hrsg.): Marketing mit Interaktiven Medien: Strategien zum Markterfolg, 3. Aufl., Frankfurt am Main, S. 267-281.

Skiera, B./Gensler, S. (2002a): Berechnung von Nutzenfunktionen und Marktsimulation mit Hilfe der Conjoint-Analyse (Teil I), in: Wirtschaftswissenschaftliches Studium, Jg. 31, Nr. 4, S. 200-206.

Skiera, B./Gensler, S. (2002b): Berechnung von Nutzenfunktionen und Marktsimulation mit Hilfe der Conjoint-Analyse (Teil II), in: Wirtschaftswissenschaftliches Studium, Jg. 31, Nr. 5, S. 258-263.

Skiera, B./Revenstorff, I. (1999): Auktionen als Instrument zur Erhebung von Zahlungsbereitschaften, in: Zeitschrift für betriebswirtschaftliche Forschung, Jg. 51, Nr. 3, S. 224-242.

Slovic, P./Fischhoff, B./Lichtenstein, S. (1982): Facts versus fears: Understanding perceived risk, in: Kahneman, D./Slovic, P./Tversky, A. (eds.): Judgment under uncertainty: Heuristics and biases, Cambridge, pp. 463-489.

Slovic, P./Fischhoff, B./Lichtenstein, S./Corrigan, B./Combs, B. (1977): Preference for Insuring against Probable Small Losses: Insurance Implications, in: Journal of Risk and Insurance, Vol. 44, No. 2, pp. 237-258.

Slovic, P./Lichtenstein, S. (1971): Comparison of Bayesian and Regression Approaches to the Study of Information Processing in Judgment, in: Organizational Behavior and Human Performance, Vol. 6, No. 6, pp. 649-744.

Smith, V. L. (1976): Experimental Economics: Induced Value Theory, in: American Economic Review, Vol. 66, No. 2, pp. 274-279.

Smith, V. L. (1982): Microeconomic Systems as an Experimental Science, in: American Economic Review, Vol. 72, No. 5, pp. 923-955.

Smith, V. L. (1989): Theory, Experiments and Economics, in: Journal of Economic Perspectives, Vol. 3, No. 1, pp. 151-169.

Smith, V. L. (ed.) (1990): Experimental Economics, Great Yarmouth.

Smith, V. L. (ed.) (1991): Papers in Experimental Economics, Cambridge et al.

Smith, V. L. (1994): Economics in the Laboratory, in: Journal of Economic Perspectives, Vol. 8, No. 1, pp. 113-131.

Smith, V. L./Walker, J. M. (1993a): Monetary Rewards and Decision Cost in Experimental Economics, in: Economic Inquiry, Vol. 31, No. 2, pp. 245-261.

Smith, V. L./Walker, J. M. (1993b): Rewards, Experience and Decision Costs in First Price Auctions, in: Economic Inquiry, Vol. 31, No. 2, pp. 237-244.

Spann, M. (2002): Virtuelle Börsen als Instrument zur Marktforschung, Wiesbaden.

Spann, M./Skiera, B. (2003): Internet-Based Virtual Stock Markets for Business Forecasting, in: Management Science, Vol. 49, No. 10, pp. 1310-1326.

Spremann, K. (1990): Asymmetrische Information, in: Zeitschrift für Betriebswirtschaft, Jg. 60, Nr. 5/6, S. 561-586.

Srinivasan, V. (1988): A Conjunctive-Compensatory Approach to the Self-Explication of Multiattribute Preferences, in: Decision Sciences, Vol. 19, No. 2, pp. 295-305.

Srinivasan, V./Park, C. S. (1997): Surprising Robustness of the Self-Explicated Approach to Customer Preference Structure Measurement, in: Journal of Marketing Research, Vol. 34, No. 2, pp. 286-291.

Srinivasan, V./Shocker, A. D. (1973): Linear Programming Techniques for Multidimensional Analysis of Preferences, in: Psychometrika, Vol. 38, No. 3, pp. 337-369.

Stadler, M. (1998): Die Kfz-Versicherung, Karlsruhe.

Stafford, J. E./Enis, B. M. (1969): The Price-Quality Relationship: An Extension, in: Journal of Marketing Research, Vol. 6, No. 4, pp. 456-458.

Starmer, C. (2000): Developments in Non-Expected Utility Theory: The Hunt for a Descriptive Theory of Choice under Risk, in: Journal of Economic Literature, Vol. 38, No. 2, pp. 332-382.

Starmer, C./Sugden, R. (1989): Violations of the Independence Axiom in Common Ratio Problems: An Experimental Test of Some Competing Hypotheses, in: Annals of Operations Research, Vol. 19, No. 1, pp. 79-102.

Steckel, J. H./DeSarbo, W. S./Mahajan, V. (1991): On the Creation of Acceptable Conjoint Analysis Experimental Designs, in: Decision Sciences, Vol. 22, No. 2, pp. 435-442.

Steiner, W. J./Baumgartner, B. (2004): Conjoint-Analyse und Marktsegmentierung, in: Zeitschrift für Betriebswirtschaft, Jg. 74, Nr. 6, S. 611-635.

Stephan, E. (1999): Die Rolle von Urteilsheuristiken bei Finanzentscheidungen: Ankereffekte und kognitive Verfügbarkeit, in: Fischer, L./Kutsch, T./Stephan, E. (Hrsg.): Finanzpsychologie, München, Wien, S. 101-134.

Steul, M. (2003): Risikoverhalten privater Kapitalanleger – Implikationen für das Finanzdienstleistungsmarketing, Wiesbaden.

Steul, M. (2005): Experimental Economics und Marketing, in: Posselt, T./Schade, C. (Hrsg.): Quantitative Marketingforschung in Deutschland: Festschrift für Klaus Peter Kaas zum 65. Geburtstag, Berlin, S. 81-101.

Stevens, S. S. (1957): On the Psychophysical Law, in: Psychological Review, Vol. 64, No. 3, pp. 153-181.

Stocké, V. (1998): Framing oder Informationsknappheit? Zur Erklärung der Formulierungseffekte beim Asian-Disease-Problem, in: Druwe, U./Kunz, V. (Hrsg.): Anomalien in Handlungs- und Entscheidungstheorien, Opladen, S. 197-218.

Stöber, J. (1996): Besorgnis und Besorgtheit: Untersuchung über Problemräume, deren Strukturierung und Elaboration, Frankfurt am Main et al.

Stöber, J./Joormann, J. (2001): A short form of the Worry Domains Questionnaire: construct and factorial validation, in: Personality and Individual Differences, Vol. 31, No. 4, pp. 591-598.

Stott, H. P. (2006): Cumulative prospect theory's functional menagerie, in: Journal of Risk and Uncertainty, Vol. 32, No. 2, pp. 101-130.

Sumner, W./Nease, R. F. (2001): Choice-Matching Preference Reversals in Health Outcome Assessments, in: Medical Decision Making, Vol. 21, No. 3, pp. 208-218.

Sunder, S. (1995): Experimental Asset Markets: A Survey, in: Kagel, J. H./Roth, A. E. (eds.): The Handbook of Experimental Economics, Princeton, pp. 445-500.

Surminski, A. (1986): Das Image der Versicherung, in: Zeitschrift für die gesamte Versicherungswissenschaft, Jg. 75, Nr. 3, S. 425-445.

Swalm, R. O. (1966): Utility Theory – Insights into Risk Taking, in: Havard Business Review, Vol. 44, No. 6, pp. 123-136.

Tacke, G. (1989): Nichtlineare Preisbildung: Höhere Gewinne durch Differenzierung, Wiesbaden.

Tacke, G./Pohl, A. (1997): Der Kunde zahlt nicht jeden Preis: Das Pricing von Bankdienstleistungen als Optimierungsfaktor im Controlling, in: Bank Magazin, Jg. 46, Nr. 8, S. 32-34.

Tallis, F./Davey, G. C. L./Bond, A. (1994): The Worry Domains Questionnaire, in: Davey, G. C. L./Tallis, F. (eds.): Worrying: Perspectives on Theory, Assessment, and Treatment, Chichester et al., pp. 285-297.

Tallis, F./Eysenck, M. W./Mathews, A. (1992): A Questionnaire for the Measurement of Non-Pathological Worry, in: Personality and Individual Differences, Vol. 13, No. 2, pp. 161-168.

Teichert, T. (1994): Zur Validität der in Conjoint-Analysen ermittelten Nutzenwerte, in: Zeitschrift für betriebswirtschaftliche Forschung, Jg. 46, Nr. 7/8, S. 610-629.

Teichert, T. (1998): Schätzgenauigkeit von Conjoint-Analysen, in: Zeitschrift für Betriebswirtschaft, Jg. 68, Nr. 11, S. 1245-1266.

Teichert, T. (1999): Conjoint-Analyse, in: Herrmann, A./Homburg, C. (Hrsg.): Marktforschung: Methoden, Anwendungen, Praxisbeispiele, Wiesbaden, S. 471-512.

Teichert, T. (2001): Nutzenschätzung in Conjoint-Analysen: Theoretische Fundierung und empirische Aussagekraft, Wiesbaden.

Tellis, G. J. (1986): Beyond Many Faces of Price: An Integration of Pricing Strategies, in: Journal of Marketing, Vol. 50, No. 4, pp. 146-160.

Thaler, R. (1980): Toward a positive theory of consumer choice, in: Journal of Economic Behavior and Organization, Vol. 1, No. 1, pp. 39-60.

Thaler, R. H. (1985): Mental Accounting and Consumer Choice, in: Marketing Science, Vol. 4, No. 3, pp. 199-214.

Thaler, R. H./Johnson, E. J. (1990): Gambling with the House Money and Trying to Break Even: The Effects of Prior Outcomes on Risky Choice, in: Management Science, Vol. 36, No. 6, pp. 643-660.

Theil, M. (1996): Versicherungsunternehmen als Informationsanbieter im World Wide Web: Gestaltungsmöglichkeiten und Entwicklungsstand, in: Journal für Betriebswirtschaft, Jg. 45, Nr. 1, S. 155-164.

Theil, M. (1997): Die „prospect"-Theorie als Erklärungsmuster realen Entscheidungsverhaltens, in: Journal für Betriebswirtschaft, Jg. 46, Nr. 1, S. 26-34.

Theil, M. (2002): Versicherungsentscheidungen und Prospect Theory – Die Risikoeinschätzung der Versicherungsnehmer als Entscheidungsgrundlage, Wien, New York.

Theil, M. (2003): The Value of Personal Contact in Marketing Insurance: Client Judgments of Representativeness and Mental Availability, in: Risk Management and Insurance Review, Vol. 6, No. 2, pp. 145-157.

Thomas, L. (1983): Der Einfluss von Kindern auf Produktpräferenzen ihrer Mütter, Berlin.

Torrance, G. W. (1976): Social preferences for health states: An empirical evaluation of three measurement techniques, in: Socio-Economic Planning Sciences, Vol. 10, No. 3, pp. 129-136.

Train, K. E. (2003): Discrete Choice Methods with Simulation, Cambridge.

Trepel, C./Fox, C. R./Poldrack, R. A. (2005): Prospect theory on the brain? Toward a cognitive neuroscience of decision under risk, in: Cognitive Brain Research, Vol. 23, No. 1, pp. 34-50.

Trieschmann, J. S./Hoyt, R. E./Sommer, D. W. (2005): Risk Management and Insurance, 12th edition, Cincinnati.

Trommsdorff, V./Bleicker, U./Hildebrandt, L. (1980): Nutzen und Einstellung, in: Wirtschaftswissenschaftliches Studium, Jg. 9, Nr. 6, S. 269-276.

Trowbridge, C. L. (1975): Insurance as a Transfer Mechanism, in: Journal of Risk and Insurance, Vol. 42, No. 1, pp. 1-15.

Trumpfheller, J. (2003): Einsatz kausalanalytischer Verfahren in der Assekuranz: Ergebnisse einer empirischen Analyse zur Kundenbindung, in: Zeitschrift für die gesamte Versicherungswissenschaft, Jg. 92, S. 841-864.

Trumpfheller, J. (2005): Kundenbindung in der Versicherungswirtschaft: Ergebnisse einer theoretischen und empirischen Analyse, in: Zeitschrift für die gesamte Versicherungswissenschaft, Jg. 94, S. 517-547.

Tscheulin, D. K. (1991): Ein empirischer Vergleich der Eignung der Conjoint-Analyse und „Analytic Hierarchy Process" (AHP) zur Neuproduktplanung, in: Zeitschrift für Betriebswirtschaft, Jg. 61, Nr. 11, S. 1267-1280.

Tscheulin, D. K. (1992): Optimale Produktgestaltung: Erfolgsprognose mit Analytic Hierarchy Process und Conjoint Analyse, Wiesbaden.

Tversky, A./Fox, C. R. (1995): Weighing Risk and Uncertainty, in: Psychological Review, Vol. 102, No. 2, pp. 269-283.

Tversky, A./Kahneman, D. (1974): Judgment under Uncertainty: Heuristics and Biases, in: Science, Vol. 185, No. 4157, pp. 1124-1131.

Tversky, A./Kahneman, D. (1981): The Framing of Decisions and the Psychology of Choice, in: Science, Vol. 211, No. 4481, pp. 453-458.

Tversky, A./Kahneman, D. (1986): Rational Choice and the Framing of Decisions, in: Journal of Business, Vol. 59, No. 4, Part 2, pp. S251-S278.

Tversky, A./Kahneman, D. (1992): Advances in Prospect Theory: Cumulative Representation of Uncertainty, in: Journal of Risk and Uncertainty, Vol. 5, No. 4, pp. 297-323.

Tversky, A./Sattath, S./Slovic, P. (1988): Contingent Weighting in Judgment and Choice, in: Psychological Review, Vol. 95, No. 3, pp. 371-384.

Tversky, A./Wakker, P. (1995): Risk Attitudes and Decision Weights, in: Econometrica, Vol. 63, No. 6, pp. 1255-1280.

Urbany, J. E./Schmit, J. T./Butler, D. D. (1989): Insurance Decisions (or the lack thereof) for Low Probability Events, in: Advances in Consumer Research, Vol. 16, No. 1, pp. 535-541.

van Schie, E. C. M./van der Pligt, J. (1990): Problem Representation, Frame Preference, and Risky Choice, in: Acta Psychologica, Vol. 75, No. 3, pp. 243-259.

Vickrey, W. (1961): Counterspeculation, Auctions, and Competitive Sealed Tenders, in: Journal of Finance, Vol. 16, No. 1, pp. 8-37.

Vielreicher, P. (1995): Produktinnovationsmanagement in Versicherungsunternehmen, Wiesbaden.

Viscusi, W. K. (1995): Government Action, Bias in Risk Perception, and Insurance Decisions, in: Geneva Papers on Risk and Insurance Theory, Vol. 20, No. 1, pp. 93-110.

Völckner, F. (2006a): Methoden zur Messung individueller Zahlungsbereitschaften: Ein Überblick zum State of the Art, in: Journal für Betriebswirtschaft, Jg. 56, Nr. 1, S. 33-60.

Völckner, F. (2006b): Determinanten der Informationsfunktion des Preises: Eine empirische Analyse, in: Zeitschrift für Betriebswirtschaft, Jg. 76, Nr. 5, S. 473-497.

Völckner, F./Hofmann, J. (2007): The price-perceived quality relationship: A meta-analytic review and assessment of its determinants, in: Marketing Letters, forthcoming.

Voeth, M. (1999): 25 Jahre conjointanalytische Forschung in Deutschland, in: Zeitschrift für Betriebswirtschaft, Jg. 69, Ergänzungsheft 2/99, S. 153-176.

Voeth, M. (2000): Nutzenmessung in der Kaufverhaltensforschung: Die Hierarchische Individualisierte Limit Conjoint-Analyse (HILCA), Wiesbaden.

Voeth, M./Hahn, C. (1998): Limit Conjoint-Analyse, in: Marketing ZFP, Jg. 20, Nr. 2, S. 119-132.

von der Schulenburg, Graf J.-M. (1992): Versicherungsökonomik – Ein Überblick über neuere Ansätze und Entwicklungen, in: Wirtschaftswissenschaftliches Studium, Jg. 21, Nr. 8, S. 399-406.

von Kirschhofer-Bozenhardt, A./Kaplitza, G. (1975): Der Fragebogen, in: Holm, K. (Hrsg.): Die Befragung 1: Der Fragebogen – Die Stichprobe, München, S. 92-126.

von Neumann, J./Morgenstern, O. (1947): Theory of games and economic behavior, 2nd edition, Princeton.

von Nitzsch, R. (1998): Prospect Theorie und Käuferverhalten, in: Die Betriebswirtschaft, Jg. 58, Nr. 5, S. 622-634.

von Nitzsch, R. (2002): Entscheidungslehre – Wie Menschen entscheiden und wie sie entscheiden sollten, Stuttgart.

von Nitzsch, R./Friedrich, C. (1999): Entscheidungen in Finanzmärkten – Psychologische Grundlagen –, Aachen.

von Nitzsch, R./Weber, M. (1986): Die verlässliche Bestimmung von Nutzenfunktionen, in: Zeitschrift für betriebswirtschaftliche Forschung, Jg. 38, Nr. 10, S. 844-862.

von Nitzsch, R./Weber, M. (1988): Utility Function Assessment on a Micro-Computer: An Interactive Procedure, in: Annals of Operations Research, Vol. 16, No. 1, pp. 149-160.

von Nitzsch, R./Weber, M. (1991): Bandbreiten-Effekte bei der Bestimmung von Zielgewichten, in: Zeitschrift für betriebswirtschaftliche Forschung, Jg. 43, Nr. 11. S. 971-986.

von Winterfeldt, D. (1989): A Re-Examination of the Normative-Descriptive Distinction in Decision Analysis, in: Annals of Operations Research, Vol. 19, No. 1, pp. 499-502.

von Winterfeldt, D./Edwards, W. (1986): Decision analysis and behavioral research, Cambridge et al.

Voßmann, F. (2004): Decision Weights in Choice under Risk and Uncertainty: Measurement and Decomposition, Mannheim.

Vriens, M. (1995): Conjoint Analysis in Marketing: Developments in Stimuli Representation and Segmentation Methods, Capelle a/d IJssel.

Wahrenburg, M. (1998): Mikrostrukturanalyse eines experimentellen Aktienmarktes, in: Weinhardt, C./Meyer zu Selhausen, H./Morlock, M. (Hrsg.): Informationssysteme in der Finanzwirtschaft, Berlin, Heidelberg, New York, S. 207-234.

Wakker, P. (1998): Book review: Non-expected utility and risk management, Gollier, C./Machina, M. J. (eds.), 1995, in: Journal of Behavioral Decision Making, Vol. 11, No. 2, pp. 151-153.

Wakker, P./Deneffe, D. (1996): Eliciting von Neumann-Morgenstern Utilities When Probabilities Are Distorted or Unknown, in: Management Science, Vol. 42, No. 8, pp. 1131-1150.

Wakker, P. P./Thaler, R. H./Tversky, A. (1997): Probabilistic Insurance, in: Journal of Risk and Uncertainty, Vol. 15, No. 1, pp. 7-28.

Wakker, P. P./Zank, H. (2002): A simple preference foundation of cumulative prospect theory with power utility, in: European Economic Review, Vol. 46, No. 7, pp. 1253-1271.

Wallsten, T. S./Budescu, D. V./Rapoport, A./Zwick, R./Forsyth, B. (1986): Measuring the Vague Meanings of Probability Terms, in: Journal of Experimental Psychology, Vol. 115, No. 4, pp. 348-365.

Ward, J. H. (1963): Hierarchical Grouping to Optimize an Objective Function, in: Journal of the American Statistical Association, Vol. 58, No. 301, pp. 236-244.

Weber, E. U. (1994): From Subjective Probabilities to Decision Weights: The Effect of asymmetric Loss Functions on the Evaluation of Uncertain Outcomes and Events, in: Psychological Bulletin, Vol. 115, No. 2, pp. 228-242.

Weber, M. (1985): Entscheidungen bei Mehrfachzielen und unvollständiger Information – eine empirische Untersuchung über einen Methodenvergleich –, in: Zeitschrift für betriebswirtschaftliche Forschung, Jg. 37, Nr. 4, S. 311-331.

Weber, M. (1987): Decision making with incomplete information, in: European Journal of Operational Research, Vol. 28, No. 1, pp. 44-57.

Weber, M. (1990): Risikoentscheidungskalküle in der Finanzierungstheorie, Stuttgart.

Weber, M. (1993): Besitztumseffekte: Eine theoretische und empirische Analyse, in: Die Betriebswirtschaft, Jg. 53, Nr. 4, S. 479-490.

Weber, M./Camerer, C. (1987): Recent Developments in Modelling Preferences under Risk, in: OR Spektrum, Vol. 9, No. 3, pp. 129-151.

Weber, M./Camerer, C. (1992): Ein Experiment zum Anlegerverhalten, in: Zeitschrift für betriebswirtschaftliche Forschung, Jg. 44, Nr. 2, S. 131-148.

Wedel, M./Kamakura, W. A. (2000): Market Segmentation: Conceptual and Methodological Foundations, 2nd edition, Boston, Dordrecht, London.

Weiber, R./Rosendahl, T. (1997): Anwendungsprobleme der Conjoint-Analyse: Die Eignung conjointanalytischer Untersuchungsansätze zur Abbildung realer Entscheidungsprozesse, in: Marketing ZFP, Jg. 19, Nr. 2, S. 107-118.

Welker, M./Werner, A./Scholz, J. (2005): Online-Research – Markt- und Sozialforschung mit dem Internet, Heidelberg.

Wertenbroch, K./Skiera, B. (2002): Measuring Consumers' Willingness to Pay at the Point of Purchase, in: Journal of Marketing Research, Vol. 39, No. 2, pp. 228-241.

Wilcox, R. T. (2003): Bargain Hunting or Star Gazing? Investors' Preferences for Stock Mutual Funds, in: Journal of Business, Vol. 76, No. 4, pp. 645-663.

Wiley, J. B. (1978): Selecting Pareto Optimal Subsets for Multiattribute Alternatives, in: Hunt, H. K. (ed.): Advances in Consumer Research, Vol. 5, No. 1, pp. 171-174.

Williams, C. A./Smith, M. L./Young, P. C. (1995): Risk Management and Insurance, 7th edition, New York et al.

Williamson, O. E. (1985): The Economic Institutions of Capitalism: Firms, Markets, Relational Contracting, New York, London.

Windisch, R. (1998): Gleichgewichtskonzepte für wettbewerbliche Versicherungsmärkte bei asymmetrischer Information, in: Das Wirtschaftsstudium, Jg. 27, Nr. 8-9, S. 935-943.

Winer, B. J./Brown, D. R./Michels, K. M. (1991): Statistical Principles in Experimental Design, 3rd edition, New York et al.

Winer, R. S. (1999): Experimentation in the 21st Century: The Importance of External Validity, in: Journal of the Academy of Marketing Science, Vol. 27, No. 3, pp. 349-358.

Wittink, D. R./Cattin, P. (1989): Commercial Use of Conjoint Analysis: An Update, in: Journal of Marketing, Vol. 46, No. 3, pp. 44-53.

Wittink, D. R./Vriens, M./Burhenne, W. (1994): Commercial use of conjoint analysis in Europe: Results and critical reflections, in: International Journal of Research in Marketing, Vol. 11, No. 1, pp. 41-52.

Wolfstetter, E. (1996): Auctions: An Introduction, in: Journal of Economic Surveys, Vol. 10, No. 4, pp. 367-420.

Wu, G./Gonzalez, R. (1996): Curvature of the Probability Weighting Function, in: Management Science, Vol. 42, No. 12, pp. 1676-1690.

Wu, G./Gonzalez, R. (1999): Nonlinear Decision Weights in Choice under Uncertainty, in: Management Science, Vol. 45, No. 1, pp. 74-85.

Wu, G./Zhang, J./Abdellaoui, M. (2005): Testing Prospect Theories Using Probability Tradeoff Consistency, in: Journal of Risk and Uncertainty, Vol. 30, No. 2, pp. 107-131.

Wu, G./Zhang, J./Gonzalez, R. (2004): Decision under Risk, in: Harvey, N./Koehler, D. (eds.): Blackwell Handbook of Judgment and Decision Making, Malden et al., pp. 399-423.

Wübker, G. (1998): Preisbündelung: Formen, Theorie, Messung und Umsetzung, Wiesbaden.

Wuebker, G./Mahajan, V. (1999): A Conjoint Analysis-Based Procedure to Measure Reservation Price and to Optimally Price Product Bundles, in: Fuerderer, R./Herrmann, A./Wuebker, G. (eds.): Optimal Bundling: Marketing Strategies for Improving Economic Performance, Berlin, Heidelberg, New York, pp. 157-174.

Wulf, J. (2007): Autoversicherer geben Gas, in: Versicherungsmagazin, Jg. 54, Nr. 2, S. 32-33.

Wyner, G. A. (1995): Trade-off Techniques and Marketing Issues, in: Marketing Research, Vol. 7, No. 4, pp. 32-34.

Yaari, M. E. (1987): The Dual Theory of Choice under Risk, in: Econometrica, Vol. 55, No. 1, pp. 95-115.

Zadeh, L. A. (1965): Fuzzy Sets, in: Information and Control, Vol. 8, No. 3, pp. 338-353.

Zank, H. (2001): Cumulative Prospect Theory for Parametric and Multiattribute Utilities, in: Mathematics of Operations Research, Vol. 26, No. 1, pp. 67-81.

Zimmer, A. C. (1983): Verbal vs. numerical processing of subjective probabilities, in: Scholz, R. W. (ed.): Decision making under uncertainty, Amsterdam et al., pp. 159-182.

Zimmermann, H.-J. (1987): Fuzzy Sets, Decision Making, and Expert Systems, Boston, Dordrecht, Lancaster.

Zimmermann, H.-J. (1999): Fuzzy Set Theorie, in: Wirtschaftswissenschaftliches Studium, Jg. 28, Nr. 1, S. 22-29.

Zuber, M. (2005): Rendite und Qualitätswahrnehmung: Eine experimentelle Untersuchung zur Anlageberatung, Wiesbaden.

Zuber, M./Guthier, M. (2003): Verfahren zur Erhebung der Risikoeinstellung in der Kapitalanlageberatung, in: Jahrbuch der Absatz- und Verbrauchsforschung, Jg. 49, Nr. 4, S. 361-384.

Zweifel, P./Eisen, R. (2003): Versicherungsökonomie, 2. Aufl., Berlin, Heidelberg, New York.

Zwerina, K. (1997): Discrete Choice Experiments in Marketing: Use of Priors in Efficient Choice Designs and Their Application to Individual Preference Measurement, Heidelberg.

FSC
www.fsc.org
MIX
Papier | Fördert gute Waldnutzung
FSC® C083411

Kolibri 360 GmbH
Ferdinand-Jühlke-Straße 7
99095 Erfurt, Deutschland
produktsicherheit@kolibri360.de